陈天璇◎著

美国华侨华人
寻梦今昔概说
1840—2015

An Interpretive History of
the Valiant Chinese
in America（1840-2015）

中国社会科学出版社

图书在版编目（CIP）数据

美国华侨华人寻梦今昔概说：1840－2015/陈天璇著 . —北京：
中国社会科学出版社，2019.8
ISBN 978－7－5203－4761－7

Ⅰ. ①美… Ⅱ. ①陈… Ⅲ. ①华侨—历史—美国②华人—
历史—美国 Ⅳ. ①D634.371.2

中国版本图书馆 CIP 数据核字（2019）第 154502 号

出 版 人	赵剑英	
责任编辑	宋燕鹏	
责任校对	季　静	
责任印制	李寡寡	
出　　版	中国社会科学出版社	
社　　址	北京鼓楼西大街甲 158 号	
邮　　编	100720	
网　　址	http：//www.csspw.cn	
发 行 部	010－84083685	
门 市 部	010－84029450	
经　　销	新华书店及其他书店	
印　　刷	北京明恒达印务有限公司	
装　　订	廊坊市广阳区广增装订厂	
版　　次	2019 年 8 月第 1 版	
印　　次	2019 年 8 月第 1 次印刷	
开　　本	710×1000　1/16	
印　　张	27	
字　　数	404 千字	
定　　价	128.00 元	

凡购买中国社会科学出版社图书，如有质量问题请与本社营销中心联系调换
电话：010－84083683

在纽约出版的《美洲华侨日报》报导中美双方决定建交消息

中美双方已同意定于1979年1月1日起正式建交，并在1978年12月16日由美国卡特总统及中国总理华国锋于同一时间在电视电台向中美两国人民及全世界公布此一决定。在纽约出版的《美洲华侨日报》在头版刊登了这条消息，同时报导邓小平将于建交后访问美国。

在北京拜访唐明照先生

陈天璇（左）拜访唐明照先生（右）在其住宅四合院合照。中国自1971年恢复在联合国中国代表席位后，唐明照获委派在联合国总部担任副秘书长之职。他曾于1940年在纽约创建《美洲华侨日报》是第一任社长。陈天璇于70年代中期任该报恢复日刊执行总编。

会见中国侨联主席林军合照

陈天璇（左）与夫人罗兰（右）2010年北京会见中国侨联主席林军（中）合照。

陈天璇与当地华侨代表获邓小平在访美时接见并曾合照

作者陈天璇（左一）1979年1月28日至2月5日曾全程采访报导邓小平（右一）那次历史性访美之行，在休斯敦与当地华侨代表获邓小平接见合照留念。该照片被北京「中国华侨历史博物馆」采用为"改革开放后侨务"展览项目专题之一。原照片是由新华社随团摄影记者钱嗣杰摄，有副本赠本书作者。原照片及会见新闻曾刊翌日出版《美洲华侨日报》。

陈天璇代表《美洲华侨日报》接受"最佳非英语报章新闻奖"

陈天璇（右二），1982年在美京华盛顿国会山庄，代表《美洲华侨日报》接受人口行动委员会颁发那年的"最佳非英语报章新闻奖"（奖状），上台领奖发言致谢，皆大欢喜。

获邀作为外籍嘉宾参加在人民大会堂举行的中国国庆宴会

作为美籍华人，获邀参加国宴，应是对促进中美友谊及宏扬中国文化工作的认许。

与曾见证中美关系改善的唐闻生女士在其父母旧居的大门前合照

21世纪中国是新景象，作者（左）偕夫人罗兰（右）在北京探望唐闻生女士（中）时合摄。结识唐明照，常见唐闻生。她喜欢住在父母旧居，已退休，仍担任中国侨联顾问职。

美籍华人陈天璇（右一）、罗兰夫妇向华侨博物院院长捐赠资料。

美籍华人、作家陈天璇

"黄飞鸿"编剧来厦赠史料

本报讯（记者 陈冬）2008年，美籍华人陈天璇、罗兰夫妇，向华侨博物院赠送了一批反映美国华侨历史的珍贵照片。昨日上午，陈天璇、罗兰夫妇再次来到华侨博物院，并带来另一批资料准备捐赠，其中包括了陈天璇的著作《历史可以这样讲》、一张《美洲华侨日报历史性珍贵题词》光碟，以及记录上世纪70年代美国爱国华侨和美中人民友好协会举办各式活动的彩色宣传单、节目表26件和14张照片。通过这些保存完好的资料，能够感受到在美爱国华侨强烈的爱国情怀。

提起陈天璇，不能不提起他的电影剧本：《黄飞鸿系列》之2；《男儿当自强》、之3；《狮王争霸》、之4；《王者之风》以及《笑傲江湖之2：东方不败》等，其中有不少影片已经成为武侠经典。

1987年，陈天璇告别新闻界回到香港，主攻电影编剧创作，曾写华侨社会小说及专栏《跨出唐人街》。说到《黄飞鸿系列》的创作，陈天璇说，当时他和导演好友徐克都酝酿了很久，因为此前有导演曾经把黄飞鸿故事拍了70多部电影，所以他在编剧的时候就提出了一个特别的观点，把黄飞鸿从"小镇打土豪的好汉"提升到了民族英雄的层面。"那时候香港已经确定回归祖国，我们希望通过'黄飞鸿'这样一部影片，传递'国家兴亡，匹夫有责'的想法。"

作为作家，陈天璇还喜欢写中国历史，从盘古开天地一直讲到孙中山，这次他也向华侨博物院捐赠了他的个人著作。

往事 >

邓小平曾题词

勉励在美侨胞

一九七九年七月七日 星期三

美 侨 日 报

在美国华侨的早上 邓小平为本报题词
鼓励在美侨胞作出三大贡献

陈你们在促进人民如国人民友谊作出巨大的努力，并为你们的祖国如社会主义现代化建设，为台湾回归祖国，实现祖国一统大业，作出更大的贡献。 邓小平

新华社二月五日电

本报记者 陈冬

昨日陈天璇用专题讲座的形式，讲述了《我与美洲华侨日报》的点点滴滴。陈天璇说，1940年7月7日，为铭记卢沟桥事变，爱国华侨在纽约创办了《美洲华侨日报》。当时，300多名在纽约生活的华人洗衣工集资凑出了办报的"第一桶金"。"这张报纸当年能在纽约兴办，还要归功于这300多名华人洗衣工。"

在随后出版的49年时间里，《美洲华侨日报》一直被誉为"爱国红旗"，深受当地广大爱国华侨的喜爱，毛泽东、周恩来、朱德、邓小平等党和国家领导人也为之题词。

而邓小平为《美洲华侨日报》的题词，还有一段小故事。1979年1月邓小平应邀访美，陈天璇当时在该报负责采访工作，全程跟随访问团发回报道。"遗憾的是，这次访问行程不包括纽约和旧金山，而这两个地方却生活着超过6成的华人华侨，于是我就向随团高级顾问建议，能否请邓小平同志为离美前向广大在美华人华侨讲几句鼓励的话。"陈天璇的这一建议被接受了。就在邓小平发机离美前的那个早上，中国驻美大使馆侨务参赞转交了邓小平的亲笔题词在西雅图机场交给了陈天璇。"当天，我就把题词发回报社，与新华社有关新闻一起刊出。"

陈天璇应邀赴福建厦门华侨博物院开讲座并捐赠美国华侨华人的爱国活动资料

陈天璇应邀到中国厦门华侨博物讲"我与《美洲华侨日报》"，当地报章采访报导。这是《厦门日报》刊登一篇报导。除了曾经办报，他曾当电影编剧，兼有中英著作出版。

献 给 罗 兰

图片 本书作者陈天璇与夫人罗兰

　　说明：罗兰与陈天璇是于 20 世纪 60 年代后期相遇，自此携手，一起走过半个世纪的多彩人生路，不离不弃，忧喜与共。上图摄于 70 年代初。恍眼间已近黄金岁月。每个人都曾经年青。每个人都曾经有梦。每个人都希望做一些自己想做的事情。二人同是广东华侨移民家庭子弟，半工半读完成学业，曾办报纸，争民权，参与保钓运动、爱国运动、统一运动，又曾在影艺圈从事电影制作，涉足两岸，往来中美，其历程无疑是上代草根华侨寻梦的写照和缩影。

序

林　军

　　中国人移民美国历史悠久。18 世纪中叶，即有零星的华人在美谋生、流寓，自 19 世纪中期起，成批的华工远涉重洋进入美国，淘金寻梦。在美国结束了 19 世纪末至 20 世纪初长达 61 年的排华期后，中国赴美人数逐年增多。特别是中国改革开放以来，旅美华侨华人成倍增长，其中许多人学历层次高、在科技领域成就突出。华侨华人在美国的生存与发展，与中美关系的发展密切相关，他们利用自身在政治、经济、文化、科技等方面的贡献，对中美关系的发展发挥着独特作用。

　　20 世纪末，随着美国华侨华人自身主体意识的觉醒以及中美关系的改善，出现了一些专门记载华侨华人移民北美的历史著作。近年来，除专门的学术论著论文外，越来越多的美国华侨华人，从不同的视角，通过不同的形式，参与讲述祖辈以及自己亲身经历的故事。美国华侨华人对于自身的研究，为我们全方位、多角度了解美国华侨华人社会提供了宝贵的第一手资料，既有学术价值，又有社会意义。

　　本书作者陈天璇先生即是这样一位"讲述自己的故事"的美籍华人。陈先生祖籍广东省台山县，台山旧名宁阳，是早年赴美人数最多之乡。在 20 世纪六七十年代以前，台山人在美国各大唐人街占多数，宁阳会馆是各地中华会馆或中华公所的主要组成社团。陈先生是家族中赴美移民的第四代，上三代人都在祖地出生，长大后去美国，积了钱后回乡娶亲。他在故乡出生，七岁时离乡至香港，中学未读完便赴美国，先在洗衣馆工作四年，再到餐馆工作四年，后在半工半读中毕业于马里兰大学历史系，随而转往纽约，曾是图书馆员、民权工作者、新闻从业员、电影编剧，兼写小说等等。正因其家族绵延百年的移民历史和陈先生本人在美的工作生活经历，使其具有"人在其中，现身说法"的真实性。

　　本书以 1840－2015 年为历史时段，将近两百年的美国华侨华人史分为五个"三十五年"，构思新颖，独辟蹊径。第一个"三十五年"以华人先辈飘洋赴美至金山寻梦作开端，最初只是少数人欲去掘金致富，接着更多人被招聘去修筑铁路、开垦农田。在第二个"三十五年"里，华工最初靠勤劳忍让而大受欢迎，后被白人主义者和工会政客渲染为白人失业替罪羊，排华由地方个案演变为全国法案。华工在异国他乡深感无助，他们认识到只有祖国强大才有后盾，自此美国华侨华人开始关心国事并越洋参与，与旅居东南亚的华侨华人一道，积极支持辛亥革命，由海外孤儿变身中国"革命之母"。第三个"三十五年"则是黑夜更暗更浓，人赖群居以自保。美国华侨华人蜗居唐人街内，自成一统，既要承受美国排华期延续的歧视，又要为求生存、求发展、求自强而打拼。曙光终现于第四个"三十五年"，从冷战围堵到中美关系解冻，华社亦在祖籍国和住在国的变革中变迁。第五个"三十五年"则将华社的发展推向从未有的新峰，中国移民数目激增，异乡作客的心态发生改变，在新形势和新理念的催化下，华侨华人怀揣的"美国梦"越来越被践行"中国梦"所取代。书中另一条线索，是对百年以来美国华侨华人进步力量的始创和发展、维持和对抗、潜存和消散的研究和分析。书中介绍了一些鲜为人知、被人忽略、甚至被误解的美国华侨华人民间左翼团体的情况，如《先锋报》、《救国时报》、《美洲华侨日报》等报刊的兴衰，为历史留下真实记录。

陈天璇先生以"局内人"的身份和视角，通过本书再现了华侨华人在美国的百年发展历程，勾勒出华裔族群如何在东西方两种文化的碰撞与交融中定位自我，以及旅美华侨华人融入主流社会过程中的种种冲突、波折、成就与反思。该书对华侨华人于住在国对个人身份的重新认定、主客心态易位造成的处事差异、华裔参选入政、跨国贸易营商、新老社团更替、中西文化融合等热门问题也有所探究。

常听到海外的朋友这样说："有海水的地方就有华侨华人，有华侨华人的地方就有中华文化的传播。"旅居海外的华侨华人去国愈远，对祖（籍）国文化的弘扬愈力。我衷心希望，随着该书的问世，能够增进我们对美国华侨华人的认知，为学界积累丰富的研究资料，并达资政、教化、存史之社会功效。

（作者系原中国侨联主席）

图片 本书作者陈天璇及其夫人罗兰获侨联林军主席接见

说明：中国侨联主席林军2017年8月中旬在北京侨联大厦会客厅接见作者及其夫人罗兰，由中国华侨历史博物馆馆长黄纪凯先生陪同并引见。照片由中国华侨历史博物馆办公室主任王秋惠女士拍摄及提供。

自述：我的祖源与中国根

　　本书内的加插图片，多与作者本人有关。原因有二：一、别的有关图片或声明有收藏拍摄版权，未容随便拿用，于是避而不用。二、我一方面是本书作者，另一方面也是华侨华人一员，而且，我同时是来自台山侨乡的移民子弟。四邑华侨，最早来美，因此我的祖辈与我的移民故事，应能从中反映出绝大多数人当年别祖辞宗的背景和各类成败得失的异域遭遇。况且，岁月如梭，往事过去，这书原本是为那些已努力过和追求过某一理念的人而写的。世事纷扰，正负轮流，就借此为下代人留一个历史注脚。所以本书图片由我开始又或多少与我有关，宛如提供一些旁例侧影，请读者亮察。

图1　我的家乡

　　上图就是我在中国的原籍故乡，它是广东省台山县的一个农村。这里也被叫作侨乡，因为许多村人出洋。以我家为例，我祖父的叔父是较早到美国的人。这包括我祖父，他曾到三藩市，但后来又回乡，而且不再返美。然而，他有一半儿女，第二次世界大战前到美国。我父亲在中国出生，后来才移民到美国。所以到我这一代，依然中国出生，之后才到美国。因为那都是侨乡子弟大致相同的出路。本来我家稍有不同，因它曾属书香世家。这应可以从村前的那座古老牌坊来开始这故事。据称是清代皇帝御赐的。其正中刻字是"崇祀乡贤"，一边是"父子解元"，另一边是"兄弟科甲"。皆因在这个村建房开族的祖先陈遇夫于康熙时榜中解元，其子陈瀚二十年后亦中解元，故称"父子解元"。这还未了。陈瀚之孙陈司燨在嘉庆时中"进士"。根据新宁（台山旧名）县志，他是明清新宁县唯一的进士。不过他们均没有当官，下传子孙世代务农。我顺带提及这背景，是要指出，早期来美国的先侨，并非全部文化低下，知书识墨，大有人在。

图2　婴孩旧照

我出生在中国广东省台山县沙坦市六村乡槎洲村内一个农村的家庭。时在第二次世界大战的中后期。以上这照片是当年为了要寄给在美国的亲人而专程自农村徒步到可达的邻近冲蒌镇上唯一一所照相馆拍摄的。我在家中排行第四，仍被母亲抱在怀内。上有兄长、大姊、二姊。之后在新中国成立前我们移居香港，少年期间被安排辗转移民到了美国。这也是那时代绝大多数同村同乡台山人的最普遍宿命。我从此在美洲，做洗衣，做餐馆，同时半工半读完成大学。无论如何，我算是地地道道的一名华侨。广东台山是美国先侨的侨乡。

图3 童年留影

图3是我在离开中国内地出生地之前的一张童年旧照。我在家中排行第四，右前小子。此照片摄于中华人民共和国成立之前，不久便举家迁到香港。我稍后又移民美国。其实我祖父少年时曾随其叔到了旧金山。他后来返回唐山，三藩市大地震后没回去。他的儿女有半数在第二次世界大战前定居美国。所以我家至我时算是第四代移民。不过，我是在中国祖屋出生的。

图4　远去美洲

我在香港接受中文教育至高中一年级，然后，我（左四）从九龙启德机场坐飞机前往美洲，不是留学，而是谋业。辞别父母（左二、左三）、大哥（左一）、小妹（前一），二叔父一家与诸位堂姊弟妹等均来送行。上图就是机场留影。之后，又隔几年，他们也先后都移民到美国来了。这也是那年月四邑（即台山、开平、新会、恩平）侨乡男女老少要面对的最普遍的人生抉择。

图5　新移民的日子

上图是我抵达美洲后拍摄的第一张照片。大地铺雪，一切从头开始。

目　录

前　言

谁是华侨 ……………………………………………………… 3
五个三十五年大变局 ……………………………………………… 5

第一编　初来创业

第 1 章　金山寻梦 ……………………………………………… 3
第 2 章　矿尽路尽 ……………………………………………… 11
第 3 章　劳模伏祸 ……………………………………………… 17
第 4 章　替罪羔羊 ……………………………………………… 23
第 5 章　立法排华 ……………………………………………… 30
第 6 章　是离是留 ……………………………………………… 37
第 7 章　筚路蓝缕 ……………………………………………… 42

第二编　迁徙耕耘

第 8 章　聚邻组社 ……………………………………………… 51
第 9 章　堂帮应运 ……………………………………………… 56
第 10 章　清廷欠力 …………………………………………… 61
第 11 章　别业兴废 …………………………………………… 68
第 12 章　妇女奇缺 …………………………………………… 75
第 13 章　万里传宗 …………………………………………… 81

第 14 章　苛例重税 ·············· 87

第 15 章　变相剥削 ·············· 94

第 16 章　驱赶烧杀 ·············· 101

第 17 章　法理难赢 ·············· 108

第 18 章　种族隔离 ·············· 116

第 19 章　自成治区 ·············· 125

第 20 章　谁可登天 ·············· 132

第三编　越洋回馈

第 21 章　维新保皇 ·············· 141

第 22 章　孙文现象 ·············· 146

第 23 章　反清反帝 ·············· 154

第 24 章　共和不易 ·············· 160

第 25 章　出钱出力 ·············· 168

第 26 章　梦圆梦碎 ·············· 174

第 27 章　政争后援 ·············· 180

第 28 章　早期左翼 ·············· 186

第 29 章　右派纠葛 ·············· 194

第 30 章　美洲一报 ·············· 201

第 31 章　抗日连心 ·············· 209

第 32 章　谁主浮沉 ·············· 216

第 33 章　大胜大退 ·············· 223

第四编　迎来破晓

第 34 章　冷战之初 ·············· 235

第 35 章　广告入罪 ·············· 243

第 36 章　青黄不接 ·············· 252

第 37 章　民权保钓 ·············· 261

第 38 章　中美解冻 ·············· 269

第 39 章　侨社改革 ………………………………………… 276

第 40 章　弱者联盟 ………………………………………… 284

第五编　遍地开花

第 41 章　新移民潮 ………………………………………… 295

第 42 章　经济转型 ………………………………………… 304

第 43 章　步往主流 ………………………………………… 314

第 44 章　视野转化 ………………………………………… 323

第 45 章　华裔入政 ………………………………………… 332

第 46 章　中美互动 ………………………………………… 338

第 47 章　梦现双向 ………………………………………… 347

代跋　浅谈美华史的多种阐析 ………………………… 357

附录 ……………………………………………………… 364

附录 1　美国华侨华人大事年表 ………………………… 364

附录 2　美国华人人口每十年统计的总数列表 ………… 372

附录 3　美国历届总统及其任期列表 …………………… 373

附录 4　美国 50 州加入联邦年份列表 ………………… 377

附录 5　美国主要华侨华人传统社团列表 ……………… 379

附录 6　主要中英参考书刊选录 ………………………… 383

附录 7　作者与有关活动图片 …………………………… 387

特载　台山六村陈氏中国祖先 …………………………… 395

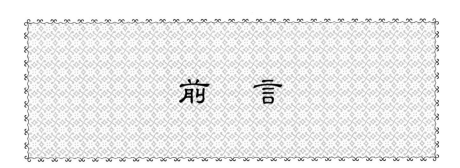

前　言

谁是华侨

人若去国，久居他乡，便成为中国以外的某一国"华侨"。

我相信，这应是最一般的、大家都可理解而又能够普遍接受的一个有关华侨的定义。所以，人若到了美国，最终居留下来，这样，这个人也就变成是"美国华侨"。这和中国来的旅客或中国留学生身份不一样。因为"华侨"是可以无限期地在美国居留下来的，其他是有限地暂留，或者只是过渡性质。

然后，曾几何时，碍于形势，"华侨"的称谓产生了变化。比如，"华侨"之外，亦称"华人"；或把关系更疏远的，泛称"华裔"。

那大概是从 20 世纪 70 年代前后开始的。中国政府把海外已经归化别国国籍的中国华侨改称"华人"，或者，更明确地把他们称作"某国籍的华人"。于是，"美籍华人"等称呼就开始沿用了。其中包括在美国出生的华侨子女，过往一般曾简称"土生"，现时都称作"美籍华人"了；继而，又把华侨与非华人合婚的子女称"华裔"。这样，与华侨有关的称谓就延伸了。

现时，我们所惯用的"华侨、华人、华裔"，大致上都是指在中国以外长期生活的"侨"民或"华"人。其中，既有保留中国籍的，也有归化外国籍的。而且，依情况的发展，后一类比前一类已是越来越普遍。就以美国为例，美籍华人已成多数，同时，华裔也渐多了。因此，在今时今日关于华侨的整体称谓，最常见是"华侨华人"双词并用。所以，"华侨华人"这新称谓，既指不管你现时是中国籍或非中国籍，也不管你现时或过去是什么身份，若你外貌和血统是"华人"，都可以笼统地归进"华侨华人"之属。

所以，从广义范围说，对于在美国长期生活的这一批"海外的中国人"，让我们把他们简称为"美华"。

　　这一本书所要谈的，就是有关他们以及他们的先辈们，百多年来
如何去国寻梦、远涉重洋，最终又大多数选择把他们原为谋生驿留的
这片异域，"久居作乡"，从此与子孙们"就地生根"。这本书是泛述
他们的今昔经历和变化。

　　此外，笔者希望同时在此附带指出：海外任何一位"华侨"，甚
至包括"华人"，所以整体地被套上如此特殊称谓，是因为其背后牵
涉到有一个"祖国"。否则，我们这一群海外人，就无须全被冠以
"华"；"华"是中国，其中还具有"文化、血缘、祖籍"等这一系列
实际上互为因果的含义。那是因为在一定程度上，"华侨华人"与
"中国"的关系，不但密切，而且又经常互相影响。

　　在分析研究中，笔者发觉，华侨华人在异国的生活变化，无一不
与母国及所在国之间的关系和政策息息相关。

　　所以，笔者主张，讲述任何一国一地（包括美国）的华侨史，不
仅要谈华侨华人在当地的遭遇和种种问题的现象，还应交代与此相关
的前因和后果。比如，但凡中美之事，包括历史兴替，无一不是互相
影响并且造成变化，或是涉及事物兴衰。所以笔者认为，美国华侨华
人史亦应是美中关系史一个相互联系的部分。故此谈他们时，倘若不
谈种种美国政策，固然有不尽不实的回避；倘若不谈中国时局变化，
也无法解说其中的某些现象产生的因由。

　　总之，事变人变，相互影响；任何现象背后总有其关键的原因，
必须交代，或作阐释；否则无从说明个中问题。历史，若比喻如长
河，是流动的正正反反转化，涉及多方面的是非曲直，而且往往动静
无常。但是，它又总是有一道主流。

　　因此，本书在概论"美国华侨华人史"各方面的发展和变化的同
时，又依循事件前后的互动提及中国当时曾"与之有关"的人和事。

　　这是本书处理这类历史的内容与角度异于一般学者的取向，也是
笔者决定开诚布公，在开章就先向读者申述这一特色的理由。当然，
它主要是讲美国的华侨华人经历，但又同时追根溯源，既讲两国两地
的事，也讲美国中国的事。

（陈天璇　记于美国宾州，2014 年冬）

五个三十五年大变局

小　引

　　根据美国记录：最早登陆美国的中国人都是有名无姓。比如，在记录上叫阿成、阿全、阿官等，至 1840 年前后，也不外 30 多人。至于他们后来的去向，史料不详；他们的后人，也查无记录。早期历史就是如此零碎。在此，也让我以 1840 年作为华人在美国有记载的开端。这亦是中国近代史史家常用的一个起点。华侨史必然与中国的方方面面有密切关联。

　　1840—2015 年，即此书付梓前，合计共 175 年。为了便于讲述，甚至便于记忆，我把它们分为五个相等时段加以阐述，各占 35 年，讲其间各阶段的大嬗变。历经悲喜荣辱，美国久居变"乡"。

　　175 年过去，回首前尘，寄愿他朝，祈盼后人以昔作镜。

一　第一个大变局：初来创业

　　在最初的第一个 35 年里，时间跨度大致上定在 1840 年至 1875 年，那时，抵美的早期华工，曾经带着"涉洋冒险，掘地致富"的金山梦，纷至沓来，争先恐后，一一登陆于美国西海岸那片传闻发现有庞大金矿的加州之北的山区里，三五成群，各自碰运。这就是至今仍有人说的早年华侨华工自远道而来时冀望一夕成富的写照。

　　据载，在最早期的记录之中，华工抵达加州之后，少在登陆的旧金山停留；他们在稍做工具粮食添置后，随即赶往矿山。如蚁附膻、只知登高抢险，一心前去掘金。在数以万计的这类寻金来客中，也确实有人发了财。

只是不到几年，金尽山封。大批华工，都要另谋出路。渐次转化为掘地运泥的铁道工。因发现他们勤劳易管，当地美国铁路公司遂派员越洋去招募，人数由是更多。直至那条横贯铁路筑成。于是又被解雇。这些失业华工大批返回加州，见工就做，压价应召。由于既廉价又听话，顿使华工成为首选劳模。虽解决了职业问题，却种下抢工印象。由是，当欧洲的经济萧条蔓延至加州，在大批白人工人失业无助的重压之下，工会与政客直接把华工当作导致白人工人失业的替罪羊。

在白人种族歧视的不当舆论煽动之下，美国加州及邻近州率先掀起排华之风，竟然一发不可收拾。这就步入了第二个35年的嬗变，华侨华人在去国寻梦的这一块异域，群策群力，整体地应对着受歧视被驱赶的一段求存期。

二　第二个大变局：迁徙耕耘

第二个35年是华侨"避芒沉戈、自我封闭"的时期，这段时间大致上由1875年至1910年，美国华侨华人真真正正地尝到了普遍受到白人种族歧视的凌辱和苦况。新的欲来美的中国移民，全被挡在美国国门之外。而已经在美国的中国移民，则又一律不准加入美籍；不准拥有产业；不准与白人通婚；中美两国的平等互惠消失了。华侨华人被迫居住在贫民区。到白人社会不容易找工作；在法律面前有理判无理。这是《排华法案》施行后常要逃避烧杀驱赶的失望无助相。

基于求存，于是又聚合而居。久而久之，便形成了保有中华特色的唐人街。组会结社，加强武装，自食其力，互相照应，从而渐次开展了以洗衣、餐饮、杂货为主的小经营。这也塑造了美国中国人聚居自卫的格局，开始了华人的谋生主业。

在这阶段，华侨华人为了应付传宗接代，曾不惜千行万里回乡娶亲；然后，又千方百计地，甚至冒假报假，把他们在中国出生的后人接到美国来，从而延补华人在美国国土内的人口渐次消亡递减的厄运。

在漫长35年默默耕耘中，华人职业大致依旧；居所扩展不大；侨团结构渐趋定型。困处一隅，自成一体。人的精神出路，就是眷家报国，或以匹夫之勇，或以血汗之钱，为支援中国寻求今后壮本强兵之道而隔洋努力，这亦是华侨盼望祖国变强而毅然涉政的爱国之始。它演化为"国家兴亡、匹夫有责"的爱国热。

三 第三个大变局：越洋报国

进入第三个 35 年的排华继续时期，所涉时间大致是由 1910 年至 1945 年，美国华侨华人坠入漫漫长夜的无眠缺梦岁月，枯燥而刻板的日子在《排华法案》的无限延伸中往前持续。

因为深知清廷无力在外交上抗拒美国境内排华政策的无了期，遂退而求其次，寄希望于兴国，全侨整体开始接受游说，均视"国昌邦旺、侨民后盾"为在美国的中国人的未来处境创造新出路。

当美国《排华法案》的实施时，华侨本就没指望清廷帮忙。

是康梁（康有为、梁启超）及孙文把政改及革命的宣传带到美洲（主要是美国与加拿大），反而催化了身处逆境的中国人迸发出爱国热。华侨在残酷现实生活里无力改变美国对华苛例；以寄望未来的发展齐助中国在国际上转强。

也在这第三个 35 年时期的无偿报国热衰，形成了在美华人参与中国国政的新风尚。他们先被康梁说服，当时的中国要立即护皇立宪进行政治改革；随即被孙文提醒，天朝天子的那一套落伍体制早已病入膏肓，无可救药；于是大家转而觉醒，并出钱出力，望中国变弱为强，不再落后于时代。这是国家兴亡匹夫有责、海外华侨"倾囊报国、锣鼓助阵"的新气象。华侨支援革命，共和就诞生了。

前一代的华侨华人把他们的失望和空虚寄寓于在旧中国进行的新民主主义革命和实践，推翻帝制，创建共和。随后一代华侨华人把他们的所学和机遇，择善而从，升华救国。皆因日本军国主义企图吞并整个东亚，中华民族面临生死存亡的紧要关头，海内外中国人携手赴难，抗战八年，终获胜利。这迎来了另一场大变局。与此同时，在美华人更有中美文化兼备的新一代在第二次世界大战时参加美军作战。他们的奉献和忠诚，改变了部分美国人对华人的歧视和抱有的怀疑态度；既促成《排华法案》被获撤销，华裔的退伍者都被容许把中国的新娘接来美国。

这是美国华侨华人终又能重见天日的大变局；也是美国对华放宽

移民政策的小开端。家庭团聚自此成为日后移民的大理由。

四　第四个大变局：迎来破晓

在第四个 35 年的大嬗变期间，所涉时间大致上是由 1945 年至 1980 年，美国华侨华人在远辞故国、寻梦他邦的历程之中，经历了重新起步与意志高昂的重拾旧梦期，直至中美建交，是明显分水岭。

在最初起步的期间，华人谨慎、忍让，较少诉求。那是因为，第二次世界大战后那段"冷战"岁月是以苏联为左翼阵营核心的社会主义与以美国为右翼阵营核心的资本主义的对峙期，美国华侨华人在新的夹缝中无辜地受监视。由国会议员至民间社团，到处一片反共防共之声。议员麦卡锡孤注地推行着白色恐怖，如阴魂鬼魅般笼罩大地。新成立的中华人民共和国被封锁与围堵，侨社内言论上不拥蒋者，全被列为监控犯。右倾得势，左成禁忌。有志者都毅然决然地回新中国去参加祖国建设。

在这个阶段，右派在美国侨社的建树，乏善可陈；它的古老成规，备受挑战。那些徘徊于左右政党之间不知抉择的、由留学变流落的老一代学人们，虽谓"明哲保身"，实亦"随波附流"，因一己的安危，乃至终生沉默；或闲居于外域，庶几自甘放逐。唯是，相对而言，左派人士对岗位的坚持，既忍辱负重，又刚毅不屈；他们中有饱经压迫犹自挺拔之辈，既可歌可泣，又令人敬佩。

好不容易转入美越战争后期，各地反战风起云涌，黑人先带头崛起，乘机诉取民权。在美国被列为次等的其他少数民族以黑人为榜样，西班牙裔跟进，亚裔华裔追随。中国人的土生子弟跑在前列。

美军在败退东南亚的同时，美国安排日本作殿后卒。因把中国所属钓鱼岛拨归日本管辖，遂激发了在美国的台（台湾）、港（香港）留美学生连续的抗议运动。史无前例的留美学生爱国热，演化为促统反蒋的向心北京学潮，华侨华人响应支持。随着美苏较量的全球新变化，中美由逐步解冻至建交。

五　第五个大变局：遍地开花

第五个 35 年的大嬗变是一段段的"变梦"。它所涉及的时间是由 1980 年至 2015 年，继中美建交后，正值中国改革开放时期。中美两国关系改变；中国内地与香港、台湾的形势改变；美国侨社亦因而引发三变四变了。

无论哪里，人民始终是历史的动力。美国华侨华人，在中美正式建交后，迎来新一轮移民潮。人多好办事，发展亦加快。社团在变，成规在变；问题在变，抉择亦变。其间，家人团聚推动了中国内地来美移民的跳级跃升；家人随之更改了早辈移民都常有的那种还乡梦。曾几何时，"落叶归根"变为"就地生根"。久居是乡，视野随变，人与土地的依存感，渐次换上了新配搭。

一个华埠不够，另添一个华埠；社团扩充，代言的人多。新的一代越搬越远，异族通婚，混裔常见，舆论高唱融入主流。

中国人的长期作客心态，早已化作轻尘。华裔入政，多谈有关亚裔问题，并刻意对中国内地与台北的政局三缄其口；中国崛起是好，美国立场要知。无声较量，较量无声。两国关系，非好非坏；合则两利，愿创双赢。

在这阶段，华人人口暴增并呈中西夹杂。那是华侨华人角色的再定位，也是文化认同的新融合与未来创业的中美两国双向行。中国政府鼓励海外中国人加入所在国国籍，奉公守法，安居乐业。

第一编　初来创业

第1章 金山寻梦

小 引

中国农民在旧中国陷于无以为生的水深火热中，于是去国出洋，远赴美国成为淘金客或华工。有其经济原因，或政治原因。人人因无以为生，遂铤而走险，这本是历来旧社会人民变相求生的必然异动。刚好清廷海禁已开，加上洋人来华雇人，便进一步催生了早期华侨赴海外谋生的浪潮。他们明知是冒险，但也愿意远涉重洋，一去万里，到一处陌生的环境碰碰运气。

一 因何去国，两大原因

华侨，之所以去国远行，到异域去另创天地，原因不外有二：其一，是原居住地无以为生，陷入贫无立锥之境；其二，或因其本人难容于政，身遭朝廷通缉迫害。前者是经济理由；后者是政治理由。

到美国的华侨，也大致是这两类。早期抵美谋生的华人多来自广东省的四邑，即"台山、新会、开平、恩平"，其中尤以台山人为多数。台山县的旧名叫"新宁"，根据《新宁县志》所载，在19世纪50年代前后，该县发生过的天灾、人祸，如水涝或干旱，又兵戎及盗劫，不胜其数，破坏严重。此外，还有连续族斗，据称是缘自当地人与客家人彼此间的土地之争。血腥纵横，民不聊生。故此，当时乡人也实有避祸他去的强烈心态。①

---

① 台山侨务办公室编：《台山县华侨志》，广东台山，1992年，第39页。

适值有在美国游历商人陈明，报回有关加州发现金矿消息；皆因他已先拔头筹，入山淘金短期有成，遂吸引了最初几批买舟远行冀望发财的冒险客。我们的先侨经查实就是这样决意远行到美国的，这又与向来已惯说的有关印象，何其不同。查实那时动身的来美先行者，不是卖身，而是自愿，甚至一些人还要自己筹路费。根据史料，有人因而卖田押屋，或向亲属借贷，才可最后成行。①

又称，这些人抵美后，多不在旧金山停留，便急急入山掘金去。就因为确实都能有所获，并短期内有人携金回村，才引发了更大群的乡人赴美淘金潮。广东省四邑人就是这样陆续出洋的。

二　人与土地，难以依存

家是人的归宿。然而，作为华侨的第一步，是从离家去国开始。不但离家，而且去国。不是短期，而是长期。最初没想到最终会不归。只是，最终不能回去，却是事实。这也无疑是绝大多数海外华侨的最一般结局。皆因：事与愿违，梦与愿违，不管个人的事业是成功或是失败，一般人大多数是终老在异国。有些人甚至终生孑然一身。那么，为何要离家去国呢？又或，反过来问：一切都好，焉会离家？一旦拜辞父母，抛妻别儿。去国，也意味着与祖缘的从此隔断；人从此受阻于关山万里距离，置身于非我族类的人与事。一切陌生，一切从头。如果能够安然抵步，也应是自那一刻开始，他知道了，他的人生旅程已翻开新的一页。华侨，原是"冒险"的同义词。他，不一定曾经是那方英雄；他，却不得不从此抖擞上路。至此，无论何人，身处何处，总把未来无尽岁月，投进一个传闻的梦。这也是行程的起点。

早期美国华侨，多数来自农村。中国以农立国，人民耕织过活。传统文化，周而复始；自古以来，人与土地的关系大致上是依存的，代代延伸。也因此，农民与田地本来就是不容分割。唯是当农民再也不能依靠田地过活时，就必须另想办法，或最终放弃这种依存。古时常有流离失所之说，他乡作客，饿殍遍野；野史中常有载，更多聚众

---

① 暨南大学华侨研究所编：《华侨史论文集3》，暨南大学研究所内部印刷1983年版，第395页。

山林，打家劫舍，沦为匪盗。其实，那都是变相求生的被动与主动。总比空等更胜一筹。中国几千年的历史，重复地出现过这些场面。总的来说，归根究底，就是农民与土地的依存关系失去了应有的作息延生作用。在每个朝代创建时，农民先是分得土地，努力生产，缴税有余，国富民安。然后，权贵出现贪腐，剥削加剧，巧取豪夺，占田收地。遂使农民变相为奴，社会发生不良变化。田地越多地集中到权贵手中，终令一般农民无以为生。于是，常有一些强者，不甘待毙，于是揭竿而起，或是冒险去了。其实，都希望找办法解决谋生的困难，或是设法跳出以上那一些人为的困局。如果同时发生自然灾祸，逃荒逃亡情况更甚。

到清代中后期，海禁渐开，就有人想方设法地浮海他去了。

三　大批来的，以淘金始

赴美洲的首批华侨，多从澳门、广州出发。年代应是清代中期。至今还不足 200 年。从中国历史追溯，应是鸦片战争失利之后。外国列强，以战舰和洋枪迫使清廷屈服；屡签条约，借贸易与传教常到沿海城市。清廷割让了澳门、香港，外国人可以进广州、福州。粤闽两地，外商常现。据载，最早出现在美国的华人，是海员、家厨、仆役和演艺之辈。无论如何，都不算是主要移民，而且这类人人数有限。但他们在记录上，却留下了曾出现和散落于美国各港口或初期城市的踪影。比如，幸运地有案可查，是华人海员阿成、阿全、阿官于 1785 年随美国商船帕勒号（Pallas）由广州抵达东部马里兰州（Maryland）的巴尔的摩港（Baltimore）登岸。他们也是现存官方档案中最早到美国而被记录下来的 3 名华人，有名无姓。此外，还有 1 名华人阿南于 1815 年被雇来到加利福尼亚州一个小镇上，并在那时的西班牙总督家充当厨师。不过，严格地说，这还不是华人移民美国之始。①

较具体的是，直至 19 世纪中叶，由于加州发现金矿，而金矿的地区是在旧金山的外围山区。于是，外来的淘金客均以旧金山为集散中心。虽是远隔重洋，华人亦闻风而至。故此，旧金山是华人最初抵达的美国西海岸的大商港。时至今日，加州亦一直仍是华人聚居人数

---

① ［美］麦礼谦：《从华侨到华人》，三联书店（香港）有限公司 1992 年版，第 2 页。

最多的一个州。从美国海关有关华人入境的记录显示，1820 年记录第一位中国人进入美国；1821—1839 年间，又有 10 人抵达；1840—1849 年间再添 35 人；但 1850 年则有 450 人；1851 年有 2716 名华人登岸；1852 年暴增至 20026 人，主要是因为意在涌来淘金，消息盛传至中国广州及其近乡农村。①

因此，真正早期的美国华侨组成，主要是来淘金的冒险者并转而成为各式各样华工，而且多数是来自广州邻近的农民。

在当时的中国，尤其是在南方，广东珠江一带，可耕地显然是不够分配，农民到广州充当苦力，算是出路之一。这样就容易接触到外商。不管是自愿，还是被骗受到招揽上了洋船，总之，从此远行，随而落脚他乡，这是最大批的最早期抵美的华工。与此同时，中国由于在鸦片战争中两度战败，列强中的外商贸易转向频繁。更多华人当了传译代办，成为招揽华工的中介代理人员。及后他们中更发展代招华工业务。于是，苦力出洋，就更多了。笼统地说，一切应是这样开始；一切应是基于谋生。

四　天国余勇，政治逃亡

当时，中国南方的情况普遍贫困。而且，农村的生产本来就不足。生计困难，苛税加征；兵戎反复，破坏严重。更因鸦片战争本来主要发生在南方，也从而增添了败兵成贼的另一怪现象。盗贼因而蜂起，更是祸不单行。而且，遇上天灾连连，平民更是雪上加霜。

据中国广东省《新宁县志》载：从咸丰元年（1851）至光绪末年（1908），这 57 年内有大水害 10 次，大台风 7 次，地震 5 次。旱灾 4 次，瘟疫 4 次，饥荒 5 次。田园崩坏，粮粟失荒，房舍倒塌，生民嗁饥。因灾害影响，人们生活无着，便不得不冒险向海外寻求其他出路谋活。② 也有史料显示，当年还有另外一部分中国人到外洋，包括美国，是出于政治的逃亡原因，因为他们曾被清廷追缉。他们是太平天国余勇。天京失陷后，部分转战南下。最后，借外国人招聘华工

---

① 刘伯骥：《美国华侨史》，台北黎明文化事业公司 1982 年版，第 48 页。
② 台山侨务办公室编：《台山县华侨志》，广东台山侨务办公室内部印刷，1992 年，第 39 页。

的机会出外洋。从此，他们跑得更远，也是为了求生。① 这是另一类最初来自中国的移民。从太平天国的历史兴亡故事，或者有关它的兴亡，我们也可以从另一个侧面看到当年中国的时局。

据载，天王洪秀全在广州遇上了一名外来传道教士，从而获得一本简略的"圣经"小册，并得灵感自称耶稣之弟创教。他吸引的教众，多数都是农民。他宣扬的教义声言，是要一解农民之困，二创男女平等。同时，人人有饭可吃，这显然曾经是主要的。我们都知道洪秀全失败了。是清廷借外兵（是曾借美国及英国洋枪炮艇之助）打败的。也因此让外国人更清楚，清廷已是软弱无能，可以任由宰割。就在接下来的晚清王朝勉强苟延的日子，一方面以有限的力量到处搜查太平军的造反残余，另一方面以无限的让步来应对列强的诸般侵犯，只管言和签约赔款。国库变得更加空虚，人民更要承担压力。这样，不止穷人越穷，就连稍为富裕的人也逐渐变穷了，也同样要另找出路。所以，在初期移民中，也因而混杂有小量来美国的小商人。

五　契约来的，并非奴隶

眼看，在家乡是死路一条，耕地短缺，收成不足。总不能坐以待毙。求生是人的天性，要设法跳出困局。一旦发现了机会，虽然是从此去国，虽然冒险，也无疑要试试。事情就是这样开始的。一而十，十而百，逐渐人人出国远行去了。台山人是这样，四邑人是这样，其他在珠江一带的逃荒农民或早期华工也同样是这样。他们希望到新地方，有工作，有收息，至少可以养活妻儿。

在广东的广州，澳门、香港，甚至福建的福州、厦门等地，总之凡是闽粤沿海，特别是有外商船舶的地方，同时就有中间媒介的协办地方，从中招揽人出洋。最初是暗地里进行，因为旧中国有海禁，不得明目张胆地做。继而演变为视而不见。在鸦片战败后，就管也管不了。港澳已成外人之地，招工赴洋，应运而生。同时可想象，凡是希望远行去国之人，都设法转往那里去探路。

有需求，有供应，自然一拍即合。也会有人充当传译，既能利己利人，也能乐意居中取利。或称"代办人"，或称"承包商"，就此

---

① 刘伯骥：《美国华侨史》，台北黎明文化事业公司 1982 年版，第 427、465、430 页。

有人替人安排各项出国谋生手续，代找工作，接人上船。有依照手续行事的，有不依成规诈骗的。总之，最后都是上船，他去。之后，是幸抑或不幸，也只因人而异。故事多样，留下种种传奇。

其实只要找对了头，出洋自当迎刃而解。问题就是，若然已经前往报名，自那以后一切不免听人摆布，遭遇各不一样。

于是，就有不少传闻故事，如何上当啦，如何受骗啦，总之任人鱼肉，苦不堪言。有说不尽的悲哀，有受不完的苦难。也确实是呜呼哀哉，悔不当初。这是出洋华工最凄惨的记载。尤以到南美洲秘鲁、古巴等国家的确如此。但是，若以美洲华工而论，情况大致上有不同。根据所留史料，来美国的华工，并未沦为奴隶。他们有选择的自由，有去留的自由。这是最基本的不容丑化的事实。

无疑，当年有些在华代办，公开替人招揽华工，间或混有欺拐；但前往美国工作的，则从未涉及有关贩卖人口记载。华工再苦，条件再差，也至少是曾经自愿，并签有雇佣关系的契约。

整体而言，最早期的来美华工实际上是自费前来淘金之士，往返之人，成败不一。也因为有人真正淘到金，继而一传十，十传百，人人蜂捅而来，数字暴增可证。其后金矿都被封了，情况亦随之改变。接下去才是契约的华工，他们最先主要是被招聘来修铁路，是明文受雇的工人。但路费（即越洋轮船费及伙食费）则是由工人自己付的；这一笔钱，若是赊欠，抵达后需要归还。据说，一般以扣工薪作偿。于是，这就可能导致另种欺诈。只是这种欺诈是华人圈内的私事。

六　成团成簇，一去万里

也的确有人被骗，关键是被骗上了船。这是当年的一种情况。被拐被绑被诈都有。也有人做这类帮凶，把亲戚朋友当筹码，哄上了船，囚在舱内。以这种手段抓人的记载，多是往南美洲，或更落后的国度。真人真事，令人慨叹。唯是，声明到美国来的，基本上都按章办事。这是因为美国当年修横贯铁路需要大批工人，他们从欧洲雇佣的同类工人付出工资比较高。相对之下，华工工资较低，而且吃苦耐劳，服从听令，敢于牺牲。并且他们自己分工自己统辖，成群成组，反而变得易于管理。所以，当年的铁路华工，被欺骗机会相对不大。

据早期华工史记载称，在1852年，有一批被征集原称是去美国

的华工，半途发现并非如此。于是，全船哗变，抓杀船长，最后把船
（罗伯波尼号）开往当时距离最近的琉球岛，弃船登岸，另寻去处。
史料有这宗记载。①

　　去美国的，如果是被招揽的，一般是契约劳工。绝大多数是修铁
路。代办手续的人，也都按章办事，作弊事件罕有。

　　最大问题出在如何筹措路费。有公司代付的，然后扣薪补还。充
其量是船费作大，同时工资比一般人低。但并非个别人碰上个别的欺
诈，而是一律如此，待遇雷同，规格类似。

　　另外，在契约华工最普遍又盛行期间，代办中有以华人办庄的方
式代为支付船费，抵达后的在美华工，再向华人办庄者归还船费。这
当中要加付利息。有时利息十分昂贵，甚至接近剥削，这是另种不
幸。但这是华人私事，不涉及跨国，不关外人。尤应一提的是，这种
代支船费的做法，后来出现难控现象，即负债人竟然失踪，华人办庄
者无法追回欠款，逐渐这种做法也就取消了。所以，亦刚好证明，早
期华工与"卖猪仔"是不同的!②

　　另外，早期华工总是亲戚朋友同来，村中左邻右舍一齐上路，报
名时是成团成簇，抵达后亦相互照应。一方面是大家辞国的想法和处
境相同，另一方面是代办，逐村宣传找人。一旦说服了其中一个人，
有人带头就容易得多了。于是，亲连亲，族连族，大家壮胆，冒险作
常，这是侨乡常见现象，即其族人多到外域谋生。

七　明知冒险，亦算出路

　　去国，除了要远行，拜辞父母，还要弃家别祖，单身到一处未知
地。然而，他们心里显然亦早有数，虽感前路茫茫，内心疑虑参半，
也定想到将遇上种种困难，需要面对危险，需要勇气十足。但是，若
然退一步想，无论如何这是一个出国机会，可以离开现有困局，可以
步上未来成功之路。当然，也会有人失败，甚至遭遇更坏境遇。但毕
竟已有人走在前头，为了出路，只能冒险。

　　而一旦走出这一步，要反悔回头不易。自此，一去何止万里，一

---

① 刘伯骥：《美国华侨史》，台北黎明文化事业公司 1982 年版，第 45 页。
② ［美］麦礼谦：《从华侨到华人》，三联书店（香港）有限公司 1992 年版，第 6 页。

别难言再聚。谁签了约，登上船，只能企盼风平浪静，平安到达彼岸。这是铤而走险的转接，也是寄愿他乡的开端。

自那以后，身处另一国度，面对另一种国情，一切安危未卜。成败喜悲，各安天命。不过工作早已有了安排，勤奋肯做总妥。同路有熟人乡里，最陌生的环境也有不陌生的同伴。这是当年华工在美实情，并非完全无助，也说不上全都孤苦伶仃；人人是单独的个体户，亦都是成群的同族汉。所以它更似一支远征军，开进了连串的关山；集体去闯，分头去闯。尽管时或缺少扶持，但这批人其实心里知道，他们实质上丝毫不落单。也因是这种心态，支持每位华工艰苦地走出第一步。既成群又独立，敢于冒险创业。

去一个新地方，当然有许多未知数。人生地不熟，言语亦不通，这都是新问题，但都是出发前已经人人想象到的。

在国弱民困的大时势下，小人物的出路，只是靠出卖劳力。漂洋过海，万水千山，无人知道那以后能否回航？家国此别，天涯永隔。只要一切还未揭晓，就依然是希望！哪有不劳而获的事？哪有不用担忧的活？总之，这是一个机会，必须牢牢抓住。当年的华工也许的确是曾经这样想的！当年的华侨也许就是这样走出了第一步的。

第2章　矿尽路尽

小　引

早期那些赴美华工，是去淘金或铺铁路。无论是自费或因契约前去，很快便面临另一种异域彷徨。原因是，金矿藏量毕竟有限，就那么几年便开尽；又铁路也只那么长，几年后亦终告修完。于是，在矿开完，铁路筑好，他们怎么办？让我们来重看这一段前后的历史。

一　矿山附近，结伴群居

华人最早期到加州淘金，有自费的，有契约的。而且，在最早期基本上是自费而来。上一篇已简述因由。这里就不重复。

据说第一个参与美国西部淘金者的中国人名叫陈明，同时，也是他写信回唐山告诉他的同乡张云，他在美国淘到金。消息最初就是这样传开来的。于是，陈明的唐山朋友来了。其他的也陆续跟着来了。① 我们现时至少可以查到，在旧金山入口登记的中国人，便曾于1849年增加至325人。旧金山虽是登岸海港，但是抵达者都以最快的速度奔往附近矿山去了。

在矿山的周围，华人结伴盖起木屋群居。而旧金山唐人街是稍后才形成的。不过，几年之后，因为来参与淘金的人都需要日常各种物品补给，就有人开始做这种服务，并且以旧金山为集散站。

---

① 陈依范：《美国华人发展史》，三联书店（香港）有限公司1984年版，第14页。

二 闻金而至，成富者稀

现时，人们总是喜欢提及早期华人惨况，比较忽略追述他们是否成功。我们是否也应该问，当年有谁真正淘到了金？他们又怎样了？其实，合理的答案是，真正有人侥幸淘到金，甚至很快便买舟回返家乡，这才激发了一波又一波的后继者。试看当年华人抵达旧金山的数目，显示，1850 年是百位数，1851 年是千位数，1852 年已跳至万位数。被记录下来的，是 20062 人。与此同时，华人也已开始回航，从 1852 年起，是 1768 人；在 1853 年，是 4421 人。① 我们相信这些人是首批致富者。旧的相应回去，新的陆续涌来。1854 年的华人抵美数字是 16084 人，同年，回航的数字是 2339 人。在这阶段，来去继续。来者逾万，归者盈千。华人前来淘金者的热潮仍在发展。就以连续最初五年的华人入美统计，从唐山而来登上旧金山的就有三四万人。这同时亦急速地改变了该处唐人街的功能面貌。它已不再是一个抵达转折点，也不光是提供补给的服务站。它已变得成行成市，除了华人盖屋而聚居，亦发展了多元性的商铺。美国华人唐人街的形成应是已逐步开始了。也应相信，并不是每个人都去矿山淘金，也有人留下来发展各种服务。或者转而从商，供应唐山杂货等。于是，除了有船务及翻译中介中心外，饭馆、洗衣馆、理发店、中药店，甚至赌馆和妓院等都先后出现。市面上已林林总总。

三 金尽山封，人何处去

依据有关文献，从旧金山进入金矿范围之途有二：一是从陆路翻山去，二是由水路坐船去。然后，都云集于萨克拉门托市（Sacramento，粤人称它为"沙加缅度"），再由那里步行或骑马进山区。因此，这一处转接地，被当地华人命名为"二埠"；是因为华人从唐山先到达旧金山，那里被称为"大埠"。又华人现身金矿，最先是个体户。但都集中在一起结幕而居，遂发展为十多人小组户。继而盖棚盖屋，几有村落雏形。据说，他们只是远随白人后面，在已经采掘过的矿地上面找寻，并不敢大张旗鼓地以锄来操作。因为矿地几全是由白人承包了开采权，直至稍后，才有由华人再购得弃采矿地。由于他们耐心

---

① 刘伯骥：《美国华侨史》，台北黎明文化事业公司 1982 年版，第 48 页。

细致地掘和找，还可在这些已采区得到收获。也是在这种矿权改变下，华人渐次衍化成多组制，或甚至组成公司，进行集体协作。后又从单纯的挖掘方式过渡至灌水淘洗式。历来少人提及的是那些土崩事件。那是因为引河水去冲洗矿山常会导致矿塌地陷。这是西部淘金越到后来越会发生的悲惨事。因为华人每多依傍着矿山来立村居住，有个别的村落也就因土崩而遭掩埋。[1]

白人对华人加入加州采矿行列不是完全无动于衷。他们从开始就想方设法管制，最明显是各个郡府向华工收取矿工税。最初的收费是于 1850 年提出对外籍人各收 20 美元，原是针对墨西哥人。因为实在苛刻，墨西哥人全撤。郡府遂一无所得，那时华人尚有限。于是自1851 年起改为每户到矿山的华人每月需向所属郡缴纳 3 美元。白人不用缴纳。理由为他们是公民。其后，于 1853 年增加至 4 美元。然而，华人惯有忍辱负重与屈曲求存的习性，服从接受，未闻有逆。同时华人操作的细致与勤劳，依然能从废址中觅到金。所以，除了有更多华人在弃矿内谋生活，更有白人雇华工为他们进行开采。所谓"契约华工"这类也有，他们多以水运作淘洗，但是那已时近尾声，热潮已过。相对而言，更多白人已退出淘金的行列，因为找到金的概率越来越小，而且越来越白耗工夫。也在这个阶段，白人便索性把更多他们已采过的矿地所余开采权利转让给华人，换款而去。于是，亦有华人开始转业而他徙，也有不放弃的，继续留在原地。延续至 19 世纪 70年代后期仍有华人零星在金矿场苦干。

四　华工筑路，历史有载

早期华工另一轮来美的工潮，是被雇聘前来修铁路。这一批人，为数逾万，可以说全部是"契约华工"，唯任期不长。因此，很难把他们归类为"从此备受剥削，终生做牛做马"那种非人境况。因为美国那时南北战争刚完，奴隶制取消了，铁路只修几年。总体而言，他们是太平洋铁路公司下属的自由工人，路修好，全解聘。所以，他们的有关"契约"，是雇主先赊船款，华工后扣薪偿还，条文列明，工资不假，一般均依法"了结"。这批人的问题，普遍的是随后怎么再

---

① 陈依范：《美国华人发展史》，三联书店（香港）有限公司 1984 年版，第 56 页。

另谋活路。据史料载，太平洋铁路公司不是一开始便用华工。该公司因面临白人工人罢工威胁，才想到用华工替代，起先旨在舒缓压力。所以，当第一支华人铁路工出现时，人数共50人，而且是试用性质。这批人大致上曾是由矿地上退下来的转型华工，非新来乍到，非毫无训练。因为他们的表现实在太好，公司遂决定自中国聘华工。这样，便由在香港的美国商人及华人回华设馆在那里充当代理，大举招聘铁路工。这就造成了早期华人来美另一次浪潮，全是男丁。本来太平洋铁路公司承建加州萨克拉门托市向东修筑的铁路，原是于1863年1月8日动工的。然而两年过去，只修铺了31里铁轨；还屡有劳工纠纷，常受罢工困扰。华工自1865年2月才开始试用。先雇50人，再雇50人，最后，该公司雇聘名单上共计有华工一万五千多人。其间有一千多名华工死亡。

五　路成失业，问你怎办

这些华工曾经是这样作息的。据记载，最初，华工分为12人到20人一个小组，自备粮食厨师，一齐来到工地，各自安营，彼此相邻；合吃一顿墨鱼佐餐米饭，随即洗澡睡觉。第二天一大早，集体前去装土卸车，做平整路基的工作。那是为铺铁轨做准备。逐渐他们受训使用炸药，驾驶马车，开凿山岩及铲土等。后来华工增加，爆破钻岩任务几乎全由华工负责。尤其是内华达山脉那段花岗岩山洞铺轨，华工从悬崖上乘坐竹箩缘绳索徐徐下来点燃炸药，之后靠人力拉回顶。经常发生堕崖事故，又或退避不及，人随之被炸身亡。今仍流行的那一句"中国人的机会"就是这样形成的。因为点燃的"爆破用的火引"通常只用一次。如果未能引爆，又或重新再点，能生还的机会是零。华工勤快，效率超常。他们创下了一天12小时内铺成10里又1800尺长的纪录；在没有现代化机动协作之前，这项纪录一直未曾被人打破。不过，尤应指出，其间曾有8名爱尔兰铁路工人同时参加运轨，其他全是华工。平日，华工一天可铺7里路，爱尔兰人铺6里。4年后首条横贯东西线的铁路在犹他州普罗蒙特里（Promontory, Utah）接驳了，正式日期是1869年5月10日。当天4名华工合力把最后一根枕木安放后即离去，1名白人敲下最后一根铁钉，庆功典礼进行，故此，所留下的这一历史照片内无华人。甚至，在当日当场演讲和报道中，均没有人提及华工。这条铁路筑了 7 年，华工参与 4 年，他们随即被通知从此失业。①

六　功勋别提，吃饭要紧

也不是所有的铁路华工都从此全改了业。有部分被雇聘到别的铁路公司去了。最大的两家是"南太平洋铁路"（Southern Pacific）及"北太平洋铁路"（Northern Pacific）。另外，在美国南方及北方其后所筑的铁路干线中，也分别聘请了其中部分华工。又由筑铁路到开辟公路。至 19 世纪 80 年代时，加拿大太平洋铁路（Canadian Pacific Railroad）工程，也从美国选聘其中部分华工前往。有些华工在沿线留下来另找工作。有些华工索性拿着积蓄返回唐山。据记录称，华工当年的月薪是 35 元。钻山洞那一段曾增至 40 元，与爱尔兰工人同价。不同的是华工自供伙食，这是明显差异。华工建营群居，出入成队，自编管理。铁路公司一般乐得不用头痛。有些回到旧金山去，唐人街兴旺起来了。他们把所得投进了别的行业，或者开设小型买卖，或者投身某类工厂。于是，华人工作内容由此扩大，华人散居各州就业这是开端，包括冒险东进。

七　华工找工，到了东岸

华人什么时候到了东岸纽约，众说纷纭，至今未定论。

不过，无论如何，作为东岸的主要商港，纽约是商贸文化转折站。中美如有接触，该处应是开始。

远自 1784 年 1 月起，美国有船取名"中国皇后"（Empress of China），满载西弗吉尼亚山区的人参，运到广州并于翌年 5 月回航，返抵纽约。这是中美通商的记载。1787 年有美国商船哥伦比亚号（Columbia）从西北太平洋起航前往广州，得中国茶叶蚕丝，返回东岸波士顿。它于 1792 年再去中国。根据美国移民委员会载东部入口的记录，1820 年有首位中国人进入美国；1821—1840 年之间又有 10 人抵达美东；1841—1850 年之内又有 35 人抵达美东。有名字留下的只是"阿宝"，但他是从中国先到了旧金山，再从那里坐船于 1850 年抵达纽约，娶西妇，住下来，经商。②

---

① 陈依范：《美国华人发展史》，三联书店（香港）有限公司 1984 年版，第 97、99 页。
② 刘伯骥：《美国华侨史》，台北黎明文化事业公司 1982 年版，第 94 页。

　　所以，纽约的情况与旧金山不一样。最初的中国来客，大致是小商人、演艺员、佣厨及留学生等。间或有随西人船只抵岸的水手。由此可以推断，初时华工找工，只是西岸的情况，东岸无类似的迹象。

第3章 劳模伏祸

小 引

为什么会发生这种情形？旧的华工契约满了，形式上是失业；新的华工陆续抵达，主要当然是找工作。从当时旧金山社会迹象看，是千千万万的华工涌入美国社会另谋工作设法生活下去。华人人数约计10万人。那是一段尴尬时期，也是华工工种改变，继而分散各地之始。

一 觅职求生，各施各法

若以美国首条横贯东西铁路建成为转折点，铁路华工因而失业，人数共计15000人，他们原则上都需要另找工作。

当年是1869年，那年同时仍然有新的华工自中国涌入美国，据移民局统计有12874名华人入境。翌年，涌入情况继续，移民局记录报称有15740名华人抵达美国。至1871年才稍减，但依然有7135名华人入境。1872年情况类似，有7788华人。若是连续4年合算，华人待职的数目达6万人。① 而且，基本上是进入旧金山唐人街的。

获职者分头去，觅职者续流连。纷纷攘攘，亦算奇观。因为他们衣着十分特别，长辫子，黄皮肤，不说英语。

然后，在那几年，这些人分别被雇到不同的工厂去作业。与白人同一个工作间，做着同一样的各类工作。

---

① 刘伯骥：《美国华侨史》，台北黎明文化事业公司1982年版，第50页。

最初工厂全是西人开的，逐渐也有不少华人经营。那时盛行的小工业作坊，是生产如下品类：雪茄制造、毛织、服装及靴鞋等。很多华工是从矿场下来便开始到小作坊工作。其中雪茄制造的华人作坊是专做承包卷烟。华工几乎参与加州半数靴鞋拖鞋生产。

又或者到牧场上充当牧羊人及剪毛工人。或开业经营做衬衫及内衣裤等。此外，还有制造扫帚、绳索、火柴、蜡烛、肥皂、瓶子、陶器、砖头等日常用品。

二　无论新旧，有工就做

在那一段时间，无论是新来的或是旧的华工，总之，有工就接，各自安身。

当时加州处在发展期，妇女普遍较少，缺做家务的人。华工也常受聘当佣人或任厨师，这就可能跟随白人雇主到更远的地方去。

另外，早期已转业的华人矿工，有大部分选择农业工作。除了从事果树、蔬菜的灌培和收获，还参与农地垦辟、修渠筑堤及填地等挖土杂工。

但是，华人成为农场主的例子罕见，因为加州曾订有《外人土地法》禁华工拥有土地。他们只许租借荒地，用来种植菊花、水果、蔬菜等，然后挑到唐人街去售卖。

这些所谓自耕农中，有个别人发展过种植草莓及芹菜，有更多人协助白人开始了除种小麦外的甜菜工业，使梨子、李子、胡桃、杏仁及芦笋等成为新兴蔬果行业产品。

加州的各大葡萄园也大批聘用华工。根据有关统计，从1870—1880年这10年内，华人在加州的葡萄园地区，生产了大约两万吨葡萄干。其中53%用来酿酒，余下来的卖到市场供食。

据称，以上这类华工占1880年加州葡萄园工人总数的80%—85%。

三　稍有积蓄，开小生意

可以想象，凡稍有积蓄，华人就回到唐人街开业做小生意。既是老板又是工人。

有些人把日常操作发展为服务业，洗衣是一种，以便宜取胜。有些人把厨艺变为生意，开杂碎小馆。前者，不需太大投资，最容易干起来，其后它竟成为华人在美长达百年谋生的主要行业之一。后者，则需要些资金，但民以食为天，生意也容易维持。还有一种，既需资金又需手艺，是开设制作各式衣服的缝制坊。谁会想到，以上三项小生意的继续，竟长期地甚至曾一度发展成为美国华侨华人社会三大主要经济行业。也就是说，华人在美国逐步发展中，有 100 年（1870—1970），是曾经全赖洗衣、餐馆及车衣工厂支撑着全侨整体生计的运作。

这当然是旧华工的创业，并带动新来者加入操劳。

及后，变得更灵活兼实效，因为可以改为家庭式的经营，既可以扩展，也可以收缩，一切酌情而定。起初，这些经营都只是开设在唐人街内，顾客也以华人本身为主要的对象。但渐渐地都在发生变化，白人也把脏衣服拿来代洗，并且到唐人街杂碎馆进餐。

于是这两类服务性质的经营，终于开设到外面白人社区去了。这也是为什么它能历劫犹存，发挥着维持家计的作用。

至于缝制衣服，是生产兼服务。因性质稍不同，几度兴衰。但万没想到在新一轮移民潮时，竟又容纳下华人妇女工人以千位计。

四 要求更低，更受欢迎

尽管华人找工作的数目庞大，但是在 1873 年之前还不难。即使在那以后，华工尚属雇主首选对象，只是情况开始变得复杂。因欧洲的第一轮经济不景气已蔓延至美洲。白人工人中，有失业趋势。

然而，华工的优胜点则是"既平又好"，即工价廉，干得好。加上他们多是任劳任怨，在选用工人竞争中时常居首。

甚至，有些雇主因而更极端地把白人开除，然后，以华工来代替。特别在找工作逐渐发生困难时，雇主会把工价一压再压，华工对此还是一忍再忍。为了容身，要求更低。也就更加受到白人雇主欢迎。语言反而不是问题。

这种既不计较又勤劳的华工美德，使他们在各类白人雇主中备受推崇赞许。

另一种情况是，在工程庞大的公司野外运作中，华工那种自成编制的食、住另有好处，比如，老板不必另添伙食住宿，不怕有罢工的威胁。这些本都是当时白人公司老板聘请爱尔兰工人常要面对的待遇问题及劳资纠纷。但却不存在于华工之中。所以，在那阶段"失业"虽同是使华工恐惧的名词，但他们又总能找到一份"安身"工作。于是，华工因而名声远播，而且，也曾被成批地聘到更远地方作业。

若以过往首批铁路华工为例，在 1870—1871 年，他们中有些继续被雇，前往南下干线工作，直至铁路接通洛杉矶。1876 年他们参与完成了在特哈查比隘口（Tehachapi Pass）17 个隧道的环道工程。也同是这批千名华工，建造了美国西部最长的 6975 尺圣法南多隧道。

与此同时，华工于 1872 年被雇到俄勒冈州哥伦比亚河边的渔业罐头工厂做工。截至 1881 年曾有 3000 华工在那些罐头厂就业。

即使排华时，还有承包商把华工从旧金山载往阿拉斯加干活。

五　华工吃香，祸之所伏

整体来说，越到后来，华工竟然成了白人雇主争相雇用的对象，基本原因就是他们工价平下，忍让勤快，容易管理。

其实，在经济环境普遍尚兴旺的时候，华人与白人基本上是相处融洽的。即使雇佣关系之间，也经常是相互为用，既彼此依存又各取所需。

暂时先搁下华工们对加州的初期发展贡献不提，单从当年白人雇主的角度来看，华工同时曾给他们提供了其他方便。

在甚嚣尘上的排华浪潮兴起前，华工从淘金矿场及铁路筑建中大批转移到加州各个新果园工作，他们已习惯了有组织且能自理伙食作息有序的集体性，在工资合理下，极受雇主欢迎。

尤应指出，果园是季节性的流动农场工，华工曾经是这类雇主的第一批工人。从 1873—1878 年的经济萧条期间，华工们乐意每年淡季时回到旧金山唐人街休息。即使在《排华法案》实施后，葡萄园主仍拒绝辞退华工。他们曾被传召在法庭上做证说，是"华工完全符合果树园的廉价、需技术、可随季节转移和做短期劳工的条件"，因此他们并不急于雇请（那些同样正在找工作的）未经训练的白人，虽然政府本寄望以此作为一种可配合舒缓经济萧条的社会福利措施。[①]

后来由于葡萄园主受到政治压力，葡萄园的华工终被赶走；因未

---

① 陈依范：《美国华人发展史》，三联书店（香港）有限公司 1984 年版，第 119 页。

能雇到适当白人补缺，据称有 50 万英亩农地暂停生产。[1]

六　陆续而至，金山梦浓

从 1873 年至 1882 年的 10 年间，即使美国经济已经陷入萧条，华工赴美谋生之梦并未退减。

即便是酝酿《排华法案》通过前夕，中国人的金山梦依然没有受影响。试看美国移民局留下的记录，就在那 10 年间，华人陆续入境，共计总数是 159747 人。[2]

与此同时，华人出境人数共计是 81700 人。[3] 对比之下，抵美者超了 78047 人。这些人当然要逐渐加进华人觅工行列，但那时候，华人已散布和扩展至其他地域，他们的就业情况也应以全国范围来算。

因为自从东西横贯铁路于 1869 年建成通车之后，一方面是东岸人（尤其是白种人）纷纷涌到加州谋求新机会；另一方面是华人则沿线向东去。这是美国东西两岸对流的开始加速期。

在那之前，是我们熟知的白人成群结队，同策驿车爬山越岭的西进潮。另外是坐船绕道去。

可以想象，西岸的旧金山仍然是华人自中国来的最多的进出集散地。那里的唐人街已经发展至相当的规模，据报那阶段华人人口大约 6 万人。全美华人大约 10 万人。

据官方发布的数据，于 1880 年华人合计有 105465 人。

七　他乡谋活，有来有返

当年《排华法案》通过原因之一，史载是因华人抢去白人工作。

那时华人所以大举来到美国，最大的目的是需要谋活养家；找工作，理所当然。但是，是否因而导致白人纷纷失业，却是值得我们审查，好好研究其可信性。首先让我们找出当年曾有多少华人，再找出它与白人的比例，看看是否足以构成其深具威胁的可能。这应是最简单直接的鉴证。

据美国当年官方人口记录，有三段时期的统计可供参考：

---

① 陈依范：《美国华人发展史》，三联书店（香港）有限公司 1984 年版，第 119 页。
② 刘伯骥：《美国华侨史》，台北黎明文化事业公司 1982 年版，第 70—71 页。
③ 同上。

其一是，由 1848 年至 1856 年的 9 年间，曾在海关留下记录的华人入境共计曾有 52010 人；但，与此同时，根据移民局的出境记录，华人从 1852 年开始有回航的出境记载，截至 1956 年，海关记录显示，华人出境共计有 15029 人返回唐山。

其二是，从 1857 年至 1872 年 16 年间，移民局记载华人的入境数合计是 101119 人。不过在同一时期内，根据海关的报告，华人每年出境人数共计有 54157 人。

其三是，从 1973 年至 1882 年 10 年间，华人来美入境人数，据移民局报共有 159747 人；同一时期，华人出境数共计 81700 人。以上三数所示，在前后 32 年内，华人入境人数合计是 312876 人。①

然而，应注意是，华人并非来了就全部不回去。根据移民局的出境记录，同期共计总数，曾有 150886 华人出境。

由此可见，华人有来有返。以上两数加减结果，如果不算入其间的各类死亡数目，依然在美国生活的应有 161990 人。

可是据美国 1880 年的全国人口调查统计，当时华人只有 105465 人。即使另据移民局的外人入境记录，华人在 1881 年有 11890 人入境；甚至在 1882 年《排华法案》实施前，尚有 39579 人抵达。三数合起来是 156934 人，这也应是《排华法案》实施前，华人在美国的人口总数。

又据查，1880 年全美国的全部人口统计是 49371340 人。以此推算，当时华人所占的人口比例只相当于 0.0031%，实无足轻重，怎构成威胁？

不过，从以上这些记录同时可证明，华人中许多人的确在旧金山赚到钱，然后买舟回航，无疑是圆了他们的金山梦。也应记取，在《排华法案》正式通过前那连续约 35 年中，记录显示，那年代有千千万万的人来来回回。也许未能真捡到金，倒是众人都有所收获。养家糊口，尚总可以。那也曾是华工当年能实现的最典型的"金山"之行。

---

① 刘伯骥：《美国华侨史》，台北黎明文化事业公司 1982 年版，第 51—52、57—58 页。

第4章 替罪羔羊

小 引

无风不起浪，祸来总有因。华人之所以成为当年替罪羔羊，最核心的负面原因，是来自白人种族主义的排斥；其次才是美国经济开始萧条，白人工人失业，问题渐趋严重，工会因而备受压力，并向政客寻求解决办法。种族主义者便乘机把矛头指向华人。华工一方面是被白人雇主压价的一群，另一方面又被诬为抢走白人工作的异族，尽被扭曲丑化，遭受暴行，成为被驱杀成风的一群无助者。

一 白人主义，排斥华人

美国本是一个由各族裔人组成的国家。但极端的白人种族主义者，以更早从英国移来的盎格鲁撒克逊人为其核心，排斥来自其他欧洲各国的别裔人以及亚洲人，特别是在当时为数较多的华人，当然还包括正继续被清除及受压制的美洲本土的印第安人。在反华暴行变本加厉的最初10年，即由1870—1880年，在发展中的西部加州墨西哥人已被驱赶南返了；印第安人已被圈入保留地；刚被解放奴隶身份的黑人却被剥夺公民选举权，曾一度被大举安排到农场作业，最终也纷纷移往东岸去；唯华人仍然在加州各行业内，默默地、广泛地工作。所以，在当年种族主义者的眼底下的敌人，也就全是那一批十分碍眼的、黄皮肤、留着长辫子的华人。尤其在1873年经济不景气开始后，欧洲经济崩溃，并波及美国。小型企业倒闭，白人工人多失业，遂更加激化了反华排华的风气与浪潮。白人种族主义者煽动称，是中国人来了抢走了白人工人的工作，因此，他们必须要把华人驱出加州。在他们散发的一本小册子内，作出这样解释："美国人和亚洲人之间的种族差异，将是永远无法克服的。优越的白种人，必须借着法律，或者如有必要，凭借武力，来驱逐下等的亚洲人。"① 这段时间刚成立的工人党称："在这个伟大的共和国里，白人，不论男女老幼，作为'人'，就不能和任何一个华人苦力生活在一起。"它又宣称："这个州应是一个白人的州。我们不要其他种族的人在这里。"② 继而，有更直截了当的种族主义文献称："盎格鲁撒克逊人奠定了我们西方帝国的基础，也掌握着人类的命运。"因此，更露骨是，加州的第一部宪法竟曾有明文规定，只有白人男性公民才有投票权和被选举权。③

二　排华风暴，这样催生

根据粗略估计，在接近 1870 年时的加州人口总数大约有 60 万人，其中在旧金山市有 15 万人，而华人约占当时总数的十分之一，大概有 15000 人，绝大部分都是华工。然后，又有六七千名华工因横贯铁路完工而被解雇，他们转回到旧金山去找工作。

于是，华工人数因而突然骤涨起来。也刚巧在此之前一年，即 1868 年，中美之间达成《蒲安臣条约》（*The Burlingame Treaty*），该项条约对来自中国的移民仿佛同时多了一些法律上的保障和作用。

岂料，当时欧洲新兴工业的经济于 1873 年因生产过剩出现第一波的危机，那时美国股票市场已经盛行，加州，因为曾经有过一段黄金潮，大部分白人都买股票，意图博取厚利。

到 1874 年终于出现大跌市，差不多所有在加州的白人均遭受损失。随之有许多小企业因受冲击而倒闭，也直接导致了大批白人工人相继失业。所以在加州工人就业日渐紧张情况下，白人工人不仅要与华人竞争，且往往因华人不在乎低薪而先被雇主争相录用；白人在求职中，频频被告知落空，这情况便反映到工会去。工会求助于政客，很快便都认为是华工抢了白人工作。

① 陈依范：《美国华人发展史》，三联书店（香港）有限公司 1984 年版，第 174 页。
② 同上书，第 175 页。
③ 同上。

白人种族主义者抓住这个机会四处煽动排华。

于是，或时而施暴行，或呼吁订法例，由加州带头针对华人而采取的无理虐杀，及一再地立法来压制华人的风暴，就此掀起了。

三 加州华人，百份占十

若从当时加州人口的比例来观察，说华人抢走白人工作其实是刻意夸张。无论是从全加州抑或以旧金山作为一个相对的缩影而论，华人与白人的人数比例，总在十分之一左右。据一项人口调查称，1860年，全加州白人约有 38 万人，华人约 34900 人；1880 年，加州白人约有 571800 人，华人约 73500 人。

据刘伯骥所述资料显示，白人与华人在旧金山的人数比较曾是，1860 年，白人实有 52866 人，华人是 2719 人；1870 年，白人实有 136059 人，华人是 12022 人；1880 年，白人有 210496 万人，华人是 21745 人。通常华人约占其数十分之一。①

又据美国海关数字记录，由 1852 年至 1885 年的 33 年间，华人在旧金山的入境数与出境数相抵消后尚留下有 162225 万人。据人口普查显示，1860 年，全美华人是 34933 人；1870 年，全美华人是 63199 人；1880 年，全美华人是 105465 万人。

总之，在《排华法案》实施前，华人中有人赶着离开，也有华人赶着到来，加减之下，华人留在美国人数大致上是 10 万人。

唯此，须注意的是，当 1873 年美国经济萧条开始之初，东岸各地有大量的白人同时跑到加州去谋生活。据报道，仅是从 1873 年至 1875 年的 3 年内，估计有 15 万工人移往西岸的这一个"黄金之州"企图找寻生计，而且很多停留在旧金山。

四 逐华杀华，案例频生

在失业和种族主义舆论的误导下，白人纷纷埋怨华人抢走了他们在加州的工作机会。先只是有个别人被指责殴打，继而发展为集体暴行。较多人提及的是，1871 年 10 月 24 日在洛杉矶发生的一场集体屠杀华人和抢掠案例。据称，当日有 500 名白人闯进了唐人街，殴打和抢掠每一位居住在那里的华人。其中有 22 名华人遭行刑式的绞杀，

---

① 刘伯骥：《美国华侨史》，台北黎明文化事业公司 1982 年版，第 53 页。

另有多人受伤，同时数以百计的华人被赶离住所和商店。①

据估计约有共值 35000 元华人财产被乘机搜夺而去。

之后虽曾有 8 人被指控，结果还是全获释放，因法庭认定罪证不足。这当然是明显的偏袒白人的判决。

这宗事件后由清廷向美方提出交涉，美方因理亏最后曾经作出赔偿，但款项全交给清廷了事。

在旧金山范围，最轰动的事件是，1877 年 7 月 23 日发生的所谓华人"黑暗之夜"，它无疑是在那里的白人种族主义的暴徒们，针对华人而进行虐杀和焚烧的另一宗大案例。② 该次袭击连续三日。在第一夜便放火烧掉了华人 25 间洗衣店。过程是这样：在 23 日那天，有 8000 名白人在市府大楼侧边的一块沙场空地举行集会，原先只是讨论工人失业问题。

据报道称，其间刚巧有一名华人路过那里，有肇事者突然高叫喊打，并煽动其他人采取行动。这事之后，意犹未了，遂转往唐人街去，一场纵火和殴人的排华事件就此无法无天展开了。

当天只报曾有 4 名华人被杀害，一系列洗衣店及华人商号遭到焚毁，财产损失估计在 10 万元以上。

然而，至第二天（24 日）暴乱事件还在继续，有大批白人仍群集起来骚乱，与警察有零星的纠缠。有些人还冲进唐人街去焚抢伤人。

到第三天（25 日），他们再纠集在一起，拟向市内太平洋邮轮公司的码头采取放火及破坏行动。

至此，市政府除了出动警察外，并调派加州兵团前往保护和驱散扰乱暴徒。史称"沙场事件"（Sand Lot Incident）。在暴动中，有爱尔兰人丹尼斯·科尔尼（Denis Kearney）借势纠众组成了"加州工人党"（Workingmen's Party of California）。他自充当党魁，提出排华口号："中国人必须滚！"而且还推波助澜，辱华事件日益加剧，变本加

---

① 刘伯骥：《美国华侨史》，台北黎明文化事业公司 1982 年版，第 518—519 页。
② 同上书，第 500—503 页。

厉煽动白人要求加州议院立法排华。①

白人舆论界亦天天在报章上歪曲配合。

五　工会政客，找替罪羊

毋庸置疑，工会的领导人在那一段经济萧条时候，经常面对失业白人工人的诉求和压力。他们一方面不能如实地承认自身无能为力；另一方面却欲狡猾地向外物色替罪羊。

本来，生产过剩继而导致裁员减产是工业革命新课题，是跨国企业垄断的兴衰转折，是资本主义必然的市场起伏。

因此，因华人一般不加入工会，并常自愿减薪博取录用，选他们做替罪羊，工会认为刚好！至少在表面上，白人在社会上大举失业，华人则根本上从早忙到晚，人人都在作业。

另外，在推行民选政治的国度，政客多数是机会主义者。美国在立国后一段情况是，白人是理所当然的政界领袖。同时，他们所面对的选民也完全是白人。在市场不景气来临的日子里，但见白人工人陆续陷于失业，又见白人雇主乐于雇用华工。他们不会不知道这种特殊现象背后的真正原因，却刚好是提供了他们所要的借以争取白人选票的理由。那就是把华人当作替罪羊。

这样，一方面不怪罪大财阀只雇廉价华工，另一方面则可以争取到失业群白人的选票。

于是，尤其是在竞选的公开场合，都说是源源不断而来的华工不断占去白人在加州的工作，既迎合当时的民意，也无碍于只得罪外来异族。所以，不论是共和党抑或民主党的当时政客，都竞相附和地大放反华排华的厥词，并以此作为他们选举拉票的立场与政纲。

六　"华人滚蛋!"其他理由

"华人必须滚蛋!""华人抢走我们的工作!"这两句排华诬华的口号成为当时政客及白人种族主义者常挂在嘴边的宣传主调。

此外，还有其他种种理由。它涉及对华人种族、文化、宗教、经济、政治上的分歧、误解和误导。

---

① ［美］麦礼谦：《从华侨到华人》，三联书店（香港）有限公司 1992 年版，第69 页。

1876 年，旧金山一位市府官员做证时这样概括表示："他们和我们的劳工利益相冲突；他们永不能与我们同化；他们是一群永远的、不变的与不可变的外国人；永不能成为与我们同族类的。他们的文化对于我们人民的影响是败坏的、堕落的。他们贬黜与侮辱劳工。他们永不能成为公民，而只是一群外国人，是堕落的劳工阶级，没有公民资格的欲望，没有教育，而对于居留国漠不关心，是对团体存有一种败坏性与危险性的成分。"①

更浅显的说法是，华人生活水平太低，致工资太廉，使白人无法与其竞争；华人专营烟赌、娼妓，又不改奉白人的基督教；此外，唐人街是邪恶之源，人口太稠密、不合卫生，并由国外带来种种疾病。其实，说到底，是华人在种族上异于白种美国人，他们又不愿意采纳白种美国人所坚持的习惯和理念。所以，归根结底，他们要排斥华人，并认为华人抵达加州，是"一群和平侵略之军，而非移民"②。

七　立法排华，始于加州

加州专门针对华工而订的法例，从他们初来不久便开始。那时华人都是到矿场去，从 1853 年订出法例，华工要缴矿工月费。又于1854 年立例，华人不能在指控白人的案件上出庭做证；亦即是说，华人若被殴打、抢掠，甚至目击凶杀，被控方是白人，华人被禁出庭做证。然后，一路下来，还有种种其他苛例，总是针对如何限制华人；或加收费用，或比如禁止捕鱼，及包括不准华人挑着担箩走上马路；大大小小，形形色色。然而，有关排华的言论主张，始作俑者是加州州长。当时，还只是 1853 年 4 月，州长毕格勒（Bigler）向议会演说称，华人都是"契约苦力"，加州应通过一法例，禁止他们继续移民到美国来。不过，他第二年便落选下了台，他的关于立法排华呼吁，却最终于 25 年后，即 1879 年 9 月 3 日，在加州议会上被宣布获通过。而且据称，这是全加州选民投票的结果。记录显示，当年曾投票的加州选民共计 162000 人，其中"反对"让华人继续移民来美并认

---

① 刘伯骥：《美国华侨史》，台北黎明文化事业公司 1982 年版，第 480 页。
② 同上书，第 480 页。

为抢走白人工作的合计有 154636 人；投"容许"票的却只得 883人。① 这等于说，在加州有权投票的选民几乎全投了反对票。于是，一条新的加州宪法规定，禁止所有在加州注册的公司和市政府机构雇用华人，并授权各地方市政府将华裔居民从其辖区迁往指定的地区。

1880 年更通过了两条限制华人作业及营商的法案。

其一：《捕鱼法案》，禁止华人从事任何捕鱼行业；其二，《防止发给外国人执照法案》，剥夺华人获取商业或职业执照的权利。

在此之前，加州已立法禁止华人在加州拥有土地所有权。

自此以后，加州政客集中力量要求联邦政府同样立法，排华之风更盛，《排华法案》随之产生。

---

① 刘伯骥：《美国华侨史》，台北黎明文化事业公司 1982 年版，第 482 页。

第5章　立法排华

小　引

尽管美国政府或个别人，曾极力否认排华是由于种族歧视，并提出过各种理由，要为当年的立法辩护。然而，从历史事实看，排华法案在制定和执行过程中所出现的各种迹象，足以令人明白有关解释的虚伪和理亏。更应该洞察的是，《排华法案》之所以确立，不是出于针对华工抢走白人工作，而是借此为题，骨子里是有些白人主义者要以法律来禁止，或者说，是要杜绝华人移民美国落户。

一　排华部署，按部就班

美国《排华法案》通过，并非一时冲动的结果。它是经过按部就班、深思熟虑而推出的一宗意图清洗和杜绝华人移民美国的种族歧视法案。在那之前，有连串的部署；在那之后，有补充的填漏。最初只是地方性的局部排华，最后是全国性的全面排华。它是经过国会两院议员投票，又由总统签署施行的排华令。纵使对它进行美化也属枉然。

人们喜欢以《蒲安臣条约》（1868）的签署来粉饰美国曾容许让两国间的自由移民而说好话，却忽略了当时是美国大公司极度需要输入大量又低廉又肯干的来自中国的契约劳工。这条约是使美国这一行动更加合法。因自《望厦条约》清廷才间接取消海禁。

岂料，美国横贯铁路筑成，加州出现了新情况。一方面是铁路华工大批被解雇需重新找工作，另一方面是东岸白人搭火车到加州谋求发展。于是，华人自由进入加州，遂成当地一个问题。必须设法加以限制。因他们与白人抢工作。

这样，又由加州开始想办法解决。它随后 1870 年通过了两条主要法律：一、禁止华人在加州拥有土地权；二、在华人最多的旧金山禁雇华人任市政府工作。这是在白人种族主义的影响下意图杜绝华人长住久居及未来入政的防范策略。其他还立诸多规限，例如，不许华人子女就读于公立学校及不许华人到市立医院去就医等。至 1879 年，通过加州宪法，禁止州内的公司和市政府雇佣华人，并授权各市将华人居民从其辖区迁徙至指定区。因为华人于铁路建成后亦有不少东移他处。

于是，除加州范围外，其他州亦跟进；排华迅速遍及各地，配合联邦立法。

二　全国推进，绝非偶然

在盎格鲁撒克逊白人优越感为主导的种族主义歧见影响下，华人及其他族裔人，最先均在排斥之列。后来接纳了别的白种人，比如爱尔兰人，但仍容不下各类有色人。

最明显是，政界全是白人。即使是以标榜自由平等为最初立国的理想，甚至因黑奴的解放，南北曾经互动干戈。但是，在施行时，理想主义和客观现实始终有差距，政客在名利场中拼搏难免多私心。对华人的排斥，仍因种族缘故。这非如一般所述那样，由于华人抢走工作；而是他们一直认为，美国只应是白人的。所以，当华人的劳工契约作用完了，这样的一批人就要好好处理。容许地方立例制约是一，容许暴力威吓就范是二，但这都是不彻底的。最后，还是要如何在全国范围内订法。

所以，无论是民主党抑或是共和党的政党议员们，对于排华，基本一致。从西岸到东岸，心态上全一样。也只有这样，才形成法案。同时，在通过此《排华法案》前，又采取了相应的措施。即如何去瓦解《蒲安臣条约》的自由移民承诺和杜绝华人入籍的可能。本来美国联邦于 1879 年曾通过一条限制抵美的船只每次只容载 15 名华人的限额。后因被指违宪，因与《蒲安臣条约》有抵触，而被宣判无效。

于是，如何修改及废除这一条约成为必要课题。美国总统派员到中国去谈判修改移民条款，于 1880 年双方签字，美国于 1881 年开始执行。自此美方对华工有整理、限制，与停止其入境及居留的权利。这无疑为 1882 年的《排华法案》铺平了道路。

三　表面争票，排华定局

1880 年是总统选举之年。两党竞选以排华为论题。

据称，是因为两党在其他各州势均力敌，加州顿时成为任何一方决胜关键。两党言下之意，虽亦有人指称排华无奈，也是势在必行。但是，共和党在其全党代表大会上称："无限制的华人移民，是一件最坏不过的事。因此有必要采取各种步骤来加以限制。"而民主党代表大会亦不甘示弱地声明："华人的影响，就是贪污和腐败；他们不应该成为美国人民的一部分。"

由此可见，美国那时的两大政党均致力主张排华。选举上则共和党胜出。

尽管一方胜一方败，排华立法却已成定局。该案于 1882 年 5 月 6 日通过，并由阿瑟总统签署生效。该案原称《关于实施与中国人有关的某些条约规定的法令》，共十五条，其中主要内容包括：自法案通过时起十年内禁止华工入境；华人不得加入美国国籍；有意将华工带入美国者均属犯罪；无适当证件的华人一律驱逐出境。随后，只施行了两年，又于 1884 年通过了一项有关补充法案，确定对携带华工入境的船只船主重罚。这还没完，又添新案。1888 年，国会又通过《斯科特法案》（Scott Act），其中规定，出境华工一律不得重新入境；昔日美政府所发的华工身份证全部作废。

1892 年又通过了《吉瑞法案》（Geary Act），除外交人员外，禁止一切华人入境。它同时把《排华法案》延续十年，并且规定已经在美国的华工必须重新注册，才可获居留权。

至 1902 年，国会又把《排华法案》作无限期延长。

四　暴行交加，凶案频生

在《排华法案》通过前，已有排华暴行发生。《排华法案》通过之后，针对华人的暴行加剧。华人不但终日担惊受怕，而且，投诉无门。被凌辱，受驱赶，甚至惨遭杀害，不少个别暴行未必留下记录。

现时能找到记载的，都是集体欺压事件。因凶案闹大，或涉及官方，才有了报道。

最常被报道的是一宗大凶案，发生于 1885 年 9 月在当时还只是领地的怀俄明州石泉镇，曾集体屠杀华人。据当时总督向联邦请求派兵时说："有煤矿工人数百人，明火持械攻石泉镇华工最多之村，见人即杀，逢屋便烧。华工手无寸铁，只能逃往邻近之城。"又说："屋宇被烧被劫，逃身荒野者六七百，因城中亦人寡兵稀，亟请联邦速发援兵，维持秩序。"事后查报，被杀者 28 人，重伤者 15 人，华人财产损失 14.7 万多元。然事后无法将行凶者确认判罪。①

另一宗排华暴行发生在同一年 10 月的华盛顿州（当时还是美国领地）西雅图市，有华人 3 人被杀，另 3 人受枪伤。该处华人矿工住宅区被焚毁，并警告华人限期全部撤离华盛顿州。同年 11 月 3 日在邻近塔科马（Tocoma）小镇数百名华人被驱逐至山林，其村子被焚毁，其间导致 2 人死亡。相隔 3 日，即 11 月 6 日，在普雅布（Puyallup）镇的华人亦被集体驱逐。②

据称，有 300 多名华人在惶恐中仓促逃往旧金山。同时西雅图市市长因向华盛顿州总督请援兵，未允，改由清廷公使向国务院求助。11 月 7 日美国总统宣布该区紧急状态，并派陆军十连奉命抵达镇压。

事件暂告平息，军队随后撤防。岂料翌年 2 月，暴徒大举突袭华埠，华人被迫集体离开，于码头及车站等候迁往他方。总督次日调动军队驱散暴徒，并曾枪毙 1 人，枪伤 3 人，余众一哄而散，暴潮至此始告平息。众华人又被护送回市内的华埠。

其实类似暴力事件常有发生。从 1886 年 1 月至 4 月，加州有 35 个社区曾报道了排华事件。亦在那三个月，有两万名华人从西部各地涌入旧金山华埠避难。排华事件猖獗，可见一斑。

五　关员嚣张，递解随意

现时有论调称，《排华法案》只是针对限制华工，其他人（比如商人、妇女、旅客、留学生及外交人员等），不在此限。但实际运作上，取决于入境时的海关检查官。一般来讲，他说了是不是"华工"

---

① 刘伯骥：《美国华侨史》，台北黎明文化事业公司 1982 年版，第 512 页。
② 同上书，第 515 页。

才作实。有这么几宗事件，是清廷外交官也常遇到被刁难的麻烦。先从次一级的外交官员说起，据记载称，于 1903 年有中国使馆参赞周自齐从美京搭乘火车前往旧金山，途中，有移民局官员登车检查，把周自齐当华工拘起来。后经车长出面指证，才获释放，但没道歉。同年有旧金山领事馆武官谭锦镛于返回住所时遭警察截查，双方口角动武，大批警察赶至并扣押谭某。后虽出狱，谭某因蒙辱，竟自杀身亡。此事轰传开来，国务院责令加州州长调查，州长推给市长，最后不了了之。其实早在 1886 年，中国公使张荫桓抵美履新，便在旧金山海关被关员刁难，不得登岸。后经中华会馆派员从中周旋，兼让查阅张的到任国书才终放行。事后亦没道歉。

这都反映了当年美国官员对清廷外交官的刁难与气焰嚣张。可想而知，一般华人更是受尽百般凌辱。无数商人、教习及留学生均往往无理地被海关检查官指为"工人"，不许入境，或随即遭递解出境。

根据记录，从 1901 年至 1905 年期间，美国政府曾花费 324682 美元，将 3093 名华人递解出境。

一项研究指出，"美国移民局（当年）对移民拥有至高无上的权力；华人对它恐惧莫名，因那些官员实际上可任意递解任何的华人移民出境。"

六　离境盈万，到处遭逐

当然，这样苛刻的全面限制华人移民及定居和归化的律例开始施行之后，华人入境数目骤然大幅下降。

据有关记录的显示，在法案生效最初期，从 1884—1889 年的前后 6 年之内，华人入境者合共仅 495 人。其中最少的一年是 10 人。又在 1892 年，竟全年无华人入境。另一方面，据当时中国驻旧金山总领事梁廷赞所作记录称，自禁限法案施行的 38 个月内，有华工42085 人离开美国。

与此同时，华人在加州各地，频频遭受白人群体驱赶，间或遇袭被杀，烧掠难免。

其实，早在 1868 年时，估计有 4 万名矿工在西部各州被赶离矿场；他们或到农庄或转入家务式的服务求庇荫。显然这仍不足。排华接踵而来。1871 年加州洛杉矶发生白人群体进入华埠，分头采取即捕即杀的行动，有 22 名华人被吊死。1880 年科罗拉多州丹佛市，有逾千的白人发动排华暴动，焚杀遂起，死 1 华人。有 400 人被关进牢，后解释为加以保护。财产损失 5 万元。这些都是震撼一时的排华骚乱。中外史家有载。小型的应不少。

在加州排华高潮时，有 30 多个郡内的华人聚居村被焚毁；排华风气迅速蔓延至俄勒冈州及华盛顿州。当地白人以各种威吓及强暴手段，把华人全数驱离他们的居所，包括在加州的厄尔卡（Eureka）、华盛顿州塔科马（Tacoma）、西雅图（Seattle）及俄勒冈州阿尔宾那（Albina）等市镇。华人因而涌往旧金山华埠寻求群居自卫，或转移他州。

七　避往东南，散布雏型

华人移民美国，最初先抵加州。主要是赶来淘金，继而是契约劳工，都是从粤闽被征集而来，为筑铁路及到各类矿场工作。在金矿告尽时，华人转往农庄。这个阶段散处于加州及邻近各州。旧金山也并非华人最多。那里主要提供补给供应。反而是以产金地区，如亚路多拉多（El Dorado）及加勒化拉斯（Calaveras）两郡华人集居最多。至 1860 年，据称华人在美人口是 34933 人，而旧金山华埠内只有华人 2719 人。因自那以后发生的种种排华事件之故，华人才渐次集中到旧金山华埠去聚居。其时萨克拉门托（Sacramento）所谓金山二埠只有 988 人。南加州洛杉矶有华人男 22 人，妇女 8 人。是 1870—1880 年的排华大气候改变了那一切及加速其后扩散。

据 1870 年有关华人人口记录，东部纽约只登记有 29 人，新泽西州 15 人，宾夕法尼亚州有 14 人，马里兰州 2 人，马萨诸塞州 77 人，康涅狄格州 2 人，缅因州 1 人，弗吉尼亚州 2 人，罗得岛及新罕布什尔州均无华人。至 1880 年联邦人口记录，纽约只有华人 919 人，新泽西州 176 人，马萨诸塞州 237 人，华盛顿特区有 13 人。但那时加州华人 75025 人，俄勒冈州 9513 人，内华达州 5420 人，爱达荷州 3378 人，华盛顿州领地 3182 人，蒙大拿州 1764 人，亚利桑那州 1630 人，犹他州 501 人，科罗拉多州 610 人，怀俄明州 914 人。其时，华人在美国的总人口已报 105448 人。此外，中北部伊里诺斯州有华人 210 人，密歇根州 27 人；南部得克萨斯州有 141 人，新墨西哥州 55 人，佛罗里达州 18 人。

由此观之，华人总体上已开始散开来。加州仍保留四分之三比例。同时，基本上仍集中在西北部一带。《排华法案》续添变化。[1]

---

[1]　刘伯骥：《美国华侨史》，台北黎明文化事业公司 1982 年版，第 76—78 页。

第6章　是离是留

小　引

又再是前路茫茫，人人都在想怎么办？这一回是在不同的国度，面对不同的问题。大问题主要依然是："如何可以继续谋生？"

《排华法案》通过，眼看就要生效。当时的处境和生活的确十分尴尬。华人的身份和地位处于忧患边缘，自身安危尤其突出。

一　自今以后，又将怎样？

在加州通过《排华法案》后，华人对今后的去向安危，自是忧心如焚。其实早在通过法案之前，华人亦已遭到诸般虐待。根据记载，除了集体暴乱事件，也有个别人被袭杀。直至法案正式通过，该类情况只会更加严重。这不单是有关工作问题，而是影响到日常生活起居。最属燃眉之急的，就是人身安全。因为执法条文之外，总有超越条文暴行。这才是可怕的，也最为难料。同时，这些事件，防不胜防。未雨绸缪，图谋应对，是当年每时每刻每个华人朝夕难平的担心和顾虑。

当年在美国的这一大群华工，尚未把美国视作长居之所，至少还未打算要就地生根，或把这异乡认作今后新乡。大多数人相信，将来总有一天，都会回归祖家。所以，他们之中一方面有人认为，因为这是美国，是别人的国度，人家不欢迎你，是否该马上走？免得多惹麻烦，万一弃了性命。这是一种人的想法，并随之回国。或者至少不要落单，最好是集中一起住。这是另一种想法。这样，即使发生了什么事情，一批人总比单独无助好。

二　分头行动，各有取向

他们的求生策略，主要大致有二：一是去，一是留，都是各人自己抉择。淘金梦早已没有了，其他机会眼看破灭，有 4 万人因而买舟回航，短期内出现大撤退。这是化整为零的一项抉择。又或划地而居，希望互相依傍，这是另外一类抉择。于是唐人街就这样日具雏形。不单只在旧金山，也在洛杉矶等。据说他们把唐人街作为最后堡垒，自成一域，算是负隅顽抗，继续撑持。

又或，离开有敌意的加州各处郡县，到别的州，到别的市。这是另外一种想法。比如，向东岸纽约去，向南部得克萨斯州去。总之避开加州，往东南走，总希望有不受排华干扰之处。以洗衣及什碎为谋生的职业，当然不是到处被欢迎，便向能留的地方聚集，难免颠沛流离。从记录看，华人避开农乡，偏向离镇入市，遂各处催生唐人街。

又或更远一点，越境到加拿大。那里，也正在建铁路。要不然，再远些，到南美洲其他国家找工作做。有些人就是这样做的。华工大批离去。有些去了古巴及墨西哥，有的转往澳大利亚去了。

以上都是当年美国华工所采取的多式多样避难求生行动。

在一定时期内，华人数目锐减，每况愈下。进入 20 世纪以后，华人留在美国的人数在长达 50 年内基本维持不增。

三　服务为主，自力更生

于是，华人的足迹踏进其他的州郡。以替人洗衣及经营餐馆饮食服务来谋生计。这两个行业自此成为华人在美国的主要职业，有半个世纪之久，直至 20 世纪 70 年代洗衣业才被自动的机器淘汰。但餐馆业则以多样化风味化续创高峰，至今仍是华人营生出路。

话说回来，在 19 世纪末期，华人烹饪尚未盛行。白种人对唐餐仍不大欣赏。主要顾客还是华人本身。因此，绝大多数都是开在唐人街内。进入 20 世纪初，华人备受排华影响，失业率居高，遂更多人投身这行，并设至白种人区。最初以烹饪白种人餐式作为服务重点。其后才逐渐介绍美式的华人菜谱，比如，炒面、芙蓉蛋、甜酸肉及杂碎等，最受美国顾客熟悉接受。其中粤菜中的"杂碎"受李鸿章赞赏，在一再刻意宣传下，竟然从此大行其道。其实这一道菜在粤人中早已存在，加上名人掌故遂成美式华餐特色。

华人餐馆业在东西两岸均能蓬勃发展，以设在大城市及北部区域最多。至20世纪40年代统计，西岸沿岸三州，有餐馆800家；其中更以加州最多，约占上述全数八成。东岸，则在纽约及华盛顿特区等东北各大城市约达850家，纽约占三成半。美中北部在密西西比河及俄亥俄州一带300家，芝加哥占半数。

四　洗衣谋活，也受排斥

洗衣业是华人早期赖以谋生的主要行业之首。因为它主要是服务，无须太多资本，不涉侵犯地盘，故此颇能持久，几乎到处开业。顾客既有华人，也有大量白种人。华人每以收费低廉招徕。其竞争对手多为犹太人。但在排华开始以后也难免受排挤刁难。据有关报道称，在华工到处被赶逐的期间，蒙大拿州有小镇曾表欢迎。不过，该镇的妇女要求他们必须立即停止洗衣的作业。数年后终让开业，但规定必须用手洗，要领取执照才获准。同时，每季付执照费10元。如违例者，判监6个月，或罚款500元以下，又或两者俱罚。此外，还有一宗事例，发生在犹他州。该处的铁路华工在路成遭解雇后，留在当地经营洗衣业及餐馆，却被民团押上火车送回旧金山。在抵制华人的全盛时期，漫画中伤的做法也涉及洗衣业。其中，极尽歪曲和侮辱能事的一幅，描绘黄牙丑恶带辫的华人在熨衣服时用口喷水，洒在衣上，沾满病菌。这样的恶毒针对华人洗衣业的宣传也曾一时起着负面作用。

然而，洗衣服务作为华人的持久营生，在工业城市人口稠密区受欢迎。所以，越到后来，较多开在美东美中区域。

五　办庄倒闭，改杂货店

本来，在1882年通过的《排华法案》最初针对的对象只限华工，其他如商人、教习、留学生及外交人员均不在限禁之列。只是在施行中，海关人员与移民官每对华人百般刁难，除了以各种借口不让他们入境外，还把在美国的这类人统称为工人，蓄意拟把他们递解出境，务必杜绝华人居留。也因此《排华法案》经过三改，直至只允许外交人员出入境。并且《排华法案》无限期地延长。但华人始终坚守。

在华人早期形形色色的行业之中，商人开设办庄，经营多种项目。总体来说，它们提供杂货供应及代办移民案件等；历来美国公司招请华工，也常委托它们联系。此外他们还兼做汇兑。

可是，在《排华法案》施行后，办庄的作用大大减缩。一是再也不需要招请华工了，二是华人移民案几近于零。与此同时，华工因失业及大批离美返华，每月汇款回去养家的人骤减。这些对办庄的业务来说都是或直接或间接打击。最后只余提供杂货。渐渐下来，这些办庄或是倒闭，或是改名叫杂货店，原因在此。而且长期以来，总是设在华埠，继续入口杂货，供应华人所需。这也是除了洗衣业、餐馆业之外历久不衰的另一华人谋生行业。它同时反映了一个现象，华人或到处被逐或颠沛流离，逐渐避开农乡并离镇入市，继而聚居在一起，屡建新华埠。

六　华人人口，大举东移

由1880年到1900年的20年内，华人的去留及人口加减的情况是这样：一方面是大批人返回唐山；另一方面，在《排华法案》实施前，有一批人赶搭最后一轮邮船由中国来到旧金山。一去一来，相比之下，离开美国的比抱望前来的多出了两万之众。此外，在加州各地的华工，许多不愿回唐山的，分头转往别的不被排斥地方，遂移至其他州市并形成当地唐人街。还有一种情况就是有部分人迁入旧金山唐人街。因为，那时该处成为加州默许的华人特定居留区域之一。同时，华人认为，聚居一起，在已有会馆及同乡公所的组织下，即使发生什么，不致孤单无助。所以，要么迁回唐人街；要么迁往加州以外的其他州。

据刘伯骥《美国华侨史》提供的资料，旧金山1890年时有华人25823人，1900年则下降至13954人。那是因退回旧金山求自卫的华人又逐渐离开加州移往东岸及其他的州市。与此同时，华人人口总数下降，1890年尚有107488人；1900年跌至89863人；1910年再下降至71531人。西岸华人比例亦相应减缩，1890年有59779人，约占华人总数66%；1910年是34265人，约占55%。其余的已向东南转移了。[1]

---

① 刘伯骥：《美国华侨史》，台北黎明文化事业公司1982年版，第68—69页。

七　撤离小镇，迁往大城

同据刘伯骥《美国华侨史》有关华人人口数据，东岸纽约由1890年至1900年期间，在曼哈顿区由2048人增至4874人；布碌仑区由600人增至1200人；新泽西市由127人增至261人；此外，据梁启超在20世纪初期（清光绪廿九年）游美时印象，费城约有3000人，波士顿约有4000人，巴尔的摩有600人，华盛顿特区有500人，芝加哥有3000人，新奥尔良市有千余人。唯是，据刘伯骥资料，马萨诸塞州于1920年只有2544人，其中波士顿有1075人；宾州同期只有1829人，宾州费城只有869人；新泽西州于1920年才有1190人，其中纽瓦克市（Newark）只有281人。可以想象，梁启超是道听途说，数目夸大。然而，亦可印证，华人不仅已向东南、东北转移，同时，在离散中又倾向聚居在一起。

另一方面，西岸加州及其附近各州，由于排华风气太烈，华人渐次退离而他去。据陈依范《美国华人发展史》演述称，"远在1850—1870年，几乎所有小型华埠都在西岸各州和矿区一带。现在那里只剩下一些遗迹了。"又以内华达州为例指出，华人于1855年已抵达该州工作，由参与筑运河至修铁路，再进入各类的矿场。1869年曾发生首次排华示威，至1903年发生最后一次排华暴动，遂使当地华人人口由1870年的3132人降至1910年的不足900人。其他如犹他州、怀俄明州、科罗拉多州等与加州相邻的州郡，华人大致纷纷离开山区的小镇而迁往大城，至1910年有75％华人如此；至1940年，其比例达到90％以上。

第7章 筚路蓝缕

小 引

华人最初到美国的原因有二：一是淘金；二是避难。故此，他们之中，有指望赚一笔钱，尽快还乡的；也有在中国被通缉，先远走他方，再伺机而动。若这样看，应可以了解，无论他们是哪一类移民，都没把美国作为未来长住久居的国度。至少早期如此。是以，当种种苛例逐一加诸他们身上时，只是接受，少曾反抗。

一 外客心态，任由欺侮

是因为只把自己视为外来人或者短暂过客，中国人一登岸加州不久便碰上不公平对待，只知乖乖接受，从没据理力争。

中国人到美国，最初是自费的。最初时甚至没有"契约华工"，这和别的国家不同。不应随便混淆，不要张冠李戴。比如，古巴以及秘鲁，有不少"猪仔华工"。然而，中国人到美国是从淘金开始。在那之前，只有商人。同时，人数十分有限，只开小店从事买卖。在记录上，寥寥无几。加州发现金矿以后才出现成百成千淘金客。他们是自愿的，是自付路费的；至少是以借贷方式前来碰运气。

他们首先抵达旧金山，那是入境登岸港口。据称，许多人只稍作停留过夜，在唐人街小店备些必需物品，随即赶往矿区。

到1850年，比较容易采集的金子都快被采光了，美国白人开始以明暗手段包括立法去排挤非白人。促加州议会订例，征收外来人矿工税，经常聚众攻击驱逐他们，特别是拉丁裔及华人。

到 1852 年，加州议会通过法案，向非白人征矿工税。是年 5 月白人在诸多矿地中展开焚烧华工帐幕及毁其采矿工具等暴行，并疾声厉呼："加州是美国人的！"不容载华工的马车入矿区。在法例上华工每人每月缴 3 元矿工税；1853 年升至 4 元。这是针对华人而设，并非一视同仁规定。虽然有文献称此法案曾被指违宪，但是它直至 1871 年才告停用。那时，金矿多已关闭。

二　次等良民，作证无效

"任赶任欺，可避则避；生存之道，先别还手。"据称这是当年矿工华工处处只会接受挨打的座右铭。说白了是忍让。

有史家称，华人在较后期被容许购入白人已开发过的废弃矿场的开采权。这同时是最明显不过的次等待遇、高级剥削。

又说，当年在金矿常见的华人情况是，要么华人偷偷摸摸地出现在白人的远远距离的后面，希望能抓拾到白人未发现的余金；要么是以低价买入那些已掘过的宣告罢掘矿场，耐心地再去翻。这样子本已很可怜。更可怜是，华人即使幸运抓到了金，也常遭受到白人的突袭和抢掠。不但所劳尽失，甚至横遭杀害。有血案总会有诉讼。华人幸存者提指控。但是，很快，加州议会又有新例，禁止华人出庭指证白人行凶。这才是最种族歧视又最偏袒的明表白人至上法例。它无疑是在容许白人可以杀人而且不必担心判刑。

于是，所有曾被检控杀华人的白人在无人做证下一一被释放了。不仅如此，它催生了下一轮的烧杀抢掠；继而暴行连连，蔓延邻近州郡。其中包括：1862 年，加州尤巴郡（Yuba）88 名华人遭杀害；1871 年，洛杉矶市（Los Angeles）华埠华人遭屠杀；1877 年，俄勒冈州（Oregon）蛇河（Snake River）杀害华人矿工；1880 年，科罗拉多州（Colorado）丹佛市（Denver）华埠遭白人纵火烧毁，全体华人被逐离。这都是《排华法案》通过前最轰动的案例。1882 年，《排华法案》通过并在全国施行，情况更劣。

比如在 1885 年，怀俄明州（Wyoming）石泉镇（Rock Spring）大屠杀，华人死亡甚众。同样，在 1885 年及 1888 年，华盛顿州（Washington）的西雅图市（Seattle）两度发生排华暴行，华人被逐出市区。

三　蜗居华埠，难保太平

劫后余生的人，都躲进唐人街。一方面，认为集居一起总能守望相助；另一方面，以为唐人街是华人特许居住区域。其实并不尽然，那亦只是错觉。试看，包括旧金山唐人街在内，洛杉矶市、西雅图市及丹佛市都先后曾遭到集体焚掠的惨剧。至于旧金山唐人街，也因沙地集会暴动，白人结队火攻华埠。尽管警察民团出面拦截，华人及店铺亦遭殃。那是 1878 年的事。

那么，即使华工"不再入矿山，不去修铁路，从农场撤出，也离开工厂"，不就完全等于与白人的"工作机会"毫无抵触，当他们回到了华埠开洗衣店或杂碎店甚至其他只望服务华人的小型手工业时，又怎样了呢？是否会相安无事？是否天下太平？

非也！加州议会对华人的生活和经营作业有如下规定：《行人路例》，禁止使用华人担挑；《剧院例》，禁止上演粤剧；《辫子例》，留辫子者，要缴付其"辫子税"；《洗衣例》，洗衣馆有马车载运者每季税款 2 元；无马车者，每季税款 15 元（当年华人洗衣行业，收衣送衣运作，多用竹箩担挑）。同年，加州政府重申"异族"不可同校的教育政策，不允许华人儿女与白人学童同校。1872 年加州禁止异族通婚，于 1906 年特别发布该例包括华人在内，直到第二次世界大战后于 1948 年才废止。1875 年，联邦政府通过华人妇女要有良家妇女证明才准入境；否则当作妓女被拒入境。在 1877 年，白人工人党发出了"华人滚蛋！"（Chinese Must Go!）的排华口号，力主排斥华人，此活动曾以旧金山市为基地。与此同时，加州政府设立一新法例，不允准华人寄运私人遗体返回唐山安葬。1879 年，加州政府再通过第二个（修订）加州宪法。其中，黑纸白字地标明，华人为"不受欢迎人物"，这促使加州各地市镇排华加剧。

四　两国对等，引进华工

在众多针对华人而订的不公平法例中，1868 年推行的《蒲安臣法案》破天荒地被誉为是唯一一条对华人较公平的法例。

即使如此，也有人说，美国当年之所以乐意以"对等待遇"向清廷政府作出如此承诺，其实，是要以"同样理由"为借口，保证可以合法地让铁路大公司在中国招收大量契约华工来美。本来铁路工人大部分是爱尔兰人。最初对华工筑铁路，只抱姑且试用而已。就由于华工的表现实在太出色了，又兼且工价廉，势在赶工，所以才迫不及待地要尽速输入华工。蒲安臣当年是从美国人利益着眼说服国会，他充当中方全权代表正是清廷无知的巧合。

最关键的是，中国（清廷政府）与美国签订了中国近代史上首个对等条约，即《中美续增条约》，史称《蒲安臣条约》，承认中国是一个（与美国）平等的国家。它并曾这样规定："大清国与大美国切念人民互相来往，或游历，或贸易，或久居，得以自由，（双方）有利益。"美国声明不干涉中国内政；中国何时开通电报、修筑铁路，何时进行改革，完全由他们自己来决定。由于通过劳工贸易互惠，这条约使美国得以引进大量廉价的华工加入建筑铁路网的工作，解决在内战后和修建太平洋铁路劳动力紧缺的问题。

中国人在修筑美国首条贯通东西铁路时所做的牺牲付出，事实俱在，不容抹杀，但却曾一直被当年白人社会漠然否认。史家现时发现，在庆功时，华工无人参加，谢辞中亦未提，他们受歧视，贡献被忽视。这是白人种族主义膨胀的自供词；也是早期华人在美的屈辱章。翻查记录，曾参与筑路的华工有 13000 人。

五　立约改约，利益攸关

当美国横贯东西的首条铁路完成之后，基本上绝大部分华工即被辞退另找工作。为数近万的人开始进入加州其他行业，比如果园及渔场加工厂，甚至被雇作家仆及厨师，与白人争工作。然后华人再以廉与勤的表现深获雇主争聘，导致白人工人眼红。时值欧洲经济危机开始，继而漫延至美国工业界。大批白人工人失业，工会束手无策，与政客找借口，华工遂变作替罪羊。

1879 年白人种族主义者煽风点火，加州议会从中推动，美国国会通过议案，拟限制每艘抵美船所载华工人数，不得超过 15 名，否则船主罚款判刑。但是，该议案被总统海斯否决。他特注文指出，国会通过那议案是违宪的，因与《蒲安臣条约》有所抵触；不过，他同时在暗示，虽然国会有权废止一个条约，但是无权在有效时修改规定。于是，必须设法如何开始去修改《蒲安臣条约》。

在 1880 年 11 月 17 日，中国（清廷政府）与美国签订了新约，史称《中美续修条约》，是为更改《蒲安臣条约》内容。是在上述当日，美国驻华公使安吉立（J. B. Angell）与清总理衙门大臣宝鋆在北京签订了《中美续修条约》。共有四款，另有"续约附款"。规定：对华工赴美，美国"可以或为整理，或定人数、年数之限"。该项续修条约于1881年（光绪七年）7月19日在北京互换批准文书。美国据此扫清有关华工入境所享优惠，继而《排华法案》出笼。①

六　排华内容，升级加限

1882年5月6日美国国会通过了一条《关于执行有关华人条约诸规定的法律》，简称《排华法案》。主要内容：（1）禁止华工移民美国为期十年，不管他是有技术抑或无技术；（2）华人在美国境内必须登记和携带有效证件；（3）华人不得归化美籍；（4）禁止在美华工家眷入境；（5）所谓华人"豁免等级"，例如教师、学生、商人、旅客，及外交人员，虽然不是禁止之列，但是有关他们"鉴别之权"是在美国移民当局，即以美国判断为准。②

上述法案生效以后，不仅是对华人这一种族作出限制，同时宣布美国自由移民政策于此告终。从而开始了种族设限期。

这还不足，遂添新例。首先，于1884年推出其补充案，它主要是强化了如何去审查华人在离开美国后再入境的规定。另外又对凡抵美的来自任何国家船只船主设限，若试图载华工入境，每带一人将判一年以下监禁，并兼被罚款不超过500美元。

1888年国会又通过《斯科特法案》（Scott Act），其中规定已出境的华工一律不得重新入境；昔日美国政府所发之华工身份证，全部作废。

1892年又通过《吉瑞法案》（Geary Act），规定除外交人员外，禁止一切华人入境。即使过境亦不准许。在美华人必须在一年内，开始随身携带有个人照片的居留证件。这项法案同时把1882年国会通过的《排华法案》延长10年。

到1904年，又改为无限期延长。而且禁止华工从夏威夷、菲律

① 刘伯骥：《美国华侨史》，台北黎明文化事业公司1982年版，第540—541页。
② 陈依范：《美国华人发展史》，三联书店（香港）有限公司1984年版，第195页。

宾等美属地区转到美洲大陆。与此同时，华人须重新登记才获得居留证，如果没有证明会被驱逐出境。至此，有关限制华人诸类内容，基本上达到歧视高峰，大致不变。到 1943 年，排华苛例才被废除。

七　无限延期，如此结束

在最先 100 年，在美国的华人对所在国政府加诸在他们身上的各式各样刁难歧视的法案，基本逆来顺受，偶有绕道求存。整体而言，少有抗议。在史家记录上，筑铁路时华工曾有过短期的罢工行动，本欲要求改良待遇，但未能如愿又复工；前后一个月，没引发什么。另一次是集体抗议，拒绝到移民局登记。那是由中华会馆带头领导的整年全侨抗议，因《吉瑞法案》施行后要华人重新办居留证。由 1892 年到 1893 年，官民双方为此僵持不下，八成华人违例面临递解。但需费用过于庞大，政府犹疑未敢推行。

稍后，宣布延缓登记半年，作为修正上述法案。华人多数妥协，抗争遂告瓦解。其后有 3093 人渐次曾被递解出境。①

与此同时，清廷亦不断与美国谈判，双方于 1894 年 3 月 17 日由美国国务卿葛礼山（Gresham）与清朝驻美公使杨儒在华盛顿签订《限禁来美华工保护寓美条约》。主要内容是：华工离美超过一年不得再入境；在美华人不得入籍；居美华工必须进行登记等。但有所不同的是，容许在华探亲的有权居美者重新入境，不过却要证明在美有亲属或拥有千元以上物业。教师、学生、商人及外交人员不受此限制。重申《排华法案》有效期延长 10 年。②

然而，10 年之后，美国国会又于 1904 年 4 月 27 日立法，把《排华法案》（即 1894 年所签之法）作无限期延长，其间商界在华发起抵制美货抗议。虽然连续进行两年，因无实质结果作罢。倒是 1906 年旧金山于 4 月 18 日发生大地震，市政府档案被毁，很多华人趁此机会报称土生，并取得公民身份证。继而，以此还乡娶亲，并报称在家乡生了儿子，遂开始了另一条华人合法来美的新途径。

---

① 陈依范：《美国华人发展史》，三联书店（香港）有限公司 1984 年版，第 217 页。
② 同上书，第 217—218 页。

至 1943 年因在美华人入伍开赴欧洲战场及加入中美联盟在亚洲的抗日军，《排华法案》终得以宣告撤销。华人每年分配到 105 名移民入境的配额，并允许在美居留的华人可依法归化为公民。

第二编　迁逖耕耘

第8章 聚邻组社

小 引

华埠，是因华人聚居而成。会馆，是由乡里互助开始。

埠，总有街铺，成行成市。馆，总设居所，众人共所。这，就是华埠与会馆的起源。海外华人社区总是如此。美国华人社区也是如此。最基本的推动缘由，出自团结就是力量。因此，它有本身凝聚力的一面，也有彼此间竞争的纠葛；是城内之城，俨然国中有国。

一 华埠雏形，这样开始

旧金山的唐人街是华人在美国的第一个有规模的唐人街。它的出现和形成大致上是这样的。

华人在 1848—1849 年间陆续有人坐船到旧金山。据称，在 1849 年 2 月华人共有 54 人。次年 1 月人数增至 787 人，其中仅有两名妇女。但是，与一般人的印象相反的是，他们绝大多数并非华工，而是华商。那时，他们主要是来做贸易的。其中包括小部分是厨子、佣仆等。他们设立一些商行及小商店，专门为中国办进出口货品，同时，贩卖丝绸、茶叶及外国人所没有的来自中国的奇珍异物。最初是在沙加缅度街及都板街一带集结，自盖房子，聚铺成街，吸引白种人。直至加州发现了金矿后半年间，才涌现首批自费来淘金的华工。但这些人抵达后均纷纷赶往金矿去。然而，因为人来多了，就需各类补给。于是，旧金山唐人街遂成为这些华工所需各类唐山物品的供应中心。继而也就有人开设其他行业的商店和提供各项专门服务。譬如理发店、裁缝店、中药、饼食及小餐馆等。至 1852 年，据称旧金山已有华人 3000 名。唐人街称为小中国，俗叫华埠。

二　华工涌聚，会馆成立

会馆也并非华侨独创。实沿自中国明清两代。粤人旅居于清代北京时亦曾设有广东会馆。杭州亦有类似会所，它以祖籍乡县为轴，基于彼此处于一个新环境谋生打拼，一是举目无亲，二是言语隔阂，遂结成社，守望相助，旨在少些孤单，多点安全。在美国开始的这类会馆，始于三邑及四邑会馆等，总馆设在旧金山，分馆在各矿区，大概于 1851 年便相继于华工中出现。最初是联络乡亲及传递信息，进而兼顾其他排解纠纷事务。及后，由于更多会馆成立，或分裂及合并发生，就催生了一个整体性联合组织，卒于 1901 年命名中华会馆，合当时七大会馆而成。其间因矿区的各自关闭，其分馆随华工四散消失。同时，由姓氏而组的会所亦渐次形成，并分现于各市华人社会，如洛杉矶等。然后，又在当地成立了中华会馆的分馆，并与旧金山的总馆挂钩。

与此同时，华工在铁路建成后大批向东移，纽约亦出现了类似的乡县姓氏团体组织，并催生了另一个整体性会馆，命名中华公所，它于 1900 年在纽约成立，亦以当地七大社团作为其主干，集结了总数多达 60 个各式各类公所侨团作为旗下会员。美东各大城市华人华商，也各在其地域先后成立中华公所分所。

自此，西岸的中华会馆，与东岸的中华公所，名异质同，互相呼应，各自在其地域属区非正式地管辖华人社会凡半世纪。

三　充当中心，发挥作用

任何组织社团的形成与存在，总要为属下成员拥护。由小到大，都是如此。美国华人各类社团由乡域及姓氏开始，扩而至宗亲类、商贸类、职业类、文娱类、宗教类、政治类，五花八门，十分庞杂。总的来说，不外是强调联谊团结，保护会员有关权益；同时，在更大范围上，代表整体，充当内外协调。有缓和纠纷的作用，有共襄义举的合作；大可统筹，小有依归。特别在《排华法案》酝酿和通过的前后，中华会馆曾试图发挥其领导的角色，一再地呼吁华人群起抵制对抗，几度督促清廷向高层交涉。虽然这些努力到最后均于事无补，但是它的地位却无形中深获公认。也亦从此自封为领导，不但在众多会所和个别华人的事务中，一音定律，左右决策。而且在与白种人的种种谈判中俨如代表。

无可否认，中华会馆在当年的旅美华侨社会环境下，确实有一定的协调声望，亦能象征着团结的中心。唯是，当人事更复杂，利益更分歧时，这个组织本身亦成为一切权力争夺的起点。东西两岸，大同小异，中华公所在美东区有样学样，亦步亦趋。

越到后来，为了要维持它存在的特殊性就越更趋保守排外，越显苛严。它不欲随时代改变而变，它只为能续存而拒纳新。

四　六大公司，注册名号

旧金山的中华会馆，最先以六大会馆于 1862 年联合而组成，继于 1878 年增"肇庆会馆"，遂变为七大会馆，继续至今。

最初六个会馆是由"三邑会馆"（1851 年成立：南海、番禺、顺德）以及"四邑会馆"（1851 年成立：新会、新宁、开平、恩平；新宁是台山的旧名）这两个大会馆的成员派生而衍变组成六大会馆。其中，一、"宁阳会馆"（1853 年成立：全收新宁"台山"人的另一会馆，并排除余姓人），二、"阳和会馆"（1852 年成立：收香山、东莞、增城人），三、"三邑会馆"（早已于 1851 年成立：收南海、番禺、顺德人），四、"人和会馆"（1853 年曾先成立"新安会馆"，后改"人和会馆"：收宝安、梅县、惠阳、赤溪人），五、"合和会馆"（1862 年成立：收新宁余姓、开平、恩平人），六、"冈州会馆"（1867 年成立：收新会、鹤山人），合称六大会馆。后来，又添了"肇庆会馆"（1878 年成立：收部分开平、恩平人）。所以，七大会馆中源自"四邑"有宁阳、合和、冈州、肇庆；源自"三邑"有三邑、阳和、人和。前者，以现时五邑人为主；后者，是中山及客家人为主。①

另外，当六大会馆于 1862 年注册时，因各自以"公司"登记，遂亦称"六大公司"（Six Companies）即：三邑、宁阳、合和、冈州、

---

① ［美］麦礼谦：《从华侨到华人》，三联书店（香港）有限公司 1992 年版，第 30—31 页。刘伯骥：《美国华侨史》，台北黎明文化事业公司 1982 年版，第 150—151 页。

阳和、人和。后来肇庆会馆成立并加入，遂成至今时状。

中华会馆或六大公司在清廷正式按中美两国条约派来公使领馆人员之前，曾共同代表着华人社区与加州政府官员周旋。

五　六十社团，纽约归一

东岸纽约的华人团体，组织归属稍有不同。一，时间上略迟。二，综合性明显。它的总代表是"纽约中华公所"，它的属下成员不是个人，而是社团。它是总数有 60 个属不同类别团体的架构组织。它们之中有乡域的、有姓氏的、有商业的、有政党的；还有保安的堂号式结社，例如协胜、安良及源自中国反清复明的洪门等。其中，最有力的团体代表，号称七大侨团，它们就是：宁阳会馆、联成公所、安良工商会、协胜公会、中华总商会、纽约洪门及国民党纽约分部。这七大社团亦是中华公所的永远常务社团，其代表是当然常委。

中华公所本身是由一名主席以及中西文秘书各一名负责日常公所事务。主席和中西文秘书均是两年制，由 60 名成员代表推选及投票而出任。同时，是有规限的轮流制。主席一人必须是由宁阳会馆或联成公所推荐的该会成员做候选人，由全体在任委员们投票后的当选者接任新一届主席，而且宁阳与联成必须交替轮任。宁阳是台山人组成的会馆；联成是非台山人组成会馆。此外，中文秘书必须与主席出自同一会馆，西文秘书则由退任主席会馆推荐担任。

中华公所成立于 1883 年，现时所属 60 侨团是 1949 年选定的。

六　商贾掌权，互利互惠

会馆高居社会上层。其实早期的负责人都是华人中的商人。本来是以照应同乡而设立的，却逐渐通过这些组织支配同乡。最初，总馆都设在旧金山，分馆设到每个矿区。会馆同时兼做贷款，协助资金短缺华工，并为他们提供所需工具和日常生活用品等，方便对方，从中图利。会馆的负责人，后来通称侨领，对外是充当代表和抵御外侮，对内维持内部秩序，排难解纷。亦提供一些慈善性服务，譬如为成员设坟场，安排拜祭亡魂扫墓，甚至将某些人的遗骨送回唐山去安葬，又或资助贫老邑侨还乡与家人团聚等。此外，会馆还有管束成员的另一面。当他们初来乍到时，会馆有人在码头上接应，先把他们带往会馆投宿登记，然后送往该去工场。当他们决定还乡时，亦要先向会馆报到。并由会馆查核该人是否尚有任何欠款。譬如他是否经会馆贷款来美，又或是否缴纳成员所有费用，这些必须全部还清，才由会馆发出港证，同时代为购船票，才可取道回航，顺利离开美国。

这些早期成立的会馆，亦凭借层层规限，杜防负债的或以贷款方式前来的华工企图逃债出境，从而保障会馆与华商的利益。

七　俨如家长，专断保守

会馆一旦多了，也如个人一样，出现强凌弱、大欺小现象。间或是成员中有强而意见不合者自行退会，另创新社，甚至从此分庭抗礼，彼此纠众械斗。会馆趋复杂化，皆因有利可图。

初期会馆间的恶斗，最先起于赌博结怨。根据记载，在 1854 年有阳和会馆的人在赌场中不甘吃亏，说动了同乡人陪他兴师问罪，进而导致三邑会馆、四邑会馆与宁阳会馆对立，双方集几百人在野外展开大规模武斗。另记载，在 1856 年有三邑会馆与人和会馆的人为争淘金地盘，在加州中部索诺拉（Sonora）举行一次会战，动员两千多人，战况十分剧烈。在 1857 年，即使是在旧金山唐人街街头，四邑会馆与阳和会馆的成员也曾互动干戈。

与此同时，各会馆内又以同姓同宗各自另有组织，初时多只叫作"房口"，后扩大叫作"宗亲会"或是某姓"公所"，旨在维护小圈子的成员利益，又或拟要增强个别强者力量。

于是，馆内设房，巩固势力。譬如，房口之中，又分两类：有父老房，有散仔房；前者，只领导辈掌权成员参加；后者，则由孔武有之人组成。其实，亦是指挥与武装的两大职别。这都是中国旧社会家长制的氏族组织变相延伸，定规立矩，强调尊卑，既互相依存，亦偶有内讧。制度古板严格，领导保守专横，并常以私刑对待其属下。故此越到后来，越多劣闻，常惹美国执法注意，或直接阻止或经清廷领馆插手调和。唯是在《排华法案》的前后，两者又起着依存的作用。

第9章 堂帮应运

小 引

早期华侨华人社会武装力量，是出自唐山的反清秘密团体。口述相传，有太平天国的一员部将率百多名余勇于战败后远遁到美国旧金山。也有人说，是红巾军在中国珠江三角洲的起义失败，被迫逃亡，遂至美洲。然后，他们成立了致公堂，并发展至各处矿区。原先是为自保与抗暴，继因争地盘利益恶斗，才渐次地变质。

一 秘密结社，统名致公

这些早期武装力量，大致上皆出自三合会。据梁启超于20世纪初游美洲所撰文称："溯咸（丰）同（治）间，最初（在美洲）有所谓广德堂（四邑人成立）、协义堂（三邑人成立）、丹山堂（香山人成立）者，亦统名为三合堂，是秘密结社之始也。"他又说，"良懦之民，惮于远游。其冒险往者，率皆乡曲无赖子。迨洪门金陵溃散后，其余党复以海外为尾闾。三合会之独盛，盖以此故。其后统名为致公堂"。他进而解释，"致公堂者，三合会之总名也，各埠皆有，其名亦种种不一，而皆同宗致公（堂）"①。

据刘伯骥撰文称，有华人莫华于1852年"约集其徒侣，组成广德堂，招纳各邑各姓人士，以免受大姓的歧视与虐待，而以互助互卫为宗旨"。他说："会员入会者要宣誓为盟，保护其堂友的利益。迨结

---

① 刘伯骥：《美国华侨史》，台北黎明文化事业公司1982年版，第224页。

成力量后，又原定的宗旨放弃，而变为藏污纳垢专营娼赌的机关，遇事则诉诸打斗的方法来解决。"①

至于另个同类的协义堂的出现，则由三邑人所组成。有关它的描述是，"也为最残忍的包庇与贩运娼妓的机关，其会员遇事打斗时，每用斧头为武器，故俗称为斧头仔堂"。又，广德堂与协义堂，曾控制当时的旧金山华埠十余年。随而因广德堂内部分裂，"其分子中有能干的脱颖而出，另树旗鼓，同治年间，堂号遂林立了"②。

二　协胜安良，延至美东

旧金山的致公堂，最初称义兴公司，首创人名叫林迎（一说，这人名叫"罗益"），他曾是太平军将领。因他曾在广东某次战役打败了，在清兵追捕时与部众逃到旧金山。随后，集三点会成员，成立了致公堂，并充当了首任大佬。及后基于成员屡立分堂，并且彼此间常发生械斗。致公堂作为总堂多保持中立。一说该会常因此悬出黑旗，皆因属下堂斗频频，常被牵涉。悬出黑旗，是不插手。

据称林迎于1888年才逝世，他的葬礼在当年曾十分轰动。

另一个有关致公堂的描述是，该堂于咸丰二年（1852）已于加州某矿区内成立。同时，三点会分子在旧金山已有人犯案。另一说是，在美国首个出现的这类堂会叫洪顺堂，会内竖挂红旗，成员大多是原天地会分子，致公堂则只不过是该堂一个分支而已。

然而，尽管名称有别，这些堂帮，全应出自洪门。只是，这些分支由于组织秘密，又处异国，既失去反清的对象，成员中良莠不齐，对原来故国中那种革命宗旨亦早已经茫然不知，遂变质为黑社会，成专门包庇烟赌妓女集团。堂与堂间的堂斗，总为争夺支配权。

在旧金山，继广德堂与协义堂之后，于19世纪60年代又添了萃胜堂、合胜堂、协胜堂、秉公堂、保良堂等，又有些堂号，也曾设分堂，并且发展至其他华埠。例如，在20世纪初期，协胜堂先在波特兰市设分堂，继而东来纽约，在披露街设东部支堂。与此同时，保良堂在西岸一方面与秉公堂合并，另一方面易名安良堂发展到纽约。然

---

① 刘伯骥：《美国华侨史》，台北黎明文化事业公司1982年版，第226页。
② 同上。

后，协胜堂与安良堂更把支堂继续延伸至美东、美中、美南等大城市。

三 成员复杂，良莠不齐

堂，或常被称作帮会，是武装组织之一。另外，房，亦曾是个别宗亲会或姓氏会馆的属下武装组织。而且两者常生械斗。主要是为了捍卫被侵犯的地盘或积极争取对其有利的地位。

有时那些互斗，亦因私人恩怨而起。堂号的成员背景复杂，有低下层的被排挤、被鄙视的工人及小市民，或协助经营烟赌妓寨的地痞及小商人，更有近乎亡命之徒的一批斧头仔打手。在堂斗的进程之中，对立的堂号如敌国，双方人员均会成为伏击和暗杀的对象，互相残杀，暴尸街头。而且参加械斗的人数以千或百计。许多时候往往先是个别人之争，然后升级为堂号与堂号之战。

一般而言，堂与房虽同是武装分子，其背后归属则是不同性质的社团。堂，豢养的是帮会分子；房，收容的多是农家子弟或年轻力壮华工而已。因此，若然双方动武，总是堂猛于房。换句话说，堂，是为打拼而存在；房，只是同姓或乡亲会馆的护卫。两者对阵，往往高下立见。但是，长期下来，房亦变凶狠。

堂斗固然是牵涉堂与堂之间的恶斗，有时对立的双方也会是堂号与地域或宗亲类的团体，是互相倾轧弱肉强食的常态。

四 堂斗频频，执法无奈

根据记载，旧金山华人帮会之间最初的一次堂斗发生于 1875 年，对立双方是广德堂与萃胜堂，决斗地点相约在天后庙街，事前标贴长红，原定斧头大战。岂料在傍晚黄昏时，一方突然动用了枪，广德堂措手不及大败，并自此开始一蹶不振了。

进入 1880 年后，堂斗越趋激烈。不仅是堂与堂斗，堂与会馆亦常因发生利益恩怨矛盾而大动干戈，也有会馆对会馆的。

据白人报章载，于 1891 年，旧金山都板街有一场堂斗。警长闻讯赶到，但见伤者多人，余则已鸟兽散。因在场观战者，不肯吐露真情，遂怒而率警队至各堂号搜凶，大加破坏，泄愤一番。

此外，为了阻止这类互相残杀频生，清廷驻美公使张荫桓采取行动。他与加州总督商量，同意后把部分涉嫌被拘的堂号分子 200 人，遣返原籍。由华商筹路费 7000 美元。据说这种办法，继由领事左庚执行，曾收效一时，后又复萌。

旧金山华人社会内时间最长最轰动的连场堂斗发生于三邑人与四邑人之间的华埠商业地盘之争，双方和和战战长达 10 年。

五　三邑四邑，另种对立

引发这两大地域会馆的长年互斗，一说是由于三邑人冯正初有野心。冯某是南海九江人，十岁来美，英语流利，曾当三邑会馆翻译。成年以后，跃升领导，并另组堂号至善社，从而横行无忌。据《旧金山纪事报》撰文称，"他凭借这堂号，勒收邪业以及工商业的饷银，如对小彼德（Little Peter，冯某英文绰号）绝纳饷或捐献，白鸽票、鸦片烟、私枭，及任何正当事业，休想在华埠立足。"这还并不算，他还与警方熟识勾结，封闭四邑人的赌馆，而又进行独家经营。亦以同样手法，垄断华埠妓寨，所获与执法者分赃。于是，四邑人对此展开了另种反击。他们迁怒于其他三邑人，向华埠内所有三邑人开办的商店进行罢购行动。同时，订下制度，谁若违反规定，一旦被发现了，罚款 25 元。分别由各姓氏负责执行。四邑人多，此举奏效。三邑人的生意因而一落千丈。这不光影响美洲华埠，连香港办庄亦受牵连。于是，三邑人把顺德进士梁联芳邀到美国来，当三邑会馆主席（1896—1897），并由他出面作调停。据称，梁抵达后与四邑会馆及十二堂号诸负责人达成和平计划，唯是，在三邑会馆内，虽获商人赞同，却被冯某反对。谋和之议，遂告失败。双方纠纷继续，三邑商店破产，四邑人常被杀，许多人亦他迁。外来游客亦大减，华人人口骤降。于 1897 年 1 月，传四邑人以重资买凶，在理发店暗杀了冯某。

六　事情闹大，定制言和

冯某虽被杀，对立未停息。市内警方随出动，大举捕人，封赌禁烟，并突击搜遍华埠内 22 个堂号，拘囚凶嫌 50 人。连日，又续查妓寨及鸦片烟窟，再捕 242 人。但于事无补，抵制仍延续。原本由三邑人垄断的进出口贸易渐为四邑人取代。华埠社会秩序持久混乱，居民人数迅速下跌过半。据称，由 25000 人降至 14000 人。良善之辈，纷继逃离，或索性返唐山。

期间，堂斗之外，另有劫难。在华埠的众多商人佣工，常遭到白人、墨西哥人及黑人的拦劫杀害，每月每周常有发生。为此，有三邑会馆陈大照倡议组卫良会，隶属中华会馆下，专为悬赏助缉凶。并广泛宣传，针对一切凶杀；缉凶者赏 500，指证者获 300。章程订立，筹定基金。一时之间，尚能收效。久之，复成虚设如旧。

与此同时，清廷亦遣使来，介入平息堂斗。由伍廷芳充任公使，命何佑任领事督办。何氏用张荫桓以旧法延伸，声明，任何四邑人及三邑人中，凡以后涉入华埠堂斗及凶杀案者，唯其在乡之亲属或亲房是问。这一越国行法通告，一度使斗杀风暂息。

直至民国成立以后，又有和平总会之设。于 1913 年由驻美总领事黎荣耀倡议，在中华会馆下成立和平总会，旨在调停堂斗，使治安能恢复。参与盖章赞同者共计有 27 个堂号及会馆。

七　弃暴入商，走向合法

和平总会的成立虽然没有完全遏制堂号间的血腥堂斗。但却多少提供了作为中间人的调和作用。另外，在这阶段有西方基督教会人士为救助一些身陷火坑的妇女而对经营妓寨的个别堂号采取法律诉讼，既惊动舆论，又促警执法。这一方面迫使这些堂号有所收敛，另一方面亦渐次降减了他们间的公开性武决。

致公堂虽曾是西岸最早创立及最有势力的一个这类集团，但在各派大小堂号纷纷成立、迅速发展的那个阶段，却开始采取中立化。又当它的一些成员脱离该堂而另创秉公堂、竹林公所及金兰寓所后，致公堂更自此摆脱了与这些秘密堂号间有关的任何斗争行动。

依据记载，在西岸，最后一次有规模的堂斗是发生在 1926 年合胜堂与秉公堂之争。在东岸，协胜与安良的街头对阵，直至 1933 年才告落幕，双方终告言和。自那以后，堂号的领导人物，亦多入商界活动，其利益的互动，渐改名工商会，逐渐与宗亲会及姓氏公所等联谊交往，并尽力打造一个个新的合法形象。

至第二次世界大战前，美西只剩存六大堂号，即：秉公、萃胜、合胜、协胜、萃英与瑞端，其后萃英与瑞端合称英端工商会。美东纽约只有协胜与安良。协胜称公会，安良称工商会。

第 10 章　清廷欠力

小　引

　　最早期的华人社会内没有清廷派驻的官员。不但如此，理论上还存在着不准出洋的海禁。鸦片战争之后，外强涌到中国。东南沿海粤闽乡人，亦多冒险涉海他去，包括到美国来淘金。官方人员出现在美洲，是在中美订约之后。真正外派官员前来主持美洲华人事宜，是因为《蒲安臣条约》有明文规定的缘故。

一　容闳来美，并非官遣

　　现时人们一般有错误的印象，认为容闳是首位官遣留学生。其实不然。他甚至不能完全算是唯一的首位来美留学生。真相是这样的。1847 年，容闳在香港，与同学黄宽、黄胜三人，一齐被当地教会办的马礼逊学校一名叫布朗（Brown）的教员带来美国马萨诸塞州的蒙林学院（Monson Academy）学习。3 年之后，容闳得到佐治亚州一个妇女会的资助进了耶鲁大学深造。至 1854 年，容闳遂成为第一位华人留美的大学毕业生。然后他返回澳门附近他的祖家。

　　在随后的 15 年间，容闳先后供职多处机关，主要是当翻译及秘书等，并曾一度经营茶叶生意。与清廷及太平天国高官均有接触，但他的所学未得到重视。只曾被曾国藩派到美国来购买海军用的机器。1870 年，容闳向曾国藩提议派学生官费赴美留学。曾国藩与李鸿章商议后奏报清廷获准，以陈兰彬、容闳分任幼童出洋肄业局正、副委员。容闳在沪、粤、港共招生计 120 名，从同治十年（1871）至十三年（1874）4 年间，每年派出 30 名赴美留学。同治十一年（1872）起，容闳常驻美国专管留美学生教育。1875 年容闳和玛丽·凯罗克（Mary Kellogg）在康州哈特福德（Hartford）市一教堂结婚。他们有两个儿子：容瑾彤和容瑾槐。但玛丽于 1886 年病死。在此之前，因中国洋务运动失败，留美学童计划亦于 1881 年取消，全被急召回国。容闳深受打击，只继续留美教养两个儿子。

二　学童计划，功亏一篑

容闳对中国最大的贡献应是推动官费留学计划。但，这计划没依原定构想自始至终地完成。它开始了，却被中途腰斩。

本来，容闳的建议是由政府选派一批优秀青年到国外接受完善的教育，以为国家服务。其办法是，先派遣 120 名学生作为一次实验。这 120 名学生可分为 4 批，每批 30 人，按年递派，每年配送 30 人。这些学生完成留学教育须 15 年，他们的平均年龄为 12 岁至 14 岁。又明确选择学生的条件是：需身家清白，或他们的监护人是正派高尚并确能负责的。投考者必须体格检查合格，必须通过正规性的中文考试。学生父母和监护人须签署一份自愿书，以证明他们是心甘情愿地送子弟出洋留学 15 年，在此期间，若学生发生意外或死亡，政府皆不负责。

此外，其父母或监护人须同意：这些学子毕业回国之后，听从差遣。一、不得在国外逗留。二、倘有疾病死亡，各安天命。不过，学习期间，政府保证负担一切费用，并有教师陪同。

他们中的第一批 30 人由陈兰彬带领于 1872 年 7 月抵美。在此之前，容闳已前往康州哈特福德市布置一切，他先把学生们分配到美国各家庭居住。两三人为一组，彼此相隔不远。直至 1874 年则自建一楼宇，集监督、教习及学生等同在三层建筑内。

最初，是由陈兰彬及容闳分任正副监督。陈管政策外交，容管学生事宜。第二批由黄胜带领于 1873 年 5 月抵达。第三批由祁兆熙带领于 1874 年 8 月抵达。第四批由邝其照带领于 1875 年 9 月抵达。这些学子之中，以广东籍最多，约占了八成半，其他也有来自福建、浙江、江苏、安徽。但 1875 年，清廷正式任命陈兰彬和容闳为驻美京华盛顿的正副公使。这使容闳未能全力继续照应他的学童计划感到遗憾。然后，他欲把学童送进美国西点军校亦被拒。更令他失望是，清廷于 1881 年竟中途放弃计划，把全部留学生召回国。

三　中美立约，互派领事

清廷派驻美国公使，首位是陈兰彬（1875—1881）。他是在美国排华甚嚣尘上时，自己先行返回中国，并同意撤走全部学生。后继驻任美国公使者计有郑藻如（至 1885）、张荫桓（至 1889）、崔国因（至 1893）、杨儒（至 1896）、伍廷芳（至 1902）、梁诚（至 1907）、伍廷芳（至 1909）、张荫棠（至 1911）、施肇基（至 1912 宣统退位时止）。其中，梁诚曾是第四批学童。此外任领事的多人曾是学童。

中美外交关系，始于《望厦条约》签订。《望厦条约》（又称作《中美五口贸易章程》）是美国与中国（清廷）签订的第一个不平等条约。1844 年 7 月 3 日，美国特使顾盛和清朝两广总督耆英在澳门的望厦村签订，共有 34 款，兼附《海关税则》。它规定，美国人可在 5 个条约港口购买地产来建教堂、医院和墓地；废除传统上禁止外国人学中国话的命令；规定美国人不受中国司法管辖，亦即享有治外法权。该项条约同时规定，禁止贩卖鸦片；违反此规定的美国人将受到中国司法判处。

但促使清廷派出驻美人员的是《蒲安臣条约》的订立。说来有点近乎荒唐，它是美国人蒲安臣（Anson Burlingame）代表清廷于 1868 年 7 月 28 日在华盛顿首府与美国签订的一条外交条约。本称《中美续增条约》，因规定"大清国与大美国切念人民互相来往，或游历，或贸易，或久居，得以自由，方有利益"。故若搁开其他内容，它是确认居住在美国的华侨为清朝国民之后，开设领事馆以保护之，也因此，这是清廷设置领事馆之开端。

清政府是于 1875 年 12 月，任命陈兰彬为驻美国公使，任命容闳为帮办副公使。陈兰彬因要先出使西班牙及秘鲁，直到 1878 年才再抵美国。在那期间，是容闳实际上在美国行使着公使的职务。

四　三项内容，推动变化

清廷派出国的第一个使节团，竟是由外国人率领，又因为签了份条约，才承认中国人出了国是华侨。皆因曾有蒲安臣。

蒲安臣，美国人，被林肯总统派为驻华公使（1861—1867）长达

6 年。他于任满时，本辞别返国，时负责外务的清朝奕䜣于设宴为他践行后，一句话叫他兼代清廷出访欧美各国全权大使。他欣然接纳了，遂添一番周章。据称，清廷真正急组一个 30 人团，由他率领，先到美国。6 月抵华盛顿，7 月就签了约。本称《中美续增条约》，一般叫《蒲安臣条约》。整个过程既短促又颇为滑稽。

　　该条约的内容共计八条。其中，与使节、留学生，及华侨有关的细则有如下三项。一，第三条规定，"大清国皇帝可于大美国通商各口岸任使之处派使事官前往驻扎。美国接待所派之领事官，按照公法条约所定之规，一体优待"。附有蒲安臣注释曰："第三条系指金山地方中国人已有十数万家，中国若不设官，一恐其滋事无人弹压；一恐其久无统属，悉变为外国下等之人。"此既促使中国政府须保护在美华侨，也暗示应派使节驻美国。二，第七条规定，"嗣后中国人欲入美国大小官学学习各等文艺，须照相待最优之人民一体优待"。此有关中国遣学童留美。三、第五条规定，"大清国与大美国切念人民前往各国，或愿常住入籍，或随时来往，总听其自便，不得禁阻"。此有关华工出洋。

　　蒲安臣率领的中国使团继续访问了欧洲其他的国家，如英国、法国、瑞典、丹麦、荷兰、德国等。1870 年抵达俄国，因肺炎，竟在圣彼得堡逝世，享年 50 岁，其遗体运回美国波士顿安葬。

五　华侨身份，再非弃民

　　清朝自此对已经出国的中国人真正承认他们仍是"国民"，而非"弃民"，是《蒲安臣条约》签订以后的事。本来，从美国的角度来说，原只为争取同样待遇，即美国人可以到中国去营商。另一方面是，又希望美国的公司能合法地、大量地从中国吸收华工。因而在文字上强调两国平等，条款双方都有效，遂促成中国政府要对在美国的华侨的身份予以承认和接受这一种前所未有的变革。

　　清初，为防堵抗清运动从海上来，曾经严令沿海各地寸板不得下海。自康熙至雍正，清政府仍颁行《南洋渡航禁止令》；雍正五年（1727），又再添禁止华侨归国规定。总之，国民一朝去国，别想回还。

　　据载，1858 年中美签订《天津条约》，美方代表杜邦与直隶总督谭廷襄之间有一番精彩对话，道尽了清廷当时对华侨的态度。

> 杜邦问："希望中国遣派一些领事到美国来，以便照料在美之华人。"
>
> 谭答："敝国向例不遣派官员赴外国。"
>
> 杜邦问："但贵国人民居留太平洋彼岸者，人数甚多，不少数 10 万。"
>
> 谭答："敝国皇帝抚御万民，何暇顾及此区区漂流海外之浪民。"
>
> 杜邦问："唯此等华人已在敝国开采金矿之故，富有者甚众，似有加以照顾之价值。"
>
> 谭答："敝国皇帝富有四海，何暇与此海外游民锱铢计较。"①

由此可见，清政府对海外华侨尚无心过问。

至 1873 年，李鸿章才提出，须"以民命为重，自不能置之不问，应派员前往该国，查明（古巴、秘鲁）实在有无苛待华工情事，再行设法妥办"。陈兰彬与容闳因而被派任正副公使前往调查。②

六　弱无外交，护侨不易

在加州排华日渐升级的岁月，极右的白人主义者推动立法，以种种条例在加州限制华人，包括"辫子法""捕鱼税法""扁担税法"等，甚至在 1879 年由国会通过一议案，打算限制华人入美数目每船不得超过 15 名。但当时的总统海斯则认为这个法案有碍《蒲安臣条约》所载中美自由移民的旨趣，曾拒绝签字。联邦法院也拒绝地指出："它违反了《蒲安臣条约》中确认的自由移民权利和最惠国待遇。"作为中国驻美副公使的容闳及时拜访美国国务卿表示对美国国会的决定感到震惊，强烈反对。

据载，他照会美国国务卿指出，加州关于华人经商必须取有美商

---

① 刘伯骥：《美国华侨史》，台北黎明文化事业公司 1982 年版，第 558 页。

② ［美］麦礼谦：《从华侨到华人》，三联书店（香港）有限公司 1992 年版，第 38 页。刘伯骥：《美国华侨史》，台北黎明文化事业公司 1982 年版，第 559 页。

代保方可经营的规定，实与"条约"主旨不符，要求根据《蒲安臣条约》秉公办理。他曾指出，"十年来华人被侮之案，殴击凌辱，甚至焚毁残害，层见不穷"，加州屡立苛例，严禁公司"毋得雇用华人"，是"必欲驱华人出境而后快"。他说，"条约"原是由美国提出的，中美人民可自由来去，"岂可以出乎者反乎尔？"其实容闳所说，也只是借力打力而已。因弱国从来就无外交。于1880年，中国终与美国签订《中美续修条约》，也标志《蒲安臣条约》被修改。绊脚石终被踢开，1882年《排华法案》便紧接出笼了。

尤应一提，公使陈兰彬对于护侨亦只力所能及照会美国国务卿，例如，要求美国对哥罗拉多州华工被害一案依约"饬地方官严拿不法匪徒，按法惩治"，又"所失财物，并为筹偿"。后来美国政府确曾赔了清廷一笔款。但没发给当地受害人，却是被送回中国去。

七　两地国民，长埋康州

容闳，在他一生的奔波历程中，留下如许华侨华人尝处身夹缝的缩影。早年到美国来求学；先加入美籍，并两国奔劳；曾满腔热忱，奈报国维艰；曾亦商亦政，总功亏一篑；曾出谋献策，但无缘报功；曾被指作乱，幸脱身远还；伴妻坟日暮，犹心记革命。其实，说句残酷的话，他晚年失落又失意；两地不讨好，在寂寞中逝去。

容闳（英文名字：Yung Wing，1828年11月17日—1912年4月21日），广东香山县南屏村（今珠海市南屏镇）人，中国近代史上首位留学美国的大学毕业生，故被誉为留学生之父。

他在香港基督教会办的马礼逊学校就读；1847年他随校长布朗到美国继续学业，成为基督教徒，加入美国国籍；1854年，毕业于耶鲁大学，不久后便返回中国家乡。曾在美国领馆充当译员，后又改在中国海关工作，但都不满意，遂改行经商。他并先后会见过当时的政界名人，如太平天国洪仁玕及清廷的曾国藩等人，本欲借这些人一展个人所学，但他的报国热忱未能发挥。他在官商界努力活动了十多年后，先获曾国藩派遣到美国充当军机部采购员，随而抓机会向曾某提议他的学童留美计划。即使如此，实施其间，他只被委任为此项计划的副监督，而且未完便告撤销。

在美国的这段岁月里，他与美国女子结婚，育有二子，但妻早亡。及后，抚养儿子成人的责任遂责无旁贷地单独由他挑。同时中美排华正处日渐升级，他被任命为副公使从中周旋。弱国无外交，护侨多尴尬。1882 年《排华法案》在美国通过，容闳把精力投身到洋务运动。他的建铁路及设银行建议和策划，或受阻挠或被取代。他结识了康有为及梁启超，参与到维新和政变的失败。人被通缉，便回美国。因回程中巧遇孙文，晚年改而支持革命。

　　他把他的一生写成自传，名《西学东渐记》留传后世。

第11章　别业兴废

小　引

华工在美国的早期作业，是做矿工和铁路工。在这两类工作的机会越来越少时，他们转业。有些从采金矿转入别种矿场。铁路工人有小部分或被聘到其他支线。大多数则回到加州，被雇去填地与农耕；或者在华埠内，做小型手工业，比如卷雪茄烟，或制皮靴皮鞋。有些曾受雇于葡萄园，有些到海边捕鱼捕虾。但，都未能长久地就业和发展。故此，称它们为华人当年过渡性的"别业"。

一　金矿之外，开什么矿

华人蜂拥来美投入开采金矿，都是跟随在白人后翻检弃场。不敢与白人有直接竞争冲突，只靠承接白人已采过的矿坑碰运气。由于华人耐心细作，常有意想不到的收获。因而他们随白人从这个州到那个州。渐渐，他们中除了有淘砂的个体户，大多数被白人矿主雇为旗下矿工。甚至在19世纪70年代加州金矿大致上结束之后转入其他矿业。譬如，银矿、煤矿及水银矿。据载，在1860年至1870年，当银及其他矿物在犹他州、内华达州、科罗拉多州、蒙大拿州、怀俄明州和爱达华州等州的岩石（落基）山脉中发现时，华工就都跟到那里找工作。

此外，也有华工到北加州、俄勒冈州及怀俄明州挖煤。也就是在怀俄明州的石泉镇发生过驱杀华人的惨案。也是在1880年的期间，亦有华工在华盛顿州煤矿中担任卸煤炭协管及清理工。

　　加州在 1845 年已发现水银矿。其中，以拿巴（Napa）矿坑盛产水银和朱砂。但它直至 1870 年年初才有华工 40 人被雇参与工作。有大西方公司由 1870 年至 1900 年曾雇佣华工 200 人至 250 人。其余非华人的雇员仅 25 人做管理工作。另有一家布拉福特公司（Bradford）也雇佣大批的华工。1879 年加州曾通过一条禁止在加州注册的公司雇佣任何中国人或蒙古人的法案。为此，上述公司及类似的矿区几乎瘫痪，采矿停止，直至 1880 年该法案取消才复业。

　　有一项统计指出，在 1870 年华工参与西部采矿的高峰期，在各州的华人矿工是：俄勒冈州有 2428 人，爱达荷州有 3853 人，华盛顿州有 44 人，加州有 9087 人，蒙大拿州有 1415 人，内华达州有 240 人。①

　　二　铁路贯通，华工怎样

　　美国第一条横贯东西的铁路，是于 1869 年 5 月 10 日在犹他州的普罗蒙特里（Promontory）镇地段，完成了东西两线最后的接轨。自此从中国招募而来的一万多名华工被宣布解雇，各自另谋生计。

　　在那之后，有人带着有限积蓄回归唐山，有人沿铁路的小镇安居下来。也有人乘坐贯通东西的火车前往东部或者转到南部冒险。但是，绝大多数的人回到加州，投入新兴的小工业及其他的行业，也有人以他们学来的新技术被雇到其他铁路的支线搞建筑，再显身手。这些支线向北、向南及向中西部迅速加建，华人亦随而散居开来。

　　值得一提的就是，在这第二轮的铁路工程之中，华工在 1870 年至 1871 年期间，曾助中央太平洋铁路公司及南太平洋铁路公司把其干线延伸南下，接通了洛杉矶。1876 年华工更在特哈查比隘口（Te-hachapi Pass）完成了 17 个隊道的环道工程；他们计有千人被雇参加工作，建成长达 6975 尺长的圣法南多隧道（San Fernando Tunnel）。它也是美国西部最长的一条隧道。它把旧金山与洛杉矶那一段连接起来，对其后加州农产品运输极为有利。

　　华工参与修建铁路，当年少被公开赞扬。甚至首条横贯铁路筑成的庆功典礼上，亦未邀请华工出席，但其贡献无从抹杀。越是时过境

---

　　①　刘伯骥：《美国华侨史》，台北黎明文化事业公司 1982 年版，第 265 页。

迁，越更受人追忆。在《排华法案》被撤销之际，已曾有学者撰文公开表示："我要提醒大家注意华工在开拓本国西部所做出贡献。他们冲破森林屏障，忍受严冬酷暑，并冒着死于充满敌意的印第安人之手的危险，帮助开发了我们的西北地区。……（他们）曾在八尺深的雪中和摄氏零度以下的气温条件下连续不断地施工，而美国人却不敢面对这种恶劣的环境。"（最讽刺的事实是，横贯铁路通车以后白人纷纷涌往加州另谋新职，却责备华工占了他们工作。）

三　加州农业，填地开始

因为东西有铁路贯通的方便，加州在 19 世纪 70 年代初人口暴增。他们已不都是各地赶过来的淘金客，而是各式各样前来谋活的定居者。他们找寻工作是一方面，他们要日用物品是另一方面。在那之前，加州这类物资全靠东部商家运来供应；在那之后，加州的大牧场主则设法自行生产制作。食粮方面，基于拥有土地，遂多转而务农。当时适值大批华工从铁路工下来，回到加州之后赶上这类需求，许多人通过承包商去填地。原因就是，在加州开拓的初期，在城市近郊的土地，均被大企业要修筑铁路或垦殖商先行收购。政府余下来的都是靠海的难以耕种的沼泽区。于是，要用那些土地，必先填路去沼。华人在一队队工头的带领下，开进了沼泽地带，安营移土铺路。并设法把一块块的沼泽改造，变成可供种植谷物蔬果之地。又因这些华工来自中国南方，广东四邑农民熟悉水稻耕作。依据统计，他们于 1877 年成功地开垦了 500 万英亩这类的所谓"灯芯草地"用作农务。很多华工因而受雇留在农场，从事各项工作帮忙发展。

由于加州 1870 年通过的外人土地法，禁止外籍人拥有土地，华工基本上都是雇员。后来，有华人向地主租地，才变成独立的自耕农。又或有些华人与白人地主商量好合作条件并分享所获收益。这样其他的农作物亦逐渐地由华人担任栽培和发展起来，譬如，小规模的华人自耕农曾种植菊花及香豌豆，包括唐人街餐馆用蔬果，时而挑担送货，或是沿街叫卖。大规模生产是，他们培植和种出了的梨子、苹果、李子、胡桃、杏仁及蛇麻子一类水果蔬菜，这包括芦笋，除了供应加州，甚至外销邻州。据称，1871—1884 年，加州水果生产总量每年由 180 万磅增加到 1200 万磅。然而，当排华的浪潮冲荡着整个加州时，白人的农场主也只好割爱了，为了避祸改用白人取代华工。

自此，加州就只余少量的华人自耕农依然在继续。至 1940 年时，全加州 243000 名农民中已几乎无华人。

四　葡萄园艺，季节散工

加州种植葡萄，华工亦曾参与。他们在一定程度上，是第一批这类季节性的散工并对加州葡萄干及葡萄酒的发展有过贡献。

1860—1861 年，白人葡萄园主哈拉兹希（Haraszthy）从旧金山的承包商华人何伯协助之下，招募了一批华工到他的位于苏诺玛郡（Sonoma）的布宜那威士塔（Buena Vista）葡萄园内帮忙种植，因他从欧洲特别选购了 195000 株葡萄幼苗。成熟之后，他除了将新鲜的葡萄运到旧金山销售，每年还用它酿制了 6500 加仑的葡萄酒。据说，他给每位华工每个月 8 美元，另加伙食。而白人的工价当时是 30 美元，另加伙食。不久，其他葡萄园主也在仿效雇佣华工，譬如联合亚那希姆（United Anaheim）公司就是。

1864 年，哈拉兹希又让华工在坚硬的石灰岩下凿出第一条贮酒的地道。他雇有约百名华工长工，专门从事改良园地，兼做采摘包晒。所以，不是收获季节，就在建造地窖。也有些葡萄园主雇佣华人做散工。这些华人也是由他们的工头带领，在收获季节过去后，又全部回去唐人街。据 1880 年一项估计，当年在加州酿酒地区工作的华工占这类工人总数的 85%。那一年产量是 5 亿加仑的葡萄酒，是一宗约值 20 亿元的庞大事业。① 但是，到 1885 年至 1890 年间，华工逐渐被赶出酿酒及葡萄园工作。排华风潮固然是主要的因素，加州另对华工每月加收税额 2.5 元，这样双管齐下，华工遂纷纷离去。1886 年单从苏诺玛郡就跑了 500 名。当年该郡一张报章称："我们都要把中国人赶走！没有人赞助他们，他们就会挨饿而离开！"排华案国会众议员贾瑞（Geary），就是一名当地人。

五　捕鱼捕虾，限区限网

华人在加州的沿海捕鱼（包括捕虾、鲍鱼及鱿鱼等）早在 19 世

---

① 陈依范：《美国华人发展史》，三联书店（香港）有限公司 1984 年版，第 123 页。刘伯骥：《美国华侨史》，台北黎明文化事业公司 1982 年版，第 272 页。

纪 60 年代已经有相当的规模，他们从帆船上撒放网袋，手法熟练，收获可观。在随后二十年，由捕鱼生产所得鱼虾一度是华人发展得十分庞大的内销兼外销生意。他们运到旧金山唐人街及沿铁路线上华人社区，还销到中国、澳大利亚及夏威夷。

当时，华人渔民在这行业约占了 50%，就虾的出口量达到年产十万美元。自从 1880 年之后，华人这种优势逐渐走下坡，继而被其他族裔渔民所取代。究其原因，出于排华。加之苛例重税，终致式微。华工本是来自中国南方沿海一带农乡，对于捕鱼，驾轻就熟。在加州矿场工作结束后，就开始有人以此谋活。

加州从 1860 年开始，凡是当地华人渔民，每月必须付捕鱼执照税 4 元。其后，因执法者认为征收不易，曾于 1864 年取消，对捕鱼发展有帮助。直至 1876 年，因为从欧洲来的白种人渔民，比如意大利人及希腊人设法从中作梗，对华人所用渔网的网眼大小有所限制，渔获因而大大减少。1879 年加州议会拒发捕鱼执照给不能被归化的外籍人，即意指渔民中的华人。虽然后来违宪取消，但执行期间使华人捕渔业大受影响。但加州议会再通过，华人渔民每月要征收 2.5 元的捕鱼税。这不仅是过去被取消的旧例重提，并增加一项禁止外籍人的售鱼法。即使捕获了鱼，也不能拿去卖。于是，大批华人渔民退出这个行业。那已是加州排华事件进入高潮的阶段。然而，勉力求存者仍有人。到了 1889 年，加州又通过法案，限制华人用网袋进行捕鱼。1894 年，又颁例禁止华人使用帆船出海捕取鲍鱼。1897 年禁止每年从 5 月到 10 月进行捕虾活动。据称那是每年最佳的捕虾的季节。当时华人在加州沿海还拥有 26 个捕虾场。这是最明显的要把华人逐出这行业。

最致命是，1905 年更禁止虾米的出口，使华人渔船就此减去了大半。这还没完，1910 年加州再颁例，禁止华人使用网袋。自此，华人继续此业者，已寥寥可数。到第二次世界大战时，华人捕鱼捕虾的行业已成过去，在加州范围内，绝少有华人是赖以维生了。①

---

① 陈依范：《美国华人发展史》，三联书店（香港）有限公司 1984 年版，第 134 页。

六　装罐鱼湿，流水作业

华人把他们当年参与的罐头工业叫作"鱼湿"（Fishshop），是把刚捕来的鲑（Salmon，三文鱼）装入罐头的新工业。所以，这些工厂都在渔场附近。早期华人在中国南方原本是渔民或者农民，参加捕鱼活动是最自然不过，成为把鲑装罐加工工人更多。先是白人设厂雇请华人工作。这从 1864 年已经开始，地点在圣华昆河（San Joaquin River）流域。即使在后来意大利人及葡萄牙人通过立例把华人挤出了捕鱼行业，华人仍有不少继续在鱼湿内做装罐工。在《排华法案》通过之前，这类华工在萨克拉门托市 20 个罐头厂内还占着多数的比例。但，在 1882 年后，排华影响就业。另一方面是该河上游因水力采矿引发了污染，鲑鱼逐渐消失，鱼湿随而减少。至 1919 年该处的罐头厂已不复生产了。这类华工职业基本上被淘汰。

同一时期，在别的地区，也有鱼湿，同样雇佣华工装罐。比如在俄勒冈州的哥伦比亚（Columbia River）河边亦设这类工厂。其工人中有六分之五是华人。1881 年那里的华工约 3000 人。

在旧金山的华人承包商，亦曾承接组织华工到阿拉斯加海湾去做罐头工厂工作。以 1892 年为例，该处曾设有 36 处工场，华工人数超过了 50%，合计实数约共有 2460 人。他们在鲑回游季节之前，坐船抵达，工作程序包括用金属片造成鱼罐，把刚捕来的鲑清洗，及除去内脏，切割成片，装入罐内，然后煮熟，并封罐。之后，上漆，贴标，装箱。这程序是流水作业式地做完。承包商是负责他们的伙食和装备，工厂老板则提供交通、燃料、住宿。工资是以每装一箱视工种不同计算，约 0.4 角至 0.6 角美元。由于是季节性，他们通常都要待季节结束后才全船人返旧金山。这类华工在排华期间则影响不大；即使在机器代替人工清洗鱼脏阶段，仍有部分华工受雇，但人数已减少。直至老去，遂后继无人。①

七　雪茄皮鞋，结业有因

华人早期在加州的职业还有其他种类，在手工业小轻工业一环有

---

① 陈依范：《美国华人发展史》，三联书店（香港）有限公司 1984 年版，第 131 页。刘伯骥：《美国华侨史》，台北黎明文化事业公司 1982 年版，第 305 页。

卷雪茄、制造皮鞋、拖鞋、皮靴及毛织工等就业者颇多。

　　华人最初于 20 世纪 50 年代起便在旧金山被白人雇佣卷雪茄烟。那时有雪茄制造者联会，曾对华人的参与表示反对。但是，华人的手工很好，工价比一般廉，很受雇主欢迎。同时，那时的白人都涌去矿山淘金，对卷雪茄这类工基本上不做。那些人淘金有钱后，抽雪茄是地位象征。一方面是增加了顾客，另一方面则帮助发展。在 60 年代的后期，该市卷雪茄的 500 名工人中有 450 名是华人。后来，华人也自己在唐人街内设工作坊扩业。华人以承包制向白人拿合同及取得古巴的烟丝，烟卷好之后，贴白人商标，由白人出售。据说当年"卡巴那斯"（Cabanes）及"拉米瑞兹"（Ramirez）这些牌子的雪茄烟都全是由华人制造的。在 1877 年的生产全盛期，这类华工在总数 6500 人中占 5500 人。当然，在排华期，也受排挤。人数下降，1882 年仅有六分之一，到 1892 年时只余 700 名华工。继而较便宜的香烟出笼，雪茄烟亦衰落。1905 年只 80 名华工干这行。

　　此外，造鞋也是华人曾涉及的行业。他们大概在美国内战之后才在旧金山受雇参加生产，以工价廉及效率高大受白人厂家争聘。据在 20 世纪 70 年代旧金山，有半数皮靴是华人制作的。到了 70 年代中期，有 2000 名华工造鞋。而且，在该市 12 家鞋厂中有 11 家是华人开设。但其后东部以先进的机器制鞋并能降低成本，在竞争中把西部的市场抢去。到 1900 年，加州的造鞋业已不成气候。

　　另外，尤应一提的是，华人也曾参与其他轻工业的制作，例如，造扫帚、绳索、火柴、蜡烛、肥皂、陶器、鞭子及砖头等项生产。除了其后发展为在美华人主业的洗衣、餐馆及唐山杂货店这三大行业之外，不少华人当白人佣工，当家厨也十分普遍。

第 12 章　妇女奇缺

小　引

到美国的华人妇女，最初是凤毛麟角，几近于无。最早移民记录显示，1848—1853 年，华人来美已达两万多人，但妇女则只有 14 人。及后文献，亦少提及华人妇女。一般印象就是，她们要么是商人妇，要么是前来当娼妓，极少涉及其他事情。或是当年她们根本无从有机会去参与。因为那时候还是由男人主导的旧世界。及至后来，有中国女子前来美国留学，那已是 20 世纪的事。

一　华人妇女，比例悬殊

如果在两万多人中只有 14 名是妇女，的确比例过于悬殊，无疑就是稀有一群。而且，极有可能，她们都是商贾妻妾。①

在最早期的来美华人中，没有华工，全是商人。那时美国还不叫作金山。相信是有资本的商人，带着奴仆家眷来创业。

然后，一旦传发现金矿，赶到的是淘金汉。这些人应该都全是男的。即使有妻室也都留在乡。故此，这一轮的来客，都是单身男性。有侨史学家认为，那是因为早期的来美者绝大多数是四邑人，而四邑人的传统是，出外谋生，不带妻女。这是一种说法。②

其实，以当时情况论，他们是来掘金，计划在成功后回去。所以

---

① 刘伯骥：《美国华侨史》，台北黎明文化事业公司 1982 年版，第 54 页。
② 同上书，第 122 页。

没有必要把妻眷也带来。早期的来美客都从未打算要留下。接下来的多是华工，因为是契约前来的，当然妻子都留在乡。这也许就是为什么，五六年过去了，妇女只 14 人。这是另种解释。但再下去，情况就变。因为整体而论，华工亦越来越多了。

又据美国华人人口记录 1860 年时华人总数 34933 人。其中，男性是 33149 人；女性是 1784 人。对于华人妇女数目，这是一次急起直追。男与女的比例，至此大约已是十八比一。[①]

又到了 1870 年，华人人口总数是 63199 人。其中，男性有 58633 人；女性有 4566 人。双方比例缩小，十二比一。[②]

二　拐卖迫娼，命运可怜

为何华人妇女在接近 10 年后竟然增至近 2000 人，又 10 年，增至 4000。华人来美人数多了，这当然是主要原因。至于 20 年间上升一倍；是总人数升了一倍；男性一倍，女性亦然，未尝不可。唯是，前十年的骤增，却是另有内情。因为在那段日子里大多数前来的妇女是被安排来美当娼妓的。

一说认为，矿区来了大批华工，他们开始组织起帮会。这就同时开始了淘金以外的其他别的勾当。不久华人聚居处，便有赌博、烟窟、妓寨等不正当娱乐的开设。这是可想而知的另一类供求的新发展。故此，遂有唐山妇女被拐受骗到美国。这都有迹可查，并非凭虚伪造。她们实是可怜的一族。

也毫不排除，她们添了商人妇。因为华埠商铺在不断地增加，为更多华工们提供日常所需。华埠渐趋复杂，社会五花八门。

妓寨也如赌馆、烟窟，全受帮会支配经营。在早期旧金山唐人街把中国年轻妇女运来美国的帮会分子多是隶属于"协义堂"，他们既是以贩卖人口的方式从中国南方的城乡或拐或迫或出贱价带来，有些在抵达后即以高价出售，又或把她们部分安排在妓寨。许多妇女就是这样，终身被困妓寨，直至人老珠黄。间或有人被赎身成为某人的妻妾。但更多的，就生此终饱受折磨，然后死去。

---

① 陈依范：《美国华人发展史》，三联书店（香港）有限公司 1984 年版，第 362 页。
② 同上。

三　阿彩传奇，有名无姓

实在很难想象，任何一位年轻妇女，竟会立下决心或者是自愿地自己老远从中国来到异国的唐人街充当娼妓赚钱。过去能读到的所有有关撰述都说，阿彩（真实名姓从没提及）是第一个华人妇女自己在旧金山唐人街"亮起艳帜开业"的，同时，她凭貌美又健美，客似云来，多至排候。她曾因为被嫖客以铜沙混作金沙作付费，不甘受骗，告上公堂，兼且在白种人法官面前以破碎的英语作供，获西方报社报道，更是名噪一时。甚至在出庭时，旁听席都爆满。①

是否可以猜度，阿彩最初来美，并非是主动的。她可能只是某商人妻妾，继而变作孤寡，才选此下策生涯。又或，她先是被人在中国出卖，抵达后也一如其他的不幸妇女被迫在妓寨中接客，待契约期满后，独立开业。无论如何，在这个过程中，她有胆色。一是能面对当时的环境现实，二是亦认识到这是求生出路。那时候依然是男性主导社会，作为女子，身在异域，要么再设法嫁作商人妇，要么就索性凭色相谋活。一说她当过警长情妇抗拒帮会。另说她曾一度返回唐山，后又带了一批妇女前来，改而兼做鸨婆，多年经营妓寨。之后就没有文献再提她后半生怎样。是否终于从良？抑或洗手引退？都不详不实。或说她离埠他去了。

终于，在许多年后，有西方报再报道，阿彩逝世，年过九旬。

四　贞烈者死，逃未必生

与阿彩传奇式的人生背道而驰者，早期有女子白贞烈，这可能确实是真名。她是一名被售卖到美洲来的可怜女子，抵达后被安排当娼妓接客，但是，她宁死不从，终于自尽。如果她只是这样子平平淡淡在妓寨内自行了断死去，应该不会留下什么记载，但她这样的可能并非唯一一个。白贞烈之所以名字留传，是因为有人给她立了墓。然后，中国来了一名游历客，既曾去祭墓又撰文推许，这样，她的遭遇，她的牺牲，遂成为这类可怜人的象征和控诉。②

这一位前往致祭的名人叫傅云龙。他是兵部北洋机器局一名外习

---

① 刘伯骥：《美国华侨史》，台北黎明文化事业公司 1982 年版，第 122 页。
② 同上书，第 132 页。

官，称游历使，来美考察，并曾写下不少早期华人记录。他对于那一位不幸女子，应是先闻其名，然后专程觅墓。最后，撰有祭文，表她贞烈，才让后世知道。白贞烈原是广东南海人，缠足弱女，卖至金山，逼狎不从，志坚自尽，时在道光年间。

另有更悲惨的事例就是，一名妓女，逃出妓寨。避至荒野之林，寒冻难忍晕去。随后被人发现，腿肉冻至脱骨，送医后被锯去双脚，然后又被运回妓寨。她的下场怎样，文献中没交代。①

五 民族败类，与警为奸

西岸华人社会早期有关娼妓情况是这样的。据刘伯骥撰述，早期华人妇女，所以"蹈入火炕"，是"由于奸徒贩卖人口之所致。此地（即：旧金山）之恶霸鸨婆开设之人肉市场，而勾搭美国警察、海关，以至胥吏，借其庇护，使成百成千弱质女子不幸遭遇，比沦落于秘鲁、古巴等国的猪仔为尤惨"。他说，"此虽由民族败类吃人的行为，而亦为当日美国地方政府腐败之结果"②。

又说旧金山协义堂"专以拐掳女子来美贩卖作丑业为事"。该堂于1854年，曾办600余名女子入境，获利由100倍至300倍。

据西人《旧金山晚报》估计，1852—1873年，协义堂运入娼妓6000名，获利20万元。该堂除贩卖妓女外，并包庇娼妓，每名收保护费40元，另每月甚至每周要纳饷。每妓0.5元。后来有犯者在法庭做证说，其中每个娼妓的保护费10元交警察。

又说，此等妓女，由该堂在香港所设之办庄，向邻近各地收买或拐掳而来。在广州时购入每个仅50元，在旧金山可售得1000元。该等女子一般被迫签写卖身当妓的契约，身价1800元；要当妓4年半，并受种种约束。她们年龄由12岁至16岁。③

六 教会洋女，设馆营救

然而，这些不幸妇女，也部分遇救星。虽然数目仍小，但是总胜于无。有爱尔兰女子金马伦（Cameron）于19世纪后期参加在华埠的

---

① 刘伯骥：《美国华侨史》，台北黎明文化事业公司1982年版，第128页。
② 同上书，第123页。
③ 同上。

基督教长老会工作，她致力于协助唐人街的风尘女子脱离妓寨，敢于与帮会的人士周旋，在教会内扩设一座女馆，收容那些自助获助的身陷苦海的娼妓重出生天。同时，她其后更与当时出任华埠的新警长缅寅（Manion）密切合作，多次成功地在码头截获被贩卖运来的契约华女，或再把她们遣返唐山，或被收容进教会所办的女馆。

　　缅寅在 1921—1946 年曾担任旧金山华埠警长，果直执法，雷厉风行，对打击那阶段旧金山的赌馆、烟窟、妓寨，不遗余力。他组有一特警队，竭力阻止堂斗。他与金马伦女士一度被部分人称为当年的"华埠男女英雄"①。

　　本来，早于 1874 年长老会在华埠已设有妓女庇护所。但当年帮会既贿赂执法官吏，也重资聘律师，并设法疏通法官，以诸多理由要教会交出被收容妓女，甚至向所有向她们伸援手的人进行恐吓，遂使这一拯救行动效果不大。

　　此外，中华会馆也曾插手，阻止妇女贩卖进行。但亦屡次皆获帮会威胁。至 1897 年，帮会中人尚曾公开扬言，除非他们停止干涉，否则该会的领导人要被杀害，或被指吓："你们的人头落地（的时刻）就快到了。"

七　20 世纪，添新风尚

　　早期在美华人妇女的组成基本上分为两大类型：正面是商人的妻妾；负面是卖笑的娼妓。还有女佣，或者婢女。仅此而已。大概是接近 19 世纪末期及《排华法案》通过的前后，华人社会中才出现土生一代，有男有女。又有关当年华人女孩被拒进读美国公立学校的案例一再发生，做父亲的不服，诉讼法庭。也因而给我们留下历史记录。时至 20 世纪，土生组同源会，又有了青年会，成员男女兼收。华人女子的形象才逐渐改变。新的一代因能接受现代教育，甚至高等专业教育，其中不少脱颖而出，华人女子中亦屡有翘楚之辈。而且，进入各类顶尖行业，如牙医梁费思、西医张玛珠、飞行员张瑞芬及李月英、加州小学教员伍玉清等。

　　基于中国辛亥革命之后，也同时鼓吹民主与女权。于是，富贵人

---

　　①　［美］麦礼谦：《从华侨到华人》，三联书店（香港）有限公司 1992 年版，第 130 页。

家及上层商政界，亦开始有人把他们的女儿送来美国留学。有传教士把四女生带来美深造，她们是：金雅珠、何金英、康爱德、石美玉。此外，人们所乐道的宋家三名姊妹在民国期间曾先后到美国留学，她们是：蔼龄、庆龄、美龄。

在两次世界大战的过渡时期，在美国的华人女子已分头闯进了主流社会内的各大行业，较为著名的并能流传至今的有：好莱坞演员黄柳霜、移民局翻译梁亚悌、公立教员陈琼贵、银行出纳员曾荷珠、护士方雪球，及20年代在洛杉矶曾任职西文报章的一名女记者，她的中文名字叫谭罗兰。

无疑，华人男女比例虽仍显得悬殊，已非凤毛麟角，而是跳级骤增。据美国人口记录是，至1920年，华人总数61639人，女性是7748人；至1930年，已报有15152人；至第二次世界大战末期，当《排华法案》被取消随之对华人移民重新放宽前，据1940年记录，女性的数目是多达20115人。当时全美华人总数也只是77504人，所以，男女比例已经是接近三比一了。①

---

①　陈依范：《美国华人发展史》，三联书店（香港）有限公司1984年版，第362页。

第 13 章　万里传宗

小　引

中国人有一句老话："不孝有三，无后为大。"也就是说，在传统的男性旧社会中，男人对祖宗的责任就是，无论如何，要想方设法为家族留后。所以，当美国在排华期间又订法，不容许美国女子嫁中国人，否则连她自己也将会失去公民的资格。在华人男女比例极度悬殊的困境之下，许多男人便回中国娶亲。

一　华女稀有，禁娶白人

早期华人大多数居住在加州，1879 年加州通过宪法修正案，禁止白人与华人结婚。虽然此修正案于 1901 年曾被宣布违宪，但加州政府于 1905 年又再提案将它通过。直到 1948 年，加州最高法院才又最终宣称该法案违反了美国宪法第十四条修正案。在长达 60 多年的间续实施期，华人男子基本上很难在美国娶妻。首先华人女子人数很少；除商人妻，其他多属卖身娼妓。此外白人女子不敢下嫁，否则，连她自己随即也要失去美籍公民身份。

最突出的例子应是那位华人摄影师黄宗霑在美国的好莱坞打出名堂，拿金像奖，人尽皆知。但他的婚姻也长期受到这曾违宪的婚姻法限制。因他的妻子是白人，这样，他们只好跑到欧洲去注册。但是，在美国却一直未被承认。甚至，在禁例取消后，找教堂补行礼，也依然遇到被这种那种摆明是推三推四的刁难。

可以想象，比他们更早的 19 世纪，华人男子要解决娶妻的问题，便只有回中国。那是往返万里之途，也是花费匪浅之旅。尤有更难堪的就是，婚后妻子留在中国，新家庭被拆散。一别又几十年。即使个人顺利返美，自此又再孑然一身，直至终老，许多人均未能如愿地再返回唐山与其妻儿团聚。

二 三代公民，中国长大

然而，即使往返颠沛，即使路途遥远，即使所费不轻，60 多年下来，华人曾有三代，是借此传宗的。一代接一代，连续三代。他们都可能是，祖父辈来美国，适年回乡娶亲。儿子在中国长大，及后被申请到美国。然后，这位儿子做工积钱，到希望成家时，于是又回家乡娶亲。儿子的儿子又只能留在中国长大，到一定年龄后又被申请到美国来。不过，第三代稍为幸运些，因婚姻禁例取消了。同时，进入20世纪四五十年代时，华人在美国的女子数目亦大大地增加了。他可以在美国按照各自的条件和机遇，或经由自由恋爱或经由安排的婚姻，情况遂变。也因如此，这到第四代的华侨华人后人，才出现了真正的美国土生。而前三代，由祖父到儿孙，都是出生于中国的。这本来特殊，但却是普遍。

所以如此，实际的过程一般是这样：首先，祖父一辈，由华工成美籍，或至少是合法居留；儿子，虽然是在中国出生，但因长大后获准来美国，因他早已备案是美国公民的儿子，遂能够依照美国移民法申请来美国；到他的儿子时，条件基本雷同。所以，我们华侨华人中的最早几辈，有不少是这一类的背景。

三 口供二代，如此产生

他们或称"口供"后代。儿子如此，孙子如此。那是基于他们的祖辈曾经回中国娶亲，在重返美国入境时，依法申报有妻有儿，但依然在中国，未立刻获准同行。然而，却留下了记录。这些记录，是凭个别人的口供，创建了某些新身份，登记在案。其中因为是公民的儿女，到一定年龄时申请来美，既是合法又是公民，他们这些能成功登岸的来自中国的一代，就是"口供"后代，或称"土纸"子女。而实际上这类在移民局备案的新生者，基本都是"男"的。重男轻女固然是传统的观念，有子传宗显然是最大的理由，但也因为这样，移民局遂起疑，怎可能人人都在中国娶亲只生儿子？

那年代在中国还没有出生证明制度，既无从政府机关所发证明但也无从否定个中真实。所以，随而出现两种情况：一是美国移民局官员对这类人士入境曾特别详加查询；二是这类有权申请来美的身份亦可以让他人去冒充。

在美国《排华法案》雷厉风行的 61 年中，在中国内乱外侵民不聊生的劫难期，冒充"口供"子女，借此"移民"美国，是侨乡少壮男子的最佳出路之一，这亦因而发展为一种特殊的"身份"的买卖。

四　道高一尺，魔高一丈

根据现时解密资料，在西雅图移民局有当年这些中国人的入关证供，档案多如山积，所问精细入微。尤其有关"口供"后代的答问词，直追其家世和祖宗承传，仔细描述家中成员生活，绘图列表，方位俱全。

总之，一方是务求找出其中错漏，另方是誓要虽假也务求十足真。此外，有些还有照片提供，尽量多方设法证明"我"就是他。

不过，假冒之风盛行，也是常有之事。于是便被羁留。关押盘查，一问再问。最后甚至还有些不幸被遣返。最初盘查问答，是在登岸之前，继而改在美境拘留所。第二次世界大战以后都先在美国驻香港领事馆进行。

比如，旧金山湾区天使岛是为此而设的移民进境盘查之地。尤其是中国人，加上冒充之嫌，由于言语的隔阂又因排华的设限，每每关押经年，仍然未获登岸。他们被安排在这岛上的木屋暂住，孤寂，彷徨，失望。有些感怀刻木寄情，有些竟至愤然自尽。

而事实是，有些人终能入境，他们就是"口供"的第二代。

五　真真假假，法中有法

有记录称，美国排华，本欲从通过订法全部阻止新的华工入境，并同时拟预算，让已有居留的一批华工自然地在美国减亡，所以，既禁华人在美国娶白女作妻，也禁华人从中国把发妻带来。用意是要他们全数地最终地渐次消失。

显然从未想到，华人往返传宗。最后，竟然法中有法，都成功地抵达美国。这就是"口供"二代，或戏称"土纸"登陆。①

本来《排华法案》规定"不准境内华人归化为美国公民"，又"华人一旦回中国探亲，就不能再回美国"。但文内又补充，"1880 年 11 月 17 日前，既居留美国并获得海关证明文件之华工暂时出境后准予重入美国"。于是，合此例者，数目不少。他们回乡娶亲，逗留一段时间，然后又再回航，申报有妻有子。

至于土生，依据纪录，1880 年《排华法案》通过前夕，美国出生华人（俗称"土生"）只有 1183 人，到 1943 年《排华法案》取消时，土生人数竟达到 40262 人。即 61 年内增加 34 倍！有人认为，其中不乏是通过伪造出生证明，从而获得美国公民身份。②

方法之一是，他们通过被捕，自称"土生"上诉，然后，找两名在美国的华人出堂做证供，就可以被法院接受，既获自由又是土生。据称这方法是基于一名陆某的土生被捕后因他提出上诉而催生的。继而有众多华人从美北加拿大越界来，故意被捕，报称土生，最后亦成功地获释并得合法身份。据统计，10 年间，由此而入境的华人达到了 2500 人。方法之二是，土生们回到中国家乡去，以血缘儿子带华人入境。不管真真假假，完全依法进行。在 19 世纪最后 20 年的 3 次人口普查，土生华人从 1183 人增加到了 9010 人。

另外，在 1882 年至 1905 年之间，约有 10000 名华人于入境时被拒。他们向法院申请人身保护令，多数获判允许入境。

六 坦白之后，降为绿卡

也因的确有人假冒别人，那年代不少人双重身份。除了名字是假，姓氏也可能假。家世籍贯，全依他人。自那以后，他们的儿孙，也用了假姓。而且，只能继续如此，把假的当作真。这就是"口供"二代子孙们的尴尬。也同时是华侨华人社会的怪象。时至今日，这已经不再是秘密；也有些人，去移民局换姓更名。但也有人，明知是假也不想变；主要因为，它牵涉的事情太多。

---

① 刘伯骥：《美国华侨史》，台北黎明文化事业公司 1982 年版，第 264 页；陈依范：《美国华人发展史》，三联书店出版（香港）有限公司 1984 年版，第 249 页。
② ［美］麦礼谦：《从华侨到华人》，三联书店出版（香港）有限公司 1992 年版，第 130—132 页。

在漫长的美国对华人移民的律例之中，美国国会于 1957 年曾通过特赦法律，规定那些用假名和假证件进入美国的"土生""土纸仔"等公民，如果到美国移民局"坦白"，可以在身份证件上换成本名；并保证他们不会被遣返，唯一的惩罚是他会从公民身份降格为"绿卡"一族，5 年之后才可以再重新申请入籍。

这项特赦计划，本于 1954 年时推出，因只呼吁违例者自愿去坦白，一时收效不大。故此随后改为特赦。至 1965 年宣告结束时，共有 13895 人承认自己曾通过用假身份进入美国。但因为他们的坦白，又揭露了另外 22083 人，亦曾经使用虚假手段而获得公民资格。两个数字相加，总约 35000 人。然而，这显然仍并非全部。①

七 真正土生，不愿麻烦

所谓曾经假冒"美国土生"获得入境华人，在最早期，也分两类。一类是以"个人真实姓名身世"而冒充土生，一如上文所述，他们是凭上诉胜诉入境；另一类是以"冒充土生儿子身份"而通过进关检查，获移民官承认而登岸的。事实上，这些人，是要凭通过口供盘查的合格而入境的。

由于他们各自取得的入境情况不同，姓名身世，有真有假。比如，由上诉胜诉而入境的土生，他们的后代是用真姓，包括祖先家世；凭口供合格而入境的土生，他们的后代是用假姓，所以家世亦假。由此可见，相沿至今，真正在美国土生的二代、三代，若是碰到涉及"假身份"的问题，倒是因其祖先曾以"假"口供入境一类。然而，对于其后在美国出生的"真真正正土生"来说，那已经是上辈的事。至于家乡何处，原本是什么姓，基本上都不大了了，许多也无所谓。

正如在美国土生土长的女作家汤婷婷，就在她的著名小说《中国佬》中有所描述，他们那上两代人，即她的祖父和她的父亲，在她成长的洗衣馆记忆中，从来"没有故事、没有过去、没有中国"。这都因为美国种种排斥华人法律使然。他们都不敢对儿孙们多讲家世和往

---

① [美] 麦礼谦：《从华侨到华人》，三联书店出版（香港）有限公司 1992 年版，第359—360 页。

事，免得惹出什么麻烦。只是埋头哑忍苦干，沉默融入美国社会，做一名守法的公民。无疑，这也使土生一群感到很无奈。

因为，无论如何，他们的祖辈都应曾有梦，那是什么？会是什么？但由于先辈们三缄其口，到他们真正土生的一代也就都无从得知了。

第 14 章　苛例重税

小　引

　　加州原是墨西哥的属地。它于发现金矿的同时为美国以战胜墨西哥索赔为由的一纸割地言和条约中夺去。白种人随即以主人身份自居，对外来的外籍淘金客设税和立例进行禁制。中国人也因为闻"金"远道而来。加州与旧金山均订有形形色色的地方税和例，其中，有不少是专门针对在当地谋活的华人。

一　加州土地，原属墨国

　　当早期的美国人来到了加州，他们中的大多数认为，这块土地完全只属于他们白种人。因为以他们习惯的认识，美国之所以能独立建国，基于一场独立战争，是白种人推翻白种人的统治。它之前是由英国皇室的殖民地统治，它之后是从英国脱离，宣布独立建国。不管之前，还是之后，因为统治者都同是盎格鲁撒克逊裔的白种人，所以，他们之中的大多数，就总大言不惭强调，该地方是盎格鲁一撒克逊人所有的。

　　其实，加州，甚至大部分美国的西南，原先是墨西哥的领土。

　　更早生活在这块土地的印第安人在更早期已被白人屠杀驱走。

　　又曾经在这里工作生活的墨西哥裔人也变成外来者，因为美国继1845年从墨西哥兼并了得克萨斯州后，又因在随后两年中再打败墨西哥，于1847年，先取得加利福尼亚那大片面临太平洋的土地。又再一年，更兼并了与得克萨斯州毗邻的新墨西哥州等地，将之列为"准州"（即是，尚未加入联邦）。

那场美墨战争，发生于 1846 年至 1848 年，墨国战败求和。于是，在谈判签约时美国强索土地，连内华达及犹他二州也都算入。

最值得人们注意是，加利福尼亚的萨特磨坊（Sutter's Mill），根据现时所有记录，该处主人于 1848 年 1 月 24 日发现金矿时候，美墨两国间的和约仍在进行。美国人强调加州已先一步成为美国土地，人们沸腾，涌往加州。他们都是寻金之客，陆路去，水路去，争先恐后地以木槽瓦盆去淘金砂。

二　华人陈明，适逢其会

中国人也刚巧有人适逢其会，他叫陈明，是第一个淘金获利者。他把这个消息告诉了同乡张云。于是中国人买舟来，即是他们不惜自费来美。有变卖家产而成行的，有签约借贷后归还的，都是为了淘金，都为远来发财。据载最先的这一批人多如愿以偿。有些人返回唐山，有些人则留下。把旧金山这个登岸点变成聚散点。另据加州华人人口记录，1848 年华人只有 3 人；1849 年则增至 325 人；1850 年又再来 450 人；1851 年续再添 2716 人；到 1852 年暴升至 20026 人。同年，据报有 1768 人离美返华。由此可见，一方面是来者数目倍增，另一方面是，淘了金回去者，亦曾大有人在。

回看中国当时历史，正是清廷道光与咸丰两帝的交替时期，亦是太平天国举事把南京作天京之始。在随后的 15 年间，南方因而战乱频频，社会动荡不安。农业收成破坏，加上天灾人祸，民无立锥之地；铤而走险，漂洋来美，被认为是广东沿海人的出路。

另外，越到更后时期，也有逃兵夹杂。因为清廷曾国藩的湘军联合美英洋枪队，把外围太平军一一击破，并合围至天京水陆进攻。于是，有一些突围者被朝廷通缉，遂亦加入淘金之列，也同时是远遁求生。就此，它形成了早期来美的那一批先侨，既有因经济的原因，亦有因政治的原因。

然而，中国人的突然大举涌至，数目的速增使白人疑虑。

三　设入山税，排斥外人

美国人本希望能淘金的是白种人。但当时的加州早已有其他的族裔。有印第安人，有墨西哥人，有西班牙语裔与印第安人混血的后代人等。此外，除了中国人是新来者外，还有黑人及来自智利和秘鲁的拉丁美洲人。白种人中有爱尔兰人及法国人。这些人都不算是当年用尽办法阻止淘金的盎格鲁撒克逊裔白人。自金矿发现后至 1851 年期间，印第安人被逐回保留区，因他们与白人常发生战斗。黑人也易对付，因黑人未解放。至于智利人及法国人则由于美国分别与这些人的国家发生战争，所以乘机把他们赶走；秘鲁人和智利人也同时被逐出加州。唯有墨西哥人与中国人还在坚持。于是提出征矿工税，或称非公民入山税。但凡非白种外籍人必须一律缴交。它是于 1850 年开始实施的，曾一度增至 20 元；墨西哥人只好放弃，纷纷退回墨国边境；中国人也支付不来，也都回旧金山唐人街去。据说当年在加州有 5 万名淘金者，中国人的矿工数目仅 500 人左右。虽然数目并不很多，但因加州政府认为突然失去一大笔这类外籍人的税收，认为可惜，遂决定再改制；又回到稍低的税项，旨在吸引陆续新来的中国人。为此，加州议会于 1852 年 5 月 4 日通过新的一项法案，申明凡外国人操作于淘金场，每月只缴纳执照费 3 元；但规定凡公司雇佣外国人者，亦要纳税。这样大批中国人再入山淘金。翌年（1853）3 月 30 日加州政府又通过新法案，把矿场公司税款提高至每月 4 元；又于 1854 年 4 月 30 日再通过修补案，提升外国矿工每月付税 4 元；随于 5 月 30 日另通过有关该法案的附加条款修正法案，主要申明该项税款只适用于非美国公民或不愿申请成为美国公民者。由于中国人是当年外国人中唯一归入不准申请成为公民之列，故此，显而易见，此法案是专门针对中国人而立的。其目的，非为征税，而在有些白人意欲驱逐矿区的中国人。原因是，那时白人淘金者见金矿在缩减，总希望能独占，所以排斥外人。此案曾于 1856 年被撤销。只是没过几年，这法案又再重提，它于 1861 年 5 月 17 日再被通过。当时曾经被指违宪。即使如此，它仍继续实施，直至 1872 年才告终。

四　墨国属土，从未管理

研究华人在美西的初侨历史，有必要也熟悉那时墨美关系。因为，加利福尼亚及大部分与墨西哥毗邻的南部土地原本属于墨国。

墨国有悠久的拉丁古老文明。它经历四个帝国式王朝，才于 16 世纪初期为西班牙的远来军队所灭。它的古文化曾流传过有：玛雅人

（Mayas）、奥莱梅克人（Olmecs）、托尔特克人（Toltecs）及阿兹特克人（Aztecs）组成的拉丁美洲人的帝国文明。唯是于 1521 年为远道而来的由征服者科尔特斯（Cortes）率领的西班牙军队入侵所灭。自此，墨国沦为西班牙的殖民领地，达 300 年。几经挣扎，才终于在 1821 年成功摆脱西班牙的外来总督长期统治。

墨国在整个大美洲中部。其北部邻接着美国南部。境内崇山峻岭遍布，可耕地不到 1/10。它算是中美洲地带最北之处一个起点。地理环境布局，就是高山连绵，平原峡谷较少。其中心点，形如在高山上的一大片平原。也就是其首都墨西哥城的所在地。因此，全国居民都往那处挤去，生计从来就一直成问题。因为总的来说，境内耕地不多。农民要觅地作业也实在困难。其东面，连接太平洋，有较短的低地，接着就是崇山；其西面，则是墨西哥湾，滩前低地较少，接着也是峻岭。唯是，其北与美洲大陆相连接，那就是加利福尼亚大片土地。所以，长期以来，墨人多往北部挺进，希望能找到落脚点，原因如此。

但墨西哥人虽然于 1821 年赶走了西班牙的驻军，却自独立以来，只原则上承接了西班牙人遗留的全部属地，而实际上从未真正管理过那里的土地。

五　内战连年，美国夺地

虽然加利福尼亚位于墨西哥的北方部分，但它在墨西哥古帝国文化时代，则从来没有归入墨西哥古国版图。原因就是，这片大地，除了曾是印第安人几个部落游猎其间之外，据称是西班牙人统治墨国时期才于 1542 年被发现。但是，受派驻统治墨国的总督，却延至 1769 年才确实开始遣军设营在那里对加利福尼亚进行管治。而实际上，他们只是进入最南面的圣地亚哥（San Diego）一带而已。无论如何，它仍算是当年西班牙人统治墨国时大片北延属地。

皆因墨西哥人在摆脱西班牙人的殖民地统治后，不久又再恢复帝制，随而又被人民推翻。然而，新的共和建立不易，接着，就是群雄并起，都为争夺权利互斗。是以，在随后 50 年动乱间，平均 9 个月换一位领袖。日子多在战争中度过。遑论能够好好对境内及境外的所属地进行治理。

只是加利福尼亚既然是墨西哥人国土属地，也就有墨西哥人移居到加利福尼亚。不过，墨西哥的当权政府对这块地一直无暇顾及，一是因为它离墨国本土太远，二是当权者又连年换人。可以说，从 1821 年至 1877 年，墨国在这 50 年内难得有太平稳定的岁月。是以，加利福尼亚及与之为邻的一大片现时称作为美国州郡之地，遂被美国白人乘虚钻了一个大大空子。当美国人以扩充西部无白人的边疆为口号，鼓动无数冒险者从东部向西部推进时，他们把整个西南部视为要开发的新疆域而大举移民，那阶段他们最大的敌人曾是土著印第安人。

但那是发生在 1847 年以前的事情。因为在历史上，也是从那年起，加利福尼亚便正式被划入为美国的一块因战争胜利而夺来的疆域。

六　苛例重税，针对华人

最初，美国加州白人对外人进入金矿的设限，如果在那时不完全算是只为针对中国人。那么，随后而生的种种其他例，用意却是十分明显。

先举例说最初的第一个 35 年，旧金山政府立例也只为要排斥中国人。以下一系列的禁例，是于 1870 年颁布执行的，其中包括：

（一）《辫子例》：留辫子者，要付交辫子税；那时中国人所以留辫子，是清廷政府所订的法例。那是满清风俗，违例者可获斩。中国人那时人虽在美国都希望最后返回祖家，因此，个人辫子岂能不留。所以，这一明文立例，是排斥中国人；这种罚款，是摆明的强迫欺诈。

（二）《行人路例》：禁止使用华人担挑；那时中国人使用担来挑箩载货，是传统上世代相传的最简易搬运方式。当年中国人就是这样子挑箩带货沿街逐家逐户叫卖，从所留照片显示则以菜农为普遍。禁止用行人路，就不想这些中国人有机会停下来进行兜售。用意刁难恶毒。

（三）《剧院例》：禁止上演粤剧；早期先侨以广东人最多，粤剧是他们流行的演唱。查实，这类演出都在唐人街内，是娱乐的性质，被列禁，真无奈。政府旨在罚款，别无其他解释。而且，也不见得在禁演粤剧之后，中国人就会改而去看西人演的歌剧。所以，这种条例，也完全无必要。

（四）《洗衣例》：洗衣馆有马车载运衣物者每季税款 2 元；无马车者，每季税款交 15 元。所以如此，是因为当年华人洗衣行业纯属小型作坊，多用担挑载运。据称，能使用马车的洗衣馆也大多数是白人开的，故此，这条禁例是借此打击中国人从事这一行业，目的偏帮白人，意欲削弱华人这方面的竞争。

除此之外，亦于同年，加州政府重申"异族"不可同校的教育政策，不允许异族华童与白人学童同校。于 1872 年，加州又引用殖民地时代（1661）法例禁止异族通婚；于 1906 年申明包括华人在内，直到战后 1948 年才废止。于 1875 年联邦政府通过源自加州的于 1870 年曾通过的《贝芝法案》（*Page Act*），并规定华人妇女要有良家妇女的证明才准入境，否则当作妓女处理不准登岸。

七　矿工税案，被判违宪

先侨逆来顺受，不但渡过难关，还对所在州所在地作出过种种的贡献。就以上述种种禁例而言，在忍让求存底线下，亦能使对方获满足。比如，1853 年加州政府再推出"矿工税案"，外来者已全都跑光，唯独中国人肯承受。并且，他们所缴纳的这一类税款，相当于州府收入总和一半。根据加州议会的有关委员会报道，1862 年中国人从事开矿者约 3 万人；又说，"假定以两万人计算，如以每月执照税 4 元计，则每月缴交州库及县库者为 80 万元；一年得 960 万元；每人每日购水费 0.3 元，如以两万矿工计，一年可得 216 万元；又每人每日购买矿权 0.25 元，如以 1.5 万矿工计，一年可得 135 万元。"① 总而言之，中国籍的矿工虽被白种人多方面迫害，但其对加州的税收，贡献不少。有数可计。

约于 19 世纪 50 年代后期，当加州的表层采金渐呈枯竭，大批矿工外移，华人尾随发展。最初是进入内华达，继而入俄勒冈州西南，北至华盛顿准州或转往英属加拿大境哥伦比亚流域；60 年代早期，他们到了爱达荷中部及蒙大拿西部；70 年代初期，矿工们开始南下至科罗拉多州，有些则远至南达科他州。这样，华人矿工也因尾随他们追

---

① 刘伯骥：《美国华侨史》，台北黎明文化事业公司 1982 年版，第 264 页。

矿，一直跑到美国西北部，或甚至加拿大去。

回说到加州的矿工税，它于 1870 年判违宪，美国最高法院决定将它取消。然而，在过去 16 年，它曾经是加州全州收入最大的单项财源；一说，它约为州政府每年的收入 25%—50%。与此同时，它也构成州内各郡财政的一部分。据说，有一些郡，如果没有这项税收，将会导致关闭学校，或者宣布破产。有些是用来帮忙支付 25% 的医院开销。当它被告之撤销时，华人已经缴付了数目庞大的美元。即使宣判违宪，加州政府后来连一分钱也没有退还给加州华人矿工。①

---

① 陈依范：《美国华人发展史》，三联书店（香港）有限公司 1984 年版，第 63 页。

第15章　变相剥削

小　引

　　华工来美总是通过招募商或契约中介人，这些人自是会从签约华工中取利。这已是华工受剥削的起端。同时，较之美国白人工人，中国来的工人总是工资较低，而且待遇恶劣，苛例不少，这是另种剥削。华人中有包工制是对同胞的另类剥削。此外，白人老板经常以雇佣华工对抗工会罢工和拒绝白人工人所提索求，使华工在劳资夹缝中无辜地被视为美国工人大众的卑劣竞争者。

一　契约两类，支付船费

　　早期的华人赴美国志在淘金，多数是以"契约或称赊票"方式进行，大致分为两类：一是自付个人路费，向同乡会所开设的在华办庄签字借贷立约，声明在抵美后工作，按照加利息若干而逐月逐年偿还。这类"契约"华工，可以自行选择职业，早期淘金客属此类。另一类是美国公司代付路费，与在华招工的委托办庄签约，标明赴美船费及过程中的伙食费是由美国某公司先代为支付，华工同意在抵美后投身在该公司工作，工资及受雇的条件包括时间长短均有标明；先以工资偿还船费及伙食费所需贷款，直至全数清还，才算是自由身。比如，当年受雇来美的早一批铁路工人，就是此类"契约"华工。

　　可以预见，从表面的有关安排，"契约"华工抵达后的最大压力就是以其工作来归还所借船费。那时，由中国广州坐邮轮到美国西部旧金山，船费本已高达若干美元。但是，其间经过被人取利，一般都要多付若干。数目少，固然是侥幸；数目多，也只叹奈何。

这类"契约"，依据现时能找到的记录所载，其实并不算太"苛刻"。至少，它比传闻中那一些前往拉丁美洲的"猪仔"华工较合理及尚算文明。撇开在过程中被骗或黑道人士的从中诱拐逼诈，这些华工只对在美国的同乡会所或受雇的公司进行某一数目还款；一旦都依约做到了，就能从此另见生天。故此，可以这样肯定，早期赴美华工的生活基本上都不算完全经历非人。

二　首轮压力，赚钱还债

无论是卖田卖地来，抑或是签字借贷来，早期华工所面对的第一轮压力是如何可以尽快归还（或者设法赚回）他的赴美旅费。自费者是立刻可以入山淘金；借贷者是依约报到工作。赚钱只是第一步；积蓄是第二步。这都为了能有收入。其实，外出的人知道，赚钱不易；积蓄更难。因为，生活中有种种消费；工余时有多方诱惑。早期华工都是单身，他们闲暇活动的场所有赌馆、妓寨和鸦片窟。沾染上了任何一种，都可能带来或者引发后遗症，因而导致个人贻误终身。辛苦赚来的钱，就难存积下来，还乡就免提了。

这无疑是华工所遇常见的陷阱。就看是迷上哪一样，后果按情况各不同。大则自此沉沦，难以再有翻身之日；小则惹些麻烦，知错者尚回头有岸。最关键的依然是，他是否能按照个人的计划一步步地继续有工作做，月月有钱偿还旅费。因为契约（或称赊票）的尽头是获取自由，固然是自此"赚钱我有"的开始，也同是任由"可择去留"的新生。在芸芸华工中，不乏有人终能如愿以偿。总之，日挨夜挨，年盼月盼，待积蓄了一笔可观数目的钱，买舟回航，重返乡里，这就是那代人正常的金山梦。广东省五邑的侨乡内，现仍有无数的碉楼建筑，它们都是当年华工发迹见证，体现成功的衣锦还乡梦。

三　工资较低，待遇较劣

同是在美国的工人，早期华工从未能享有过公平的待遇。原因可归为多方面：言语不通，人地生疏，是华工本身的弱点；白人资方就看准了华工可以欺侮，雇聘时就内心算定占他们便宜。

契约，或雇聘的合同，也都写明工资的价目及作息的条件。甚至包括是否自己安排住宿伙食。这方面在其他白人工人则有补贴。

以铁路工为例，多是经过承办商或某一工头作居中人。资方或者老板，不直接管华工。在签约前，有承办商；在工地上，有大工头。有些工头又把这些华工分为众多小队。层层监督，如军队式。他们一起作息，有集体的宿帐。吃饭和睡眠都基本有所规定。可以想象，在资方与承办商之间有一定剥削，在承办商与大工头之间也难免有一定剥削。再分下去，就看情况。间或变成可有可无。

较之其他同工作的白人工人，华工的待遇是明显次一等的。至于相差多少，则有种种不同。据中央太平洋铁路公司的一位白人监工向美国国会一个小组委员会所作供证称，"中国劳工与白种劳工在同限度的共同工作中，虽然中国劳工做了80%的工程，他们对中国劳工每月只给工资31元，膳食自备。但对白种劳工，却公认的每月支给40元，并包膳食，计每日工资约值两元"[1]。

在铁路工人中，除了曾聘用华人，亦聘用爱尔兰人。据说英国人少。因为他们认为铁路工太辛苦。白人中爱尔兰人那时被指最低下。

华工分工上往往被派往做一些最难最冒险的作业。如铁路工这类，本来从拉泥搬木开始的，渐渐地，竟专门由他们负责去开山和爆石。

华人铁路工人也曾有一段短短的罢工抗议。他们曾经要求希望得到好一点的工酬。但是，只停工一星期，又乖乖复工了。后来检讨，因不团结，华工没有全体都坚持到胜利。是因忍让，使他们甘愿低头和吃亏。

四　约满解雇，往哪找工

契约，总有尽期；期满，契约便被取消。工人也就会被解雇。这就是当年赴美铁路华工面对的随后命运。一般来说，这亦是他们必然要面对的第二轮压力：如何去应付失业及如何再继续找到工作。

比如，这批铁路华工，都是契约华工。他们是美国中央太平洋铁路公司通过在香港一家承办商代理雇聘。从1865年至1869年前后4年间，陆续约有14000多名华工被这样安排进美国。他们参加由加州萨克拉门托市（Scramento）通到犹他州盐湖那段工程的筑路工作。历

---

[1]　刘伯骥：《美国华侨史》，台北黎明文化事业公司1982年版，第277页。

尽严冬的风雪和酷暑时的炎热，开凿崇山，钻洞穿岭，终于在普罗蒙特里波因特镇（Promontory Point）与从东部而来的联合太平洋公司的铁路在那接轨，曾帮助筑成美国第一条横贯东西两岸的铁路。虽然在当年 5 月 10 日举行的接轨通车庆典没有邀请任何一位华工参加，甚至他们的功绩也没人当场提及，但是这批华工的汗马功劳岂容忽视。据记录称，在建筑过程中不少华工死亡，至少在最后被获准运回中国去埋葬的这类骨灰达 1200 具。而且，这数字还不是该段铁路华工工伤死亡的全部数目。①

接着，他们便全体被解雇。因为这段铁路工程已结束了。

然而，基于他们的勤劳和有用，其后南太平洋铁路公司及北太平洋铁路公司在延筑支线时候，分别雇聘了一部分这类华工。又当他们于筑路约满后，遂有不少留下来在沿路上的郡镇另外谋生。

不过，更大部分华工，同时都告失业。由于语言人际关系，多数回旧金山找工。然后，被同胞中的承包商或工头招募，开始一批批去其他地域操劳。新的作业范围包括：垦荒，把沼泽变良田；农耕，到庄园当雇工；开矿，做水银矿的工人；渔业，捕虾及捡鲍鱼。又有些在加州各城市内当小型手工业工人，比如羊毛织造、卷雪茄烟、制造皮鞋、皮靴、拖鞋及缝纫等。但是，很大部分华工依然由承包商及大工头支配找工作，安排集体性食宿。由于华人工头与雇主预先商妥雇聘条件，其中不乏被人从中取利和涉及压榨等情形。

五　追矿过州，沿途散落

19 世纪 50 年代华人主要是来淘金，多是淘金散客，并非大批受雇。他们作为独立的淘金冒险者，远远跟在白人后面，采淘白人放弃地段。既掘亦淘；掘，是起掘含金的地；淘，是水淘含金的沙。时而两者并举；时而单一操作。中国人把南方的水田灌溉使用的水车，经稍加改动后用作水陆相连的筛洗器，引水冲沙，逐一查察。西人则常使用机器，以水灌山，因而常致塌坡，近溪华工棚屋常遭掩埋。故此，华人早期在金矿地的简陋集居场多被这些意外摧毁淹没。那阶段华人不可以拥有矿地。但他们容许向白人承租弃场。然后，在这些被

---

① 陈依范：《美国华人发展史》，三联书店（香港）有限公司 1984 年版，第 93 页。

认为无金之地努力翻查。且每能有所获，并成为通习。发展到那规模，华人中多结伙或组小型协作。这颇自由，但无保障。

其间，剥削是来自政府追税员。他们被授权去矿山追华工入山税。甚至有权向违命者执法，即场收取，手段恶劣。加州颁布有关法例，凡是外籍的淘金客每人月费 3 美元，后来升至 4 美元。外籍人才须付税，他们大多数是中国人。其实都是变相勒索；据说，付过税也有时会被前来再索。如果中国人为此逃跑了，他们中有些税员曾另雇印第安人巡山四处通缉。

此外，最大的危险是常遭袭击劫杀，不但淘得的金尽失，往往人被杀、屋被烧。华人因此在矿区内成群聚居。然而白人伙同四出洗劫。曾有这样一宗惨案，劫匪多人于劫掠后把 6 名受害人以各自的辫子捆在一起，再举大刀割喉，以听哀号为乐。案发之后，州政府下令悬赏 1000 元追缉，华人为此另外添赏金 4000 元。那些匪被擒获后终枪毙。[1] 据美国 1870 年人口局统计，美西五个正式州和准州共有 17067 名华人矿工，占这类人数总和的 27.5%。随后因不同地域金矿的枯竭，华人或闻风追矿过州，或索性留下来另谋他业。他们的足迹大致上是 19 世纪 50 年代后期，散落在内华达、俄勒冈；60 年代中期，在爱达荷、蒙大拿；70 年代初期，抵科罗拉多等地。[2] 先侨就这样散移开去。

六　价廉是因，夹缝谋活

据说，自 1863 年起，也开始有华人购买旧矿公司，或自中国招契约工人来美国。一个这类矿权，约值两三千元。华人承继了西人开采过后的残余，继续再采那些旧矿。他们以工头制指挥工作，分组分工。每人每日约两三元。此等公司雇工约 50 人至 100 人。另有中国人受雇于西人矿场公司，根据所留统计资料，华工约占矿工人数 1/3。另据追税员供述，华人矿工每人每日淘金所得约四五元，又矿工工资常数则两三元。[3]

---

① 刘伯骥：《美国华侨史》，台北黎明文化事业公司 1982 年版，第 262 页。
② ［美］麦礼谦：《从华侨到华人》，三联书店（香港）有限公司 1992 年版，第 7 页。
③ 刘伯骥：《美国华侨史》，台北黎明文化事业公司 1982 年版，第 258 页。

至于华人矿工或铁路工转业之后，又会遇上各类行业及范围的规限。最常见是华人普遍工资较低；当地政府向华人业者另征税。其中最苛刻的是针对渔业华工。比如，加州 1860 年规定，华人从事捕鱼，每月征税 4 元；如违规则船艇没收或资产充公。其后，又对捕虾粗网及拖网的大小有所规限。总之，州政府订出酷法苛例多多，连同工会，一齐抵制华工就业，企图迫令他们退出工厂、艺业、田园及渔场等种种与白人工人有竞争性的工作。虽然华工价廉是排斥的主因。但一位种植草莓农场的牧师做证说："如果不雇佣中国人，也许没有一所（草莓农场）能够或可能有任何获利的。"他续说："这是一种劳力，没有人能和他们竞争。"因为，"白种人每日工资 2 元，但服务的效力，不及那些中国工人每日仅得 1 元或 1.25 元之高"①。另一个现象是，由于"白人劳工不愿（以同样的工资和服务）担当同一类工作"，即使在排华酝酿阶段，白人老板虽因常受到恐吓，也只是每"当暴动激烈期间，凡雇佣中国工人者，才会将其解雇，改用白种工人。但当暴动完了，便又将白种人开除，仍雇佣中国人"②。

当年华工为了求存，就这样在多种夹缝中忍让谋活。

七　工会不满，拒收华工

当年，有些白人老板雇华工的目的：一是因为他们这些华工接受低薪；二是可以用来对付白人罢工。所以，当这些华工从契约工人满约转变成了自由"苦力，Coolie"（这是白人老板另给他们的新称号），华工就不知不觉间成了白人工人及工会的共同公敌；并称呼他们为工人大众的卑劣竞争者，并且，相沿下来，自此长期与中国人在劳资问题上划清界限。

早期华工仅两大类：先全是采金矿工，其后，才有铁路工。金矿时间相对较长，但却曾向西北移散。铁路工工约时间短，一万多人仅做 4 年，然后路成，都解雇了。4 年下来凭积蓄回国的少有。他们一批批地转入农作或者参与垦荒。有中国人在旧金山唐人街组承包公司，常雇华工派往各地进行大规模的挖掘工程，开公路、垦荒地、疏

---

① 刘伯骥：《美国华侨史》，台北黎明文化事业公司 1982 年版，第 272—273 页。
② 同上书，第 503 页。

凿灌溉运河。当年主持人取得这类工程的投标方法是要价较平。试问，工作由廉价而获聘，条件待遇岂不低下，足见先侨可怜。由一开始便自降了身价，唯一解释就是，也许这就是他们当年赖以生存之道。①

总之，剥削来自各个方面。但是，也离不开有中国人乘机从中牟利，先我后人，自私难免。最令人掩卷轻叹、啼笑皆非的是，从此美国工会拒绝华人加入。在美国的华工与白人工人求职时的竞争，竟逐步演化为对立，这亦种下了其后排华的主因，终于推动政府进行立法抵制，长达 61 年，这应是始料不及的。

---

① 刘伯骥：《美国华侨史》，台北黎明文化事业公司 1982 年版，第 302 页。

第16章 驱赶烧杀

小 引

1882 年，美国通过《排华法案》前后，华人最感无助和被动的是面对白人群体的驱赶和烧杀，是由抱歧视的白人工人、工会与政客的联合骚动，加之由极右的劳工骑士团策划，到处煽风点火，制造大小凶案。加州洛杉矶市案曾吊死华人，怀俄明州石泉镇案是驱、焚、杀，另外还有其他类似凶案。

一 法案前后，烧杀频生

在第二个 35 年（1875—1910）期间，华人在美国的难题是面对白人暴力。排斥华人的种族浪潮正趋白热化；驱赶烧杀的行动漫延至加州以外。以下是有记录的较为突出的这类集体的暴行和案例。1862 年，加州尤巴县（Yuba）有 88 名华人遭杀害；1871 年，洛杉矶市（Los Angeles）华埠华人遭屠杀；1877 年，在俄勒冈州（Oregon）蛇河镇（Snake River）杀害华人矿工；1880 年，科罗拉多州（Colorado）丹佛市（Denver）华埠遭白人纵火烧毁，华人被逐；1885 年，在怀俄明州（Wyoming）石泉镇（Rock Spring）发生的大屠杀，华人死亡甚众。在 1885—1888 年，华盛顿州（Washington）西雅图市（Seattle）两度发生排华暴行，华人被逐，离开市境。

这些都是向华人驱杀大事件，报章曾报道，有档案可查。值得注意的是，那已经不再是单纯针对某类华工，而是针对整体华人。

起先，只排斥某类的华工，是因经济利益冲突；是白人工人针对华人工人。其实在更早时的白人金矿工人也对华人金矿工人采取过驱赶。那是最早曾发生的一宗在 1852 年 5 月间的驱逐华工事件。白人工人在内华达州金矿区内集会，指责船主与资本家把逾万华工带来美，并且在几处矿场内驱赶华工。其中，在韦伯（Weber）郡的那些白人矿工，把该处中国人的帐幕烧毁及破坏他们所用的工具，又逐回把华工载进该区来的马车。当时这批全部都是由白人组成的暴徒，还大声疾呼："加州是我们的！"①

其后，加州政府以向外籍人收取矿工税来逐步平息这些事。在记录上，这列为美国白人工人对华人集体采取暴行的最先实例。

美国由联邦通过的《排华法案》是 1882 年，在那前后，驱赶烧杀，单独或孤立的事件常有，当大宗的案件发生时，当地员警也难制止。

二　白人至上，政客煽动

白人至上，曾是当年排华的关键，也是那时幕后的推手。

美国白人以盎格鲁撒克逊人为其核心，以进化论弱肉强食为其理论，先屠杀驱逐印第安人并占其土地，继设限排斥其他族裔阻止其立足。以天赋使命来粉饰这些不文明与不人道的霸道行径。他们在西部发展之初，轻易地压服了土著及墨西哥等西班牙裔混血后代之后，把爱尔兰人收归为马前莽汉，对于所有非白人的外来异族，妄加声言：加州是白人的！甚至整个美国是白人全权支配的！

华人是东方来的非白人族裔，文化习俗与盎格鲁撒克逊人大相迥异，自是亚洲人中首当其冲，随而成为被排斥的最新对象。

再次，19 世纪七八十年代是美国经济转型期。东部是垄断大企业的新兴期，正要谋求发展，便向西部推进。华工的陆续涌入成了他们可利用的廉价劳工棋子，与西部白人中的小型工业及小资本家所开工厂中的生产队，正处于以大吃小的竞争博弈。由于华工刚巧是受雇于大企业旗下作业，遂与当地新兴工会及白人工人正面对垒。白人工人视华工为对他们经济蚕食的敌人。于是，如何打击华工便成为他们当前的急务。适值 70 年代欧洲的经济萧条漫延到美洲，白人工人更多

---

① 刘伯骥：《美国华侨史》，台北黎明文化事业公司 1982 年版，第 262 页。

失业，抱怨工会缺策。政客此时也加进来，除了讨好白人工人，串同工会煽风点火，三方联手怪罪华工抢走白人工作。

其实，从今日的客观史料细看因由，华工既是受害者，也是一场实际上关乎白人自身那些大企业与小资本家正在展开经济博弈的一群无辜牺牲者。

三　舆论漫画，丑化华人

我们常听说，群众的眼睛是雪亮的。然而，有许多时候，群众也往往在行动上十分盲动，一知半解便跟随别人一哄而上。

这世界有一种伎俩叫作"宣传"，负责煽动的人可以通过口头言语或行文的运用，对某些事态与人物进行褒贬，催人做好或者做坏，就看他有什么意图。许多世间人事，借着对它小题大做，又或强加大肆渲染，只谋突出某些缺点，尽量刻意将之丑化，常会使人在潜移默化中变得情绪激动及不知不觉间随波逐流作出惊人举动。排华的不当情绪就是这样形成的。

当年白人主义者对华人的歧视与打击，就是集中使用华人某些负面，使广大群众的白人及一般人，对华人起邪恶的假印象。

白人拥有报章舆论，掌握着宣传的机器，由别有用心的政客大放厥词，由只知想赚钱的漫画家虚构绘作，与一心嫁祸华工的工会工头同谋，一起鼓动失意或有暗怀报复心态的白人工人带头行动，暴力排华，烧杀驱掠。这不是只一天的刊文，却是天天的报道，务要人人耳闻目染，谎言劣影似是而非。就此，加州在领头，其他州效仿，排华之风自此一浪高于一浪，就是这样，暴行于前，立法于后，《排华法案》竟由联邦通过，全国执行，只对中国人实施了禁制。

有人把那时期刊登的讽刺性反华漫画编类统计，数以百计，林林总总，其内容包括：丑化华人，排华合该，各人欢庆，标语浅白，比如："美国不要廉价华工""美国殿堂不容华人""中国人赶快滚蛋！"等句。在这阶段的反华浪潮中，《哈泼斯周刊》（*Harper's Weekly*）领先新闻媒体推波助澜，发表了许多丑化的漫画，影响极坏。

四　石泉屠杀，政府被动

在当年诸多排华暴动中，以石泉镇的排华事件最为人引述。其发生的过程大致如下：石泉（Rock Spring）是位于怀俄明（Wyoming）

准州领地一个煤矿小镇。华人与白种人（除英国人之外、有爱尔兰、苏格兰、挪威、瑞典等欧洲白种移民）同在六号煤矿工作。1885 年 9 月 1 日因中国人不肯参加罢工行动而与其他白种人冲突械斗，各有损伤。翌日下午，有白人约百人，半数持来福枪，向石泉镇华埠进攻。该处华人非全是当煤工，被勒令即时迁离石泉镇。华人曾要求容许 4 小时收拾，不允，随即开枪进行射击，并引火焚华埠。历时二时，夷为平地。有不及逃走者均葬身火窟。能逃者，避入山，至入夜才露面，沿山下绿河行时，遇火车被载至下一个小镇上，暂为安顿。

据报，曾有 20 人越山而去，事后失踪。又两人遇狼，被噬去。其间不乏饿毙之人。华埠华人店屋有 79 间先被掠后烧毁。另据当时总督华伦（Warren）向联邦政府汇报称，"9 月 2 日有煤矿工人先聚集密议，继纠众数百人，向石泉镇内华人聚居地见人即杀，逢屋便烧。华工手无寸铁，只能逃往邻城。事后领地政府派员至场检查，华人被枪毙者 16 人，从火中掘出尸骸五六十具，不能掘出者未知数。屋宇被烧被劫，逃身荒野者六七百人。暴徒声言，犯则处死；城内人寡兵稀，极请联邦速发援兵，维持秩序。"[1] 后据美国调查，只谓被杀害者 28 人，重伤者 15 人，中国人财产损失计 14744874 元，平均每一个中国人损失 200 元。又，逃生的中国人由军队保护下于 9 月 9 日返回石泉镇。被安排住在矿区附近的一些车厢上。白人矿工因而被开除者 45 人，但是，涉嫌者经审讯，据法官称无法指证，因此无人定罪，一律释放。

清廷政府派郑藻如公使向美国联邦交涉赔偿事。后来至 1887 年才同意如数赔偿；至 1889 年，才确实将赔款交给接任的张荫桓公使。[2]

五　洛杉矶案，内情复杂

在美国排华前后白人针对华人而发生的众多驱赶烧杀案中，洛杉矶的华埠屠杀，最令人闻而发指的是因他们当众吊死许多华人。

过去的事件版本是这样：1871 年 10 月 24 日洛杉矶唐人街有两帮

---

① 刘伯骥：《美国华侨史》，台北黎明文化事业公司 1982 年版，第 512—513 页。

② 同上书，第 514 页。

华人因一名女人被绑架而引发火拼。事发不久，有白人警员两人，其一是民团队员，前往察看，均被枪伤；民团队员不治。当晚有数百名白人暴徒持械围攻唐人街。官方最后确认有 18 名华人被杀，数百名华人被赶出家园，财产数万美元曾被窃掠。警方逮捕了 27 名暴徒，但因华人不容许出庭做证遂予以轻判或释放。①

现时这事件有一详述版本，是由一名白人调查并撰写。根据书内长 300 页所载，被绑架的华人女子是一华商之妻。女子的弟弟向绑架一方交涉，因枪伤对方而曾经被捕。经华商交保 2000 元后获外释。但另据一名白人律师事后透露，负责此案的警员因曾陪同到华商住处拿取保金，知其尚多藏款，心中觊觎要夺。于是，与绑架方约好并怂恿其上门寻仇。该警员于闻枪声，即再往唐人街。但他亦遭枪伤。

然而，当白人大举袭攻唐人街之时，华商屋外有两名警员把守，故此他在此事件中安然。反而有一中医却被当众枪杀，手指金戒割去，其店亦被洗劫。其间，有一华童被绑电灯柱行刑，为一白人持枪拨众而前救出。最后是一法官率二十余人前往现场制止暴动，劝散众人。

之后，当年绑架案主谋当街被人枪杀，曾被枪伤的警员亦因佩枪走火，竟至意外身亡。传闻中则有人说，这是华商背后指使的。这颇像一出复仇剧。

六　离镇避乡，蜗居大城

随着《排华法案》通过，各地排华愈演愈烈。在 1885 年 11 月 3 日发生在华盛顿领地（Washington Territory）塔科马（Tacoma）镇的一宗逐华事件，曾是由劳工骑士团（Knights of Labor）成员说服镇长韦斯巴赫（Weisbach）带领，把镇内的全数华人驱上火车，强送俄勒冈州波特兰市（Portland）。该镇华埠则被焚，财产被夺。这一举动后为其他别的地方小镇效仿，被称为"塔科马"模式。有统计称，从 1886 年 1 月至 4 月，加州有 35 个镇区的华埠华人曾被如此驱逐。19 世纪最后 20 年，西部地区的华人全陷入这类野蛮恐怖之中。

这期间，发生在西雅图市的类似逐华案则曾惊动总统派遣军队护

---

① 刘伯骥：《美国华侨史》，台北黎明文化事业公司 1982 年版，第 518—519 页。

送。事件起于 1885 年 9 月，劳工骑士团成员连续在该市内举行反华集会和示威游行，并要求所有华人必须在 11 月 1 日前离开。不过，并没能说服市政府和当地企业主驱逐华工，只能赢得当地工人的支持。限期过后，约只有 150 多名华人自动搬走。为了应付即临骚乱，市长下令民团进入武装戒备，并曾致电总督求派兵来增援但却被拒。中国公使因侨民来电述危情，要美国国务院协助，总统克里夫兰遂派陆军前往。11 月内无事，军队于是撤离了。翌年 2 月 7 日暴徒破晓时再袭华埠，持械强把华人集体押往码头登皇后轮。因没人付船费，船主拒不起航。市府法院乘机向船上华工颁发人身保护令，并要求他们全数到法院聆讯。次日有 169 华人选择坐船往三藩市，其余约百人，当他们由民团武装保护送回唐人街时遭到暴徒攻击，民团打死 2 人，局势恶化，宣布戒严。陆军再度进驻。最后华工终亦全部被转移，事件才告结束。

　　西雅图逐华案显示，华人成被动受害者。他们之中，有些宁愿选择返回唐山，有些无奈只得选择去三藩市华埠。一方面是华工自此纷纷离镇避乡，蜗居于大城的唐人街。另一方面是，中国清廷驻官每每只能于事后向美国抗议索赔。美国联邦及地方政府的态度就是尽量依法办事，在事件中，如无必要，不得罪企业主，也不得罪闹事工人。这是美国经济转型期的斗争，企业主宁雇华工，工人责华工抢去工作。

七　早期居地，渐次消失

　　为避开西部地区排华分子的敌视行为，华人开始分散到美国的其他地方，大部分人向东迁徙，于是东部一些大城市如纽约、芝加哥、波士顿、费城等地出现新的华人聚居点或唐人街。可是，即使在唐人街，华人也常常面临暴徒的威胁和抢掠。于是，自此促现了两种新趋势，一方面是华埠华人加强自卫，另一方面是大批华人宁愿选择返回中国。

　　有人认为，是由于生存环境的恶化，华人既被禁止来美国，又同时全美排华环境迫使不少人要离去；这样，在 1880 年全美华人人口虽然仍有 105500 人，到 1910 年华人人数降到 71500 人，至 1920 年只 61600 人。①

在众多大城市的唐人街，仍以三藩市的人数最多。这当然是因为它是先侨来美抵达的第一站，故它亦称"大埠"；另外，萨克拉门托市（Scramento）曾被称"二埠"，是由于在最初时期，华人淘金必经此地，然后分为水陆两线进入附近矿山。但随着金矿的枯竭，华人经此地亦减少，其发展终不及加州中部洛杉矶的后来居上。

同样情况出现在华人初期沿矿山河畔集居的大大小小唐人区，它们或因遭白人暴徒洗劫而空置破落，或因矿山在采金时突发塌坡全覆盖，又或更和平地由于华工追矿他去拆除，不复存在。

至于后来由铁路工沿线聚居的小规模华埠，又往往因排华事件遭到驱焚，为数几百的华人常常被迫走，或者宁愿迁往大城。这就是《排华法案》执行后，最明显不过的迁徙现象。华人开始离散到他州去。

---

① 陈依范：《美国华人发展史》，三联书店（香港）有限公司 1984 年版，第 350 页。

第17章 法理难赢

小 引

　　如果"法"与"理"是相辅相成，不分对象，一视同仁，则人类平等的追求，已进入共识的同步；余下只看执法能否公正。否则，种族歧视，对错争议，法庭诉讼，仍会围着权利与排斥在每个环节上纠缠不休，直至两者弥合。这亦是美国民权运动所以诞生的最根本原因。社会不公，人民有怨，争取持续平等。

一　法要遵守，乏理可陈

　　"法"因"理"而产生。又，"法"定制了之后，常排斥其他"理"。原因是，大多数"法"的雏形和目的，都旨在要保护订"法"的那些人的某种特权及对被排斥者进行设限。美国的"法"，尽管文字里都写得冠冕堂皇，好像很有道理，普及众生，但实施起来时则往往被歪曲，护贵袒富，偏帮白人。比如，黑奴被解放了，黑人所享权利，要一百年后才逐步地真正获得局部纠正。

　　早期华人在加州的种种遭遇，也在说明"法"与"理"有分歧，总之，"法"与"理"不兼容，"法"与"理"不一致，也曾是当年的不公平的现实。

　　在这章里所说到的，"法"，是法律；"理"，是道理。我们不必以过分高深的解释去观察这两个专用词义。也许，只简单地去想想就清楚：

　　法律，是用来约束人在特定社会与国家内的公有规范；道理，是一般人所理解和愿接受的合理规管行为依据。"法"的约束推行背后，有某种要确立规范的"理"。这也是当两者"互为因果"，才会被称为是"合理合法"。

本来，当年先侨生活的美国环境，算是一个新兴的、先进的，又有宪法来规范社会的多民族组成的新国家，具有多层法治之地。然而，那时的华侨所面对的"法"，大多数是彻头彻尾专门针对华人而制定的、不平等的刻意刁难。其所以被称为法律，只因是由政府所定。"法"要遵守，无"理"可言。尽管美国从立国起就奠基于一本宪法，而且采用三权分立，为防订法不公。但，这一切制度，都由人去执行；我们可以看到，不同时代的执政者，有不同素质和偏好，其弊端亦明显。特别在 19 世纪后期，白人主义者嚣张时，先侨往往是受害者。以下，就让我们围绕着"法"与"理"的依存关系，浅述当年先侨在美国创业期的艰辛与无奈。

二　首宗判例，如此发生

除了限制华人的苛例层出不穷，华人当年在美国法律的面前，并不被算作是"人"。本来根据美国宪法，是理应"人人"平等的。

美国法律史上有这么一宗无从抹杀的判例，叫作"人民控告霍尔"（People vs Hall）案，它是早在 1854 年加州高等法院所存记录留下来的一宗关于白人谋杀华人案，白人杀了华人，先被判有罪；被告不服上诉，法庭再审时最终宣判结果是："华人无权就白人犯罪与否在法庭做证。"又解释说："因为大多数人认为中国人的种族，在本质上较为次等，智能的发展有限，而且，他们在语言、意见、肤色和体格与白人都不一样，与白人在本质上有无法超越的鸿沟，因此，他们无权做证去结束任何美国公民的生命，也无权参与美国政府事务的管理。"[①] 就此，原被告杀人又经地方法院宣判了谋杀罪成立的白人霍尔，遂被当场获释。他原被控在内华达州将华人矿工凌欣（原名 Ling Sing，中文姓名只是译音）杀死，并经三位华人的做证而被判定死罪。但是，霍尔上诉，加州高等法院法官除了推翻原判，并且在判词

---

① 刘伯骥：《美国华侨史》，台北黎明文化事业公司 1982 年版，第 523 页。陈依范：《美国华人发展史》，三联书店（香港）有限公司 1984 年版，第 59 页。

中加添了如下的辩据："本案的判决延伸了1850年加州刑事诉讼法对黑人、黑白混血或印第安人不得就白人之事务做证的规定。"① 也就是说，从此"印第安人"的定义不仅是包含华人、"黑人"，也包括所有非白人。以上这宗案的判例，黑纸白字首次申明，美国境内白人对在美的华人包括已加入美籍者，纵然被证明施加暴力，也自此将无法被起诉。

至1873年，它才在加州民事诉讼法中被指违宪并予废除。

三　白人公校，不得进读

另一条"法"与"理"互相矛盾的禁例是，土生华裔儿童，不准进读白人公校。这在早期的侨社不算是一个严峻问题。因为随丈夫同来的华裔妇女绝大多数是商人的妻妾，而且为数极少；他们所生孩子，在年龄稍长后，一般都是送到华埠基督教会办的学校读书，同时，整体数目有限。他们甚至是与母亲一起同学英文。及后，由于有较多的华人与当地的白人女子结婚，这类混血土生，加上华裔土生，人数才逐渐多起来。有家长想送他们的子女进入白人读的正规公校，公然被拒，遂起争议。因为公校在理论上是纳税人出钱办的，华人也都纳税，孩子有权就读。事情推到教育厅去。加州第一条关于华童不准与白种学童同校就读，是1860年颁布的。其实，在早一年，加州教育厅厅长已颁布类似法规，但只是以黑人及印第安人为限制对象。当华人孩子也来了，家长闹到市府，厅长提出条件，"倘若有十名以上此类儿童的家长用书面作申请，可以另开一隔离式学校以收容之"②。据说，旗开得胜，想是符合要求，教育厅请一名教员办了华人公立学校。它也算是加州首间种族隔离式的学校。不过，在其后两年，竟三办三辍，最终停了。

至1866年，加州修改有关法例，提及复开的条件是，"倘若白种人的学童家长大多数书面表示同意"，才可拨款进行。当然这要求大，华人无法说服多数白人家长支持。至1870年，加州再修编"加州学校法"，其中对中国人儿童就读问题甚至完全不提，就连让他们进读

① 邝治中：《中国人在美国的发财史》，江苏人民出版社2012年版，第46页。
② 刘伯骥：《美国华侨史》，台北黎明文化事业公司1982年版，第369页。

隔离学校的资格也故意取消了。直至 1872 年，旧金山华商联合众华人家长曾向市政府请愿亦无效。唯是，在随后几年中，华人请愿继续。据说，1878 年 3 月，有千多名华人家长曾签名，齐向州政府请愿要求复开办华人隔离学校，也仍未获处理。

1884 年，有华商赵洽娶西妇所生的 8 岁女儿赵美媚，曾想入旧金山春谷学校（Spring Valley School）被白人女校长拒收。赵洽不服，聘白人律师向法庭提出诉讼。上级法院判决旧金山教育厅排斥华人学童违宪。市教育厅对此上诉，最高法院维持原判。即使如此，州教育厅仍因不愿让华童与白童同校，竟再修编州教育法，容许在华埠办小学。这所华人小学（Chinese Primary School）于 1885 年 4 月开课，专门收华童，称"皇家书馆"，它于 1906 年毁于大地震。①

四　即使判赢，也难如愿

回看先侨的历史，应实事求是地细查。比如，上述有关华童入学诉讼的结果是，法院判决是一回事，是否执行是另一回事。

先从法官判白人校长拒华童进读白童公立学校违宪说起，这一违宪判决，不等于华童就此可以被容许与白童同校就读了，因它还另有下文。因法院默许，州教育厅可以另外开办隔离学校安置他们。又同时发声明说："当此种隔离学校设立之时……中国的儿童不准进入任何其他学校肄业。"② 其实是指任何"公立学校"，即是说，华童依然不准与白童在一起同校进读，要另待安排。

那所"皇家书馆"成立之初，设在跑华街与夹积臣街交界处一间小木屋内，只有一名白人女教师亦是女校长；后迁企李街 916 号另一木屋，扩至不同等级三班，主要仍是教授英文。1906 年大地震之后于同年 10 月 10 日复校，但，要迁址至企李街 929 号，并易名为"远东公立学校"（Oriental Public School）。至 1915 年，由于学生人数增多不能容纳，遂再迁址，又再改名"市作顿提督学校"（Commodore Stockton School）；在其后两年内，共收有学生 700 人，但仍全部是华

① 麦礼谦：《从华侨到华人》，三联书店（香港）有限公司 1992 年版，第 132 页。刘伯骥：《美国华侨史》，台北黎明文化事业公司 1982 年版，第 371—372 页。
② 刘伯骥：《美国华侨史》，台北黎明文化事业公司 1982 年版，第 370 页。

裔。而且，这所公立学校仍只限于教授小学课程。

依据记录，在 1900 年阶段，加州之内 15 岁以下华童约有 4000 人，75% 居住在三藩市华埠。小学之后，华童升入中学又成新的问题。但自从"远东学校"开办后，州教育厅则强调华童只许在这所学校肄业。一般来说，其师资比其他市内公校稍逊。于是，华商刘池为其弟升入中学而上诉法院；与此同时，中医黄添为其女卡蒂（Katie Wong）拟进入其他华埠以外公校亦聘律师进行诉讼。但法院支持州教育厅有权执办隔离学校的规定，对以上上诉未作让步。

加州以外的其他州，这类问题容纳较宽。其中唯美南密西西比州只许华童与黑童同学校就读。1924 年当地华商林讲拟把他女儿玉凤（Martha Lam）从教会学校转送入白人中学时，被校长于开学那一天拒绝。他聘律师上诉，缠讼经年，至 1927 年败诉。他于是全家搬往隔邻的阿肯色州。此外，为子女教育而操心的华人父母，在那年代，也有人选择把他们送回中国升学。加州的隔离学校法于第二次世界大战后才最终取消。

五 白人母亲，代女申诉

"法"与"理"的争持，有许多可强调因素。要看那是在什么时期内发生，及由什么人去维护那些特权。以下一例可见一斑。

上文提及黄卡蒂（Katie Wong）被拒入公立学校的案例，有这么一项可引用的阻碍因素。黄卡蒂的父亲黄添，因在试图把女儿送进当地公立学校就读败诉之后，她的母亲，因是白人，再度向教育厅投诉，双方就此对簿公堂。教育厅的一方认为，黄卡蒂应进入当地为黑人及有色人种孩子而设的隔离学校就读，因为她是有色人的孩子。但她母亲强调，她本人是白人，卡蒂是她孩子，所以，她认为黄卡蒂应被容许入白人公立学校。此案提到州的高等法院。她还是败诉了。

因为，州的高等法院支持教育厅的决定。理由有二：一是黄卡蒂的母亲嫁了中国人。根据有关混血婚姻法例，白人女子在嫁给非公民的有色人之后，同时失去其原有美国公民的身份。所以，她生下来的孩子也并非美国公民。这条混血婚姻法在美国曾于 1905 年一度被指违宪。但于 1910 年又再被通过实施。直至第二次世界大战之后，迟至 1954 年，才终宣告撤销。①

第二个理由是，黄卡蒂既是有色人种所生孩子，是列入有色人，应入隔离学校。而隔离学校的设立，高等法院认为是合法的。

由此可见，在排华时期，无论是华人孩子入公立学校就读，抑或是华人娶白人都受某些法例限制。而这些负面条件的设立和采用，说到底是白人主义在作祟的结果。

六　自办学校，弥补空白

华人对儿女的教育，有条件时固然十分重视，无条件也尽量创造条件。不能进白人公立学校，就退而求其次，自己设法在华埠开办了中文学校。不过中文学校，却又存在一定局限；由于不教英文，升学亦成问题。有华人家长只好送孩子回中国去继续学业。有些在中国完成了中学之后，又回到美国读大学。那是当年因为美国有种族隔离政策的影响，也与中国人注重传统有关。但也要其家庭经济能够负担。总的来说，这是美国对华童教育的过往禁例。

据知，在 19 世纪 50 年代后期起，在旧金山的华童为数不多，他们一般都可进入当时开在华埠的教会学英文。后来因人数多了，教会又只教英文，亦难以满足他们的需要，遂申请要求读正规小学，这才因华童入公校的问题，造成华人家长要面对种族歧视的现实，并且设法有所突破。

华人在唐人街有种种的私塾，只是大都收费不菲，包括教授武术拳馆。当然都是中文授课，教的多是四书五经。第一所在旧金山开办的这类学校名叫"中西学堂"，设在沙加缅度街 777 号半二楼内，那是 1886 年的事。两年后改称"大清书院"；学生约 60 人，分作两班，执教者是两名秀才，都是从中国请来的；并以"主席"或"副主席"名衔安置在侨团会馆内，亦变相地由侨团付给生活费。及至清代取消科举，这间学府仍不合时宜地在海外继续，抱残守缺。后又改称"侨民学堂"，渐次它的类似学堂发展至其他埠，并由中华会馆主办。这方式沿用至民国之后，并向中国执政当局取得教育津贴。班次加多，

---

① 〔美〕麦礼谦：《从华侨到华人》，三联书店（香港）有限公司 1992 年版，第 133 页。

科目扩大。① 但是，无论如何，它不算是正规学校，只能是中文补习课。所以，其后变作夜校，学童只在美国所办种族隔离学校下课后才去读。故此，华人家长深知，争取进入白人公校才是正途。是以，有家长把子女一再送到更远的区域去读混校，有些人成功，有些人被拒。有些家长不惜为此而诉讼公堂，有些为子女举家搬到容许华童入公校的州郡，争取就读。这情况到 20 世纪 30 年代渐趋常见，直至加州对隔离学校的施行最终撤销，但是，它正式容许华童进入白人学校上课，是第二次世界大战之后才发生的。

其实，从历史看，美国各州对隔离学校的施行取向稍异；甚至在著名的"布朗诉教育局"（Brown vs. Board of Education）案中，它于1954 年在联邦最高法院曾被判违宪，本来隔离学校政策的合法性是被推翻了，但，当时法官仍指出，"在解除实施中宜要谨慎"，这一句话，又导致各州取消的决定放缓。

七　力争有人，民权先锋

在美国《排华法案》通过的前后 20 年内，有一个人曾在美国境内四处奔走呼号，一方面一再提醒在美国的华人要争取应有的权利，另一方面到处劝导在美国的白人要平等对待中国人。他完全相信美国宪法的种种内容，并想以子之矛攻子之盾大讲道理，反对排华，据理力陈。他曾在纽约办过一份中英报章反复讨论；他到美国各地巡回演说提出他的看法；他为此曾到美国国会出席听证会发言，驳斥排华政策，反对歧视歪论。他曾把在美国的华裔公民组织起来，并参加美国选举活动，希望引起更多关注。他的种种有关努力，收效却十分微薄。无疑，他也曾一度受到西方媒体的报道；但是从事情整体看，影响不大。他创办的双语报章，名做《美华新报》，曾是周刊，也发行不到一年便关闭了。他也曾组织过"美国华人投票者协会"及"华人平等权利联盟"；不过，顾名思义，以上这两组织在某种程度上只能算是特殊高级华人才有资格或会考虑参加的组织，因此实际人数有限，也未能发挥其力量。根据现时能读到的资料，后者的会员仅 40多人。

---

① ［美］麦礼谦：《从华侨到华人》，三联书店（香港）有限公司 1992 年版，第 50 页。

　　这个人名叫王清福。他的经历与众有别。据知，他于 1847 年出生于中国，祖籍是山东即墨人；他幼年随父母在蓬莱长大，后为当地教会收容教养，把他带回美国继续学业。他 17 岁（1872）时从宾夕法尼亚州一所大学毕业。随后一年，他曾环游美国，观察过当时华洋社会的种种，最后，决定返回中国原籍。在他逗留中国不到两年间，他娶了妻，几度换职。据说，当他在海关充当翻译员时，因被嫌疑其协助反清者偷运军火，一方面被革职，一方面被缉捕。连他所属的教会也宣布赶他出会，与他划清界限。也在那时不久，他儿子出生了。但他却不得不弃妻别儿逃离中国，辗转经日本，再回到美国。一年后他成为美国公民，据称那是在 1874 年。在那阶段，中美仍处于平等互惠的新条约新关系岁月；然后，《蒲安臣条约》被修改了，《排华法案》继而通过了，排华浪潮日益高涨，这就是王清福所处年代。然而，因他是一名高级知识分子，又是美籍公民，身份实比较特殊，广大华人中如他具备这种身份者其实并不多。所以，从认识和地位，能代替者也有限。所以，他一直疾呼华人在美国应争取应有权利，但这种动作，追随者也不多。最后，于 1897 年他突然离开美国，先从香港以美国护照进中国，半明半暗地回山东寻妻觅儿。一说，他本欲设法把他们带回美国一起生活。而且他于 1898 年 6 月曾与儿子短暂会面。但是，中国缉捕人员闻风追来，美国亦宣布取消他的护照，他在逃离中染了病，1898 年年底死在山东威海。①

---

　　① ［美］麦礼谦：《从华侨到华人》，三联书店（香港）有限公司 1992 年版，第 48 页。

第18章　种族隔离

小　引

　　除了在华人学童教育上设隔离学校的规限，华人在其他生活领域亦受到不同程度的种族隔离。比如，不准华人与白种人通婚、不准华人拥地置业、不准华工回中国后再返、不准华人在中国出生的女子来美。这一切本是白人主义者排斥华人在美国生根的连串做法。与此同时，把在美华人全被赶进唐人街，原欲要他们在那里自生自灭，但土生、土长的华人新一代，却另有新突破。

一　不准通婚，违者非民

　　加州有规定，有色人不准与白种人通婚。这是先侨面对种族歧视、种族隔离禁例之一。此例原先在加州实施，本来不是针对华人；那是以当地印第安人及墨西哥人为对象。后来华人大批来了，才又包括华人在内。其实，都是基于白人优于其他人种的心态作祟的决定。对白人自身，这是对他们特权的维护；对有色人种，包括华人在内，就是立法排斥。用意明显。那时，由于华人社会男多女少，与白人女子通婚是必然选择。这不是白人主义者希望见到的事。于是，赶紧立例制止并惩罚。那条文是，白人女子若然嫁给任何有色人种，尤其是嫁给非美国公民的有色人，她原本的美国公民资格便随即被剥夺；并更进一步地延伸，包括他们所生子女，也将被列为有色人。此外，由于是有色人，理念上是属劣等的，于是，在当年社会上许多原属一般平民白人能享有的权利，均被一并受到限制。同时，华人不准购置房产；华人不准成为公民；华人子女只能进读隔离学校，绝不能与白人子女混读；等等。这都与美国婚姻法禁例连在一起。在《排华法案》曾推行的 61 年间均如此。加州定例禁止白人与有色人通婚是 1872 年；把华人归进这禁例是在 1906 年；又它曾于 1905 年一度被指为"违宪"，但 1910 年又再通过，重新继续地实施。到 1943 年才被联邦又再判为"违宪"。不过，即使如此，有些地区依然继续，直到 20 世纪 60 年代联邦法院才全面宣告它彻底消除。

上文已经提及过的，那位曾出生于中国的著名摄影师黄宗霑，就是此例的受害者，因为他的妻子就是白人女小说家珊奥拉·巴布（Sanora Babb），他们的婚姻一直被否认。期间，1937 年这两位勇敢的年轻人跑到法国去登记结婚。但当他们回到美国后，一切对有色人的惩罚和束缚依然大半生地影响着他们，甚至只能默默承受。据说为了不愿使另一半配偶失去公民权利，他们租了两个相连单位，亲密为邻地生活着。他们的婚姻直到 1957 年才被政府明文指认合法。

二　置业设禁，蜗居华埠

1906 年加州曾通过《外侨土地法例》（*Alien Land Law*）。该例禁止外侨（即，无美国公民权者）在加州购买土地，及禁止他们将以前购买的土地转卖与别的外侨。其后，西岸有其他州相继仿效通过此项法例，扩大排斥无公民权的亚裔人。若以人数论，当年的亚裔人当然是指中国人。

其实，加州并非是第一个美国的州通过《外侨土地法例》，禁止外侨拥地购屋。查史，是华盛顿州于 1886 年最先列禁。同时，当该法例在加州推行的那一年，三藩市刚巧在 4 月发生了大地震。全市楼宇大规模地塌毁，本来急需重建，但这法例设限，它不容许外侨在加州（这当然包括三藩市）拥有土地和购屋。也有人说，当年针对的亚裔人，其实是针对亚裔中的日本人。因为中国人只困居在华埠。那时，《排华法案》已施行 20 年了。它不但再次被延伸，甚至是无限期延伸。所以，拥地购屋不是华人当时当务之急；他们所面临的问题，是每个人必须重新登记身份，否则失去居留及被递解出境。华人在过去 50 年发展了唐人街，在更早期建的多是木屋，材料一度是由中国运来。由于各州排华，驱赶烧杀使他们自自然然地集中到华埠以内，极少数敢向外迁徙。

所以，这条《外侨土地法例》，只在一定程度上进一步把中国人锁居在唐人街，继而，让白人去建屋，出租给中国人。这应是这条例带来的唯一最常见的以及被提及的影响。及后，大地震使许多中国人取得了美国公民身份，这倒跨过了《外侨土地法例》所设的有关禁限。加之，土生一代在美国成长了，随之，在中国长大的一代终能陆续来美团聚。这一群新生代华裔美国公民，便可以突破上述的那一些局限。

加州在 1913 年及 1920 年连续再修订其《外侨土地法例》，那是当年白人因为针对日本人在加州购地办农场而引发的应对。除了重申外侨不准拥有土地，甚至不准由外侨购入转送给有公民权的亲人，否则政府可予没收。1944 年日本人小山曾因同样原因反诉政府，最后联邦法官判他胜诉，没收的土地归还他儿子，并谴责该例是种族歧视，却未进一步指其是违宪。1952 年又有日本人涉案，再诉政府，官司拖至 1956 年，最终以违反美国宪法第十四条修正案的正义和保护对象，才正式被公布撤销那条土地法例。

华人受到《外侨土地法例》影响的是，当他们新一代后人意图迁出华埠，到白人住宅区购屋定居时，仍被排挤，上诉时败诉是常事。

三　迫聚华埠，变相安置

在今时美国各大城市中仍可见到的最旧的一幅华埠的所在地，十之八九曾经是贫民区。或者曾经最接近红灯区。因为他们曾经挣扎在生活边缘。一是，那里白人基本很少；二是，任由在那里生活的华人聚居者自生自灭。这本来曾是白人容许华人在那落脚的原意；没有料到它会繁华发展起来。

它之所以成形，是因摆摊而始。继而落脚的人多了，商人与住客盖了屋。先成巷，再成市，规模随发展而变化，也看是否继续仍有来的人。若有，则兴旺；若无，便衰落。最初，都是这样形成的。

有些初期华埠被淘汰，有些却扩大。湮没与形成，关键是聚人。

早期金矿场地依山傍水都有或大或小的华埠；但在淘金期过去后，那些华埠渐次消失。有些是因山塌泥倾，屋中人突然被埋，有些是遭暴徒抢掠清洗，有些是因矿场他迁人去，日久无人，便在岁月中被残弃。

于是，能聚人的继续发展，能自卫的历劫仍存，此外，能接受与其他贫贱者为邻，遂减少权贵的骚扰；能自我运作的整体，可抵消外面的排斥。这些都是华埠能形成和继续发展的原因。在排华的前后，有些州郡小镇，其华埠曾被白人暴徒全数烧毁，并把那里的华人成批押上火车或从轮船上驱离。如怀俄明州及华盛顿州均发生这类事件。华人在那阶段，多涌回加州三藩市华埠，仿佛那里就是避难圣地。其实原因有三：一是，那里华人聚居人数以万计算，总不能全数地被驱走；二是，那里亦是大都市管辖的范围，名义上要保护居民；三是，那里历来是华人抵美第一站，既然让来，岂不容住。这事说不过去；也必然要安置。所以，早期华侨聚居地能变唐人街，最后都在大城市之内，而且，多在贫民窟边，或与城内红灯区很近。原因大致如此。前者如纽约的曼哈顿区古老华埠；后者如三藩市及波士顿。越是排华风气肆虐期间，大城华埠越成华人聚徒点。因为，算是不成文的默许，政府视它为安置区，容许中国人在那里自成天下，正如印第安人有保留区一样。唯一不同的，它竟然最后被发展为城中城，今甚至成为旅游景点。

当年，在随后趋势中，华人纷纷迁离小镇搬入大城，又同时只聚居在城中的华埠。也因那是被认可的华人临时避难之地。而且，既要人众又需自足。它也曾由全国 20 多个华埠淘汰至 16 个。[1]

四 华女禁来，人口大跌

早期华工来美，不带妻子同行。一是因自费的是来冒险，二是因契约来的是受雇于大企业，如铁路公司等。各有其因，无可厚非。但当这些人留下来 10 年、8 年甚至 20 年，当掘金之行劳工之旅变作遥无止境，先前情有可原问题，现在不得不考虑了。定居唐人街的华人社会，尽是男寡无偶的怪独身。另外，由黑道之人拐骗买卖而来的有限妇女，多被送到妓寨充当赚钱工具，人数很少。

在《排华法案》通过的前段，也有人回乡娶亲，但是新娘不许带来；纵或有华人女子跟着过来，亦受到移民官遣返。当年拒让她们登

---

① 陈依范：《美国华人发展史》，三联书店（香港）有限公司 1984 年版，第 245 页。

岸的借口一度是，务要证明她们是良家成员的淑女；及后甚至明文规定，不准华人女子入境。总之，其落井下石地造成的男多女缺的社会状况，亦是白人主义者意图杜绝华人在美国境内繁衍的歪念头。我们一方面不可姑息堂帮分子只知牟利，对抵达后的华人妇女公开进行无良买卖，另一方面亦要理解有小部分教会白人，出于协助阻止这类不人道的人口贩卖活动，并因而竟把一些等待登岸的华女送回中国去。但这一切，不是主流。政府规定不许华女来美，才是既不平等又真正歧视地意图导致华人在美国土地上永远灭宗绝族的背后大阴谋。

华人人口从 1882 年的 13 万人的高峰，下跌至 1920 年 6.1 万人。40 年间少了一半。这无疑曾经严重地影响华人在美国人口的增长。

然而，最终打破这颓局的力量，是华人土生的一代。他们中既有是当地出生的，也有是来自中国土生长大的。因父亲是公民，遂均成为公民。从 20 世纪起，他们组成了美国华裔土生"同源会"，团结一起，争取权利。华裔女性人数，亦明显地跃升。尤应一提的是，有很大一批人在第二次世界大战时曾从戎美军，并在胜利之后有 6000 之众回中国娶亲，并合法地把新娘带来美国建新家庭。这都是华人人口的回跃开端。据这方面数据公布，华人在美国男女的比例曾是这样：在 19 世纪 1860 年时是 20∶1；20 世纪 1940 年时已 3∶1；第二次世界大战之后，1965 年及以后则渐次接近平衡，即 1∶1。土生之因由，不可以忽视。

五　公民身份，血缘地缘

华人争取在美继续繁衍生存，在排华期间斗争尤其激烈。最关键的范畴是身份的合法，最好是务要被认许为美国公民。

美国宪法所订有关这方面的内容，对如何才算是美国公民，有仍可争议的法律空间。当时，被确认为美国公民依据有二：一是其父母亲是美国公民；二是其本人在美国境内出生。那个年代国际上对公民的处理和判断常有两种依据：一是以血缘为依归；二是以地缘为依归。血缘，是依循其父母的原本国籍而定；地缘，是按照其本人出生的地点归属国而定。

但当这两者之间的条件有冲突时，如何作出法律上的取舍，或是由谁选择其中依据，则是在法庭上可以辩论的议题。可以想象，在白种人，尤其是盎格鲁撒克逊人主导政治的 19 世纪美国社会，有关这问题的争议，排斥性地总用到有色人的所涉诉求上。

1882 年起，在全美国施行的《排华法案》明文规定，华人不准申请加入美国国籍。在排斥华人最强烈的加州，对此执行起来，当然更是一丝不苟。本来，排华的法例是由加州白人主义者先带头推动的。加州先通过了类似州法，进而把它广及其他州，最后由国会去立法。所以，在执行时，加州最严，也因为中国人那时候多住在加州，同时进出美国时，多从三藩市登岸。但，是否可入境，则由移民官在检查时即时作决定。

《排华法案》以阻挡华工来美国为主要目的。所以，在实施期开始以后的日子里，有华工回华探亲后，被拒返美，数目庞大，约计有两万众。他们原是合法居民，但却在他们返华后重来，而又不许再入美国。很多人因而被遣返回中国。那是移民官任意判决的年代，甚至非华工也当华工拒入境。有的白人主义者也公开一再表示，《排华法案》的背后暗含着的意思，是不想中国人在美国土地落地生根，更不想其枝繁壮大。

然后，发生了一宗华人黄金德庭告美国政府，但最后胜诉的案子。不仅他本人重获美国公民身份，也使美国公民定义可用地缘作依据。

六　黄金德案，土生定义

美国有这样一宗移民案例，叫作"黄金德诉美国"案。主要是说一名华裔土生名字叫黄金德的人，他在第二次从中国回美国时被拒入境，于是，他聘律师打官司诉美国政府，要求翻案。其理由是，因他是在美国出生，自然是美国公民，当然有权进出美国。这件案一直诉到最高联邦法院，几经辩论，才判他赢。这个案子，自此成为凡是在美国出生的就是公民的首宗案例。

据有关记录称，黄金德是 1868 年在加州三藩市出生。其父叫黄四平，其母叫李薇，但他们当时均非美国的公民。以后也一直不是美国的公民。然而，黄金德是在三藩市长大的。1890 年时，他父母决定回中国老家，黄金德也跟随他们到中国去。不久后，黄金德自己一个人返回美国。那次上岸入境，曾是通行无阻。因为他是美国土生。然而，1894 年黄金德再次去中国探望父母，但 1895 年回来时，却被海关拒入境。美国海关移民局对这位土生公民，不予承认，也不放行。于是，黄金德只有聘律师从法律程式去起诉美国政府不是。但这件案经加州法院的初审后，竟被驳回。根据法官判决的理由是，黄金德虽然是在美国出生，但因他的父母是中国人，所以黄金德不算是美国公民；据其所持的依据，当年的法官认为，中国人在美国时所生子女仍然算是中国人。

当时，国际上对公民的处理和判断常用两种依据：一是，以血缘为依归；二是，以地缘为依归。血缘，是依循其父母的原本国籍而定；地缘，是按照其出生的地点国属而定。黄金德按律师意见把案件提请到联邦法院去找答案。美国联邦最高法院法官，经过辩论投票，以 6∶2 结果宣判了黄金德胜诉，不但承认他是美国公民，并申言因为他是在美国出生。法官对此判决的解释是，这才符合美国有关宪法。那是因为，美国宪法第十四条修正案的含义应作上述的解释。

对于如何拥有美国公民权益，1927 年联邦最高法院另外一宗有关公民权益是否可延伸子孙的判例，判词认为：公民权益可由父亲传与子女；但不能自爷传与孙。即是：祖父若为公民，外国出生儿子一定要到美国取得公民权，然后，孙子才有资格引用其生父的公民权益来美国。

七　新人涌现，冲破噩梦

世间事，人祸和天灾从来非好事；没想到，天灾却反过来阻止了人祸。这里所指的是，白人种族主义者费尽心思通过《排华法案》的意图，阴谋把华人从美国土地上驱除杜绝的目的，历年一步步地策划，孤注一掷地再立法，却被一场三藩市的大地震扭转。它旦夕间提供了条件，让担惊受怕的华人轻巧回避了多种禁制华人恶例。确实是，人算不如天算；如果冥冥中有主宰，应是这一场坏事中旁添一点好事。大地震难免死了人，也破坏了建筑。毕竟这些都是坏事，不能抹杀。但它给那些死里余生的当地幸运中国人一个新契机。正如一位研究美国华人史的加州教授描述，这事的前后可这样理解：1906 年 4 月，三藩市发生大地震，震后又造成人为的大火灾，把整个城市摧毁。这次天灾人祸，亦是美国华人移民历史的转折点。因为当年三藩市市府所存的大部分政府档案及人口出生记录遭受毁坏。一些眼光独到的白人律师，在地震之后为了招揽生意，除代地震受害者追索保险赔偿之外，更代受害者向政府机关申请补领地震火灾时所毁掉的政府曾发出的档案，如牌照、出生证明书等。地震后的三藩市市政府，既然没有任何记录可以稽查，申请补领证件者，若有两个白人美国公民作为证人，便可循手续补领出生证或其他身份证明档。有几个专做华人生意的白人律师，更在三藩市［震后暂搬屋仑市（Oakland City）］的华文报纸《中西日报》大登广告，招揽生意，曰诚意为华友服务云云。对当时受排斥的华人来说，这是千载难逢的大好机会。很多华人便委托白人律师，申请补领出生证，宣称自己是在三藩市出生的"土生"华人。这样，在肯出钱，有律师，有白人公民充当证人认证的方式下，很多在中国出生的华人地震后摇身一变成为三藩市出生的土生，拥有了美国公民权。因 1868 年的第十四次宪法修正案明文规定，所有美国本土出生的人都是土生美国公民，拥有宪法保护的权益与义务。这些补领了土生证的华人，既然是土生公民，就不再受到专门针对外籍华人的《排华法案》的限制。他们更可以自由出入美国，回乡省亲；更可以想办法在公民权益范围下办理子弟来美。其所采取的方法是，回中国去娶亲生子，返美时申报已有妻及儿在华。法律规定，作为美国公民，他的子女在法定年龄前抵美亦成美国公民，并享公民权利。①

　　这一切就这样有了变化，第一，他的新身份打破了原是华工身份的限制；第二，他本人可以不受限制地出入美国往返中国；第三，他同时可以为中国的妻儿提供来美的机会。就以上这些如获天助的改变，也无疑使华人从此多了长作居留的选择。至少，从法律上讲，他和他的子女，及他们延生的后代，可以对"落叶归根"或"就地生根"的未来，能够自我作出决定。愿来美国的可以来，愿留中国者可以留。也由于这契机，自此，在美国华人史，多了一批"土纸"子女，其意思是，"华裔公民在中国出生的"子女。纵使在其后的移民案中，有人被起诉曾有借此买卖假身份牟利之嫌，但那批在中国出生

① 刘伯骥：《美国华侨史》，台北黎明文化事业公司 1982 年版，第 549 页。

长大后陆续来美者，既突破了美国排华不容华工来美的禁制入境的苛例，又弥补了在杜绝政策困局规限下老弱不婚，竟变为后继有人了。在美华人人口数字，亦自此出现起死回生的逆转，它从一度下跌至61000 人的低谷，因"土纸"子女的到来及新生代的相继出生，华人人口终又回升，渐次攀登至第二次世界大战时，已接近 8 万人。

第 19 章　自成治区

小　引

华人先后集中蜗居在唐人街逾一百年，才有人渐迁离，随职业而他去。总的来说，是种族的依靠和种族的歧视造成的。前一种是因能互相守望照顾，后一种则因被外界白人排挤。特别在《排华法案》的实施期，华人发现，只有聚居在唐人街范围内，甚至在那开业营生，才最平安。查实，华人在各市内自成治区，本是迫于无奈。

一　如此形成，自有天下

最初到美国的华人是商人。三藩市那地方也是先有商人，之后才是华工。华埠是转接站，主要供应日用品，另加些唐山杂货。居住在华埠的大多数是从商，后来才有其他。比如，是后来才有提供娱乐及服务性质的行业，包括赌博、妓寨、鸦片烟窟，并有各式各样姓氏会馆等的成立。民居接二连三，但其后并非是华人自己建造。因为在加州的土地，外籍人不能拥有，故此，华埠内的楼宇，除了早期所建少量木屋，绝大多数是白人建造的业主，然后分别租赁给华人的。

据一项在 1873 年的房产统计，在华埠 153 座楼宇之中，华人自己拥有的，合计只有十座而已。那时三藩市唐人街已发展成几条街，以沙加缅度街、积臣街等为主要活动中心。①

转入排华风气盛行，华人聚居华埠日多，他们许多都是从别处被

① 刘伯骥：《美国华侨史》，台北黎明文化事业公司 1982 年版，第 102 页。

驱赶才集中到三藩市唐人街来的；求蜗居苟安，免首当其冲。因为越是在乡镇，当白人排华暴动事件发生时，便会越感人少的势孤和对抗的无力。人总认为，同类为邻，可以照应。最初也是出于自然聚集，其后才有清廷驻美使馆的设置，那已是 1878 年 6 月的事了。那时陈树棠作为第一任中国清廷派驻三藩市新任领事，设办事处于市作顿街 888 号楼宇。于是，当年六大会馆商董出动迎接，自此以后凡事均会登门请示，就更仿佛华埠自成一城，那里的华人，另外有天下。

二 宗法传统，农民心态

华埠所以在美境内保持长期隔离自治，是奉行中国南方农民宗族传统所导致。同时还基于华埠人口组成、宗亲乡邑的凝聚力、加上中英言语的差别及生活经济的特殊，先催生了蜗居苟安现实，才形成这种"城内城"怪状。它一方面是华人应付身处异域逆境的生存之道，另一方面是美国大众对华人的误解与歧视使然。笼统地讲，有一百年，华人在美国的华埠曾经如此：人口聚居，会所领导，供求集中，作息局限，与外界接触一直曾是侨领的角色，回华回乡娶亲是血缘人数的补充。所以，一百年内人口增长不多；全美华埠维持一定数目。从 19 世纪 60 年代到 20 世纪 60 年代，中国人在美国的谋生繁衍大致情况曾是那样。

同时，若无特别意外，华人在华埠内有纠纷不报警，有问题自行解决，仿佛"自成治区"，甚至被白人称作"模范社区"。

这过往一百年，粤侨人口为主；严格地说，多数是广东四邑及三邑乡人。有人考证，他们查实是中国北方古族不断南移的最后遗裔，保持着最古老的方言，与其他的区域不同。他们保持宗法传统，在乡间的农民中仍然遵守。到美国后，同样依循不衰。所以由宗亲及乡邑组成的各姓会馆中，族老发号施令，照顾属下成员，视整体如家庭，并成为当然的领袖。会馆中的会馆，或称中华会馆，是会馆结构的领袖。他们既代表全侨接触中国派驻的官方，亦负责与美国的警法部门及移民官打交道。一般成员有事，只通知其会馆；充其量告发到中华会馆交涉解决。不会自己直接报官，遂形成唐人街自治。全侨若有要求，亦由代表去出面。美国大众视华埠为神秘之地，亦多负面描绘使他们有偏见。其影响是，两不交流。当《排华法案》实行时，误会加剧，隔离尤甚。

三　执法人员，有好有坏

其间，美国的执法者也并非不到华埠来。因为说到底它依然是美国的境内，属一定的辖区，有一定的警官。辖下好坏，他们有责。

先从好的方面举例，在排华酝酿的阶段，经常有暴动的事件。比如，1877 年 7 月 23 日在三藩市华埠发生的那一连三天的骚乱，警官是前来执法的，他们之中不乏保护华人生命与财产的好行动。据刘伯骥撰述，当暴徒大呼向唐人街进发时，分别有警长在华人洗衣馆前拔枪应变；暴徒要用火攻，亦被一再阻止；另外还有一队队警员在华埠三个主要街道设封锁线，甚至混战，尽力坚守。唯是暴徒五六百人几度分头冲入。曾有抓捕，后被赶退。然而，即使如此，第一夜华埠依然有 25 家洗衣馆被毁坏，计财物损失逾两万元。

第二天暴徒与失业工人逾千，改而围攻雇佣华工的毛织厂，三藩市政府出动了全市 250 名警员及民团队 1200 人，严加把守，僵持两小时，才遭到驱散。同日，海军派军舰两艘泊在码头，准备支援。但，仍有在附近的华人洗衣馆被焚被毁。第三天则欲焚载搭华人来美的太平洋邮船公司的码头，并在其附近一木厂放火，向警员掷石块甚至开枪，有暴徒 4 人被击毙，伤者报十多人，华人洗衣馆被捣烂，警方无法制止。幸无华人伤亡。①

然而，坏的方面，正如中华会馆有会董指出，是负责辖区的警员受贿，华埠赌馆、妓寨、鸦片窟才能开业。这也是当年不公开的事实。

另外，有移民官横行敲诈，经常到华埠来进行突击检查，事前事后，诸多刁难。那时，政府对华人要求其身份证明务必时刻携带。移民官以风闻有华人偷渡为由，不时把街道或楼宇封锁，大肆抄查。如果怀疑，甚至有时即时决定某人并非商人或者学生而予扣留，或判递解。这就需要托人暗里讲情，或者找律师去上庭代为交涉，尽管破财难免。原因在排华的期间，商人与学生本是不受所限，仍可申请入境。一旦被定作华工，递解往往难免。

---

① 刘伯骥：《美国华侨史》，台北黎明文化事业公司 1982 年版，第 500—503 页。

四　暗流汹涌，械斗常有

不过，也应了解，华埠也非完全无罪恶的自我完善之区。据加州监狱资料，在1860—1861年的统计，在516名囚犯中，曾有28名华人；在三藩市1847—1877年的30年中，曾有两名华人被判死刑。由此可见，华人犯案惊动美方，还是同样会被依加州法律处理的。[①]

此外，华埠内常有堂斗，两派或者多派不同会馆的人经常公开会战，因华人不准有枪支，双方以斧头为武器，以群斗决胜负。这是解决彼此分歧，每每为争华埠地盘而发生的，也难免有伤亡。胜方入驻，负方退出，都为了华埠范围内的黄赌毒的经营控制归属，利益所在，互拼生死。有时也包括了要向所辖的商户征收保护费。

最初，"堂"是为了华人自卫而成立的。"堂"随后衍化为会馆的武力队，甚至有时凌驾其上，是背后发号施令者。有人指证，这些人是经营华埠赌馆、妓寨及鸦片窟之徒；但也有人作调查补充，这些"堂"不一定就直接是那些非法性娱乐场所的老板，他们许是恶霸，从中敲诈，作为提供地盘保护。这才是堂斗的根源。所以，"堂"与诸多会馆的关系，以及"堂"与黄赌毒摊的关系，错综复杂，盘根错节。比如，三藩市在发展过程之中，三邑会所与四邑会所就曾经互相恶斗。两方人马，对阵街头，斧头刀剑并举，死伤是当然事。据说，最后是四邑人把三邑人挫败，从而尽占华埠主要街道上的商位。百年台山人的天下，就是曾经这样产生的。1890年间，有三邑人冯正初因晓英语，曾贿赂警方支持一度进行反扑，强霸华埠多年，后来因遭暗杀告终。因此，华埠之内，暗流汹涌，只表面由会馆侨领充当自治角色而已。

五　自治背后，许多无奈

在自治的背后，常有许多无奈。华人自身的社会内，有正义良善之人，也有唯利是图之辈。以下试举当年中国农家妇女一批批地被拐带来卖入青楼作妓这一事例，看其由来与操控，到底曾涉及什么人。

这类事情所以发生，先应追究华人自己。然后，才可同时责怪美国的执法诸方未能正面处理其弊，竟反而是经常借此从中取利。

---

① 刘伯骥：《美国华侨史》，台北黎明文化事业公司1982年版，第473页。

首先，是"堂"由中国以种种手段把这些妇女偷运来，或于抵达后直接出售牟利，或将她困在妓院，长期作摇钱树接客。首先，义兴堂专门从事此一勾当。其次，是美国关员及移民官于受贿之后任意放人入境。据说，有些妇女是被竹笼装着运送上岸。因与移民局关员彼此有默契，行事明目张胆。继而，是当地政府与警员直接间接收贿，让华埠妓院作公开营业，对被迫为娼者视若无睹。有牧师 1873 年在法庭上指证："每个女子运来当娼妓，收费 40 元，其中 10 元交与白种人；每个娼妓每星期纳饷银 0.25 元，其中一部分亦交白种人。"①

有华人曾供称："此等女子在中国买取带来此间，费用共 150 元。在华埠发卖，每名值八九百元。"②

唯是当华人中的有心人，把受害人的事情告上官，律师与法官常偏帮被告。他们背后受赂，也是公开秘密。

但也有美国人包括执法者，协同中华会馆、土生会、学生会及教会人士等，积极阻止贩卖妇女，他们曾成功地把一批抵达的妇女拘留挡于船上，几经转接送回香港，由该处保良局收容。可是，此举引来"堂"的不满，并随即发"函"恐吓，甚至在华埠贴告示，声称已雇到十二大堂的凶手，将处决参与者 6 人。此事扰酿数周，警员及保镖并用，最后众人告无恙，但是，他们经此恐吓之后，亦不再敢出头了。

六　中华会馆，也曾失误

华埠是美国土地的一角。华埠华人自治只是一个假象。一方面，是美国地方政府在坏事发生时用文化隔阂作推卸的借口；另一方面，是华埠会馆上层要发号施令时有本属虚拟的管治威信。两者受用，彼此方便。历来，最好的配合是地方政府把各类施政上的细节麻烦，交中华会馆去按章颁布，代为执行；久而久之，华人的事情，由华人自管，就此形成。由是产生了错觉上的城内之城和国中之国的假象。在运作上，中华会馆仿佛就是华埠政府，会馆主席变成华埠市长。这种想法一直存在于老一辈人之中，至 20 世纪 70 年代西方媒体还这样报

---

① 刘伯骥：《美国华侨史》，台北黎明文化事业公司 1982 年版，第 128—129 页。
② 同上书，第 129 页。

导。应是姑且听之，其实都是虚拟。而实际上，这都是在互不对立及互相可利用的一种不成文的协作而已。这种关系，是只凭默契而存在，非因法律上的任何授权。

查实，中华会馆在早期的岁月，作为这样一个假替角色，有些当主席的也曾小心翼翼，内外兼顾；也有些人表演得过了头，或一时昏了头以为自己就是当地地方政府的另一统治者，却忘记了他的所谓权威，是依托在不对抗美国地方政府执法者的种种无偿服务上。

曾经有这么一宗涉及华人需要登记的法例，由于中华会馆毅然站到了施政对立面，出面呼吁全侨，进行集体抵制。此事，在表面上僵持了一年。最后华人因而都吃了亏。因为美国政府依法公布，如果华人拒绝登记，将一律面临递解返回中国。由此可见，华埠其实"无权"自治，并非形同政府；华埠"也非"城内之城，国中之国。

当年，美国政府要境内全体华人重新登记，并在领取新的身份证后，随身携带待查，那曾是 1892 年颁布的针对华人的移民特例。华人曾上诉并请律师进行，由于 1893 年 11 月 3 日败诉，凡未登记者，将被遣回华。这的确是一个严峻问题，因它涉及华人十之八九。后因国会认为无法承担如此庞大一笔递解经费，遂改把登记期限再延半年，好让曾依从中华会馆抵制登记的人，亡羊补牢，补办手续。不过，最后，也仍有些人因失误而被递解回华。此事纷纷扰扰，事后亦有些人曾责怪中华会馆。

本来，抵制登记是一场华人反对种族歧视的正义之争，但是，在毫无实际政治实力基础的情况下则变作徒劳。

七　保持权力，面面俱到

作为会馆侨领，在不同的时期，有不同的角色。华侨对他们的寄望和要求，也因而按环境与需要各异。

譬如，就上述的那次政府要求所有在美华人登记身份为例。中华会馆负责人中的陈大照，曾经力主抵制，并发动了捐款，声称将亲自到美京华盛顿雇律师进行上诉，务要政府取消，自信必会成功。最后，钱也花不少，官司没打赢。尤有甚者，有些人还被递解出境返回中国；一些人因为来不及补办手续，结果以违例罪被抓了起来。

于是，一些人怪罪陈大照。他们还在三藩市唐人街贴出"长红"

（即黑帮格杀令），暗示要出钱买起他的命。此事，一度闹得沸沸扬扬，仿佛血腥难免，气氛紧张，十分恐怖。后来，另有人出面朝夕保护了陈大照一段时间，此事才算过去。总之，在侨社传统侨团内运作的上层，权力较量之余，也常动刀动枪。正如"华埠市长"这一头衔可沿用到 70 年代，但"以武伤人"的幕后博弈，显然也一直明目张胆地跟随。当年纽约中华公所主席李文彬在自己经营的酒楼之内遭人连扎数刀重伤。他也曾算是中英兼备并以开明见称的传统侨领。①

　　作为形式上的所谓全侨领导，美西中华会馆及美东中华公所的负责人经常要在待人处事中，尽量采取面面俱到，才能保持他的权力，从而获取有关好处。在比较理想的情况下，他与中美官方都要保持好的联络关系。但中美毕竟是两个国家，总有利益上冲突。正所谓"顺得哥情失嫂意"，这是当领导的难题。有时过分密切，亦会被指对某方有互相勾结之嫌，尤其是牵涉金钱或某一些利害。

　　无论如何，保持权力对他是首要的，并往往需要与有实力的"堂"合作，时刻避免发生分歧。合作时，别被人指狼狈为奸；或，若出现分歧，万不要成为对立。这不但意味着他将会在社团中失去"堂"的武装力量支持，同时牵涉到个人的性命将可能有危险。所以，长袖善舞，表面公正，这才使他及他领导的会所既立于不败之地，又不孚众望。这样，华埠自治才可继续，即使那不过是一种假象。

---

　　① 刘伯骥：《美国华侨史》，台北黎明文化事业公司 1982 年版，第 585、609—610 页；陈冰：《谈李文彬重挑大梁》，《美洲华侨日报》1982 年 8 月 4 日。

第 20 章　谁可登天

小　引

　　自《排华法案》开始实施后，华人赴美如同登天。即使是二度回归，入境也刁难受阻。其后，三藩市发生大地震，它给华人带来了契机。华人来美，才另添了蹊径。在来者被阻于入境与移民局较量期间，美国建有一拘留所在天使岛，用以拘留入境候审华人。有人终上岸，有人被遣返。移民的过关审核，可以长达经年。即使在《排华法案》取消后，程式仍多困阻。

一　华人抵美，全受拘禁

　　在 1882 年《排华法案》实施后，海关配合着移民局对所有刚抵达美国的华人，一律不分青红皂白地拘禁在一起，接受检查，或称候审，短者或三两星期，长者常一年半载。在三藩市，从 1882 年至 1900 年，移民局的"候审所"是一座木楼，设在"唐山码头"之侧。到 1910 年，这所移民站搬进三藩市北面海湾内的天使岛（Angel Island），也是木楼建筑，共有两座。主楼同时拘留女的，侧楼关禁男的。在随后 30 年，这个天使岛便成了专门安置从中国来的意图入境者候审和等待放行的暂居地。该处四面濒海，也是一个与世隔绝、音讯不通的非正式监狱。到 1940 年时由于一场大火把主楼烧掉，它同时是该处移民局官吏的行政楼；因而被弃置，全搬回三藩市。根据有关资料显示，在它被使用期间，前后被收监过的华人候审移民约计 175000 人；另有估计，被遣返者约占 15%。

此外，在美东区域的纽约市港口处，也有这样的一个小岛，名叫埃利斯岛（Ellis Island），也有试图入境华人曾在那里候审停留，不过，华人经此站而上岸的，数目较小。东岸入境是欧洲来的移民占绝大多数，因此，条件也稍好。

当年，常到美国来为中国革命奔走宣传的孙文，于 1904 年 4 月由檀香山转入美国大陆时，就曾被拒，并收监在移民局当时安设在"唐山码头"之侧的候审所，被囚数日，不得入境。他后来设法托人把消息通知了同盟会成员，由他们请洪门大佬带律师来签保才终获放行。

本来《排华法案》的限禁内容只禁止"华工"一类移民入境，至于其他类别，如外交人员、商人及留学生等，原是不受禁制的。另外，还应包括有土生的美籍公民华人，或已有合法居留的回美之辈。但在过关审查时候，则又可由在场的移民官作判断，主要是他说了什么都可以就此算数。如孙文这样的人物，也可拦住，一般华人冀想侥幸过关，历来都不是那么顺利。甚至在《排华法案》消除后，华人亦只被容许有限的极少数能进入美国，直至 1965 年后，这情况才改变。

二 二度回归，也多刁难

另一个派生的普遍问题，是华人回乡探亲娶亲后的再入境，在《排华法案》开始实施前，有不少华人，包括华工在内正在中国探亲。当他们再买舟回航试图入境时，有些人被挡并受到拘留或被遣返。

这涉及美国的《排华法案》，其内容曾经几度修改。在 1882 年颁布之初，只对华工列禁，十年为期；又，凡 1880 年 11 月 17 日以前已获得合法居美证件的华工，倘若回华，尚可回美；但自法案施行后，一切在美华人，不准申请归化为美国公民。到 1884 年对此禁例另加条款，即是：一、华工中不论有无技术一律不准入境；二、船主偷运华工，每位罚 500 元或判坐牢一年；三、华人商人、学生及游历入境者之资格审查由移民官员检核而定。这就增加了移民官拒绝任何华人进入美境的新依据。至 1888 年又通过《司科德条例》（Scott Act），直截了当申明，凡已回华未返回美国的华工，自此一律不准入境。

其后，经清廷与美国交涉，以上的修正案内容改为"凡试图再入境华工有父母妻儿在美国居留者，或在美国拥有产业或至少有一千美元可以收回的债款者，不在禁止之列"。这是在通融中，另设限制。①

1892 年时，本来是最初《排华法案》限期届满，但却出乎华人所料，《吉尔里法案》（Geary Act）把它再延续十年，及取消所有华人的人身保护状。除了肯定移民官执法的权力，并且把"华工"范围扩大包括采矿、捕鱼、小贩以及洗衣业者。同时除外交人员及其仆从外，其他华人全部归为列禁入境。又再加一项申令，凡居留美国者，必须在一年内一律重新登记，证件上要有照片，并需随身携带。违者将被遣返。其间华人在中华会馆带头下曾一度联合抵制重新登记身份的指令。但是，最终败落，俯首依从。违例者被递解返华。

十年忍辱过去，到了 1902 年，先是再延十年禁例，及后竟索性再无限期延长。移民局的官员常以检查为由，封锁整个华埠或某一团体进行突击。著名例子计有，1903 年 10 月 13 日波士顿唐人街曾全被封锁，数千人被抄查身份证后有 234 人被捕，其中有 45 人被遣返出境。1905 年西雅图一华侨夜校亦被封锁及查抄证件，但都身份合法，才得无事。其他商店或者会所，以至华埠大街小巷，经常有移民局官员截查往来的行人，并可任意把怀疑者带走。

所以，刁难敲诈，亦司空见惯。最突出是，曾发生过一宗清廷外交官就拘留关闭事件；因受羞辱，他虽然后来被释放，但却自杀身亡。②

三 地震之后，来美新径

1906 年 4 月 18 日，三藩市大地震，诸多不幸。与此同时，市政府大楼也严重倒塌，并因而引发火灾，楼内所有官方档案全数被焚，包括该市收存的土生记录及外籍人身份登记档案。换言之，三藩市内华人的移民入境或曾是当地出生的证明，全都被毁了。这本来是一桩坏事。但是其后变成好事。因为当市政府要求所有外籍人或"土生仔"重新登记时，华人中有人带头福至心灵地报称原是土生美国公民。由于市府官方档案被焚，可依新颁法例申请，再存档。根据白人

---

① 刘伯骥：《美国华侨史》，台北黎明文化事业公司 1982 年版，第 576—577 页。

② 同上书，第 546 页。

律师的解释，只需两位白人签保申请，就可获得重发出生证明，顺理成章就是美国公民。门路摸通，人人照办。白人律师也乐得承接这类生意，遂成了华人当年因祸得福契机。那事件之前，不少华人曾回到中国家乡去娶亲，本也是移民局也知道的常事。也基于这一点，新登记时他们纷纷补添了在中国生有子女的新内容。于是，这些或真或假的美籍公民子女在中国出生的新一代，经此登记，也成了可以享受被容许申请来美国的未来合法入境移民。若干年后，这大批籍民的"纸上子女"长大，纷纷申请来美，遂成另类新移民。原则上，他们全是华裔美国公民后裔。据 1868 年的有关宪法修正案明文规定，所有美国本土出生的人，都是土生美国公民，拥有宪法保护的权益与义务；可以自由出入美国，回乡省亲；更可以在公民权益下办理其子女父母来美；不受《排华法案》限制。这是既为他们自己，也为他人另辟来美新径。这些或曾经"报假公民"，又或他们那些所申报的"纸上子女"，自此，遂是合法的公民。他们在美国的再下一代，就名副其实是美国土生。这在美国移民史上是一宗糊涂账。实是排华禁止引致的一场反对抗。及后，由此而派生的真假身份个案，在侨社是流传的半公开秘密，对后代是避谈的免麻烦家史。著名华裔土生女作家汤婷婷曾经著书坦言，她的真实家世，自幼难知真相。因为他们上一代又上代改名换姓买"纸"来美后，就一直以假当真。她不知道自己真正的祖籍曾是哪里人，这也是不少土生一代的悲哀。是谁对或谁错？它不单纯是法律的是否曾经依循，这亦涉及人是否同享平等的权利。

四　攻防较量，魔道出招

若要人不知，除非己莫为。华裔美籍公民以"报假"所得的中国儿子身份售予别人，从中取得薄利，让他人代替来，渐渐成为一种滚雪球式买卖。它先在族里中流传，后发展至其他乡人，就很快亦为美国移民局人员晓得了。于是，当局设法阻止，增强入境盘问。双方博弈，各出乾坤。因为移民法有一定依据，在外国的公民子女申请来美与父团聚，是既合法又合情的一项天经地义事情，除非证明彼此身份关系并不相符，否则是没有理由被拒移民入境的。于是，站在美国移民局的一方，是如何揭开对方的真伪。对要求入境者严查细问，反复核证，是最起码的入境的验证程式。为把这事情做得更彻底，移民局一方面加聘华人翻译员协助进行盘问，另一方面延长登岸者接受调查的次数与时日。加建了拘留所，查问细节深化。譬如，问卷内容除了一般个人家史，还包括了被问者的住所布置、乡情环境、衣食起居等是否吻合。凡稍有差池，则入境无望。所以，据那些最后成功上岸的人透露，他们也都尽量有备而来，家世亲属、包括好恶亦早罗列，如同剧本，有问有答。总之，来人心中滚瓜烂熟，务求与假代入。那年月还没有遗传因子鉴别，问答之对与否，成为真假依据。但是，即使如此，放行也取决于在职的移民官员。有人不清不楚地在拘囚所等待，也有人不明不白地被遣返唐山去。

五　天使岛上，木屋留诗

天使岛成了人所共知的移民监狱，是 20 世纪初移民局为拘留待审查入境的华人而在这个三藩市湾区以北的离岛上设建了两座二层木楼，是用来取代太平洋邮船公司码头旁边的候审拘留所。当华人坐轮船抵达三藩市后，即一律送往天使岛被隔离。在他们被关禁的年月里，短则尚可暂且忍受，长则各有不同慨叹。赋诗寄意，奋笔言志，也是中国人稍懂文墨的常有现象；有意无意间留史迹。现人美洲侨史学家麦礼谦与杨碧芳（Judy Yung）、林小琴（Genny Lim）于 1980 年把那些找到的木屋内诗作整理、校勘并翻译成中英文对照的《埃仑诗集》出版，有人视之为可供研究的美国早期的华文文学一部分，但最明显不过的是，它提供了当时这些人的感受。在众多这类不知名人士题诗中，最受抄传的一首是以下八句：

> 木屋拘留几十天，所因墨例致牵连；
> 可惜英雄无用武，只听音来策祖鞭。
> 从今远别此楼中，各位乡君众欢同；
> 莫道其间皆西式，设成玉砌变如笼。[①]

据说，发现这些诗作是 1970 年的一名被派看守这处的公园巡警。原因是天使岛木楼大火后被弃置。第二次世界大战期间曾短暂地囚禁

---

① ［美］麦礼谦、林小琴、杨碧芳合编：《埃仑诗集》，1980 年版，第 135 页。

过在美国的日裔人。1962 年被辟为公园。这位外国人对木屋内的涂鸦大感好奇，公诸传媒，引起注意，才知道是当年被囚中国人曾以铅笔、水笔、毛笔或刀刻下来的一批又一批感怀诗作。随后，再加侨史专家学者努力，把木板上的一层又一层油漆剥下，终找到并还原了 69 首，另加其中尚有 66 首是从 30 年代在三藩市发行的《世界日报》内找到的，因当年有被囚者抄了寄去。在辑录之余，全部译成英文，便成上述著名《埃仑诗集》。

六　有人上岸，有人遣返

根据曾发表的统计，从 1910 年到 1940 年，大约有 175000 名中国人曾先后被关押在天使岛，他们之中最后成功进入美国的，约占 75%—80%，余下的数目是，约有 20% 的人被遣返回中国。此外，还有最不幸的，或染病逝世，或自杀身亡。

又据记述，当年关押这些等待入境的华人移民的木屋，内中设备十分简陋；在一间面积有限的宿舍里，摆满了双层或三层叠床，最多时曾容纳 120 多人。宿舍内只有一个开放式的大厕所，十多个马桶被排成一列，中间没有任何门墙间隔。妇女如厕，尴尬自是难免。不过另有记述，男女是分住不同的拘留木屋的。女在主楼。男在侧楼。天使岛上有两座楼。后来焚毁的是主楼，那也是行政楼。故此，政府才决定于焚烧后迁回三藩市。也因此，侧楼基本上仍保留如故；内里的诗作是男性作者。当年整座拘留所外墙上围着铁丝网，并有荷枪实弹的警卫站岗监视，当然是防华人出逃。称它为"监狱"不为过。

有过这么一些恶劣记录，因为拘所内伙食奇差，华人在 1920 年曾屡次掀翻桌椅抗议。还有一次，据说因发下来的面包太硬难以下咽，华人一度把碗盘砸向管理员，情况大乱时竟要移民局调军队赶来镇压才告平息。这事件亦说明当时条件恶劣及受困的无奈。三藩市有一位姓谢的妇女回忆说，她曾看到一名同木屋的妇女用削尖的筷子插入自己耳朵，以自杀来了结她精神上的折磨。

根据移民局曾发布过的统计，中国人试图入境又最终被拒者，在 1892 年至 1925 年的期间有 6327 人。可见有人成功，有人失败。

此外，亦有一些不算完整的拘捕和被遣返出境数目，在 1909 年至 1916 年有 4022 人因非法居留而被捕，其中被遣返出境者 2928 人，另有 161 人因企图逃走，被枪杀了。资料显示，由 1892 年至 1928 年被视为非法居留的华人在被拘捕后遭遣回华的出境者 9057 人。

其后，可能越到后期华人越趋守法，由 1915 年至 1943 年，在全美各地的拘捕并被遣返数字据报合计 2962 人。①

七　移民禁限，长八十年

《排华法案》之禁止华工来美，于第二次世界大战末期，终被宣告取消。但是，限制华人可享平等申请来美的繁文与苛例，其实并未从此得到合理解除。取消了旧法案，提出了新法案，也不过是，只让华人每年有 105 人入境。这一名额，形同虚设；它实际上只是一项点缀，这是人人均能洞悉的事。与此同时，当华人依循所订法例申请入境时，仍受到严厉的盘查。

20 个世纪 40 年代中期到 60 年代中期的 20 年间，即使天使岛已停止使用，东岸的埃利斯岛，亦同样被关闭。

然而，中国人申请来美国，仍要接受十分详细严厉盘查。它不过是改而在申请人所在国或非中国领土的第三者城市中的美国领事馆内反复进行而已。譬如，前一类是台湾台北，后一类所在地是英属香港。特别是在美苏两大不同阵营冷战开始之后，也只有在台北或在香港这两地区生活的中国人，才被接受申请，并要进入长期轮候审核。及后也有一些是东南亚个别国家的美籍华裔人的后代，亦在此限。那时这些人都只能是以美籍公民的在华子女或者是父母的身份，去提出申请移民到美国与亲人团聚。但是，由于每年名额所限，由递申请表到最后获准成行，是长期的等候问讯，加长期的等候名额，别说需时一年半载，十年八年是常有事。

后来，第二次世界大战期间华人的新一代在美国参了军，才再加了战后新娘这一项移民名额。

赴美之难，难比登天，是那个年代的写照，也是中国人的悲曲。这情况延续至 1965 年美国全面修改移民法后才真正地逐步改变。那的确是一条漫长的路，由 1882 年到 1965 年，实计超过 80 年。

---

① 刘伯骥：《美国华侨史》，台北黎明文化事业公司 1982 年版，第 550 页。

第三编　越洋反馈

第21章 维新保皇

小 引

　　美洲华侨华人参加现代革命，可说是由孙文宣传影响开始。孙文自1885年在檀香山创立兴中会，声明是要推翻晚清，主张建立共和政制。然而，在那个阶段，赞成及支持搞革命的人只有少数。主要因为绝大多数的人，对现代革命和现代政治基本上仍是陌生的。反清，基于有太平天国的余勇到了美国，这不为奇，可是，人数不多。相对而言，若谓扶清，促之改良，助之振作，却倒大有人在。而且由于是出于习惯了有皇帝的统治，这类既能安本分又可当顺民的人，曾经一呼百和，倒是有过一段盛况。那就是保皇会在美洲的成立与兴衰。

一　康梁出亡，发展美加

　　光绪二十四年（1898年），康有为与梁启超在中国戊戌政变失败后逃到美洲，组织了维新会，又称作保皇会。他们声称是为了保护光绪皇帝而向海外华侨华人展开了呼吁和支持的有关活动。

　　康有为在逃亡中先到了日本，继而转往加拿大，随后又试图到英国伦敦去活动，只是不得要领，复返回加拿大，终于在域多利找到了支持，并在该处创立了首个保皇会组织。

　　据说，他曾伪称携有光绪皇帝密诏，号召海外义士勤王。在他最初公开演说的言辞中，曾大讲特讲光绪如何被慈禧太后囚禁的惨状，激发侨胞义愤，把他奉如神明。于是，半年间在加拿大西部成功地筹组了最先三个保皇会，以当地华侨李福基、叶恩、刘康恒分别担任域多利、温哥华等华埠各个会的总理。于翌年，即 1899 年，由于会中致公堂分子的带动，把保皇会发展到美国西北部最靠近加拿大的波特仑（Portland），随而迅速向西雅图及旧金山等地推进。

二 立保皇会，支会逾百

这样，在波特仑的李近美、西雅图的甄赏及旧金山的崔子坚等人鼓动下，除了在当地成立保皇会，又向其余各埠先后扩设支会。接着，更推广至美东的波士顿和纽约，中部芝加哥及南部新奥尔良等地，均先后在当地成立所谓区域总会；其附近的，则分别叫支会。

据可查的统计，至 1903 年年底，全美洲有这样的保皇总会 11 个，支会 103 个。其中，加拿大又发展至东部的满地可、多伦多和渥太华。据说，至少当年有半数在加拿大的华人参加成为会员。甚至在美国檀香山的兴中会，也有大部分会员亦被当地所设的保皇会先后地拉走了。其势力之膨胀，使康有为一度顾盼自豪。他曾经向多年在美国发展华侨推翻晚清帝制的孙中山夸语："尔得其地，我得其民。"可见，那时孙文在美国奔走呼号，曾如何与保皇会艰难对阵。在保皇会发展期间，康有为曾先后遣派其得意门生梁启超及徐勤等人到美洲大陆，四处游说，推广会务。又于 1904 年起，发展商务公司，从事多种投资贸易。会员以股份方式购股而加入。

三 办维新报，创保皇党

其中，尤应值得一提的是，保皇会曾在美洲（主要在加拿大与美国）办报纸。宣扬主张，掌控舆论。

梁启超自从流亡至日本开始，便在横滨创《清议报》。待旧金山成立了保皇会之后，于 1899 年把当地的《文兴周报》改为该会喉舌。

这宗事，也算是北美洲首创党报之始。因保皇会随后称保皇党，后又改宪政党或改称中华宪政党。

然后，于 1903 年又在温哥华及纽约两地分别发行《日新报》及其后的《中国维新报》。该会以欧渠革、陈宜侃、梁朝杰等为主笔。他们均是康有为的门生。于 1903 年，梁启超终能自檀香山至加拿大，继而南下美国，连至多个侨社进行演讲。

此前，清廷外交人员曾经要旧金山中华会馆出面致信梁启超，明白劝他不要前来，说是环境危险。但梁启超还是来了，并趁机公开答复，以此作宣传。

又因为清廷曾公布通缉康、梁二人，常有流言买凶暗杀，当故事在侨社传开了，反而更易获得同情。

四　容闳作陪，会美总统

根据记载，梁启超于 1903 年 5 月抵达美京华盛顿，曾特访美国国务卿及面见老罗斯福总统简述保皇党的主张。该次虽无任何具体成效，却为康有为先铺了路。于 1905 年，康有为终获美国政府容许其入境。他也是从加拿大温哥华南下，曾先到洛杉矶，然后北上西雅图及波特仑演讲，但没到旧金山。他最大的新闻是曾到美京华盛顿，并二度会见了美国国务卿及老罗斯福总统。其中一次由容闳作陪同。据称，也曾即席要求美国放宽对华移民法例，但是，由于他并无任何的清廷职衔，空说主张保皇，所言未受重视。之后，他又回到西岸，访问过新奥尔良，年底时，取道南下到墨西哥去会见当地的保皇者。

另应附带补充，康氏该次访美之行，沿途除了大肆宣传其保皇立宪的主张，曾力斥孙氏所言革命和创建共和的空泛。康氏不止一次地说，侨胞若支持孙文革命，是耗财丧命，根本不会成功。

五　反对革命，力主立宪

简而言之，在辛亥革命成功之前的那个阶段，以康有为为首的"保皇会"与以孙中山为首的"兴中会"，于戊戌政变后即在中国以外的华侨间处处针锋相向，各不忍让。双方互争侨胞入会，同时常在报章笔战。值得注意的是，双方均不见容于中国本土的执法人员，却时刻剑及屦及地在异域上进行恶拼。这种情况，不仅是美洲华人社团对祖国政治彼此间进行对决的先河实例，亦形成此间炎黄子孙为不同政见在他乡互相打锣擦掌的竖垒惯习。至今未见稍减。

孙文于 1894 年在檀香山为了支援在中国搞革命而策动创立兴中会。虽然在 1895 年他参与的唯一那一次广州起义失败后，并没气馁，遂逃到海外以及美洲继续活动，四处奔走，到各地的社团演讲宣传他的革命主张。这样，直到保皇会成立后，康、梁等人除了分化争夺兴中会会员，还将孙文的革命言论加以丑化。譬言，讹指孙文是一名只会向侨胞借题发挥骗人骗钱的"大炮友"，所以有某些侨团曾称呼他"孙大炮"，由此可见，这类的影响甚为恶劣。

六 连串丑闻，不得侨心

即使如此，保皇会在美洲侨社中，与孙中山的"兴中会"及其后改组成立的"同盟会"，分别在纽约、芝加哥、旧金山等城市多年短兵相接，口诛笔伐，最终还是康、梁这批保皇者落败了。

时代洪流滚滚向前，抱残守缺，不得侨心，这当然是他们落败基本关键。其次就是，保皇会在美国做错了两宗事。

其一，梁启超在美国活动期间曾一度以中国国务总理大臣名义委任了美国人福尔肯伯格（Falkenberg）为中国维新军大元帅，旋又将同一职位委任了另一美国人荷马李（Homer Lea），闹出双胞胎，并告上法庭。[①] 本来是保皇会要在美国培练新军，因惊动美政府，遂被勒令解散。其二，保皇会为发展商务，向美加会员募基金，跨国搞经营，曾官商勾结。1909 年因在中国的矿产股权纠纷，广西人刘士骥在广州遭刺杀，后擒凶供出为康、梁等人串谋，堂上并揭发那所矿产公司的股权与保皇会全无关系。这遂导致在美加曾投资的会员普遍不满，使已改称宪政党的保皇会内部因连串的丑闻而发生大分裂。

七 商业失败，一蹶不振

原是该会温哥华总理的叶恩，因他曾是签发股票人之一，也为此而与康、梁等人反目。此外，该党属下广智书局营业亏本，星洲米业失败，加上 1910 年墨西哥革命军于攻城略地时曾抢杀一大批当地侨商，并夺取他们的财产，亦间接造成该会在美洲地区的庞大损失。

然而，保皇党领导人之一伍庄则后来检讨称，该党是由于经济系统的管理经营紊乱不当，先导致商业的失败，才促成发展的剧变，随而大大削弱了他们在美洲华人社会的影响力。

他曾具体指出原因：第一，是商股与党费不分；第二，是甲号与乙号混乱；第三，以办党之人兼办商务；第四，负责去办商务之人不见得高明；第五，督办有权调款，司理无权拒之。凡此种种，责任互相推诿，掩蔽容易，稽核困难。他说自光绪二十九年（1903 年）起

---

① ［美］麦礼谦：《从华侨到华人》，三联书店（香港）有限公司 1992 年版，第 185 页；刘伯骥：《美国华侨史》，台北黎明文化事业公司 1982 年版，第 452 页。

收集之商股达 150 余万美元，至宣统元年（1909 年），财政经营全盘
失败，宪政党的经济系统冰消瓦解，遂造成该党在美洲（包括美国、
加拿大及南美洲等地）的发展就此一蹶不振。①

---

① ［美］麦礼谦:《从华侨到华人》，三联书店（香港）有限公司 1992 年版，第 183 页。

第 22 章　孙文现象

小　引

　　孙中山其实曾依靠隔洋革命活动支助，才带动了中国人最终推翻满清王朝统治，结束帝制，开创共和；他使中国现代革命迈进了新阶段，功勋彪炳，自是毋庸置疑。唯是，史家少言，他的革命活动范围，全在海外，包括美加两地；他所面对群众对象，全是海外华侨，尤其美国华侨。他绝少曾与敌人面对面，少有危险，不上战场，这是他的与众不同之处，在此，姑且叫它孙文革命特色。堪称史无前例。

一　孙文主张，推翻满清

　　孙文（即孙中山）比康有为、梁启超等保皇党人士更早地在美国向华侨们宣传改革中国的活动。由孙文策划促成的兴中会是 1894 年在檀香山率先成立。不过，严格地说，那时檀香山与美国还不是国土关系。它于 1900 年才算是列为美国一处属地，于 1959 年 8 月 21 日才正式加入了美国联邦成为第 50 个州。

　　兴中会以"驱除鞑虏，恢复中华，创立合众政府"为宗旨，从此中国现代革命就是这样开始并付诸行动。1885 年 1 月，孙文赴香港设立兴中会总机关于中环，随后进入广州组成了分会，原筹划于重阳节举行武装起义。但于是年 10 月 26 日为清廷暗探识破，对革命党展开缉查搜捕，抓住了陆皓东等人。就此首次武装起义，未发一枪，宣告失败。孙文及时逃出香港。这亦是他唯一一次亲身在中国参加这一类行动。之后他经日本再返回檀香山去。基于该次武装失败消息流传，对孙文下一步革命宣传不利，当地华侨也不再热情。他遂于 1896 年决定到美国大陆，打算通过接触更多华侨，宣传他的革命主张，寄望借此推行筹款。在那年 6 月，他从旧金山登了岸。这是他第一次进入美国本土，以报称檀香山土生顺利入境，在随后他由埠过埠的宣传活动中，也曾如此形容，"然而劝者谆谆，听者藐藐，其欢迎革命主义者，每埠不过数人或十余人而已"①。所以，途经各处，有的留数日，有的留十多日，于那年 9 月抵达纽约，并于月底转赴英国伦敦。10 月 11 日他在伦敦被清廷派驻人员所囚困，那时孙文已是悬赏一千元的造反要犯。其后幸获他的英国老师康德黎营救而重获自由。他写有《蒙难记》细说甚详。继而留在英伦，开始撰《三民主义》。在中国百日维新的阶段，孙文往来于日本横滨与英国伦敦间继续宣传推翻满清活动。当康有为、梁启超于戊戌政变失败后逃亡至日本，孙文曾一度试图与他们合作，争取二人加入革命，力指清廷病入膏肓，无可救药，并且规劝他们放弃宪改。但孙文未能说服康梁，却没想到双方日后竟成政敌。因为彼此要在美国的华侨间互争支持，展开前所未有的革命对宪改的论战。这由檀香山开始，随扩大至美加。他们前一段较量是，兴中会在檀香山成员几乎被康、梁等吸收去。直至美加洪门人士站到孙文一边，这才挽回颓势，进入后来胜利。时代毕竟在不断向前，宪政党在贪婪腐化中被淘汰。

二　方便来美，假报土生

孙文，祖籍广东香山，现代人叫中山，是接近澳门的一个沿海小县，也与广东四邑台山等县为邻，同是早期美国华侨之中移民来源总人数最多的那大片地域之一。香山人多移民到檀香山，台山人则大多数到旧金山。孙文于公元 1866 年 11 月 12 日（即，清同治五年十月初六日）出生于农家。先取名叫"帝象"，稍长更名"文"，字"德明"，号"日新"，后改号叫"逸仙"。在日本进行革命活动时，曾化名"中山樵"，革命成功后，一般叫他"孙中山"。

其父孙达成，由农夫变鞋匠，从祖家翠亨村跑到澳门谋生。孙文长兄孙眉，1871 年则只身远赴檀香山找出路，终有成，开商店。孙文

---

① ［美］麦礼谦：《从华侨到华人》，三联书店（香港）有限公司 1992 年版，第 57 页。

10 岁才进私塾，12 岁时曾随其母杨氏至檀香山与孙眉住，在其店曾做店员，并进读当地基督教会所办西文学校，1883 年返华，曾入香港域多利（后改皇仁）书院肄业，半年后又返回檀香山。随后又返香山与卢慕贞结婚。续在域多利书院复课，接着入香港雅丽西医书院学医，至 26 岁毕业，转往广州行医。翌年，即 1893 年，与陆皓东经上海至天津上书李鸿章欲献身改革以纠当时政弊，未获接见，遂在上海离华，11 月在檀香山成立兴中会，从此开始搞革命。

现有史学家发现，孙文在檀香山时领有当地出生证，遂据之而断言，孙文是美国籍。这亦对，亦不对。因出生证明是造假。那是为当年方便他进出美国本土而由其兄孙眉托人取得的。据说，是孙文的舅父杨文纳劝他办好两件事，才去美国大陆进行宣传革命活动。第一件是，加入当地洪门；第二件是，办一张檀岛的出生证。孙文对加入洪门无意见，因为正如他说，洪门是历来反清的；于是，在 1904 年 1 月 11 日，檀香山的洪门特为他"开台演戏"（拜盟入会），并由主盟人封他为一名"红棍"（军职元帅）。至于冒认在檀香山出生而领取其出生证之议，孙文曾表犹豫，其舅父则曾进言："伍员乔装出关，孔子微服过宋，皆是此意，何必拘泥。"① 就此，其兄孙眉找了几个同乡出面做证，在檀香山茂宜岛取得了一纸当地出生证。所以，历史的真实不能只凭借某一项档案或某人对某事发言的单一证据而定，事件每涉前因后果，常应找出来龙去脉，是小事抑或是大流，都有其历史的位置。孙文的出生证，有以上原因，就不能把这一"造假"变成是作为对事实的一项"发现"，或凭此而论证孙文本是美国领土上的一名华人"土生"。那年代中国未否认中国人不能拥有双重国籍，但孙中山自革命成功后未曾再返回过美国。

三　洪门支持，反击宪政

孙中山曾先后四次到美国大陆，都为宣传中国革命，鼓动华侨出钱出力。第一次是在 1886 年，也是第一次试图在中国举行武装起义失败后回到檀香山，因当地华侨对继续推行革命反应同趋冷淡，于是，孙欲换个新的环境，包括接触新的对象。不过，他的首次巡回美

① 陈健夫：《孙中山先生传》，香港现代出版社 1970 年版，第 118 页。

国本土之行，成绩与预想中的收获有差距。总的来说，发展有限。第二次是在 1904 年，亦即是先在檀香山加入洪门获封红棍及同意造假取得茂宜岛出生证后才起行的那次。但亦刚巧错有错着，他反而被移民局拒上岸，囚禁在码头的木屋内。他从卖报童的手中看到了《中西日报》的负责人名字和地址，便说服了对方给他代为送信。当该报的社长兼总编辑伍盘照知道是孙中山被困码头不得入境时，便主动找律师，并请洪门出面。与此同时，檀香山知会旧金山有关孙中山已加入洪门一事，赴美在即，冀热情接待云云。于是，洪门当时的头头黄三德等到码头去迎接。几番周旋之下，移民局终放行。在随后的逗留期间，孙由洪门包食住。出入有人保护，黄三德陪左右。孙并取得黄三德支持，由洪门出费用，由《中西日报》印刷邹容著作《革命军》11000 本免费发送美国各地侨胞，及远寄南洋其他各地方。

此外，在旧金山召开了"救国会议"，以支援革命军发"军需债券"，从而筹得美金 2700 余元。

在报章宣传领域上，孙文既得洪门的支持与信任，遂着手将洪门的《大同日报》改组，将原来维新派的编辑换下来。那段岁月，也正是康有为、梁启超在美加发展得如火如荼阶段，洪门的会众差不多都变成保皇党的成员。孙以洪门反清为切入点，策划从旧金山带头把洪门（即致公堂）会员再登记，并且，修改了新章程，以提出"驱除鞑虏，恢复中华，创立民国，平均地权"为宗旨，配合孙主张的革命，企图把维新派人士占据的阵地都抢回来。

继而，由洪门黄三德等人陪同，由西至东巡游面会各地洪门领袖，鼓动他们接受新的洪门政纲。据称当时因受维新派的渗透影响，各个洪门表面应酬居多，真正执行者少。这也是此行不足处。

四　武昌成功，太意外了

孙文 1885 年准备在广州举行武装起义，失败后，他虽及时逃脱，自此浪迹海外，并成为清廷通缉的造反要犯，孙文本人亦未再度涉足中国，直到武昌辛亥起义成功之后才再返华。然而由 1885 年至 1911 年的二十多年间，孙文在亚洲、美国、欧洲间奔波往返宣传中国革命，向各地华侨劝捐募款，争取国际上舆论支持。他曾四度来美加宣传。其间，在中国举行及不幸失败的武装起义不断继续，除了已提及的第一次广州起义（1885 年）之外，最为人知的，尚有如下的九次：
一、广东惠州起义（1897 年）；二、潮州黄冈起义（1907 年）；三、
惠州七女湖起义（1907 年）；四、钦州防城起义（1907 年秋）；五、
镇南关起义（1907 年秋）；六、钦州起义（1908 年）；七、云南河口
起义（1908 年）；八、广州沙河起义（1910 年）；九、广州黄花岗起
义（1911 年 3 月）。辛亥（1911 年）武昌起义是在 10 月。最初两次
是由兴中会策划领导的；其余则是同盟会时期的起义。但最后成功占
取武昌的那次，却并非由同盟会成员领导。当时，孙文正在美国南部
丹佛市，由洪门陪同巡回侨社募捐。据称，他本已从黄兴发来的电讯
中知道，上海同盟会有人将参与武昌行动。唯是在发动前他们却被捕
了，也因而失去了直接的联系人。孙文是于 10 月 12 日早上阅读西文
报道，才知起义已成功了。黄兴本人也在闻讯之后才由香港赶去指挥
战斗。他曾获封临时的守卫汉阳之战的总司令。因革命军攻下的三镇
正处于清兵包围中。也因为同盟会没有人直接在起义队伍，参与造反
的士兵在攻占武昌之后，发觉本来带头的人没了，竟把清廷一名清兵
统带推当领袖。就这样，从未参与革命的黎元洪平白地坐上了领导革
命军的宝座。在孙中山迟迟仍未返回中国的日子里，黎凭此与黄兴一
直争领导。这也造成随后临时政府的建立颇被动，因同盟会未握有控
制权。虽然孙中山于 12 月底抵上海，并由 17 省宣布独立后召开会，
以 16 对 1 推孙中山为临时大总统，但组阁时，非革命党的人士亦参
与这个新政府，并且一起掌权。

五 孙文革命，与众不同

由孙文领导的现代中国革命运动，既史无前例，也与众不同。因
为，他从未带过兵，也未参与战斗。甚至更几乎不可想象，每次起义
时他人不在中国。而他搞的是中国革命呀！

从中国古人的有关这类造反故事或说政战上的博弈，他的作为大
可归入"运筹帷幄，决胜千里"。但又与同类的不同，孙文实际上从
未参与过任何的具体起义策划和亲临实地执行。唯一的一次就是曾计
划拟在广州举行的那次，其实，它的发生，由策划至失败，只能算是
胎死腹中，因为包括孙文自己及参与革命同志中，未曾放一枪，便已
遭抓捕或逃亡了。

自那以后，孙文出国，在随后 25 年，他离中国实在太远，通讯都追不上时间，遑说参与，那怎可能。不过，实也无可厚非。

所以，他对中国现代革命最大的本领和贡献，除了撰述《三民主义》作为革命成功后的未来政治蓝本，就是到世界各地有华侨的地方去宣传、演讲、募捐，劝华侨们参与、捐款。他先组成了兴中会，其后把它改为同盟会，自任总理，推动起义。细节由各地的仁人志士安排。他尽量在海外筹款充当经费。而他能够这样做，因为他在海外，清廷鞭长莫及，无法阻止孙文这种造反活动。最初，孙文停留在最接近内地的香港，风声紧了，便向外移。以穿梭于日本、南洋、美加、英国为落脚之地，经年奔波，未刻安居。也是在这样流动的环境中，他重复地搞宣传，搞组织，搞计划，搞筹款。所以，尽管这么多数次的武装行动曾经失败，他仍可以安然无事，他仍可以继续其事。主要原因，不外两条：一、清廷政府对他无可奈何，因为他在欧美国家活动；二、各地华侨华人给他捐款，并常有志愿者参与其事。虽然他被通缉，却能履险如夷。依据记载，他曾在英国伦敦被清廷外派人员私下捕获并且进行扣禁。然而，在等候将被运回中国治罪的期间，他又通过外人公开声援协助，得到安然获释，逃过一次大难。他这样的遭遇，这样的传闻，使他更加出名，更显得传奇。

相对而言，对于他的造反行为，更为中外人士乐道，遂更助长了海外中国人对他支持，因而声誉日隆，追随者亦日众。

六 演说自由，组会自由

由于这是海外，有活动的自由，有演说的自由，因为它超越了当时中国清廷政府统治的范围与制约，即使是驻外的中国派来的人员，也无法对孙中山的言行有任何的阻挠。威胁也许在所难免，但总不能明目张胆胡乱去抓人，要为所欲为是办不到的。这就给予孙中山活动的空间。

据说，孙中山经常到不同会馆演说他的革命思想，并向那些华侨华人呼吁他们支持革命活动。有捐款的，不在话下；有参与的，大不乏人。甚至，有一些有头有脸的侨团领袖，凛然出面提供帮助。出钱出力，权充左右。这不但增加了他的声势，也无疑推动了发展。在有关这一段历史的记述中，美加洪门当仁不让，配合它的反清行动，曾鼎力支持，实功高至伟。在能找到的有关记录中，孙中山当年在美国各地展开宣传的行动，都有洪门人士当护卫，有洪门作旅行的打点，有洪门为安排住宿，有洪门代召集群众，有洪门代接头会馆。由微小至大提供帮助，论功劳，无出其右。

孙中山第三次来到美国大陆，是 1909—1910 年间，他先抵达纽约，访波士顿及芝加哥等地，后继到旧金山。那是，他 1905 年在日本把兴中会改组同盟会之后首次再访美国之行，也于此次，他把支持中国革命的同盟会带进美国各大侨社。他选择以旧金山组成分盟作开始，让它在其他各市也纷纷设盟，由东到西，遍地开花。

另一项突破是，他把由李是男（美洲同盟会会长）等人在旧金山发行的青年团刊物，改组成《少年中国晨报》，并以它为同盟会在美国的机关报，扩大宣传，鼓动革命。这张报纸，在其后发展中衍变成了由在美国境内的国民党把持的右派舆论报章，发行长达半个世纪。

孙中山第四次到访美国宣传，是 1911 年，主要来筹款。为把这项工作做好，他让美洲各地同盟会会员全数参加致公堂，继推黄三德组成了美国洪门筹饷局，一方面希望影响洪门人士参加革命党，一方面借着洪门关系向侨社筹募军费。也在该次筹款进行中，传来武昌胜利的消息。

七　华侨报国，革命之母

华侨报国，革命之母。这是孙中山在中国革命初步成功，首次在中国建立共和体制之后，对海外华侨们所发出的赞誉之词。美国既是支持孙中山革命活动的地方，也经常以此为傲，自觉曾对中国革命作过贡献。

华侨，在远离家乡后，一度变成弃民。清廷，在那时候压根儿就没有把他们当子民看待；华侨，出于不忘祖家，反而常愿它好。但早期抵达美国的华侨 99% 来自南方农乡农民，或港澳粤闽商埠码头的苦力，原本属社会底层，对政事毫不沾边。至 20 世纪初期，情况变化不大。

然后，华侨社会突然添了两类中国来客。一是向华侨找支持的，鼓吹既要保光绪皇帝又欲促清廷立宪的逃亡者，他们是维新派在中国失败后远来美加另谋东山再起的已被罢了职的官僚，如康有为、梁启超及他们的门生；二是同样要美加的华侨支持参与，如孙中山及他的革命党，是主张要推翻中国当朝政府，并立志要埋葬帝制的仿洋派人士。

他们的相同点是，同是流亡海外，心向中国，不管维新或革命，均视这些华侨为可鼓动的能提供帮助的一批批的后援力量。

其实，华侨，在他们所处的那个阶段的环境，没有谁有认同维新及革命抱负的任何一种雄心。如何养家仍是他们当时最大和最主要的压力。因美国《排华法案》无限期延长。翻查有关史料，孙中山在宣传中国革命时，也并没有保证过华侨今后怎样。孙中山宣传的革命，并不是提出将如何协助解决华侨在美国的问题，也不是涉及要怎样改变美国白人对华人的态度。如果说它是蕴含在成功的未来强大祖国的背后，那只是一种假设，属推测也是未必能兑现的美丽空想。

毫无疑问，孙中山要求华侨的，是他们无偿的付出；他激发的，是华侨的爱国爱乡情怀。他做到了，华侨曾被鼓动，既出钱又出力。

对于当年绝大多数在美国的华侨华人来说，中国实在相距太远，能参与的事情有限，除了解囊出钱，其他都不易为。所以，美洲各地募捐行动，经常一再举办。倒也集腋成裘，数目十分惊人。据广东台山一县研究华侨文史人士撰述，这类支援孙中山搞革命的捐款，大大小小地综合起来，在当年曾高达几百万美元。当年华侨爱国热情，于此可见一斑。

同一有关研究撰文透露，亦有个别来自台山县的华侨华人，挺身加入革命行动，他们甚至潜回中国，参与造反起义。牺牲在所难免，死难烈士也有。来自其他县郡的粤闽籍人士，也有类似行动记录，为数不少。

总之，美国的华侨华人对中国现代的革命确曾有过无可磨灭贡献。钱是一个方面，人是另一个方面。

所以，在推翻清朝帝制统治并因而开始建立共和政体之后，孙中山曾不止一次地说，"华侨曾是中国革命之母"，这绝非是谀美之词。

不过，孙中山本人在中华民国建立后，并没有再重访美国；当然，美国华侨的问题仍只是由华侨自己去面对。

第 23 章　反清反帝

小　引

　　洪门在旧中国有反清的传统；由于不容于朝廷，多转移到了海外。美国也是他们落脚地点。早期移民中的洪门人士，在三藩市成立帮会，其他各市继有同道另设分会。因为统一归属，势力越来越大。孙文在美洲（主要是美国与加拿大）进行革命募捐时，有赖他们鼎力支持。孙曾呼吁革命成员加入洪门，并想借此增加反清反帝力量。

一　孙文入会，获封红棍

　　洪门，在中国又名天地会，是反清复明的组织，创于清康熙年间。它后期传到海外，在美洲称致公堂。因它一直是一个有政治取向的只流行于民间的秘密组织，以市井之徒为骨干，掺杂着堂号的成员，始终带有令人畏而远之的某些不单纯印象。但在传统的社团间，它拥有众多的从属，无疑是一股大势力。

　　1904 年 1 月，为了便于在美洲大陆发展革命的力量，孙文接受其舅父杨文纳劝告加入洪门。据说，当地洪门为此开戏（拜盟），孙文随而获封红棍（执法）。与此同时，杨文纳并建议孙文取得夏威夷的土生证书，免得他进入美洲大陆时受到移民局的刁难。孙文亦同意了。这两宗事，都是在夏威夷茂宜岛由乡亲促成的。如今有人认为，孙文是出生于檀香山的美籍公民，或在当地加入美籍，经过查实，是当年的权宜之计而已。因为，孙文曾写过自传说，他是在中国广东省香山县出生，至 12 岁，才随其母首次坐洋船至檀香山投靠其兄孙眉的。

然而，即使带有檀香山的土生证明，孙文于那一年 4 月抵达三藩市时仍被拒。据说，先是檀香山保皇党通知在三藩市同党，务必设法阻孙入境；于是，他们把消息转告清廷的领事何佑。然后，何佑照会美国海关，称"中国乱党孙某抵美，请禁阻入境"。继而清廷驻美人员除了说明孙文原出生于中国，又称孙某"所持护照必为伪造"的。①

二 帮忙上岸，印书宣传

孙文在船上滞留了几天，才被关进码头的木屋。那处是在天使岛拘留所兴建之前，移民局为审查新来移民的禁锢地。由于孙文在木屋内读到三藩市出版的《中西日报》，记起了其负责人伍盘照是他一名朋友的朋友，于是写了一纸便函，托白人报童送往该报社。上写："现有十万火急事待商，请来木屋相见。"伍盘照果往见。据说孙文当时从他行李中找出由兴中会左斗山及杨襄甫署名的介绍信。内有："持此信之人，忠心为国，请力助之。"伍盘照遂拜请三藩市致公堂大佬（会长）黄三德设法帮忙。与此同时，夏威夷洪门亦发来了电报提及孙文将到三藩市，祈予接待。闻孙文被拘阻码头，随托白人律师申办。致公堂一方面以该堂一楼宇作押，得保金 500 元先保孙文入境候判，另一方面又以其土生证件，向美京华盛顿提出上诉。孙文先被接到当地的致公堂大楼暂住。三周后，判得直，孙文才被容许在美洲大陆内，到处进行演讲。

在出发前，孙文说服了黄三德办了两宗大事。一是，由致公堂义捐刊印邹容撰写的《革命军》一万一千本，发寄美洲华侨；二是，致公堂按洪门原有宗旨修改章程，标明反对晚清，重新登记会员。黄三德都应允照办。并由孙文撰新章程。同年 5 月，当孙文为中国革命而动身作巡回宣传时，黄三德亦陪同上路。

三 巡回演讲，长达半年

根据记载，孙文在黄三德等人安排下，先在三藩市丹桂戏院演讲一场，然后于 5 月 24 日动程，北上沙加缅度及其附近几个有华人的

---

① 李凡：《孙中山全传》，北京出版社 1991 年版，第 108 页。

小镇。历程半月，再返回三藩市。随又南下至洛杉矶、圣地亚哥（San Diego）、斐匿（Phoenix）、祖笋（Tucson）、巴梳（El Paso）、山旦寸（San Antonio）、新奥尔良（New Orleans）等地，继而北上至圣路易斯（St. Louis）、匹兹堡（Pittsburgh）、美京华盛顿（Washington D. C.）、费城、纽约。"所到各埠，均是洪门人士招待之。"① 他们在纽约逗留一个月，期间，黄三德曾三次开台演戏（即举行招收洪门新会员仪式），聚众，由孙文作演讲，阐述洪门最初反清宗旨及今后进行革命救国的使命。9 月到波地磨（Baltimore），10 月到哈特福德（Hartford），又返纽约。

这一回，孙文住进长老会的宿舍，并以英文撰文宣扬中国革命，题为："中国问题之真解决"（The True Solution of the Chinese Question），"大旨在申明清廷不足以有为，国人有革命的必要，外人勿助桀为虐"。该文由美国一友人出资印刷，随而分发给白人看。②

至 12 月中旬，孙文才乘船转往欧洲去，黄三德则回三藩市。该次巡回之旅，前后历程半年，孙文其后告友人语："当梁贼（指梁启超）在此之时，保毒（指保皇党）极为兴盛，今已渐渐冷淡。"③ 可见，孙文对那一次的巡回政治宣传，认为"取得可喜成绩"。

四 同盟会立，助建分会

在奔走宣传革命的期间，孙文曾四度到美洲大陆。第一次是在 1896 年（主要曾到过三藩市及纽约）；第二次是在 1904 年（由黄三德陪同到各大城市作革命演讲宣传，并意图把洪门转化为反清的力量）；第三次是在 1909—1910 年（主要是一方面为革命筹款，另一方面是在美洲各地建立由兴中会衍变的同盟会支部）；第四次是在 1911 年（主要是促进同盟会在美国的成员加入致公堂，组筹饷会，以两队人分赴美国南北各华人聚居城市进行筹款）。

---

① 刘伯骥：《美国华侨史》，台北黎明文化事业公司 1982 年版，第 437—438 页。陈健夫：《孙中山先生传》，香港现代出版社 1970 年版，第 119—120 页。李凡：《孙中山全传》，北京出版社 1991 年版，第 112 页。

② 刘伯骥：《美国华侨史》，台北黎明文化事业公司 1982 年版，第 439 页。陈健夫：《孙中山先生传》，香港现代出版社 1970 年版，第 120 页。

③ 陈健夫：《孙中山先生传》，香港现代出版社 1970 年版，第 120 页。

孙文自从于 1904 年加入洪门与在美洲的洪门人士交往后，又于 1905 年在日本东京以兴中会及其他团体合组同盟会，扩大成员范围，包容反清力量。他随后在越南及新加坡活动，国内曾几次起义均失败，遂再到美洲去筹款支援。1909 年 5 月先取道欧洲，11 月才从伦敦抵达纽约。他这一回是每到一城市，即设立当地同盟会支部。演说，筹款。除纽约外，先后到波士顿、芝加哥、三藩市、洛杉矶。1910 年 3 月下旬，才转往檀香山去。

黄三德在回忆录说："宣统元、二年，镇南关之役，致公堂筹汇 7000 余元。失败后，宣统二年庚戌（1910）年 12 月，孙文再由欧洲来美，三德与其在各埠筹得 2000 元。黄花岗之役失败，孙文与三德由芝加哥回三藩市，预备筹款 15000 元港银，汇港接济逃难同志。"据称当年加拿大温哥华捐款尤其热烈。

五　革命成员，尽入洪门

1910 年 5 月，孙文在檀香山及茂宜岛设同盟会分会；6 月飞往横滨，会黄兴并转交筹款，之后经香港赴南洋槟城。7 月其母杨氏病逝九龙。孙不能返回香港，只汇款办丧。不久其妻卢慕贞携两女自香港至槟城与孙文短聚。至年底前，孙文被当局勒令要离境，遂再赴美。他于 1911 年 1 月抵达纽约，是第四次也是最后一次。这次，他从东岸转往西岸，然后自三藩市越界至温哥华，再沿太平洋铁路至加拿大东部，停留多伦多、满地可等地，又再回到纽约，继转往芝加哥，马不停蹄，都为那年在广州的起义进行筹款。

1911 年 4 月 27 日由黄兴领导的广州起义失败，史称"黄花岗起义"，死者 72 人后来被合葬在黄花岗。黄兴虽受伤但终走脱。

孙文在芝加哥获知消息，随之取道至三藩市谋善后。一方面再筹款为死难者家属帮补家计，另一方面推动美国同盟会成员加入洪门。经美洲同盟会总会会长李是男与致公堂首领黄三德商定后，两个组织于 6 月 18 日分别在各自机关报《大同日报》及《少年中国晨报》上公布联合通知，洪门简化入会规矩，欢迎同盟会众加入。同盟会亦以洪门"为排满运动之元祖"，与该会"三民宗旨相合，可互相提携，共图进取"而动员其成员加入致公堂。

继而，于 7 月，孙文策划并成立"美洲洪门筹饷局"向各界发动捐款运动，负责人由致公堂与同盟会各派人选充任。黄三德出任总监督，李是男任会计，于9月分作两路往南北去华侨社会劝捐。

六　孙文护卫，不乏华侨

当时孙文亲自带一批人取道往南进行筹款。他是在科罗拉多州丹佛市（Danver）10月12日阅报得知武昌起义。对于孙文，那无疑是一宗喜讯，也是未预知的意外。皆因成功占据了武昌的新军，事发前已与同盟会失去联系。他们只是当地一个文学社或共进会的一些成员。本来有三名同盟会上海支部的人参与行动，但是由于风声泄露，这三人被捕兼被杀，连文学社的行动总指挥也事前先逃跑了。其余的参与者在缺乏原策划者的领导下，由排长带头，攻下军火库。又占据总督府，继控制了全城。他们在毫无主意下迫黎元洪出来充当他们的新领袖；最滑稽的是，黎元洪本是清廷湖北军的统办。当同盟会会员闻讯后分头赶去武昌时，已是大权旁落，黄兴就是如此处于被动。他虽然随后当上武汉守卫总司令，但只周旋于黎元洪及保皇党的包围之间，无法分享更大的指挥权。孙文在了解大局后，犹豫未作回华计划。经过一个月发展，各省纷纷回应独立。当建立共和已成事实，孙文才考虑绕行返国。他先迂回取道欧洲，说是争取列强支持，曾寄望他们承认革命党将要建立的共和新政府。孙年底抵达上海被推举担任临时大总统。

随孙文回国的有同盟会华侨。他们分别担任孙文的秘书和护卫。在随后政局的变化和激荡中，他们继续致诚追随孙文左右。有报道称，即使在后来陈炯明叛变挥兵突袭时，保护孙文离开总统府至永丰舰的也是他们。共和初年，黄三德一度返回中国，孙文曾委任他为铁路局顾问。不过当孙文大权不再后，黄三德也只好索然返回美国。

七　被拒立案，关系疏远

在中国政局反复的民国初期，洪门与孙文的关系发生了变化。

据黄三德忆述，主要是因为"胡展堂（汉民）不肯让洪门立案"致其未能在广州建五祖祠而引起。当时胡汉民任广东都督。

洪门，作为长期在中国的反清复明秘密组织，一直未算合法团体，唯在共和开始后仍被拒，心存芥蒂，在所难免。犹想它在辛亥革命成功前后，设美洲筹饷局大力捐献支持，正如黄三德说，"每次来函催款，见孙文谕即汇。"并曾陆续汇款供应各省的义军。他并指出："即就孙先生由欧归国旅费 3000 元亦由筹饷局汇往供应。"据黄三德著作《洪门革命史》称，为孙文返中国，致公堂急筹一万元与之。又在随后的数月间，再筹美金 40 万元。①

民国二年（1913 年），由于孙文在日本东京另组中华革命党策动讨袁，曾欲美洲各埠洪门成员全数加入为其党员，"全部填写誓约，以便正式委任"。但致公堂诸公则认为，这是通过吸纳而收之，"不让洪门再成势力"，"无有遵从其改组者"，彼此关系自此大不如前。

继而袁世凯死，北洋政府改组。黄三德再次回中国申办洪门立案（注册登记为合法团体）之事，反而北京黎元洪及广州朱庆澜先后批准。②

民国八年（1919 年），孙文把中华革命党改组为中国国民党，仍致函黄三德，敦请洪门加入，洪门"拒不接纳"，续持秘密结社。黄三德晚年隐居洛杉矶，73 岁时口述《洪门革命史》出版。

---

① 刘伯骥：《美国华侨史》，台北黎明黎明文化事业公司 1982 年版，第 444 页。
② 同上书，第 445 页。

第24章 共和不易

小 引

中国推翻皇帝制度，从而建立共和，不光是中国人民突然有了另种陌生政治新制度，同时使海外的华侨华人也发生切身的和互动的多方影响。因此，对于这一段中国内外时局政治的变换，包括它的来龙去脉，美洲华侨也曾参与。其间，辛亥起义成功之后，孙中山先出任临时大总统，随又让袁世凯执掌政权。袁竟然再称帝，随又败亡。北方自此由北洋军阀轮番把持国会。孙三度在广州建军政府与之抗衡。在屡次失利后，孙决联俄容共，改组国民党及建成黄埔军校；他一方面想以武力统一中国，又另一方面冀望南北谈判言和，但自身患癌辞世。

一 帝制结束，谁来主政

革命成功了，华侨怎么样？其实，他们除了各地分头庆祝，其他的改变都不大。有些人马上把辫子剪了，有些人还犹疑，决定再等一等。因为以防万一，如果又有变卦，要长回那样长一条辫子，不容易。因为清廷的国法是，无辫就是意味反叛，是可以被抓起杀头的。谁要回乡，不能无辫。谁知道革命党是不是能够坚持下去，谁知道清廷会不会就此轻易地完蛋。

而在中国，孙中山已当上了定名为"中华民国"的临时大总统。定都南京，组成内阁。采用了美式总统制。选用五色旗为国旗。临时宪章仍在草写。国际列强均未表态。因为革命军与清廷双方的军队尚沿长江对垒，蓄势待发，也正形成一个可和可战的敏感谈判局。

　　清廷重臣，叫袁世凯，既被连续加官晋爵，就指望他答应领兵，对抗叛逆，确保王朝。袁的心中，另有算盘。他托病在家，只是等适合时机才出来。他控制着洋枪队伍，要战要和，由他决定。他要做新政局的新主人。孙多次派人与他从中沟通，他讨价还价。革命党的底线，以孙中山作为权力中心，是要推翻帝制，建立共和，行总统制；晚清政府衰弱无能，八旗军早无战斗力。皇帝仍处稚龄，太后代行政令，一切寄望于袁世凯，又已封他全权大臣。还有各国列强，最关心的是他们在中国的利益，他们倾向于与清廷保持关系保持条约，不信任新政府，都靠近袁世凯。

　　结果，四方面妥协的达成。（一）袁世凯说服清廷皇帝逊位，帝制自此告终；（二）孙中山同意让位给袁世凯，但要共和继续；（三）各国列强承认袁世凯执政，一切条约依旧；（四）溥仪及皇室续留紫禁城，由新政府供养。于是，隆裕太后代宣统皇帝宣布了退位。孙中山向临时国会辞职，由袁世凯接位，任新总理组阁。原本以南京为首都，袁拒南下，以有暴乱为由，暂改北京作都。

　　孙中山因武昌胜利过于突然，并未预先安排任何筹建计划。连组新政府的经费都是陈嘉庚捐赠的。据说他过新加坡时，陈给他 5 万元。此外，孙在得知革命成功，并未立即返华，却绕道先停留欧洲，试图说服西方支持。他一直深信西方欢迎民主，即忘记了对方在中国的目的。孙是书生从政，至此焦头烂额。

二　二次革命，一败涂地

　　果然，正如华侨所顾虑的，孙中山只当了三个月的临时大总统，便宣告辞职了，谓之功成身退。二十多年奔走海外向各地华侨募捐支持多次武装起义的革命成果，说让出，就让出。不单孙中山本人退了职，连追随他的其他人同样辞职。依然是老百姓常说的那一套，"一朝天子一朝臣"，孙退下后，换总理，换内阁。这下子革命党的骨干全靠边站了。袁世凯叫孙中山去主管铁路。当然，那不过空衔，不久也不了了之。尤有再者，原本由黄兴以陆军总长身份统领的革命军，虽曾一度留守南京，但当新政府决定留北京，不会南下，革命军亦就此解散。因为袁世凯有他的新军，各省还有他们各自的军队，反而只是孙中山无地无粮继续养兵。何况，那一支军也不过是守卫武汉三镇和南京时临时组成的。

孙中山让位时曾与袁世凯有几项约法，比如，一是袁本人到南京就职，二是必须依循所订《临时约法》。而且，在交接前，孙在《临时约法》内写进了今后政府是采用欧式议会制，并寄望于借此削弱和牵制袁在日后施政时的独裁。这实有异于孙任职时采用的美式总统制。所不同处就是，欧式制，总统权少；美式制，总统权大。然而，袁轻易地改变了这一切。北京是他的势力地盘，他连国会也搬那去了。由于采取欧式议会制，各路人马纷纷组党，随而分别在国会争议员，进而抢夺哪一党当总理。于是，革命党组成国民党，以同盟会员为骨干；但是包括了其他人士，这扩大了会众，也导致不齐心。孙名誉是总理，但他出国去了日本，由宋教仁主持。在首次议员选举中，国民党议员占多数，眼看国会归它统领。袁派人先把宋教仁暗杀了，继而指使国会选他当上总统。这是袁由临时到正式选为总统的合法过渡。然后，于1913年4月向五国银行联合借款2500万英镑作他的军队军费。当江西李烈钧等几个省的军阀们表示不满时，他下令革除他们的都督职。从而引发了这些人所盘踞的江西、安徽、广东、福建等地宣布独立并组成反袁军。这期间孙中山因宋教仁被刺杀，已自日本回来，当查出是袁指使，欲起义又恨无兵，遂与李烈钧等联合于七八月间发动了那场史称"二次革命"，但纷纷被袁击破，起义失败，众逃日本避难。10月袁下令解散国民党，11月袁革除国民党在国会所有议员。

至年底时，解散原有国会，改设政治会议；翌年，出新约法，废旧约法；随把国务院改称政事堂，7月又把全体官员分为上中下"卿、大夫、士"九等，官僚旧制，再度出现。至此孙中山的共和梦变样了。

三　袁氏称帝，张勋复辟

孙中山所以让位给袁世凯的最大理由就是因为对方能不费一兵一卒便可以把清王朝终结。事实的确如此。袁真正做到了。然而，没有了晚清的王朝，不等于从此无皇帝。孙中山轻易把袁世凯归入新政府阵营，由其接替临时大总统，本就不智。试问，一个本是敌人队伍的人，岂会全心全意走革命路。这样交差太儿戏了。现有史学家强调，当年，孙寄望以一纸临时约法去牵制袁，让国会去监管袁的别有用心。细想，这是颇肤浅的。因为，孙中山一度曾经是非常崇尚美国式的政治，由他先采用美式总统制便是这一表现。唯是，回顾华侨当时在美境的遭遇，20 世纪初是排华加剧期，美国本以一纸宪法立国，但执政者岂是依法待人？至少以华人被歧视的情况来说，孙中山不可能一直都视若无睹。连美国白种人自行制定的宪法都无法依法去执行，中国人在刚起步便能够做到吗？

所以，很快他便觉悟，并跑到日本去改组他原有革命党了。为别于过去的名称，定名为"中华革命党"。这一轮孙中山放弃了他历来宣传的民主与谦让，他除了自己当总理，还要每一位加入的成员必须向他个人宣誓效忠。他这一反常态作风，受到了老同志抵制。比如黄兴等人就拒绝这样做。继而孙派人回中国在个别的省或市设立党分部。联络革命力量，组织讨袁运动。但这一切需要经费，于是又向海外筹款。南洋与美洲华侨是孙的主要筹款对象。

与此同时，袁世凯做着皇帝梦，并急切安排改制。这也不难。他策划了筹安会，向他献一纸劝谕状。假推几次，便接受了。1915 年 12 月 12 日，袁宣布承受皇帝位，改国号为"中华帝国"，以次年为"洪宪"元年。在此之前，袁因避免与日本有战事冲突而接受了日本提出的"二十一条"要求，而再引发中国百姓不满。该条约主要重点是，承认日本取代德国享有山东一切权利。于是，倒袁的势力借此再联合，由云南军阀蔡锷带头宣布独立，组成"反袁护国军"，其他如贵州、广西、浙江、广东等也相继响应独立。孙中山遣陈其美、居正、胡汉民、于右任等人赴华组军队加盟反对袁称帝。

袁世凯被逼于 3 月 22 日废除"帝位"，回复称"总统"，随于 6 月 6 日病死。又 6 月 7 日黎元洪以副总统名义接位执政。这开始了新一轮北洋军阀间的掌政博弈。1917 年，还上演了一出"废帝溥仪复辟"，由张勋及梁启超扮演了"孤臣"。改"民国六年"为"宣统九年"，前后仅在 7 月 1 日至 12 日不足两周，又告退位。

四　无兵元帅，护法徒劳

当张勋突然在北京拥护清帝宣统复辟时，孙中山从上海南下广州另组新政府对抗。史称"护法运动"，或称"三次革命"。从 1917 年至 1922 年，这场运动长达五年，以陈炯明叛变而告终。所谓"护法"，是指要护卫《中华民国临时约法》，那亦是孙中山曾要袁世凯遵从的。换言之，是如何"创建共和"的斗争。从孙中山参与的角度来说，那五年护法的努力是徒劳的，是失败的。其间，他曾发动两次护法，两次在广州建立军政府，他曾被推举为"大元帅"或称"非常总统"，尝试南北和谈，始终双方对峙如旧。

孙本来是反对张勋的，抵达广州时段祺瑞已占北京。段恢复北洋政府时，先驱逐溥仪与张勋，黎元洪亦引咎辞职。梁启超等一班"孤臣"的黄粱梦告吹。段是皖系军阀，掌国务总理职。他提出"一不要约法，二不要国会，三不要旧总统"的"三不"政纲。也明显与孙中山在如何对待"共和政制"上不一样。自此，南北对立，各自纠葛。北是奉（张作霖）、直（冯国璋）、皖（段祺瑞）三派轮流争权控制北洋政府；南则表面有孙中山在广州另组新国会，但环绕着孙的都是西南各路军阀，亦是各据地盘，只顾个别利益。不到一年，1918 年 5 月，他们甚至改元帅制为七大政务总裁，把孙中山这个"大元帅"降了级。孙愤而离粤返沪，指"吾国之大患，莫大于武人之争雄，南北如一丘之貉"。孙在沪停留了一段时日，并于此时重辑他的《三民主义》。他居住的房子，是加国华侨集资捐的。这房子为他唯一的个人产业，他逝世前留言给夫人宋庆龄。他们于 1916 年在东京结婚。宋在美国毕业后先曾代替其姐当孙秘书。1919 年 5 月 4 日中国曾发生"五四运动"，是学生们在北京天安门列队抗议中国外交人员出席巴黎和会上丧权辱国而引发。它曾涉及，要中国同意把德国在山东半岛的主权，移交日本。由于学潮澎湃，外交部负责者均辞职，以中方拒签字作胜利结束。

是年 10 月 10 日，孙中山把"中华革命党"改组为"中国国民党"，称"以巩固共和，实行三民主义为宗旨"，继而补称，"以创立五权宪法为目的"。1920 年 11 月再返回广州，至翌年 4 月组织"中华民国正式政府"，由"非常国会"推举为"非常大总统"，开始了第二次"护法运动"。基于前次的失败，孙决定借力打力，即以广东、福建、云南、贵州诸省，出兵围打广西军阀陆荣廷；6 月占南宁，平定了广西。孙在桂林设大本营，拟由桂入湘，再进行北伐；后因被阻，移师至广东韶关，欲改道由江西线北上。此际，孙因闻风广东可能兵变，遂决定返回广州以察究竟。果然，陈炯明叛变。

五　舰上督战，乏力回天

孙曾以为陈炯明不会背叛他，正如他说，陈能够在广东领军是他栽培的。然而，当陈有了自身势力，他也如其他的军阀一样，不愿孙去进行北伐，继续分裂才可割据。当陈炮轰总统府时，孙在护卫劝谕下化装从后院离开，孙夫人则由护卫陪同从正面突围。二人最后平安抵达永丰舰会合，这一役华侨护卫队浴血奏功。据说，孙夫人在逃出时因受伤而小产了，所以他们这段婚姻并无儿女。另一段记载称，孙急召蒋介石来会，蒋遂从沪赶来登舰，陪孙在珠江上游与岸上的叛军炮战。两个月后无功，孙转往香港，再返回上海。

孙在决定"以俄为师"之前，曾与苏联代表几度会晤商谈。最初的一次是当他尚在桂林筹组北伐大本营时，马林来见，谈及合作。据记述，马林当时已提及到"联俄联共"的建议和细节，孙表示要详加考虑，然后双方日后再约。不久因陈炯明生变，北伐计划暂被打断。但孙在上海闲居那段失悔日子里，李大钊奉命接触孙。李是为安排苏联代表越飞与孙见面及为合作先前往试谈。孙与李一见如故，并希望李入国民党。然后见了越飞，二人谈了六次，终达成协议发宣言。这就是孙采纳"三大政策"前奏。[①]

孙那时终于意识到，共和政体需武装作后盾。自此决定建军校。黄埔军校的建成是因为有苏联的协助，也同时融入了一批中共成员。这所军校的建立使国民党有了自己的军队。及后也是赖它进行北伐，也使蒋介石有机会借此与其他军阀争长短，甚至在孙死后曾企图全数消灭中国共产党，只是事与愿违。

六　联俄建军，改组纳共

孙中山决定"联俄联共"是在粤将陈炯明叛变之后，亦即是他在广州三建军政府的第二次与第三次之间那一段反思的时候。对于孙的这一转变，历来有各种的争议。因为那是由绝对右到接受左的政治的

---

① 李凡：《孙中山全传》，北京出版社 1991 年版，第 358 页。

取向。孙在国民党的地位无人可以取代。孙在为中国进行革命经历 40 年之久的最终体会，竟然是放弃了欧美而投靠苏联，确实发人深思，难免带来震动。他把这种选择予以公开，并于 1924 年 1 月 20 日在广州召开的中国国民党第一次全国代表大会上付之实行。这个时期国民党的成员大致自此分成三派。一是，有人坚持反对，如章太炎、居正；二是，有人阳奉阴违，如胡汉民、汪精卫；三是，有人拥护执行，如廖仲恺、邓演达等。也因而在孙死后，党内右派"腰折了孙的三大政策，腰折了他的新三民主义"，反而，部分史学家指出，认真将它贯彻的是国民党左派（包括孙夫人宋庆龄）及国民党党外那些共产党员。

孙中山提出的三大政策，经大会通过为今后政纲，就是"联俄、联共、扶助农工"。简言之，以苏联为典范，容纳共产党成员加入国民党并且共同奋斗，把工人、农民的命运连入革命。[①]

孙中山与中国共产党人的接触始自李大钊的来访。那是 1922 年 7 月中国共产党在上海召开第二次全国代表大会之后的 8 月。当时，孙因陈炯明的叛变，使第二次护法失败，返回上海。痛定思痛，检讨原因。李大钊与孙中山多次在孙的书房长谈。从如何振兴中国等问题与前景，彼此在必须反帝反封建的共识下，谈民主革命的方法和任务。

据说，在经过会面细说几回之后，孙要李加入国民党。李说，他已是共产党员。孙说，李可以一面继续做共产党，又同时加入国民党。李于是回去请示。然后，就同意这样做。而且，还表示其他的成员也想加入。孙也认为可以。就这样国民党内同时有共产党的成员。在第一次全国代表大会上还有些被选为中央执委或候补执委等职位。这包括有李大钊、毛泽东、瞿秋白。周恩来在黄埔军校任政治部主任，叶剑英任教育部副主任，聂荣臻、萧楚女等担任教官。

作为联俄的一项具体援助，国民党黄埔军校因而建成。孙在作这一决定之前，派蒋介石作团长率团赴俄进行军事考察学习。回来后被安排任校长。1924 年 2 月这所军校在广州创立。

---

① 尚明轩：《孙中山传》，北京出版社 1979 年版，第 123 页。

七　病逝北京，华侨守陵

孙中山第三次在广州建立军政府期间，面对南北军阀多方割据局面，改用了新策略。他一方面组军备战，计划以武力来统一中国。另一方面又放风言和，表示愿与北洋政府进行谈判，并同时采取了声援其中一系，从而攻击另外一系。这种灵活应敌技巧和过去的作风明显不同。比如，在他最后决定北上和谈前，他支持奉系和皖系对抗直系。但又对同属直系军阀的西北地区冯玉祥有好感，因冯在被直系分遣前去打东北的张作霖时候，突然反戈，控制北京，图创新的局面。冯主动致电孙，邀请他到北京和谈，共商统一，欲免南北继续分裂。

孙毅然答应了，发表《北上宣言》。然而，孙的行程竟绕道至日本。孙从 11 月 13 日出发，至 12 月 31 日才抵达北京。期间两件意想不到的事发生。一是，段祺瑞把冯玉祥驱走了，重掌北洋政府大权；二是，孙的健康欠佳，竟发现患癌病。在一边治疗一边商议中，孙与段无法同意要邀请哪些代表出席商谈国事。几次手术之后，孙终不治辞世。在弥留前，孙立遗嘱，谈及"革命尚未成功，同志仍须努力"。但孙没有指定由谁去接替他。追随在孙身边有两位年轻人。在那之后，汪精卫掌政，蒋介石掌军，元老胡汉民等后来组成反共的山西派，这三支势力曾不断争权。尤其在 1927 年北伐中途发生清共事件后，三人合合分分，都为争当领袖。其中蒋与汪的不和更恶劣，抗战时汪投日，曾听从日本组伪南京政府。

孙中山于 1925 年 3 月 12 日逝世，国民党执政时，尊他为"国父"，共产党建立中华人民共和国后称他"革命先行者"。其陵墓在南京，1949 年之前负责守陵者为华侨，计有李是男、马湘及黄湘。前者曾担任过孙的秘书，是旧金山华侨；后二人则是加拿大华侨，他们曾长期跟随孙中山并充当其贴身侍卫。

第 25 章　出钱出力

小　引

华侨本已辞乡去国，而且身处异域。中国发生的事，可以与己无关。这是一般人独善其身和置身事外的最常见想法。可是，百多年来，华侨华人对祖国各阶段的变化认同或对某些政局的发展和参与，依然大有人在，甚至历劫犹荣。这又因为什么？这是值得深思的事，也是本书试图探索的事！

一　华侨参与，基于认同

归根究底，应是出于个人内心的某种血缘认同与文化归属；华侨的血缘认同是"炎黄子孙"，文化归属则是源远流长与延绵不断的中华民族的形成发展及一系列维系家国的理念传承。简而言之，是先意识到自己虽远离家乡，但依然是中国人，根在中国。有了这样的定位，就有了归属。归属带出了责任感，爱国爱乡。

其他应是次要；亲疏由是派生。参与程度，因人因事。

在 20 世纪初期的美洲大陆华侨社会内，是保皇运动与推翻帝制互争支持时代。两者均牵涉到"国家兴亡，匹夫有责"。两者同样鼓动"兴邦为国，舍我其谁"？两者，均需要华侨支持。支持，就是希望华侨出钱出力。为了中国的现况与未来，为了中国的改革和超越。华侨，也算是参与者。在随后的半个世纪，保皇者败退了，帝制终被推翻；孙中山四度前来美洲宣传的共和革命，吸引和激励了很大一部分的美加两国华侨。有些人最先可能是听众，被说服了，被感动了，于是便加入了行动队伍，响应他的报国呼吁，成为他的追随者。以下，是举一些范例。

二　非为当官，宁做秘书

李是男又号公侠，生于 1886 年旧金山，是早期美国土生。但他于 8 岁时，由父亲送他回祖籍台山市冲蒌镇西坑桥头村，最先在南安小学念书，后入读台山县立中学。少年大志，曾与友人在台城创立励志社，矢志反清。1905 年，他加入香港同盟会。30 岁前，在乡娶妻。然后，于 1908 年带妻子回美国。不久，接手经营其家开设在华埠的和隆鞋店，同时，参加旧金山"美洲土生同源会"，担任该会中文秘书。1909 年春，他与黄伯耀、黄芸苏等青年，共同组织了"少年学社"，并创办《少年周报》开展中国革命宣传。

孙中山于 1910 年春访美时，与李是男等人会晤，建议他们办两件事：一是在旧金山建立同盟会的美洲总会，二是要把他们周报改为同盟会机关报。李是男与友人合筹 3000 美元，租地方，开办印刷厂，以出版《少年中国晨报》日报来对抗保皇党的言论。

镇南关起义失败后，因急需一批款项安恤烈士遗孤，李是男曾把其家经营的和隆鞋店抵押，与黄伯耀所筹的 2000 美元，电汇回去给孙。

1911 年 4 月，孙中山再亲临旧金山，为争取洪门人士参加革命的行列，授意李是男以同盟会美洲总部会长名义与美洲致公堂大佬黄三德磋商后宣布，让各埠同盟会会员加入致公堂，又于 7 月成立美洲洪门筹款局，共同为支援革命开展筹饷活动。李是男任局长兼司库，黄三德任监督，与孙中山取道南北劝捐。

武昌起义成功后，孙任临时大总统，李是男当时没有立即追随孙回中国。直至 1921 年，终被孙召返广州。据称，李不愿意担任政界官职，只在大元帅府做孙的秘书。孙逝世后，他筹建了广州中山纪念堂并充当管理常委，至 1937 年，因肺病病故，享年 51 岁。

三　活跃多彩，工运之父

马超俊曾是美国华侨，为反清革命回到中国，最活跃最多才，官至农工部部长。他原是广东台山市白沙镇猪头咀村人。

据称，他父亲是早期矿工。在美国死去时，马超俊仍在家乡。他少年在香港学机械，后由兄长帮助到美国深造。在旧金山加入洪门。1905 年得洪门黄三德引见，后追随孙中山至日本横滨，并且加入了同盟会，曾被送入明治大学学习经济。继而奉命取道越南，进入广西策动反清。镇南关之役失败后，他潜至香港兴办工厂。黄花岗之役他参与运军械，大难不死，潜伏待命。武昌保卫战时，他率广东华侨敢死队赴武汉支援黄兴，与冯国璋部进行激烈巷战。民国初期，他任议员。倒袁运动开始，他一度曾经被捕；获营救出狱后往日本学飞行。两年后，回国办航空学校。护法运动期间，被召回广州，一方面组织全国机械工人工会，并曾于 1919 年在广州及 1920 年在香港发动工人罢工，声援孙中山对抗分裂的军阀，并因而被誉为"中国工运之父"。另一方面，他担任了当年广州市市长孙科特别助理。又于 1922 年陈炯明叛变时协助救出孙夫人宋庆龄。1923 年夺回广州后出任广东石井兵工厂副厂长，后与黄埔军校武装学生军参加北伐。

1926 年，马超俊奉命到南北美洲考察工人运动，1927 年归国后出任国民政府劳工局局长。此后，代表中国多次参与国际会议。

1931 年，马超俊任南京市市长。1937 年复任南京市市长。1940 年任国民党组织部副部长。1945 年抗战胜利后，马超俊第三次出任南京市市长。1946 年年底，调任中央农工部部长，领导各省、市总工会，及全国性铁、工、邮、盐、矿各业恢复组建工会，并合组为全国总工会，同年当选国民党中央执行委员会常务委员。1949 年后居台湾，1977 年 9 月 19 日在台湾荣民总医院病逝，葬于台北墓园。

四　科学救国，壮志未酬

一百年前的科学救国，是研制飞机练习飞行。美国华侨中这一方面的先驱，首推冯如，他被誉为是中国"航空之父"。

冯如，生于 1883 年，是广东省恩平县莲岗堡杏圃村人。因为家贫，12 岁时跟随做小生意的舅父吴英兰远涉重洋到美国旧金山谋生。最初在唐人街一教会做童工。晚间补习英文，对科学有兴趣。他以勤奋工作和自修阅读，更醉心于科技知识的追求。

6 年以后，冯如转往纽约，在那里攻读机器制造的专业。他长期省吃省用，把余钱用于购买报刊，尽量地去多了解西方科技的发展和最新的现状。为了交学费和生活，冯如还要课余打工。尽管如此，他的学习成绩仍在班上名列前茅。学校因而决定免去他的学费。又过 5 年，冯如不但通晓多达 36 种机器，还发明制造出了抽水机和打桩机。由于其设计良好，深受用户的欢迎。因渐有名气，公司争相雇佣。但，冯如早有利用科学报国的打算。他回到旧金山研制飞机。在奥克兰（华侨称"屋仑"市）择地设厂，收朱竹泉等作副手，要自己尝试造飞机试飞。在几经挫折后，1909 年 9 月 21 日，"冯如 1 号"正式升空成功。中西报章都报道了他的突破。接下来，冯如要把他的成果带回到中国去生产，多制飞机，用于国防。1911 年他带了两架飞机用的主要器材返回广州，成立公司，就地制作。在辛亥革命成功后的第一年，亦即 1912 年 8 月，"冯如 2 号"出厂，他安排在广州燕湾亲自驾机试飞示范，官民齐集，万人空巷。飞机冲上云霄，并作回旋飞行。看来一切良好，地上众人叫好。当冯如再上升，飞机失灵急坠。冯如身受重伤，送医院抢救。终告不治，壮志未酬。他临终前叫副手们务必继续不要放弃。

冯如的科学报国心受到敬崇，其墓被安放在黄花岗陵园。

五　左龙右马，晚境迥异

孙中山有"左龙右马"两名护卫。左，是黄惠龙；右，是马湘。经查实，他们二人祖籍广东台山，是加拿大温哥华的华侨。身手敏健，武功了得。所以，曾长期追随孙的左右。不管得势失势，总是充当护卫。二人尽忠职守，至孙中山逝世。有记载称，孙在上海那幢住宅，是他们二人发动加拿大华侨筹款购捐。他们虽然不是美国华侨，但在当年，美加华侨的行动曾互相影响。

孙中山逝世后，黄惠龙任南京中山陵警卫处处长。国民党清洗共产党时，他仍任国民政府参军长，领中将衔。后因不满政府当局放弃东北，愤而弃职，回粤参加讨蒋行列。曾一度被推举为省港海员工会主任委员，领导海员支持抗日，并积极为东北义勇军和十九路军募集军用物资。自广州抗日失陷后，黄惠龙移居至香港，于 1940 年病逝，享年 62 岁。身后萧条，几无以殓，这是他的故事。

至于马湘，也在孙逝世后担任南京中山陵警卫处处长。默默无闻地守卫中山陵直至 1948 年，获中将衔。国共内战时，他移居香港。新中国成立以后，宋庆龄致电马湘，邀请他回去建设。他欣然应允了，并从此定居广州。他曾担任广东省政治协商委员会委员，兼是国务院侨委会参事。1973 年去世，享年 84 岁。

六　空军虎将，终老加州

黄光锐，1898 年出生在广东省台山市白沙镇田心村，童年时被叔父带往美国旧金山，后入美籍。法理上已是美国人，但他仍认同是中国人。这也是早期甚至是第二次世界大战前后的美加两地华侨华人心态。

黄光锐在唐人街接受教育和长大。年青上进，勤工俭学，入当年蔡司度在旧金山创办的美洲飞行学校学习飞行。取得优异成绩，拿到飞行执照。1917 年，孙中山派遣了曾在纽约受过飞行训练的杨仙逸与陈应权到美洲来设法为制造飞机及培训人员而招揽可造之才。黄光锐及黄秉衡等获得录取。他们设立一间圆强飞机公司，一面展开飞行培训工作，一面到各城市表演兼筹款。

1923 年，孙中山重返广州就任海陆军大元帅，并要组建大元帅府航空局和广东飞机制造厂，任命杨仙逸为航空局局长，黄光锐担任第一飞机队队长，共同为建立广东空军而出力。是年初夏，他们在广州造出了首架飞机试飞，黄光锐亲自驾驶，宋庆龄登机陪坐，绕行市空一圈，然后安全着陆。孙中山于是以宋庆龄的英文名“Rosamond”的中译，命名这架飞机为“乐士文”号。随后不久，杨仙逸在惠州因试布水雷爆炸而遇难，遂由黄光锐补其缺。自此黄光锐主持中国空军的发展；抗日期间，指挥战斗。其属下飞行战士曾击落日机 70 多架，曾有 70 多人为国牺牲。1945 年胜利后，黄光锐退职在广州居住，没有参加其后的国共内争。

1949 年，他迁往香港，其后移居美国洛杉矶。至 87 岁病逝。

七　种种结局，谁来评说

整体而言，美洲华侨为中国现代的辛亥革命曾出钱出力，历来有大小言载，上述乃一鳞半爪。华侨捐资，集腋成裘，除了个人还有团体，这是最普遍的一种参与，也是最无偿的奉献。即使以当年的洪门（即致公堂）为例，就留下这样的记录。1907 年年末，孙中山到美国进行筹款，美国致公堂致函呼吁美国和加拿大的洪门人士响应，包括把温哥华、维多利亚、多伦多等地的分堂楼宇抵押或变卖，筹得巨款数十万美元，供作革命经费。又 1911 年黄花岗起义失败后，孙中山在美国芝加哥约见黄三德，要他筹集 10 万港元，为起义失败后逃到香港的志士解决生活费用。黄三德很快就发动筹得港币 10 万多元。再者，最为华侨们津津乐道的是，1911 年 7 月，孙中山曾发动成立美洲洪门筹饷局（又称中华革命军筹饷局），以黄三德为监督及李是男为会计，进行具体劝捐活动。仅 6 个月，各埠华侨献资筹得美金 14.4 万元。1912 年 3 月 1 日，孙中山以中华民国临时大总统身份，向美洲洪门致公堂领袖黄三德颁发旌义状："黄三德君于中华民国开国之始，懋着劳绩，历久不渝，应发给最优等旌义状，奕代后民，永多厥义。此旌。"

唯是，这位"洪门大佬"在他的晚年口述回忆录中，这样总结自己的一生："三德数十年之心如一日，不慕名利，不求做官，当孙文得志时，亦无所求，虽数次回国，仍是空手而回。"非但如此，据一项记载称，黄三德曾一度希望把美洲致公堂在中国正式立案，因被认为"如其犯法，则政府不得不以法惩之"而被拒绝。有史学家补充称，孙中山的考虑和决定是由于"洪门已完成其历史使命"。清朝已推翻，立案无必要。华侨爱国，老实无求，这亦一例。

第 26 章　梦圆梦碎

小　引

在 20 世纪初期，中国倡言科学兴国。尤其是在戊戌维新变法那一段前后，更是大讲特讲洋为中用。这本是上层社会权贵及高级知识分子所专有的业务范围，一般平民，插不上边。偏偏就有这么一个美国华侨，回到中国大地去铺一条铁路。它不在京城或全国通衢要道，却选建在广东四邑的台山侨乡（即是广东省台山县境内）。其故事是这样。

一　华侨的梦，爱国爱乡

大多华侨的路，说来原也简单。他们离乡别井，本为填补家计。所以，按一般人计划，到外地打拼，有了一定积蓄，就回乡去终老。于是，买田建屋，福荫子孙。这也就是华侨的梦。美洲早期华侨华人，总离不开这一模式。这是属于有梦能圆，有去有回，幸福一类。其中，也有大多数人，甚或更大多数，只有梦的开始和寄愿，却无梦的凯旋与奏功。就此，孤零一身，老死异乡。结局，即使未必下场悲惨，但却至死也多数遗憾地不得还乡。梦圆梦碎，亦各在人个别机遇。他们总有个人的梦，也有涉及集体的梦。

在更早的时代，交通往返艰难，人除了家，总还有乡。那是因为左邻右里原先曾是叔伯兄弟，因此，亲情之外，还有乡情。那曾是先辈的出身环境使然，也塑造他们的处世根由寄望。这和现代人的社会结构与人际关系完全不一样。那时代，人即使在异国外乡，也时刻对祖宗原籍，念念不忘，记挂于心。衣锦还乡固然是个人的喜事，光宗耀祖更令族内众人骄傲。这种理念，在老一辈，至今仍依稀地继续留传。比如，华侨华人陆续有人回乡修桥补路，兴建门楼，翻修祠堂，甚至盖建学校都是同一心态。

这是由于中国人对同宗同源保持有族缘乡缘的归属感。

二　勤奋半生，告老还乡

西雅图归侨陈宜禧，在广东台山建铁路，就是这种华侨爱乡爱国心态，也令他的族人乡人引以为傲。他的这段故事，犹如一个缩影，道尽许多华侨华人爱国报国的情怀与遭遇。

陈宜禧原籍是广东省台山县六村乡美塘村人，早年家贫失学，少年时曾做过挑货沿村兜卖，到处流动，协助养家。十六岁获一名归侨扶助，带往美国西雅图去打拼。他于 1860 年抵达西雅图。起初，他是在一名工程师的家庭内当家仆。深获主人赏识，让他半工半读。据称，女主人在闲暇时教他学英文，男主人资助他去读铁路夜校。到陈宜禧 20 岁时，便开始参加修筑中央太平洋铁路工作，从杂工升为技术工，后再升为铁路管工。他就此一直勤奋地参与美国在西部的修建铁路工程工作，长达 40 年，然后在 1904 年告老还乡。当时，他已 60 岁了。中国，正吹洋务之风。维新百日虽告失败，但实业救国尚推行。全国官方与外资在修筑铁路。但是民办或民营的风气未开。陈宜禧便想到，凭他半生工作所学，及丰富的铁路经验，他可以为家乡做出贡献，于是，遂与友人合议要在新宁筑一铁路。此事，既可有助繁荣家乡的经济，又能帮忙解决台山人就业。他们由空谈开始到修章策划，不出半年，反应热烈。遂继而决定组成筹备处，分头分工展开行动。

三　另辟蹊径，华侨合办

因此，这项筑新宁铁路的工程，由开始便由陈宜禧主导。所以，在 1904 年，他自担任筹备总办，又选择由余灼担任副办，并且以修筑新宁铁路筹备处名义，订写《筹办新宁铁路有限公司草定章程》雏议，提出不招洋股，不借洋款，不雇洋工，工程全由本县人自办的原则，展开筹办。是年九月，陈宜禧先到香港去集股，所获有限。他因考虑到整个工程所需的资金庞大，在翌年二月，他自费去美国旧金山、西雅图；其后又到加拿大温哥华等地进行集股宣传。他提出"勉图公益，振兴路权"的口号。其号召大大激发了海外华人的爱国热情，并得到了美加两国上述各埠的同乡会及组织鼎力支持。到是年八月返回中国时，他总共已集股相当于 150 万中国银圆。另外，再加上余灼等人在新宁及省、港、南洋等地所筹得的股本几十万银圆；至年底时，据称所得超额 4 部，共得股本 2758412 银圆。

唯是，当 1905 年 3 月，余灼等人按计划将铁路筹办的情形向新宁县知县陈益报告，并且请他向商部立案时，陈益却私下把铁路作为"县官倡办"，竟然另拟一份类似章程，呈文两广总督批示。陈益是想以此取得铁路的管理权。据说由于章程过于简略，未获批准。之后另外有广东商务提调余乾耀，依样葫芦，再度草订《宁阳铁路有限公司详细章程》二十二条，拟继续以县名义抢先向商部立案，同样旨在借此而取得筑路权也未得逞。这的确是"瘦田没人耕，耕起有人争"。余灼等人当时随即电告仍在美国进行集资的陈宜禧，促其速回，另谋对策。陈宜禧取道回航到香港期间，刚巧获知由慈禧太后委派出巡的商部右丞王清穆亦正在那里进行考察。遂找人推介会见和求助，这一次谋面带来了转机。

四 三大政策，不靠洋人

官有官路，财可通神。据称，为了方便进出衙门对质，陈宜禧捐得一清廷虚职。他一方面以刚被封任的"正三品盐运使"官职，接触上层进行交涉，另一方面正式成立"新宁铁路公司"，并自任总理兼总工程师。同时推举余灼任副理兼负责起草公司章程。其新章程除了重申新宁铁路"不收洋股，不借洋款，不雇洋人，以免利权外溢"之外，规定"不准将股票，股份转售或抵押于洋人。遇有争执，不得请洋人干预。如违，即将股份扣除注销，复禀官究办"等条文。又，章程提及，陈宜禧可以邀请在国外从事铁路工程的台山人回中国担任工程技术人员，并规定，"铁路经过哪条村的土地，就由哪条村的村民承担本路段的土建工程，并领取工价，如不愿承担，则由公司雇工完成，该村不得提出异议。"等项有关细则。有关新宁铁路章程，台山官网均有记载。

光绪三十一年（1905 年）10 月，陈宜禧以上述新订《章程》，再呈送两广总督岑春煊请代报商部申请立案。但岑春煊以"无碍田园庐墓，始得筑路"为由，依然不予批准。于是，陈宜禧决定亲自上北京，拟直接向商部求助。当他辗转抵达上海时，又再遇右丞王清穆，便请求引见有关管核铁路官员及协助进行。与此同时，在美国旧金山等地华侨亦商得清廷驻美大使梁诚致电商部力荐陈宜禧。几经折腾，多管齐下，终获商部代为上奏。

光绪三十二年（1906年）1月21日，慈禧太后和光绪皇帝对上奏作出批示，准予新宁铁路先行立案。同时，为使其工程能顺利完成，清廷特别赐陈宜禧一把上方宝剑，如修路有违抗者可先斩后奏。是年四月初二，商部批准《新宁铁路章程》，其中关于铁路所经路线，亦因地理条件需要，由陈宜禧作出改动，干线由新昌经水步至斗山；支线由水步至公益。其后，因为修筑这条铁路有功，陈宜禧获晋升为清廷正二品官职。显然，这依然是虚衔多于实职，因他主要在建铁路，同时，新宁铁路公司是民办的。

五 两大首创，当年特色

新宁铁路于1906年5月1日破土动工，1920年3月20日全线贯通，工程分三期完成。第一期工程，公益至斗山，1909年5月通车，全长59.028公里。第二期工程，公益至江门北街，1910年1月21日动工，于1913年4月26日通车，全长50.577公里。第三期工程，台城至白沙，1917年2月1日动工，1920年3月20日通车，全长28.496公里。铁路总长度合计138.101公里。

据《台山县志》记载称，在技术上，新宁铁路在中国铁路史上有两大首创：一是建设斗山站的"转车盘"，据描述称，机车停靠在它上面，能原地旋转180度，省去机车掉头时的占地。这是新宁铁路特色之一。另外，还有与众不同之处是，新宁铁路在渡江时，使用火车渡轮接驳，这就是新宁铁路特色之二。

查其所以需要使用渡轮接驳，是因整个建路工程并非一帆风顺。由于铁路所经之途受到当地乡人阻挡。或以迷信风水，或因刻意勒索，拒让筑路通过。于是，需要改道迂回，需要舍近辟远。比如，当筑第二期工程时，铁路要向新会延伸，原计划从公益过潭江至开平水口，渡石步河，进入新会。据有关忆述称，在河村墟因为受到河村汤姓、谈雅关姓阻挠，他们那些士绅认为，火车从河村墟通过会给村民带来灾难。于是，陈宜禧遂决定改至牛湾才渡潭江。为使火车渡江，陈宜禧特别从香港定制一艘长达 105.57 米的铁船，船上铺设三条轨道，每次能载一节列车，这一创举遂使之成为中国第一条使用火车渡轮的铁路。

此外，陈宜禧还遇上资金短缺问题。在 1917 年 1 月 15 日，修台城（旧称宁城，因台山的旧名是新宁）至白沙段工程时，因缺资金，遂再招股。这次就地制宜，采取以下两法："一是凡铁路沿线所占用的土地，按当时地价折算招股；二是发动沿线村镇居民，分姓氏宗族进行集股。"最后，共筹得当地股本资金约 50 万元。

也是在 1917 年，陈宜禧曾向孙中山提出，可以开发台山县濒海的铜鼓作为商埠，这样，他可把铁路继续延伸至赤溪，亦即台山县的南面海边地域。他以四邑人许多在美洲，台山若能开展对外贸易，一定能够与香港争衡。至 1924 年，孙中山因而任陈宜禧为筹办铜鼓商埠委员。但开发铜鼓的愿望最终未能实现。

六　民不敌官，悲愤辞世

新宁铁路于 1909 年开始运营。主要服务是客运，每日开出长途列车八次，短途列车四次，每列火车挂六七节车厢，并且，客货混列，客车座位分为头等、二等、三等。其间，货运则较为少。1916 年至 1918 年间，据称由于地方军阀在广东很猖獗，常对新宁铁路公司进行敲诈勒索。有关资料显示，有过一段时期，铁路公司曾为支持孙中山的护法军政府借出 12 万元。据称，该项借款本拟通过加收 20% 的车费逐步扣还。但军队常坐霸王车。孙中山曾严令纠正。然而，雷大雨小，并未生效。到孙中山逝世，勒索之风愈演愈烈。有记载称，1925 年粤军总司令许崇智每月向铁路公司"借饷" 1 万元；另外，驻江门的第一军每月要征收 5000 元至 7000 元，这样一再无理横加军饷，终使铁路公司陷于入不敷出。

到了 1926 年，有一说法指出，那时新宁铁路累积欠款达到 140 余万元。又随因几度发生了工潮，债务人纷纷要求提早还债。至 1926 年 11 月 11 日，广东省政府以"工潮迭起，管理不善"为由，省建设厅派出陈延炆、钟启祥、刘鞠可等三名官员，命他们联同两名新推举的铁路董事另组新宁铁路整理委员会接管铁路一切权力。但陈宜禧拒绝让步。双方僵持至 1927 年 2 月 21 日，陈延炆等人从江门警备司令部调遣一连军队对铁路公司进行武力接管，还同时强令新宁铁路每月支付 3000 元军饷当作酬劳。那时孙中山已作古，陈宜禧亦上诉无门，他的全部职权遂被政府接管。然后，这位老人被迫返回其六村乡老家。又两年后，终因悲愤辞世，享年 85 岁。

七　兵荒路废，轨断泥封

上述新的五人整理委员会自 1927 年接管铁路后，记录显示，职工由 1600 多人减至 1302 人，平均每人每月薪水从 30.5 元减至 22 元，而新委员陈延炆等人工资则不断大幅提高。他们并且把接管期由原定半年延伸至两年，直到 1929 年，接管才告结束。新宁铁路公司于是重新选出总理并恢复为商办。继而，世界经济出现萧条，运营收入不断下降。

到 1935 年，铁路职工再削减至 959 人，铁路公司亦渐面临破产危机。于 1937 年"七七事变"后，日军空袭牛湾渡口，渡江铁船亦被炸沉；是年 10 月，日军又派出飞机轰炸宁城火车站。铁路因受到破坏，只能分段次行驶。1938 年 10 月广州失陷，政府为防止日军要利用铁路推进，下令拆毁这条铁路。根据台山史籍记述，"铁路由沿线十里之内的居民分段拆毁；车头、车厢、铁轨，于拆毁后掩藏，路基全被掘烂，枕木则作为拆铁路的居民的酬劳。"最后，于 1939 年 2 月 14 日，新宁铁路公司正式宣布结束，全部员工遣散。

上述新宁铁路的兴建与最终拆卸，演绎了华侨报国梦的梦圆及梦破。其间创办过程的艰难曲折，不同时期的地方政府的时扶时贬，既反映时代进化的传统阻力，也暴露了旧日官僚的权私贪婪为害。最难堪的是，为了不让日军占用，竟然由当时政府下令把新宁铁路全线清拆，就此草草收场。它曾是华侨的骄傲，它也令华侨失望。它的故事，发人深思。

关于美国归侨陈宜禧生平及新宁铁路的筹建过程与运营兴衰，当地台山政府网、侨办侨史专家及《江门日报》均有详细专题撰述。与此同时，台山电视台曾几度附带播放当年摄录的新宁铁路实况纪录片并夹配精彩的采访；江门市五邑华侨博物馆内有长期展出的旧火车头、车厢，及其他相关的文物；尤应提及的是，台山市商业中心广场上现在庄严地矗立着一座陈宜禧铜像，让人瞻仰，铭记其功。

第 27 章　政争后援

小　引

中国的现代史，可有多种演绎。但是，中国之有共和政治则是始于辛亥革命之后。华侨对中国现代革命的贡献，有两方面：一是提供可宣传策划的空间，二是奉献具实质的人财支援。这一特殊的环境与潜力，在以往历史从未发生过；自那以后，侨社遂如中国政坛后院，上演百姓与朝野的互动。

一　本是弃民，再是百姓

早期华侨所以介入祖国政治政争，源于清朝末期前后政局所起变化。

华侨在最早时本是弃民。海禁以前如此，海禁以后依然。明清两朝都有海禁。总之，不得离国出海。一旦去了，是双方的放弃。是百姓弃国，亦朝廷弃民。直到清末，官方对这类子民的认识才有所改变。而且，依当时的发展，是被迫的。具体经过是由于美国的使者要中国当政者（当时是清朝的皇帝）认识到并白纸黑字地承认这些自愿的离开本土（今日统称海外华侨）的人仍然是他统治下的子民，是境外的百姓，暂居在他国的。他有义务继续保护他们。虽然他们已在外国国土。也可以说，华侨身份的界定，是从这概念开始。那是基于美国与清朝签订的《蒲安臣条约》所开列的附带条款。强调两国国民可以"自由往返，两国对等"。美国方面是想教士"可自由地"到中国去布道传教，商人"可自由地"到中国去进行贸易；加上，中国劳工

"可自由地"离开中国到美国受雇参加修建铁路。其实，即使两国条约签订内容如此，清廷，仍不在乎那些已离开中国的海外子民，姑且同意而已。美国据而派出长期驻华使者，也敦促清廷政府同样遣使到美国去执行任务起护侨作用。条约是1867年签的，1873年首任公使到任。正公使是陈兰彬，副公使是容闳。他们曾被派来主管留美学童。那时公费外派学童计划已经撤销，改叫他们开设使馆处理侨务。但那阶段，是单向的，是华侨身份获承认，是政府出面争权益。华工到处受歧视被驱逐甚至惨遭白人横加杀害，清廷一面抗议，一面出面索赔。唯是，所得一两宗的补偿，亦只运回中国了事。

二　两支力量，栖于侨社

华侨被说服和参与中国政事斗争，是中国光绪戊戌政变后的新发展。百日维新失败，光绪被软禁，康有为、梁启超二人逃脱，但因中国通缉，遂向外逃，栖身海外。先到了加拿大，继而进入美国，在华侨中宣传保皇运动，要华侨们支持中国改革。这是呼吁华侨参加中国政治互动的开始，组保皇会，办保皇报，大力鼓动，征集捐献。因会众增加，势力遂膨胀，保皇会随亦变作保皇党，各分会改为党分部，先是梁启超，接着康有为，都亲临美国演讲吹号。就此中国被幽禁的皇帝成为海外中国人要挽救的对象，那是因为，通过康、梁二人主张，说清朝将立宪维新。于是，中国的未来，中国的复兴，一下子成为海外（尤其是美洲大陆的）华侨从此间接地隔洋参与的涉及其祖国高层政事的开端。

与此同时，孙中山亦在中国以外创立一个有政治纲领的要改革中国的兴中会，他也四处游说华侨，争取他们加入支持。但他心目中的未来中国，是要推翻皇帝制度，代而建立西方式的共和政体。因他认为，清朝已是无可救药，必须把它彻底打烂，要搞革命。他也在华侨社会内找到支持群众，把兴中会改同盟会，与洪门人士称兄弟，分头筹军饷支援在中国起义，直至辛亥革命成功。

由此可见，华侨之介入中国当年政局是因以上两支不同的力量，曾栖身于侨社，并得力于华侨，培养气候，伺机而动。

三　各有喉舌，口诛笔伐

在感觉上，华侨此际，由一介自我放逐的草民，到可以参与未来国运大计，遂有突然间受宠的鼓舞。无论如何，保皇是百姓的荣耀，是难得的尽忠时刻。这是二千年来少有人反驳的中华固有传统文化。康（有为）、梁（启超）二人是光绪百日维新的重臣，如今落难天涯，提出保皇报国。海外华侨回应热烈，一呼百和，都要报国。所以，尽管戊戌变法在中国失败，短期在海外竟能气势如虹。这是以往从未有过的特殊现象，亦是华侨首次被人看到的潜力。根据记载，康有为、梁启超二人于1899年7月，在加拿大成立保皇会，随后在美洲及世界各地设立了170多个分支机构，会众曾以数十万计。仅以美洲大陆而论，建了78个分支机构，旧金山一地就有近万名会员，占当地华侨总人数的三分之一强。各地保皇会都把创办报刊作为重要任务，为保皇与立宪进行宣传。康、梁二人的弟子本质上全是文人的居多，作为保皇派的主要骨干，几乎全部投入办报活动。最早是从梁启超在檀香山办《新中国报》开始的。

不过，他们的独占局面不久便遇到挑战。1903年，决意要起义推翻晚清帝制并提出将创建共和政府的孙中山也重回檀香山，组建兴中会。孙也办了一张《檀山新报》，双方展开了辩论。

四 护法立宪，纠缠八年

据称，是孙中山于1904年1月，先在《檀山新报》上发表了《驳保皇党报》及《敬告同乡书》两篇署名文章，驳斥了由梁启超所主笔的《新中国报》保皇言论。梁亦撰文反击，从而开始了两派间的大论战。孙在文章中力言"夫革命与保皇，理不兼容，势不两立"，既划清了保皇与革命的界限，又论述了革命后实行民主共和制的必要性和可能性。孙为了将论战进行到底，从香港《中国日报》抽调了一些革命派骨干充实《檀山新报》，担任该报的主笔。为了造成更大的声势，他还号召了上海、中国香港、日本等地的革命党人"遥作声援"，"竭力打击保皇毒焰于各地"。

自此，在随后的八年，康、梁领导的保皇党与孙领导的革命党在海外报刊上不停打笔战。他们的读者对象是各报章所在地关心中国的华侨。其目的不外是，争取华侨支持并加入他们各自在各埠唐人街的组织，尽量扩大宣传，招纳会众，并发动捐献等。

双方论战的中心问题，越到后来则越更深化。例如"是革命还是改良？是实行资产阶级民主共和国还是实行开明专制？是实行资本主义的平均地权，还是维护封建土地所有制"等，都是双方热论话题。

单在美国范围，檀香山的革命派报刊《自由新报》自 1907 年创刊后，即与保皇派报刊《新中国报》每天辩论；旧金山的革命派报刊《少年中国晨报》及《大同日报》，与保皇派报刊《世界日报》及《文兴报》亦互相进行笔战，情况也十分激烈。

最终，在接近 1911 年前后，保皇党已明显地败阵了。因为以前的保皇党会员都纷纷改投同盟会。它的前身是兴中会。与此同时，孙叫美洲同盟会会员去加入致公堂，使革命活动能更加深入侨社。

五 谁主浮沉，国共分家

由于致公堂的介入，革命筹款数目大增。华侨中，也有人直接参加到起义的队伍，这无疑是华侨参与国事的最先例。

民国时期开始之后，政坛重心移回中国。美洲华侨的角色和参与又回到原来应有的范畴，各自谋生，自食其力，愿当政者为国为民，使中国人重新抬头，最好，不受歧视，可享平等。那时候的美洲华侨，仍受《排华法案》所限，往返困难，家处两国。也正如华侨华人当年的身份和心态，其身在美国，其心在中国。直到半个世纪后，华人要争取民权，才开始有所改变。中国也自那阶段起，对华侨华人严格区分其国籍。

但是，在民国的军阀时期，在抗日时期，甚至在国共内战及中国内地解放之后，中国人在海外，一直容许双重国籍。主要是，中国两岸政府还没修改规定，只要是中国人，就享有中国国籍。

也因为这原因，海外华侨社会，在需要动员时，是中国政坛政客大后方。美国华侨华人尤其如此，它的爱国报国角色，经保皇与革命运动，由孙中山肯定它的贡献。北伐中途，国共分开。加上，国民党内部因为争夺领导发生了派系权斗，蒋、汪继而不和，宁（南京政府）、汉（武汉政府）先分后合。其间，常处弱势的汪精卫，也常赖海外华侨作后盾。查实汪精卫本人从未到过美洲大陆，只是他的妻子陈璧君曾前来募捐。那是 1917 年，孙中山叫她为黄埔建校筹募经费，获 30 万美元。当时美洲的同盟会已改称中国国民党，继续支持孙的势力。

六　强势弱势，公开隐蔽

　　侨社自从被牵连而介入中国的政事，就一直是反映朝野派系缠斗的缩影。不同的人事，不同的分合，既错综复杂，又有脉可循。简单地讲，孙中山仍在世之时，侨社仍存三股势力。除了革命党，尚有宪政党，第三者是洪门，即致公堂，一度称致公党。革命党随而改称国民党，是由支持孙的同盟会改组的；宪政党原是保皇党，梁启超亦重回中国，既接近袁世凯，又曾策动复辟。至于洪门，碍于未能获许返回中国立案，与孙发生芥蒂，后更走向对立。但说到底，他们在华侨社会内，实际所能做的，重点仍是宣传。国民党出版原同盟会机关报《自由新报》在檀香山、《少年中国晨报》在旧金山，继而在旧金山创《民口杂志》；此外，《民气周报》在纽约、《侨星周报》在西雅图、《三民主义英文月刊》在芝加哥；宪政党依然有《世界日报》在旧金山、《新中国报》在檀香山、《中国维新报》在纽约；致公堂有《大同日报》在旧金山、《汉民报》在檀香山、《民国公报》在纽约；各有各的立场言论，每天撰文或扬或贬，大打笔战，争取读者。都是文墨上的干戈，为国内的政坛说事。但大多数华侨均拥护共和政体。

　　进入军阀混战后期，在孙中山逝世后，国民党内部分裂。先是汪精卫与蒋介石在国民党组织之内互争党政领导权。蒋介石领黄埔军北伐时与共产党分手，又在南京另建政府，与原广州中央政府抗庭。因为那时广州总部迁往武汉，史学家称为"宁汉分合"时期。即是，南京与武汉的国民政府，先是分裂，后又联合。这亦因为汪与蒋的忽分忽合关系所造成的。它起因于孙中山的后期"联俄容共"政策，曾改组国民党，又接受共产党。这在孙死后使国民党的政纲混淆。期间大致一分为三：有蒋介石拥军自雄，有汪精卫游离偏左，有山西派保守反共。他们之间的纷争纠缠，使侨社骤趋党派复杂。

七　千里万里，锣鼓助阵

　　在中国政坛上，蒋介石凭借黄埔嫡系掌控着党政的实权。他在东北张学良宣布易帜投靠的前后，以武力对抗来自汪精卫与胡汉民的挑战。然而，在美洲侨社内，却是另一番光景。那是因为，汪、蒋二人同是孙的身边亲信，汪以文显，蒋以武雄。大地可由军队克占；舆论出于文人褒贬。根据当年所留印象，汪比蒋更深得华侨拥护支持，汪

虽几度辞职，唯是弱更见怜。国民党在美洲言论阵地的抢夺和分裂，
始于国内国民党极右西山派的出现。他们在旧金山成立驻美总部，据
《少年中国晨报》为喉舌；但西雅图原有分部拥护汪精卫，遂创《美
洲国民日报》对抗。纽约亦有人办《民气日报》取代周报附和，加
拿大温哥华创《加拿大晨报》回应。接下来，西山派胡汉民与南京蒋
介石言归于好，施压海外。先有胡树英回乡时被捕枪毙，罪名竟是
"捣乱党务，反对政府"。他本是《民气日报》编辑；继有主笔雷鸣
夏在《加拿大晨报》内被人闯入刺杀。此外，极右派在檀香山设
《中华公报》，在芝加哥出版《三民晨报》，又在纽约成立《中国日
报》加强对华侨的宣传。那阶段的拥汪派被称为左派，也称为改组
派，因为它曾容共。但当宁、汉（即国民党在南京与武汉两个政府）
携手合作之后，国民政府得到美国正式公开承认，拥汪派在美国也宣
布要执行除排共产党的清党行动。

这也开始了另一现象。华侨势力因而分作明暗。自那时起，国民
党是公开获承认的中国政党，在美国有代表，得到外交支持。其对立
者，俗称左派，是被清除出国民党组织或持不同政见的人士。左派在
旧金山侨社成立了一个新组织取名"大同盟"，后称"美洲华侨反帝
大同盟"，创办了《先锋报》，不久东迁前往费城。1930年《先锋报》
再迁纽约，由手抄变铅印，由半月刊变周刊。

总之，出于关心中国前景，明或暗的组织自此形成，不同言论在
侨社内继续发表，意图开导及鼓舞更广大华侨参与和支持他们各自的
活动；无论强势弱势，无论公开隐蔽，他们仍坚持一己的选择，千里
万里，锣鼓助势。

第 28 章　早期左翼

小　引

　　现代政治政党上有所谓左翼右翼之分，美国华人亦有，或称左派右派。为何政治政党上分左右？是谁将他们分了左右？就美国华侨华人社会的理解，是中国政党对立的两面，特别是以政治意识形态而言。左，是激进的；右，是保守的。又或更明显地，以现时的惯习，左，是拥护改革支持共产主义；右，是主张继续推行资本主义。就中国初期政局而言，左是共产党，右是国民党。

一　华人左派，这样起源

　　先谈左派起源。在华侨社会，与中国国内的情况稍有不同，它所以有左右之分是由于中国国民党进行北伐的中途，突然为抢夺领导权而清共。于是，正式而又公开的共产党员被清除出北伐军；接着，从广州迁往武汉的国民党在汪精卫掌权后亦清共了。自此，凡是与共产党有关的称为"左派"；相对而言，国民党称作"右派"。清共是在1927年的4月和7月，地点是在中国的上海与武汉。在美国华侨社会内，"左派"先出现在留学生中。据称他们是本来支持汪精卫阵营的留学生，但汪与蒋合作后竟执行清共，于是有几名留学生宣布退出了国民党，然后在美国加州参加了美国共产党。不久，他们亦通过第三国际的接头，加入中国共产党，并且在美共组织内成立"中国局"。

　　继而，他们于1928年，对外创办成立一个公众团体取名叫"美洲拥护中国工农革命大同盟"，不久后更名"美洲华侨反帝大同盟"。

该组织同时出版一份油印机关报刊，取名《先锋》，在加州发行，随"大同盟"先搬移至费城，后再迁至纽约，至 1939 年 10 月才告停刊。[1]

至于这批"大同盟"的最初成员，多是清华大学 1924 年毕业生。他们在中国时有一秘密小组，名叫"超桃"，总共 8 人，一年后全都因美国归还庚子赔款抵美留学。据成员冀朝鼎忆述："1925 年大家都到美国后，我们在旧金山开'超桃'的全体会，我从芝加哥赶来参加。会上决定支持改组后的国民党和三大政策，强调要走共产主义的方向。这还不明确一定要加入共产党，但已倾向于共产主义了。"[2] 又据他的忆述，"超桃"，本来是以"超过桃园结义"之意，于 1923 年在北京已有的"唯真学会"内，另行秘密设立，成员中有施滉、冀朝鼎、徐永煐、胡敦源、章友江、罗宗震、梅汝璈和北京女子师范大学附属中学学生罗静宜 8 人。其中，据后来的有关成员忆述，其中罗宗震没有去美国，梅汝璈去了美国但却没有随其他的 6 人参加美共及中国共产党。[3]

二　贯穿主持，唯徐永煐

有这么一个人，从北京清华学堂的"超桃小组"，到成立"美洲华侨反帝大同盟"；又从创办《先锋报》，到创办《美洲华侨日报》；从主持美共党内中国局，到参与"太平洋学会"；他并且是从起于接受"官费留学"，到自谋生计兼职做餐馆打杂，一直贯穿其职，担当左派领导层的工作，这个人就是祖籍江西的徐永煐。他前后在美国侨社从事推广宣传革命活动工作二十多年。

据查到的资料，徐永煐在年近 15 岁时，考入北京清华学堂就读，因为那时清华有由美国退还中国的庚子赔款作津贴，并且设有"游美肄业馆"，是专门培训学生赴美留学的。他虽于 1924 年在清华毕业。但他却未立刻起行，曾留在中国一年，据他自述，他曾自行考察和拜

① ［美］麦礼谦：《从华侨到华人》，三联书店（香港）有限公司 1992 年版，第 217—218 页。
② 冀朝鼎：《冀朝鼎同志访问记录》，《百年永煐》，北京百年纪念自费印刷，2002 年编印，第 361 页。
③ 同上书，第 360 页。

访有名望的学者，1925 年才赴美。

当时"超桃"成员，曾被分别安插在旧金山及芝加哥就读。1925 年冬，这批清华留美学生出席在芝加哥召开的中国留美学生大会，与更早的亦是来自清华大学的另批留学生以罗隆基、梁实秋、闻一多等为首组成的"大江学会"彼此在台上辩论中国当前政治。据徐永煐忆述："大江站在北洋军阀一边，我们站在国民党一边。"互争哪一边当会长。结果由冀朝鼎当选。[①]"超桃"成员都是 1924 年毕业生。这批人，就是留美的随又成为中共党员的第一批留学生，也多数在美国先加入美国共产党，然后才又加入中国共产党的最早一批在美国的中共党员。不过，那已是至 1927 年秋因汪与蒋联合清共，才引发的变化。

三　美共党内，设中国局

当时，苏共在莫斯科设有第三国际，主控着世界各地的共产党组织。各国党部列为第三国际属下支部，全都通过莫斯科才转达其他国家。美国如此，中国亦然。比如，据说当年欧洲由周恩来等在留学时组成的支部，所有传达，都是经莫斯科，再转往中国的共产党中央领导。

徐永煐等在美国加入美共，亦由美共通知了莫斯科，然后，根据中共中央意见，他们在美共党设中国局，但对外界，则不公开此事。同时，成员身份，亦均保密。这些事发生在 1927 年秋季。因为那年 7 月，当中国境内的国民党于蒋介石与汪精卫决定宁汉两府合并之后，展开清共行动，即是，不择手段抓杀在上海及汉口的共产党员。这行动亦随即影响到海外其他的国家。例如在美国的党员之中，有本是支持汪精卫的国民党左翼，遂有人立即退了党。徐永煐就是这样的一员。而且，在那事件之前，他曾在上课之余在侨社兼职编辑。那是一份由国民党设在旧金山的《国民日报》。于是，他离开了报章，继而退出了国民党；然后，他先加入美国共产党，才又加入中国共产党。与他这样先加入美共又成为中共党员的还有施滉、冀朝鼎等人。其他

---

① 徐庆东等编：《百年永煐》，第 256 页。《徐永煐同志访问记录》（清华大学校史编委会 1959 年内部资料），《百年永煐》，第 196 页。

在美国的"超桃"成员，除了梅汝璈外，全都加入了美共中国局。①

至1927年冬季，他们即策划成立了"美洲拥护中国工农革命大同盟"，又称"华侨工农反帝大同盟"，并油印出版该组织的机关报《先锋》。徐永煐说，"当时该报主要揭露蒋汪叛变革命，号召华侨在拥护中国工农革命旗帜下，打倒反动势力。揭露华侨封建势力和资产阶级压迫贫苦群众的情形。常刊载国内革命消息。"②

四　留学生多，华侨亦有

在美国共产党内的中国局成立后，第一任书记是由施滉担任，党员人数只有20多个，到20世纪30年代初则发展到60人左右。

据当年成员张报忆及这批人时说，"最初在1927年时，在旧金山及芝加哥的留学生中，有施滉、冀朝鼎、徐永煐、罗静宜、章友江、石佐等人（加入）。继之，留学生中，还有章汉夫（谢启泰）、李道煊、黄恭寿、李法寰、武兆发、胡敦元、张报（莫国史）、何植芬、苏开明、虞芝佩、魏明华、陈科美、余光生（余日辛）、张鸿眉等。华侨工人中则有刘克勉、赵跃、林棠、欧阳基、谢创、陈慧剑、张恨棠、曾丁恒、陈厚父、何惠良、冯汉平、周冰魂、许纪云等。人数比较多的是在旧金山、费城和纽约。"③张报又说："为了集中地领导这项工作，除在美共总部设立中央中国局，另外在党员较多的地方，亦分设中国局，如旧金山、纽约、费城、芝加哥、波士顿及麦迪逊（密州大学校园）等地均是。若某地人数太少时，则由邻近的中国局兼责其事。"④

张又再透露："施滉曾是美共中国局第一任书记。在他之后，接任该位置的计有：李道煊、张报、何植芬。后来继任此职的还有：徐永煐、余光生、唐明照等。"⑤施滉于1929年被派送至莫斯科学习，

---

① 《冀朝鼎同志访问记录》（清华大学校史编委会1958年内部资料），《百年永煐》，第361页。《徐永煐同志访问记录》（清华大学校史编委会1958年内部资料），《百年永煐》，第202页。

② 徐庆东等编：《百年永煐》，第256、372—373、381页。

③ 张报：《二、三十年代在美国的中国共产党人》，《百年永煐》，第368—369页。

④ 同上书，第369页。

⑤ 同上。

离开美国。但在那之前，于 1927 年至 1928 年间，早已有章汉夫、章友江、黄恭寿、李法寰、罗静宜等通过美共中央被派送到苏联去学习。这些人学成后则直接返回中国。[1]

五 迁往美东，落脚费城

在较早的过渡阶段，徐永煐与冀朝鼎等，曾一度在美国组织"中山学会"，就孙中山的"联俄容共"政策与"大江学会"展开辩论。他们曾出版一份刊物《革命》配合宣传。至 1927 年，因为清共而愤然退出国民党。他们亦解散了"中山学会"，随而成立了"美洲拥护中国工农革命大同盟"宣传共产主义革命；既公开反蒋亦因而反汪，并向侨胞讲解马列主义基本知识。为了做好这方面的传播，他们出版《先锋》作为舆论喉舌；它也是早期左派在美国的唯一报章。

"那时候，在美国出版的国民党和堂会的中文报纸不少。如在旧金山有《国民日报》《少年中国》《世界日报》等，在纽约有《民气日报》《商报》等。它们都是铅印的报纸，销路比较广；但《先锋》却是油印周刊，篇幅小，印数少，所以在数量和时间上都处于劣势。但是，因为它立论新颖，在华侨报界中独树一帜，所以为不少人所喜爱。"[2] 这是当年参与者的忆述。

1928 年春，美共内中国局决定迁往美东去开展华侨工作。因为当时美东发生了一宗事件。是因当时在费城的国民党支部有左翼人士，如朱耀渠（即朱夏）等人，掌控了当地支部及所属库存，并决定响应在美西的"美洲拥护中国工农革命大同盟"，同意把他们掌控的国民党支部改成"大同盟"的费城支部，提出要把《先锋》搬去费城出版。他们认为"蒋介石统治下的南京政府和汪精卫统治下的武汉政权全都是人民和革命的背叛者"。所以，费城国民党解散了。[3]

同时，由于美共于 1927 年年初把它在芝加哥的总部迁到纽约，于是，徐永煐等主持的中央中国局及"大同盟"，遂同时作东移。

---

① 张报：《二、三十年代在美国的中国共产党人》，《百年永煐》，第 374 页。
② 同上书，第 372—373 页。
③ 邝治中：《纽约唐人街》，上海译文出版社 1982 年版，第 45 页。

六　移至纽约，中国通缉

不过，在费城的发展，只是短暂过渡。毕竟纽约是大都会，华人聚居人数更多。所以，中国局和《先锋》报刊，遂决定于不久后移往纽约。

据其中一位当事人忆述："1928 年，徐永煐、冀朝鼎等，获得一美国同情者蒙哥马利的一笔捐款，用它从上海商务印书馆买到了一套中文铅字，建立了印刷所，《先锋》乃于 1928 年起，在迁纽约后改为铅印，并扩大为八开四版的周报，从而面目一新，销路日广，增强了同其他华侨报纸抗衡的能力。"① 这是左派在条件上的新发展。而那阶段中国的政局是日本挥军尽占东北，张学良撤兵入长城。蒋介石在与其他军阀经过中原大战而获胜后，移兵围攻红军，并提出"攘外必先安内"（亦即是"先歼共才对日"）的"不抵抗"政策。

针对这些国内突变，华人左翼分子的"大同盟"于 1930 年改名为"美洲华侨反帝大同盟"，接触更广大的华工阶层。

这个"（新）同盟（设）在纽约联合广场的总部和《先锋报》的办公室，最初与美国共产党的机关报《工人日报》一起设在一幢大楼里。美共给《先锋报》提供了办公室及印刷设备。该报刊载的许多新闻报道都是由美共《工人日报》供给的。《先锋报》被看作为美国共产党伸向纽约各个种族和少数民族社会计划的一部份。……华人左翼分子越来越关心唐人街的工人，要把他们组织起来"。反帝大同盟的首要任务是团结华侨齐抗日；也因此指斥蒋介石派兵围攻井冈山红军并不是抗日，而只是继续"打内战"。这当然与当时国民党在当地的拥蒋者在立场上发生正面冲突，双方势成水火。②

与此同时，中国南京行政院向北平（即今北京的旧名）公安局发出训令，通缉清华留美学生徐永煐、施滉等人，称他们在美组织"美洲拥护中国工农革命大同盟"，是反对中央及国府的，兼是捣乱党务的分子。要同时取消这些人的"留学官费"，并督促当地党部"严缉

---

① 张报：《二、三十年代在美国的中国共产党人》，《百年永煐》，第 373 页。

② 邝治中：《纽约唐人街》，上海译文出版社 1982 年版，第 47 页。

归案究办"①。

七　官费取消，接触华工

根据徐永煐的有关自述，因为失去了每月的"留学官费"，他自此去餐馆打工，也因而接触到华侨工人。因此"大同盟"随后的发展，在"对象和目标"上有所改变。以下是徐永煐总结那阶段组织华侨工作的一篇经验得失剖白。据他撰述的检讨文章称，"（大）同盟的创始成员过去均是国民党中的左翼分子。他们都曾做过国民党的头头，并非来自唐人街的群众。……（大）同盟的干部，由于压倒一切地关心抽象的观念理论，忽视了群众所面临的一些具体问题。……又事实上，我们忽视了他们的问题。……如果我们连群众的需要也不能理解，我们怎能期望群众归向我们呢？"②因这种觉悟，导致了他们终于把团结对象和工作目标，转移到现实中的唐人街华工中。

美国20世纪30年代以来经济大萧条。许多人失业了，甚至流离失所。据官方公布，纽约唐人街的失业率为30%，或者在6000人到7000人之间。因此，解决失业工人的生活，成为一个严重的问题。有些华人或从同伴全天的工作分一部分来干。常有老人饿死在自己的公寓里，又或有人长期失业而自杀。

于是，在"大同盟"发起和推动下，一群失业人士于1933年成立"大纽约华侨失业救济会"（Chinese Unemployed Alliance of Greater New York），其宗旨是"团结全体失业华侨之力量，达到各种失业救济之要求"③。据说，该会代表曾一再向中华公所求助，对方则回答，推称，依例是失业人宜分别向各宗亲会求帮助。所以，一直未获任何支援。

最初，失业会的努力尚算初有成效。譬如，向商人募捐衣服、米粮、报纸等物品提供给失业者，及阻止业主驱逐经济困难住户等。但到是年9月底，除了化缘式的募集米菜饭团外，对于其他争取屋宇减租运动，及对中华公所及各公所要求救济等斗争，便渐次放弃了。不

---

① 徐庆来：《徐永煐传略》，《百年永煐》，第260页。
② 徐庆来：《徐永煐传略》，《百年永煐》，第267页。邝治中：《纽约唐人街》上海译文出版社1982年版，第50—51页。
③ 邝治中：《纽约唐人街》，上海译文出版社1982年版，第54—55页。

久，那曾因配合宣传而创办的《失业月刊》也停顿了。皆因负责推动的人，或要自谋生计，或有人把注意力投进更大的美国主流工人工会运动，反而对华侨救济会冷淡起来。于是，会员见没有更多具体的成绩，就相继脱离。至是年年底，失业会也就解体了。①

另一方面，华人中的洗衣业者此时正要面对另一场斗争。

---

① ［美］麦礼谦：《从华侨到华人》，三联书店（香港）有限公司 1992 年版，第 276 页。

第 29 章　右派纠葛

小　引

　　中国政党中的左派（共产党）与右派（国民党）在北伐中途分裂，结束了国共两派第一次合作。这情况反映到华侨社会，国共双方各有支持力量。整体上，右派在侨社是官方代表，与传统社团关系更密切。但是，因国民党领导层争权不和，这亦在侨团间产生了纠葛。美西曾因此出现过两个在美国侨界的国民党的总部。新旧争持，各立门户。

一　国共合作，创建黄埔

　　自从辛亥起义成功，中国意图建共和制。孙中山曾担任临时大总统，随后又让袁世凯执掌政权。袁曾称帝，随被迫取消。北方自此由军阀轮番控制国会。孙亦三度在广州建军与当时政府抗衡。在屡次失利后，孙决定联俄联共，改组国民党及建成军校。同时，既想以武统一中国，也望南北谈判言和。1925 年孙应邀赴北京商议期间，癌病缠身。在弥留前，孙立遗嘱，谈及"革命尚未成功，同志仍须努力"。但孙没有指定由谁去接替他。追随在孙身边有两位年轻人。在那之后，汪精卫掌政，蒋介石掌军，元老胡汉民等后来组成反共的山西派，这三支势力在随后的岁月不断争权。其中过程反复，但这一切理应从孙逝世后的 1926 年说起。那时国民党内蒋介石因出任黄埔军校校长，把学生组织为广州政府军队核心主力，借秉承孙的后期联俄容共政策与党内共产党成员携手合作，率革命军誓师北伐，冀以武力来解决问题。这支新军一路旗开得胜，分三路北进，先败江苏军阀吴佩孚，继败浙江军阀孙传芳，于翌年初攻下南京。仅短短半年，尽得江南地。

然后，国民党的广州政府移至武汉，蒋介石对此有异议。随而，一方面在南京另立中央对抗，另一方面暗中下令在上海清共。因 4 月时共产党员周恩来等正联合当地工人采取攻势，本要取得上海这座城市。结果共产党员全数地被大举搜杀，事出突然，成果亦因而被剥夺。原本曾在广州大本营的汪精卫与宋庆龄等，于 1927 年 1 月本已把军政府搬到湖北武汉，最初仍然继续执行孙文的联俄容共政策。但当胡汉民与西山会议派合起来另有反共图谋时，汪精卫就转舵。同年 7 月，汪精卫亦在武汉屠杀共产党并驱逐俄代表。之后，汪精卫与蒋介石、胡汉民等在南京合组新国民政府，并摆脱宋庆龄等。即使如此，汪、蒋、胡三人依然分分合合，都为争当最高领袖常现不和。又那时，北方仍有军阀操持的北洋政府。南北分裂，对立继续。

以上这些转变，在美洲华侨社会内，也因而引起过混乱。派系间曾对立摩擦，并催生了既支持革命又拥护共产党的新一派在美国内成立。

二　侨社政党，派中有派

在孙文改组国民党年代，华侨对国民党支持有嘉。各大城市华埠均回应设支部或设分部。其总支部则设在旧金山。但，却又与西雅图地方支部不和。因一方是拥护胡汉民的派系，另一方是拥护汪精卫的派系。在孙文逝世后，两方争斗尤烈。继而，在西雅图的拥汪者与 20 多个各地的分支部代表，在取得国民党中央海外专员的支持下，在洛杉矶开会要改组美国总支部。新的委员选出，但遭旧委员的抵制。双方因而发生殴打。最后新与旧各立门户。那个阶段的侨社，拥胡者称为国民党"右"派，拥汪者称为国民党"左"派。与此同时，在掌控舆论宣传上，旧总支部有《少年晨报》；新总支部新创办《美洲国民日报》，那是在洛杉矶大会时决定的。这张报纸与新总支部，基于有利于地域掌控，已同时把它的新总部改设在旧金山湾区屋仑（Oakland)，不再在西雅图了。①

此外，华侨社会仍有残余的宪政党。势力虽已大不如前，但是仍有会员。虽然早已不合时宜，然而，一度开明如梁启超，也因为一己的名禄，竟在中国历史上开倒车。他在袁世凯称帝及张勋复辟的时期，均曾大力鼓吹恢复帝制，因此广大美洲华侨不再拥护其宪政党。

侨社内还有另一个派系，就是洪门，即"致公堂"，后改为"致公党"。其实，洪门始终是存在着中国旧社会那种次文化色彩。以结帮行义为宗旨，过去虽言反清反帝，但在政治上欠活跃。它的会员，多属下层人士；冲锋可以，论政不宜。当年曾尽心尽力支持孙中山在美洲筹款作军饷的洪门大头黄三德亦已经隐退了。他在国民政府初建之时，曾一度回到中国，也追随过孙中山。当孙辞退临时大总统并被袁世凯分派负责全国铁路专员期间，黄三德曾充当孙的顾问，但转眼间就都没有继续了。早期华侨，也没有哪几位当官。又据黄三德的忆述，他曾在孙于广州组军政府时，一度曾想为洪门在中国申办注册成立，但孙却没有帮助他将他这一心愿实现。黄三德为此耿耿于怀，也自此，便对国民党疏远了。洪门，那时主要关心的，是侨社事情。

三 胡汪不和，报人遭殃

继而，国民党内部因孙中山逝世，起了变化，侨社亦变。因为北伐在 1926 年下半年的旗开得胜，既改变了蒋介石想法，也改变了国共间合作。原在广州的国民政府，从 1927 年 1 月开始搬到武汉由汪精卫派系所把持。其间，胡汉民从苏俄养病归来，与国民党西山派合起来。胡是因涉嫌暗杀廖仲恺而被送往苏联养病的，既保守又极右。他们支持蒋介石在南京组织新政府，并在国民革命军攻陷上海后清共。不仅单方攫取成功果实，并与武汉政府分庭抗礼。到 7 月中旬，汪精卫也变卦。他一方面关闭苏联领馆，将其代表驱逐；另一方面又步蒋介石后尘，屠杀共产党员。继而，与南京谈条件，蒋、胡、汪再把南京政府改组。史称"宁汉合流"。中国的政局使国共两党不再合作，他们由伙伴变敌人，而且彼此武力相向。共产党人在周恩来及朱德等人领导下，痛定思痛，占取南昌，实行另组一支军队一面对抗，

---

① ［美］麦礼谦：《从华侨到华人》，三联书店（香港）有限公司 1992 年版，第 217 页。

一面进行自保。但是，他们在南下转战时失利，遂退入江西井冈山，不久与湖南来的毛泽东队伍会合，在井冈山落脚，发展红军。

当然，以上这些左右分歧，也同样反映到美洲华侨社会内。不仅是国共的分裂和对抗，而且曾引发国民党内部派系的互相厮杀报复。

最不幸是，当年在旧金山的国民党旧总支部，由于胡与蒋的率先结合，获中央的认可和支持，遂理所当然地重新被确定其在美加的领导地位。这个旧总支部（由拥胡拥蒋者把持）竟向中国国内中央要求，对美洲新总支部那些委员下通缉令。当时有纽约《民气日报》编辑胡树英刚回中国省亲，竟因而被捕和枪毙，其罪名是：捣乱党务，反对政府。另外，加拿大温哥华《加拿大晨报》总编辑雷鸣夏，及另一名排字工人，遭到右派国民党人冲入报社，并将他们枪杀。因为以上两报章均被列为汪派，这一道格杀令，直至汪精卫与蒋介石于 1927 年年底在南京合组新政府以后，才在中国内宣告解除。至此，旧金山曾有的新旧两个总支部亦再合二为一。

四　日占济南，华侨不满

于是，国民党重设美洲总支部在旧金山，据称，全美当年国民党有 20 多个支部。原先，在孙文奔走革命的年代，华侨对国民党支持有加。然而，自武汉与南京两地政府在 1927 年上半年时争权，曾导致美洲党员内斗，并各设总部分庭抗礼。已如上篇所作陈述。及后因汪、胡、蒋携手言和，在南京组织新政府排斥共产党。海外由是分而复合。

那时华侨对中国国内各派系互斗争雄，由于各有偏好，意见向来素不统一；唯是，在整体上，华侨对孙中山领导的革命有好感，所以，当国民党在南京再次定都，改组中华民国国民政府，并得到列强承认后，便从此算作是合法政府。华侨对此大致上无异议，一般侨团基本上附和。只有少数的人，才知有共产党，但公开表支持的绝不多。

接着，由于日本于 1928 年攻占济南，5 月发生"五卅惨案"，华侨抗日情绪因一度很高涨，也间接地，再重新地催助了国民党成为侨界所寄望的一个保土卫国核心。南京国民党遂把握时机，以官方的海外代表身份四处笼络传统侨团，巴结上层，重建支部。从而开始培养侨社内的传统势力，使其为国民党政府效劳。这也是国民党以后对待侨务的作风和特色。他们只重视上层的商贾，置一般华工于不屑一顾。

比如，以日本突占山东济南发生屠杀惨案为例，华侨均表愤怒，抗日之声四起。但南京政府不采对抗，只知屈让，曾经使华侨十分反感。

那时，在中国正是蒋介石统率四大集团军与张作霖争战期间，日本出于不欲让英美势力的北移，突发兵入济南，借词保护日侨，屠杀该市中国军民达 5000 人。国民政府曾派山东特使蔡公时及其随员共 17 人前往交涉，竟被割耳挖鼻惨死，但是，蒋介石叫国人少安勿躁。

由于没有作出武力上的对抗回应，华侨对如此的屈辱曾纷表极度不满。他们一方面火速联名致电南京政府促其采取对策，另一方面呼吁全美及其他地区的华侨展开抵制日货行动。①

那时旧金山的中华会馆，因有国民党成员建议，自此改悬新政府三色旗，即是青天白日满地红旗，以表华侨支持，督促抗拒日军。这种在侨团挂旗的现象曾迅即漫延至各市，并纷纷组成"华侨对日外交后援会"推动声援。只是，那时蒋介石不想与任何列强正面交锋，一面纾缓华侨抵制日货情绪，一面从外交上与日达成协定。日军同意退出济南，中国亦未要求赔偿。7 月张作霖被炸死，年底张少帅通电易帜。由蒋介石领导的南京政府宣布统一了中国，济南惨案不了了之。

五 蒋氏崛起，中原大战

蒋介石在中国政坛崛起，经历以下几次难得契机。一是当陈炯明叛变时，他从沪赶来陪伴。这是孙对他赏识的开始。二是当孙决定联俄容共自建军队，蒋被派往苏联回来后任军校校长。三是当广州军政府以黄埔学生组军北伐，蒋被军政府委任为这支北伐军总司令。四是当长江以南的军阀势力被削平，蒋与国民党右翼曾先后清共独占了成果。五是与其他的军阀组成了假联盟，以四大集团军名义合围打败张作霖。六是北洋政府既倒，关内一统，谁主浮沉？国民党内蒋、李、冯、阎间的中原大战，兄弟阋墙，蒋最后全面胜出。然后，关外的奉

---

① [美] 麦礼谦：《从华侨到华人》，三联书店（香港）有限公司 1992 年版，第 287 页。

系张学良也宣布易帜投诚国民党，仿佛是全国统一了。但曾经被两次清除杀害的中国共产党并没有销声匿迹，他们在江西井冈山建立了根据地，叫苏区，另组政府。于是，蒋连续发动四次围剿，把他们赶离向西行，几经追逐，落脚延安，史称长征，又再组合。蒋对此仍心有不甘，遂调张学良入关中，并派他领东北军往西安剿共。

蒋与各派军阀及中共红军等在军事上争雄角逐，华侨意见也因派性原因，固然并不一致，可以想象，唯对日军入侵多表不满。除了已提及的济南惨案，最令华侨愤慨的是蒋放弃了东北。其间，美国华侨曾因此而筹集捐款，试图交到抗日的马占山之手。另一宗同样不满的事是，日军从日租界进行侵略上海之战，十九路军由蔡廷锴等统领曾死守盈月，国军援兵迟迟未发，也的确令国人及海外的华侨大失所望。

其后，蒋还把蔡廷锴调派去福建打红军，动机恶劣，蔡遂反蒋。他一度在福建成立人民政府，失败之后，避往香港。蔡于抗战期间曾获邀来美国访问。华侨依然把他誉为英雄，对他有隆重的接待。

六　美国参战，蒋列四强

蒋介石那时所谓"攘外必先安内"政策是排除异己，意图尽快消灭中共，寄愿中国境内唯他独尊。所以，尽管抗日之声四起，他犹计划攻打延安。他甚至飞临西安去督战，却被张学良、杨虎城软禁和进行兵谏。最后，蒋终屈服，同意抗日；而且，答应联共，一起上阵。

1937 年 7 月 7 日，日军借题攻占北京外围的卢沟桥，中日战争爆发了。在随后的半年，中国先失北京，继而再弃上海，年底连南京也失守了，日军在南京这首都屠城 30 万民众。政府迁往重庆，接着武汉亦失。1938 年国军曾愚昧地自炸黄河在河南花园口的一段河堤，企图借此让河水泛滥来阻止日军西进，此举终令 80 万人在洪流中葬身。日军却绕过灾区，分兵南北续进。随而广州失，太原失，长沙也在焦土抗战中没能守住。年底前沿海各省都陷入敌蹄。台儿庄的奋战短胜，虽曾几回振奋中国内外人心，相继的失陷意味着更需要支援。海外华侨，包括美洲各地，人人齐心协力，为抗日而呼吁，有钱出钱，有力出力。返回中国参军大有人在，各类抗日会，在各处组成。

因蒋介石同意抗日，全国上下，海外华侨均表满意，形象随即大大改变。四年下来，退守在重庆，抗战仍继续，华侨续捐款支持。至

1941年，当美国最后出于其本身的利益，并被日本偷袭珍珠港造成伤亡，终于作出选择，加盟被侵略的国家一边，对抗法西斯轴心国德、意、日，遂与中国在亚洲结成了主要盟友。同意委任蒋介石为亚洲战场司令。1943年，中国以地理及人口的优势，由蒋介石作为中国元首的代表，出席在开罗的会议。因而与斯大林、罗斯福、丘吉尔同座，位列世界四强，至此，蒋的名声也因而渐转盛。

七　右倾之风，借势形成

在海外各地华侨包括美国的在内，人人忙于抗日救亡，也视国民党为当时中国当然领袖。这之前的种种不和与分裂姑且暂搁一边。

1943年年初宋美龄来美国医病，2月28日被邀请到美国国会演讲。她本来曾在美国念大学，英语谈吐很好，深获舆论好评。她向美国人民讲述中国人的抗日志意，呼吁各界支持，也助长了蒋的威望。那时，在美国华侨中有不同名目的组织，都在各市中自成单元，为抗日向华侨发起募捐。本来动机简单，都因爱国而已。然而，由于便于统筹，组织集会，甚至游行，大家普遍认为应合起来行动。于是有人建议成立一个总会，也是十分自然的事。但是，因侨社有不同的政治派系，谁当主席，总难免有争论。会名曾经一改再改，委员因而选了又选。除了左右党派之分，又有东西地区之别。最后连驻美使馆官员也插手其事。

其间，最引起争论是，中国驻美大使公开要求华侨要把捐款必须通过某银行某户口寄汇回国。但是，有些华侨质疑，那些捐款汇回国后将如何运用，或是否会送交某地使用，也常变成协作中的意见分歧。据说，在那阶段，纽约左派人士每每把款项汇寄宋庆龄。纽约华侨洗衣馆联合会捐四辆救护车到中国，就指名其中有两辆要给延安。

总的来说，因为国民党是中国的执政党，华侨大体上以它为马首是瞻，求同存异，也属常事。也是由于通过抗日，国民党在华侨社会抓紧机会，笼络各大侨团，兼且处处排斥左派。及后，更把反共诉诸行动，遂自此造成一片倾右之风。所以，抗日使蒋介石的形象由本来恶劣变作英明；由于美国参战，使国民党在侨社稳居领导地位。

第 30 章　美洲一报

小　引

　　舆论是宣传中最重要的一环。历来依赖报刊落实此任务。左右两派如此，就看谁办得好。美洲有一张《美洲华侨日报》在纽约出版了49年，一般人都把它当成是中共的机关报章。但是，有一部分人则认为，它是华侨所办报章，只不过其观点立场与当时当地的保守势力和封建文化大相径庭而已。

一　左派喉舌，渊源曲折

　　《美洲华侨日报》（英文名称 "*China Daily News*"），是于1940年7月7日在纽约曼哈顿区华埠创刊的。由于传统上当地华侨华文报章均在中午"今天出明天报"，故此，它的"创刊号"在报头上则是标明"1940年7月8日"，也就是这个原因。

　　回顾历史，当年创办《美洲华侨日报》有两个不争的事实：一是，左派当时缺乏一份喉舌报章；二是，它确实有赖于华侨洗衣馆联合会的参与支持。那是因为在1938年的下半年，原是"华侨反帝大同盟"的机关报《先锋》告停刊了。一说因为经费人手不足；另说它被并入欧洲来的《救国时报》。以现时的了解，《先锋》本是中共在美国的喉舌报章；《救国时报》曾是中共在巴黎出版的面对国际宣传而创办的报章，它原先曾在莫斯科发行，1935年时是由王明主持。在那之前，由于中共《红色中华》（由瞿秋白主持）在长征开始后停办。故随后在莫斯科另外办《救国报》，不久移往巴黎，才称《救国

· 201 ·

时报》，改由吴玉章负责；继因欧洲局势的发展不能容许他们在法国继续出版，遂于 1938 年 2 月停刊。唯是编委饶漱石与陆璀等携带铜模及部分设备于是年 8 月抵达纽约，与《先锋》报合并后在美国发行。又基于饶漱石那年代在中共组织上的位置颇为特殊，在抵达美国后他便接管了当地左派领导权，并另外派人取代了徐永煐在美共中国局的地位。不过，这份《救国时报》只办了不到一年便于 1939 年 10 月停刊。据称，因饶漱石与陆璀奉命回国参加抗日。这样，在饶漱石走后，徐永煐在余光生和唐明照等人支持下，一方面重掌了中国局，另一方面主张把报纸恢复。因那阶段，左派在美国无报章。

可幸的是，原《先锋》报所有的资源均并入《救国时报》。这包括《先锋》报留下的全套铅字及从巴黎带来的《救国时报》所用铜模与印刷机。人手实非问题，独如何经营费周章。同时，由于中国正陷于抗日的艰难期，不但通讯成了问题，经费亦短缺。据称，那时在美国的中国共产党党员是通过美共的第三国际组织管道才能与中共中央接触的。历来也一切要自行设法解决。所以，若然要恢复出日报，资金是大难题。

二　解决苛例，应运而生

时势造英雄。这话全不假。美东纽约"衣联会"（华侨洗衣馆联合会）成立就是一例。起因是纽约市政府对华人洗衣业推行营业登记苛例。当年，即 1933 年 3 月，市政府提案要向华人洗衣业者征收每年营业执照登记费每户 25 元。另外每户还要缴交 1000 元保证金。华人洗衣业者不服，求助中华公所未果，遂自发抗议，组会力争。首届负责人雷卓峰、报人朱夏及一西人律师出席听证发言。经西报报道后，获广泛支持。5 月市政府因而退一步，把登记费改为 10 元，并把保证金改为 100 元。经此胜利，仅两个月，会员由 200 多人增至 2000 多人。一年之后，会员增至 3200 多人。但衣联会崛起与成功却招致中华公所不满。它被认为是对其传统权威的挑战，继而对方以讹诈、恐吓、贿赂、教唆等手段去分化衣联会的成员，并煽动该会五常委中的朱华衮、李莘眉二人另起炉灶。于是，朱华衮、李莘眉二人于 1934 年 5 月改立"衣同会"（华侨洗衣馆同业会）于中华公所的旗下。这还未了，中华公所又对支持衣联会的舆论报章如"大同盟"机关报

《先锋》及自由人士朱夏主持的《商报》进行骚扰，甚至打压其广告户及卖报摊并抵制读者等行动。与此同时，又暗里促使市政府于1934年另颁新例，要求所有洗衣馆在申请新执照或延续旧执照时，必须呈验护照或其他证明其合法入境的证件。由于当年华人洗衣业者多没有这样的一纸合法档又或身份未定，无疑这又是一项针对他们生计的新打击。于是衣联会再进行抗议。因传统势力均不动声息，纽约华埠三大左派团体（反帝大同盟、《先锋》报及国际工人保障会苏兆征支部）纷纷表示支持。后者把这一斗争提到白人左派组成的"中国人民之友社"，并取得刚在开大会的美国共产党支持，曾决议让全体18万成员往纽约执照局发抗议信。6天后，市政府对护照规定，宣布取消。这次胜利却使衣联会被指为有"共产党"人员渗入提供了例证。会内不乏反共成员，他们于1936年3月曾欲召开清共大会，并阻止雷卓峰等常委参加。至此，衣联会内的进步者另立一小组"群社"，矢志誓保衣联会能继续挑战"传统"。衣联会执委会聘律师依照会章开除了分裂分子梁剑等12人；后者不服，上诉法院，缠讼九个月，终被判败诉。另一方面，中华公所对该会的支持者《商报》于亦展开一场诽谤官司，迫使《商报》于1937年易手易名，立场转右。

由此可见，衣联会自建会以来，一直是中华公所的劲敌，并小心处处提防，免被扣上左派组织之名。但在现实的斗争中，它又是最支持左派。其实，在那时期，该会的决策层仍限于通过"群社"小组去接触左派的组织。①

三　只言救国，未许抗日

抗日救国，华侨捐献，一直是20世纪三四十年代侨社内诸多活动的主题。但是，亦应指出，在"七七事变"前，侨胞高谈抗日，屡受右派禁止。那是因为，蒋介石领导的国民党一意孤行地坚持"攘外必先安内"。所以，自从衣联会建会以后，虽然曾经倡立"抗日救国会"，但加盟者唯左派"大同盟、《先锋》报、失业会"等团体而已。即使在1934年8月期间抗日名将蔡廷锴将军访纽约时，也只由衣联会主办的欢迎会邀他演讲，也受到右派恐吓，独左派的团体大力支

---

① 于仁秋：《救国自救》，三联书店（香港）有限公司2003年版，第88—90页。

持。洪门总理司徒美堂曾亲陪左右，声言有谁敢犯，他不惜以命护驾。可见事态之严重，并非等闲；此乃当年在侨社举行反日活动所面对的困扰。及后，因有洪门加入，于1936年才有其他侨团参加抗日救国会，后又为要争取更多团体加入，易名"纽约华侨抗日救国联合会"。但因有些会众遭到国民党的分化，亦有团体陆续退出。比如，有崇正会，曾因退会问题内部大打出手，就是一宗实例。

直到卢沟桥事变，日军大规模进军中国，侨社内才终于组成一个命名"纽约全体华侨抗日救国筹饷总会"的统一战线大同盟联会，发动捐献，支援抗日。这个"抗日"组织于1937年11月成立时，成员之中既有衣联会，也有中华公所的成员；既有中国共产党旅美支部，也有国民党纽约支部参加在内。与此同时，批评蒋介石不抗日的声音也因而停止了。即便如此，未及一月，国民党驻美大使王正廷仍要把它改名"救国会"，指令不提"抗日"，这又引起一场纷争。

翌年，国民党又提出要纽约华侨将所有捐款汇入中国银行的大使馆户头。对此，衣联会及其他进步团体不从，他们把款项直接汇给宋庆龄。也是在1938年，衣联会用其会员捐来的现金，购买了四辆救护车赠给中国，两部送给共产党八路军，两部送给国民党军队。总之，虽是全侨携手抗日，处理方法常起争执。

到1939年年底时，尤其在《先锋》及《救国时报》这两张左派的报章都关闭后，因为国民党在侨社有《民气日报》等为他们右派说官方的话，而进步人士一方，包括衣联会等，却深感无处发言，时觉十分无奈。

四 侨办侨报，纽约立案

到1939年年底，衣联会内有人表示，最好是能够有一家属于"华侨自己的报纸"可代表他们讲话。此外，许多侨胞会员都对家乡的状况非常挂念，也想确切知道中国国内抗日的战况和发展。说白了，他们实际上是希望这份报纸能够如实地，一方面"反映华侨舆论"，又同时能"客观报道祖国情况，特别是侨乡的实况"。那时，衣联会内有批热血青年"热心华侨公益、积极参加抗日救国活动的活跃分子。另外，在此值得一提的是，这时的华侨社会成员组成已与19世纪时大不相同。……20世纪中国反帝反封建的革命运动风起云涌，广东又是革命的发源地，广东侨乡的华侨子弟受到各种革命、进步思想的影响，……在《排华法案》取消前能够合法地进入美国的他们，表现出一种前辈华侨中少见的政治参与意识及理想主义热情，标志着华侨社会的进步。这便是《美洲华侨日报》诞生的历史背景及其能够存在发展的主要客观因素"①。当然，这也正与当年左派人士苦于寻求恢复其喉舌报的办法提供了另一个崭新的尝试方向与经营形式不谋而合。双方人士经过接触洽商，达成共同协作基础，由衣联会带头发起组成"筹办《美洲华侨日报》委员会"，公开招股，向纽约州政府申办注册手续，以商业公司形式来进行运作出版。其筹办章程中第二条是："本报站在不分党派之立场，以团结侨胞，维护侨胞切身利益，拥护政府抗战，传播国内外之正确消息为宗旨。"② 初步计划拟召集股本美金 1 万元，分一千股，每股美金 10 元。与此同时，遂决定借用《先锋》及《救国时报》留下的排版铅字及铜模等设备。至于工作人手，则由股东大会选出董事会去聘请负责执行各业务的职员。

五　华侨参与，选举产生

经过第一轮筹募，有 200 多人购股。根据记录，这批第一轮购股的股东绝大部分是衣联会会员，也有是来自费城、美京（华侨对"美国首都华盛顿特区"的简称）及波士顿的非会员。其中计有唐明照购入三十股，李旺、李城祖、余直民各二十股，陈均灿、谭光攀、罗福、伍如山、陈长、陈三才、陈康明、刘克勉、谭北、谭威、谭连霭、群社等各十股为最突出，其他为一、二股者居多。当他们于 1940 年 6 月 16 日举行的第一次全体股东大会时，先选出上述众人中九人组董事会，继推举了唐明照为该报首任社长，又由他推荐聘请冀贡泉担任总编辑。另推选伍如山任副社长、余直民为书记、谭光攀任财政。各人月薪 5 元。一律获得全体通过。第二次股东大会时，决定出版日期及赠报一天。③

---

① 于仁秋：《华侨日报与华侨》，《美洲华侨日报》1988 年 7 月 7 日。
② 《美洲华侨日报董事会历届会议纪录》，卷 1，（现存中国华侨历史博物馆藏品部）。（首届股东大会附件：筹备《美洲华侨日报》委员会"招股启事"）
③ 《美洲华侨日报董事会历届会议纪录》，卷 1—3。（现存中国华侨历史博物馆藏品部），1940—1958。

　　唐明照，原名唐锡朝，当时是美籍公民；他于 1910 年 12 月 10
日出生于祖籍广东省恩平县圣堂区安西乡圹龙村。20 世纪 20 年代初，
随父母移居美国旧金山。但，又于 1927 年，被父母送回中国南开中
学读书，继而于 1930—1933 年间就读于清华大学政治学系。1933 年
重返美国三藩市，进入加州大学伯克利分校历史系研读西方近代史。
之后转往纽约，并且在纽约华侨洗衣馆联合会担任英文秘书。据其后
有资料显示，非公开地，他早在中国时已加入中国共产党。所以，他
返回美国后，与徐永煐、冀朝鼎等来往，关系密切。又，冀贡泉是冀
朝鼎的父亲。冀贡泉爱好古文，一说他本来对马列及共产主义理论也
不算有太深了解。

　　又根据徐永煐的忆述，当时所以考虑要聘用冀贡泉，是基于他写
作的文体对广大华侨读者更为适合。徐说，那时舆论的掌舵人其实是
他本人。他就坐在冀贡泉对面的桌子旁，二人常商议，由冀老执笔。①

　　不过，冀贡泉只做了一年总编辑便自动辞职了。当时董事会曾郑
重地为他举行了一次欢送聚餐。由是，唐明照兼任总编辑。又据第二
届董事会议案记录，唐被推举连任，副社长则增至二人，一是刘克
勉，二是谭连霭。同时，举荐严清荣掌营业发行，刘克勉兼管排字印
刷。第三届改选结果则依旧。只是于那一年，唐明照被征入美政府情
报局担任传译员；社长职务曾由刘克勉暂代；编辑方面则由梅参天
代。到第四届（即 1943 年 7 月时）改选，梅参天出任正社长，副社
长是林棠、刘克勉。第五、第六届负责人同上。到第七届改选时，唐
明照已返回报社任第二副社长，第一副社长是林棠。想是自从第二次
世界大战结束后，唐退役，兼职报社。此格局继续维持至第八、第九
届。至第十届时，由于林棠返回中国，唐明照遂列名为第一副社长，
直至他也偕眷返回中国。②

　　由该报董事会议案纪录可澄清一些讹传与假说，一是，衣联会实
际上只曾以该会的名义购入了股票二十股，也就是说，衣联会不拥有

---

　　①　罗静宜：《华侨日报之前身》，《百年永煐》，第 380 页。
　　②　《美洲华侨日报董事会历届会议纪录》，卷 1—3。（现存中国华侨历史博物馆藏品
部），1940—1958。

《美洲华侨日报》；二是，报社主要职员由股东大会推举而聘任，一股一票，很民主；三是，主要负责人中，唐、林二人是中国共产党党员，但梅参天不是，绝大多数股东也全不是。换言之，它是华侨办的报纸，特别是唐、林二人离美返回中国以后。

六 幕前幕后，人才济济

事实上，围绕着《美洲华侨日报》的周边，当年属非雇员的编辑参与则比较复杂。如徐永煐，背景特殊。依照他的回忆，在 40 年代至回国前，他一直在负责办这张报纸。但翻查该报议案记录，他却没有公开的职务。他的名字只出现过一次，是有人代他签出席某次股东大会。所以，他应该是股东之一，仅此而已。他自己说，他在他的家里每个星期五有集会，他这秘密的"周五小组"，就是在美国的"工作执委"；他自己是中国局负责人。① 另一人是冀朝鼎，他当时表面上是受雇于"太平洋研究会"的研究员。该研究会是中外高级专家每周聚会共同研究中国及亚太地区的问题。冀朝鼎本人是经济学博士，毕业于芝加哥大学。他从聚会中所得到的国际最新消息，常被采用为《美洲华侨日报》的社论专题，既快捷又精确。他离美返回中国后，他的研究员位置由徐永煐补上。在美国（包括海外）办华文报纸，在过往的那个年代，重要的是消息的来源。总体上说，无论国际的动态，抑或是中国的政局，及美国的方方面面，主要消息来源是每日收到的英文电讯及美国本身出版的大大小小英文报刊。第一是英文的阅读，第二是英文的翻译。至于华人华语消息，因来自侨社，那才是不必靠英文的。

所以，有关编务工作的处理亦无形中分为两类。一类是国际与中国有关的范围，一类是侨社与中国有关的范围。从大方向讲，是以国际消息为主导；若联系到实际，则是要反映华侨的动态和好恶。

若从这个角度去看，编辑部的政论性方针由左派掌握，是可以理解的。因为包括梅参天在内的这批人是地道四邑华侨，英文能力到底是有限的。

---

① 徐鸣：《和徐永煐交往二三事》，《百年永煐》，第218—219页。徐庆来：《徐永煐传略》，《百年永煐》，第278—279页。

七 随后十年，敢赞敢斥

《美洲华侨日报》选在"七月七日"创刊，是不忘卢沟桥事件的发生。它从开始就呼吁在美洲的侨胞团结爱国、共襄国难。它反对日本对中华大地的野蛮侵略，它唤起侨胞对法西斯主义进行抵制。同时，又为祖国的保土抗战，为祖国的革命图强，带头在美洲的华侨社会介绍当时在中国的新生进步力量；之后抗日胜利，大陆解放，中华人民共和国成立了，又热情地支持新中国的社会政治改革，并正面地如实抢先报道历经万劫的祖国山河新建设、新面貌。这张报纸在当年能够兴办，是基于有300多名华人洗衣业者的踊跃投资入股支持，并且在当年纽约衣联会骨干的参与促成下，集腋成裘，携手与那时在美国生活工作的中共党员唐明照、徐永煐、冀朝鼎等人一起合作。由他们物色和聘请到几位本是各自在美东各地区谋生的华侨爱国者，及敢于支持采取共产主义救国的先行者，或主持业务，或参加笔政，比如，曾兼任后期社长及总编辑的梅参天，原本是在美京华盛顿特区侨社做餐饮业工作的。

这张报纸，自此被誉为广大侨胞的喉舌，并常发出振聋发聩的声音，敢冲击守旧僵化落后的传统，勇向侨胞灌输进步的新思想。

在舆论上，它既鼓吹爱国主义的风尚，也阐释华侨大众的权益，敢赞敢斥，义正词严，常与那个年代各式各样的社会不平等、霸道横行的黑暗势力及拒绝改革的旧思潮相对抗。它从开始发行出版就直接道出侨胞的宏愿，又常传播中国令人振奋的抗日消息。就如毛泽东曾写给它的创刊题词的那句话："为保卫祖国、拥护世界和平而奋斗！"

1949年10月1日中华人民共和国成立了，在这欢欣的中国开创新局面的历史时刻，毛泽东从中国再给《美洲华侨日报》的广大读者们写来另一篇题词："侨胞们团结起来，拥护祖国的革命，改善自己的地位！"这些题词的真本，于70年代复刊后，由董事会决议，将它捐回中国珍存。

概括地说，以上题词内容的主旨，也曾是该报长期一贯坚持的办报方针。它在侨社内倡吁团结，反法西斯、反日、反帝；并坚决地，热烈公开支持新中国，为侨胞争取平等福利。由1940年到1950年，北美华侨曾赖它获悉祖国的真实消息，它无愧是他们当年的精神食粮。

第31章 抗日连心

小 引

　　美洲华侨虽然身在海外，但中国发生的事情，时常牵动他们的心，并局部或全部投入。第二次世界大战前后的中日战争就是最突出的一场全侨参与的活动。仗是在中国大地上打的，华侨在世界各地搞支援。美国华侨固然也不例外。特别在美国参战后，无论是左是右阵营，彼此捐弃各自成见，均直接间接地参加。

一 日本挥军，进入东北

　　日本崛起东亚，睨视中国资源。1931年9月18日终于找借口出兵攻占中国沈阳，展开了夺取东北三省的侵略战争。这公然的侵犯行动无疑曾使中外哗然。但中国政府的毫无反抗却令举世麻木观望。当时的情况是，蒋介石刚应付了汪精卫在广东另立政府之变，又忙于指挥其精锐第三次发兵去围剿井冈山的共产党。一说指其分身乏术，另说不愿多辟战场。所以，原是控制着东北军的张少帅，也只奉令退兵入山海关待命。关外人民抗日，都是出于自发。无奈力量有限。三个月后东北尽失。当时中日仍未正式交战。

　　然后，日本按照建造东亚共荣圈的步骤，采取以华制华，故此，日本找出溥仪，先替他在东北成立了伪满洲国，叫他代日本国管治东北。

　　中国长城以内，仍是内战连年。国民党的军队于1934年10月把共产党迫离了井冈山。但，经过长达两年的追追逐逐，只能把他们赶到了陕北延安。在这之前，国民党的内部派系曾有一段争权鏖战。祸及半个中国，史称"中原大战"。那是，宁汉两个政府合并之后，蒋介石另外发兵挫败李宗仁、阎锡山、冯玉祥等势力，因而使华北至平津的一带，有几年出现武力真空。张少帅乘势领东北军入长城，尽占那三派曾管辖的地盘，自此不言北返。与此同时，日军则借东北军的内移空虚，把兵力推到长城的外围。直压北平，伺机而动。于是，蒋介石以"攘外必先安内"为由，一面派何应钦与日本划界签和约，一面派张学良领东北兵剿共产党。这就是在日军发动攻占长城以南的侵华行动之前的中国局势。

二　西安兵谏，中止内斗

　　然而，全中国的舆论，都主张要抗日。各界集会游行，鼓吹联合对外。收复东北，更是话题。使张学良不得不作奇想。东北军那时只对在陕北延安的共产党围而不攻，蒋介石欲速战速决，竟飞临至前线督阵。张学良与杨虎城于 1936 年 12 月 12 日在西安把蒋介石软禁了，公开进行兵谏，要蒋发兵抗日。这就是震惊中外的西安事变事件。蒋终同意与中国共产党言和，毛泽东表示，让红军加盟抗日。于是，双方遂停止内斗，并共商如何协作。

　　日本对中国的最新政局改变，也作出加快侵华计划的部署，随即于 1937 年 7 月 7 日，向北平外围卢沟桥进攻。这场战幕一旦拉开，中日战火再没停止。日军夺取北平之后，沿线南下围攻上海。中日双方激战三月，上海于 11 月 9 日失陷。同年 12 月 13 日，日军占领南京，屠城竟然长达一月，根据各方资料，日军曾在此期间残杀中国人 34 万众。中国政府搬往四川重庆，继续指挥各路战场的战斗；中国共产党的红军编为八路军，在华北地区进行打游击。这场中日战争前后打了八年。

　　在中国的中国人，都以各式各样的方式参加战争；在海外的华侨华人，都同仇敌忾发起了支援抗日。美洲大陆，全面响应。

　　各埠的唐人街，大小侨团组织，万众一心，情绪激昂。尤其是在西安事变后国共再宣布合作，东西两岸侨社也顺理成章地携手协作，搞演讲宣传，搞游行劝捐，不问党派，无分左右。大家同为反抗日本军队侵略，为中华民族的存亡而出钱兼出力。

三　华侨爱国，基本信条

华侨爱国是因为认为，如果有强大的祖国，作为她的子民在外，就不会受外人欺凌。他们在美洲受到了排斥，是由于中国太弱，外交乏力，无从保护华侨。故此，为了他们自身的前途利益，支援祖国改革，支援祖国变强，是既助己又助祖国的最应做的事。总之，在这样简单而又易接受的大前提之下，派系之间的分歧可以搁置，其他的恩怨问题可以压后，国难当前，同仇敌忾。

这是那段华侨社会的特殊，也曾是华侨的单纯与可爱。

譬如，华侨支助孙中山在中国革命建立共和政体，继而，袁世凯把革命成果独吞想恢复行中华帝制，于是，孙中山搞讨袁运动，海外华侨纷纷响应。最大的原因是，华侨认为，袁世凯不应把山东半岛送给日本，外交上太过窝囊，使华侨太过失望。又反袁者将接受中日"二十一条条约"的责任全归咎于袁世凯。同样道理，当日本在 1932 年 1 月 28 日企图从日本租界发兵占领上海时，蒋介石不主动派兵增援，华侨却捐款给上海守军。这场淞沪抗战，蔡廷锴的十九路军 4.5 万人血战 34 天，然后终于盼得有张治中率领第五军抵达上海增援助战。中日最后议和了事。当这位曾经一度坚持守卫上海的将军蔡廷锴，于 1934 年被安排到美国访问时，他受到在美华侨史无前例的英雄式的欢迎接待。虽然蔡廷锴一度在被蒋介石派去福建围剿井冈山红军时，曾宣布另立福建人民政府反蒋，于失败后逃亡香港暂避追缉。他的抗日行动，深获华侨钦崇。这同时说明了，华侨是从因祖国的存亡而集结在一起，共同支持抗日。

四　亲蒋反蒋，源于清共

那时候的侨社政治，左右阵营界线分明。右，是国民党在美洲各地的党分部及支部，并取得中华会馆及所属宗族社团支持。其实当时负责主持国民党在美洲各分部支部的头面人物亦就是社团的主要人物。官民关系是二而一，因此，其统属本来一致，官与侨代表雷同。发号施令来自中国驻美的使馆及领事馆。他们的立场说到底是以中国蒋介石南京政府的对日态度为依归。在西安事变前，是保持不对抗；同时，对鼓吹抗日的言行贬压。甚至把任何有关的个人与团体指斥为"亲共"及反蒋的阴谋。另一方面，左，是政治上与国民党有异的各类型团体，各有渊源，品流复杂。成员背景也是各自不同，目标因旨趣利益而多向。

在最早期的美国华人社会内的爱国团体是"保皇会"及"同盟会"，1927 年国民党蒋介石领军北伐及进行统一中国鏖战发生后，日本于 1928 年 5 月 3 日进军山东济南，曾在纽约引发首次美国华侨抗日示威行动。

国民党借此组成了"抗日协会"，曾一度成为新的爱国团体，取代旧的；并短期内，一枝独秀，无以争锋。

不过，那日子并不长，当汪精卫清共，海外亦起变化。部分武汉的国民党左翼，自南昌起义转往井冈山；在美国的这类左翼青年，退出国民党，随加入美共。他们成为新的对抗力量。

据麦礼谦报道，这些青年主要是留学生，他们退出国民党，改而加入美国共产党，然后，又在美国时加入中国共产党。他们虽然人数不多，在美共内设中国局。有施滉、冀朝鼎及徐永煐等。就针对当时的情况，组成了一个"美洲华侨反帝大联盟"反蒋。以他们的看法，是蒋介石背叛了孙中山"联俄容共"的革命政纲，因此，要贯彻中国革命的目的，既反对日本侵略，也反对蒋介石不抗日。

五　抗日救国，是谁牵头

"美洲华侨反帝大联盟"总部设旧金山，不久之后迁至费城，后来再移往纽约去。又他们创办了《先锋》作为机关喉舌。它先是油印手抄版，非定期刊，后改月刊。搬到费城之后，改为周刊。

最初，由于这些留美知识分子，对华侨大众无接触，缺乏真正认识，所以，在宣传时，理论口号多多，联系实际则少。故此，在动员及联系群众上，往往缺乏相应的效果，在侨社的发展十分局限，只能接触到美国的知识界，在"太平洋国际学会"互相交换意见。后来他们作出反省，写下这段自我批评："（大）同盟的干部，由于压倒一切地关心抽象的观念和理论，忽视了群众所面临的一些具体问题……事实上，如果我们忽视了他们的问题，如果我们连群众的需要也不能理解，我们怎能期望群众归向我们呢？"于是，进入 20 世纪 30 年代，一些左翼人士，针对以上缺点，组成了"失业会"，协助当时陷于失业的徬徨无告者；他们曾向中华公所救助，但受到推挡，叫找同乡会。又有一些人士，组成了"衣联会"，协助当时很大群的洗衣业者。又因洗衣业者登记执照问题，与中华公所原有垄断冲突。因而这两个会均被视为左翼。前者，在 30 年代大萧条时有众多成员；后者，在纽约华人中集结三千会员。确实是不可忽视的新兴群众力量。也可以说，在侨社是首次，因行业而结社，因处境而结社。接着，还出现一个土生"妇女会"。这三个会，加上原有的"大同盟"，合组了一个"抗日"联会。

这个在纽约发起的组织名叫"全体华侨抗日救国会"，简称"救国会"。它于 1935 年成立，类似左翼的"统一战线"。因为他们主张"抗日"，也无疑在"反蒋"，与国民党"对立"。

然而，那期间的侨社右翼，以中华公所为主导带领其属下的宗亲团体，仍依循蒋介石的对日取向和政策办事，认为，如蒋所言，要对日本保持忍让，务先统一中国内部；即是，继续剿共，然后抗日。所以，他们实是追随国民党宣传的背后，一方面为对日容忍说项，另一方面不参加抗日联盟，指为左翼反蒋阴谋。在有理说不清的时候，免不了也还加些恐吓。侨社，左右明显不和。

六　左右不和，如此改变

1934 年蔡廷锴将军到美国访问。是通过宋庆龄的"援华会"筹划并由美国侨界左翼"大同盟"接待的。他被安排到各埠去演讲，鼓吹抗日。这使国民党很紧张，并到处去设法阻止。因为，直至那时，"抗日"就是"反蒋"，的确是听起来十分讽刺。由此可见，使侨社左翼右翼联手，实非是一蹴而就的事。那无疑要归功于一个人，就是安良总理司徒美堂。当蔡廷锴来美国访问时，曾公开坦言，若是有谁敢动蔡氏一根汗毛，誓要将那些冒犯者变为肉浆。蔡离开后，他又再放话，号召致公堂成员齐抗日。自那以后，由致公堂至宗亲会所属会员，纷纷以个人的名义，参加了当时救国会。这越过了各自的社团，使中华公所陷于孤立。

但是，美洲是美洲，中国是中国。1936 年的"西安事变"才真正改变中国的抗日面貌。也改变了美国侨社右翼的态度。

在软禁和军谏之后，蒋介石终同意不再续"剿"延安的共产党分子，并即日宣称，一齐联手抗日。于是，自那以后，中国全部军民由他领导，这包括毛泽东统率的红军也在内，全国开始动员。

同样，在美国的侨社情况也是类同。各埠国民党分部支部也同意与其他的侨社团体共同发起抗日运动。但是，他们认为，也必须掌控领导权。所以，为了确有把握，国民党与中华公所不是加入已有的任何的抗日组织，而是另立一个新的"总会"，并取名"纽约全体华侨抗日救国筹饷总会"，用委员制，它于同一年 11 月 7 日成立。由他们去带领及主持一切有关的筹款募捐活动。

总之，1937 年的"七七事变"，在亚洲是八年中日战争的引火线，在美洲是华侨左右团体合作开始。据报道称，纽约在七月七日晚上召开了所有侨团的特别会议，决定成立救济总会。又因权力问题，名号一改再改。但，基本上依然是会中有会，大事联合，小不统属。此外，在美西和美中，各埠情形大同小异。

七　史家总结，成果缤纷

据麦礼谦统计，在抗战期间，美国华人前后一共成立了 95 个抗日救亡组织。其中是以旧金山、纽约及芝加哥的这类"救亡会"为最大。除此之外其他地方，几乎凡有 50 个华人以上的社区都成立有这类组织。

又据麦氏所载，在八年抗战期间，在美国的华侨华人共捐款约 2500 万美元，其中以旧金山旅美华侨统一义捐救国总会募得的 500 万美元为最高，纽约的救国会居第二位，筹得 329 多万美元，芝加哥则筹得 240 多万美元，每个华侨平均捐出 300 元。又说，华人社团经常合作募捐筹账，最著名的是全国性的"一碗饭"运动。这运动是首先由纽约的筹账中国难民总会在 1938 年发起，后来，在 1940 年、1941 年在全美国各地又举行第二及第三次。在旧金山曾分别筹得 5 万、8 万及 10 多万美元。此外，在那八年抗战期间，在各地举行的各类捐赠及慰劳的名目繁多。有些只是一次两次，如购买前方将士用的雨衣及为他们募捐蚊帐及棉衣等。另有筹购救护车及飞机等项重额捐献。

还有每年一度的"春节献金""七七献金""双十献金"等。最常见是，在当时各地华人团体及店铺，均设有这类救济箱，方便顾客把零钱捐出，总之，集腋成裘，多少益善。加上，常有华侨华人团体举办种种活动，间接吸引侨胞参加，并将所得捐献抗日，例如，公演话剧或者粤剧、举行舞会及游艺会、时装表演及义卖等，名目包括

"中国之夜"及"中秋节"等活动。不能不提及的是，中国领事馆还通过当地众多侨团向华侨们推销中国公债。

据称，檀香山华人就捐出或认购 70 万美元。这段华侨抗日运动，邝治中撰《纽约唐人街》有极为中肯的分析和叙述。

另有麦礼谦撰《从华侨到华人》亦资料丰富。

侨社是中国现代政争缩影，以抗日运动的酝酿和发展，左右态度不同，两派壁垒分明，在在一如中国，于此可见一斑。

第32章 谁主浮沉

小 引

第二次世界大战前后，中国的境内政局是强者相互争雄。虽然国民党已经掌控着国民政府，但蒋介石的政敌，既内又外，连年血战。当年，美国侨社并未完全明显右倾。左右两派对峙，虽然非势均力敌，但常有反蒋活动。其中，最突出是冯玉祥在美国以国民党特使的身份一再公开与蒋介石大唱反调，甚至联合民众与其对抗。

一 蒋氏崛起，侨社倾右

蒋介石的崛起，也非一帆风顺。美国华侨华人原先一直支持孙文革命；但，孙文之下，生前有几个追随者。在孙文逝世后，除了蒋介石之外，还有汪精卫、胡汉民等人，在国民党内都算是举足轻重人物。即使在北伐中途，通过清共抓杀行动，把共产党势力逐离了权力中心；但汪、胡二人，各自有追随者，并曾与蒋介石分分合合。

蒋介石的优胜之处，在于他掌握了军权。其实，黄埔军校是由苏共协助才办成的；蒋介石也是因被孙文派往苏联去考察回来后才被委任当上了军校校长。北伐时期，由黄埔学生组成的那支军队，却从此成了蒋介石的嫡系。所以，蒋介石的崛起也多少曾是拜苏共之赐。

汪精卫一度被视为是国民党左派；其实，他不过是利用左派那股势力来与蒋进行讨价还价的本钱而已。然后，一旦与蒋协议，便反过来清算他旗下的左派分子，也在武汉大杀共产党员，同时驱逐苏共代表。唯是，凭分赃而得到掌权，结果不久，汪、胡均被钳制。与此同时，以武争权，山河浴血，史学家们所谓"中原大战"，不外也是国民党内几大军阀的连续交锋，最后，阎锡山、冯玉祥、李宗仁、白崇禧先后败阵，屈膝称臣。张学良表面上把东北全面易帜投蒋，但当他被派往西北去围打共军时，上演兵谏，把蒋捉住；若非以抗日为重，蒋介石未必脱困。

直至那时，美国华侨社会对中国的政治已分成左右。左派在美国的出现是因汪精卫转而向右，而导致在美留学生的分裂而出现的。

抗日战争曾一度把左右力量在短期内联合起来，共同对日，支援抗战。继而由于美国的珍珠港被日本的突然偷袭，才促使美国对抗轴心国德、意、日，接着即派遣军队在亚洲全面对抗日本，并把蒋介石提升为同盟国四大巨头之一。这才使蒋介石在华侨中有了好形象。

在美国的国民党亦顺势推动和巩固他们在侨社的宣传。尤其是在汪精卫投靠日本后在南京成立沦陷区伪政府之后，华侨对国民党与蒋介石领导下的中国才有了一致抗日的认同。侨社整体上才左右派联合的。

二　青年团体，东西两岸

在20世纪四五十年代，美国东西两岸的进步青年团体有"华青"及"民青"组织最为突出。此外，土生方面，西岸有同源会，男女会员都有；另，东岸有妇女会。他们彼此通过联谊，支持抗日运动。

纽约的"华青"全名是"纽约华侨青年团"，它先前叫"纽约华侨青年救国团"于1938年3月成立；团员经常积极参加抗日救亡运动，又举办多类的康乐文化活动，如体育、歌咏、时事演说、英语班等，其中由该团组成的"华侨抗战歌咏团"最为人所识。他们之中，有大部分成员同时又都是"衣联会"的会员。故彼此等于是当地左派兄弟会。"纽约华侨青年救国团"在第二次世界大战结束后于1946年改名为"纽约华侨青年团"，继续以各类活动来宣传热爱祖国的进步文化，并且常与其他侨社的青年团体联系合搞各种文娱活动。

至于旧金山的"民青"，全名曾是"加省华侨青年救国团"，所以亦曾一度简称"救青"。它前身最初是1940年时组成的"新文字研究会"，那本是由当地林坚夫等人所成立，先是支持回应中国的瞿秋白、吴玉章于1928年发起对中国文字发布的改革，随因参加抗日救亡，遂改名"华侨青年救国团"及扩大其活动的范畴。继而，在中国抗日期间，在美西旧金山那个区域，它与左派"加省华工合作会"的成员同时是当地进步力量中推动抗日救亡活动的得力核心。也同样在1946年，旧金山"加省华侨青年救国团"于胜利后，改名"华侨民主青年团"，简称"民青"，其在侨社内的种种进步文娱活动，依然继续。

三 董老出马，代表中共

在1945年第二次世界大战结束以后不久，中共高层人物董必武到美国访问。他是作为代表中国解放区的中共代表，出席参加在美国旧金山举行的联合国筹备大会的中国派遣成员之一。团长是宋子文、副团长是顾维钧，有团员王宠惠及胡适等人。那年6月25日，大会一致通过《联合国宪章》，26日举行签署仪式时董必武也同时签了字。一般史学家认为，这也是中共高层人物在国际会议中首次公然地出现。

会议之后他还去了纽约，并在那里停留了好几个月。直至11月才返回中国。他当时带去的两位助手是章汉夫和陈家康。他们同住一套公寓，接触华侨了解情况。纽约的左派团体如衣联会等曾为董必武的到来举办了一个大型又热烈的欢迎会。董必武与众人合影并写下了几份题词。根据所留记录，以上那些活动是在8月一个周日的晚上举行。

另一方面董必武经常与徐永煐、唐明照等人有非公开性的会面。据现时中外可以读到的资料，董必武在纽约时，既指导他们执行工作的方法，也帮忙解决中国局一些难题。譬如，根据徐鸣回忆，"星期五小组"是当时董必武叫徐永煐安排和组织的，并且指令他们主持中共在美国的方方面面活动。组长是徐永煐，他也是在美国的中国局任书记，组员还有唐明照、林棠、何植芬及徐鸣等五人。这小组处理的事情包括为《美洲华侨日报》负担着新闻的筛选和社论的撰述。当徐永煐于1946年回国后，组长及书记之职位由唐明照接替。他们当时的身份对外是保密的。①

---

① 徐鸣：《和徐永煐交往二三事》，《百年永煐》，第220页。

另外，据说董必武还带去了一批毛泽东选集文章，要徐永煐、唐明照二人找时间将它翻译成为英文。所以，除了徐、唐二人之外，当年在纽约及美东留学的博士生，如甫寿昌等人，都一面参与为《美洲华侨日报》撰写社论，又同时分担着这项翻译工作。后来《毛泽东选集》英文版在新中国成立后出版时，他们这些人都被列为编委成员。

四 冯氏访美，民联反蒋

另一个中国政坛的人物，抵达美国侨社搞反蒋活动，是曾与蒋介石又合又分的冯玉祥。他在孙中山的年代已跻身北洋政府的领导阶层，当年是他致电孙文北上和谈的，可惜这件事未开谈孙即病逝。其后，冯在国民党不同派系中曾充当过调停人，也在抗日期间支持过蒋介石。不过，战争胜利之后，他经常批评蒋独裁，并主张与中共同组联合政府。据说，是蒋要摆脱他在中国政坛的影响，刻意改派他率团来美国考察水利。他是于 1946 年 9 月初，携带家眷及私人秘书等抵达美国旧金山的。安顿之后，从 1947 年 1 月 13 日起到 3 月底，他公事公办地先后到美国东部和南部八个州，参观考察水利工程和水利机构，来回共 78 天，行程 3 万多里，并谈了感受。当他再回到旧金山时，国共双方内战已经爆发了，炮火隆隆。他于是在美国开始发表一连串的演讲，重申他的呼吁停战及组联合政府的主张。然后，至是年 5 月时，因国内传来了学生的"反饥饿、反内战、反迫害"的"五·二六"大游行被镇压，他发表了《告全国同胞书》，指责蒋的独裁，并反对美国支援蒋。到 1947 年 9 月，他向南京行政院要求继续在美国进行考察，获复缓许半年，经费也减了半。10 月他接受美东进步人士的邀请抵达纽约。1947 年 11 月 9 日，"旅美中国和平民主联盟"（简称"民联"）在纽约成立，冯玉祥被公推为主席。联盟的"中心任务"是"争取美国人民对中国和平民主力量之更进一步的认识与同情"，"争取美国政府对中国内战独裁力量之停止支持"；"它的唯一目的是谋求终止兄弟互相残杀以及建立中国民主"。联盟的会员迅速增至 200 多人，并先后在旧金山、华盛顿、明尼苏达等地成立分会。

接着，冯玉祥在美国进一步地发表反蒋言论。他有一次曾以十分讽刺的口吻说："蒋介石在中国屠杀了成千上万的教授、学生、青年和老百姓，因此，他是'屠宰公司的总经理'。中国哪里会有那么多的共产党，还不是一个人一手造成的？军队待遇不平等，当然一师一旅地带着军火去投靠共产党，人民生活无着，自然会拥护共产党，去加入共产党来推翻这专制无能的政府。所以，我说蒋介石是一个'制造共产党工厂的总老板'。因为，你们美国人送给蒋介石的坦克、大炮、枪支、弹药，他都转送给共产党了，所以我说，蒋介石是输送军火到共产党去的'运输大队长'。而且他还是一个'无底洞的洞主'，无论你们美国给他多少支援，总是永远填不满的。"①

至此，他被南京政府取消"考察大使"特衔，被开除国民党党籍，并要求美国把他驱逐出境。因此，他一度变成一个在美国非法居留的人。

1948 年 7 月 31 日他携家眷乘搭"胜利号"轮船拟绕道苏联返回中国解放区，他表示"这次回国是为了参加新的政治协商会议，筹备召开全国人民代表大会，组织真正民主的联合政府"。但该轮船在途经黑海时失火，冯玉祥与他的一个女儿连同船上 200 多人罹难身亡。

五　右派报章，垄断舆论

右派财雄势大，在国民党的扶植支持下，其报章主控着侨社的舆论，并自视为"正统"。故此，长期以来，右派报章在侨社内可谓"一枝独秀"，尤其在中国国共两党于抗日胜利后内战再起期间，他们意图垄断舆论的倾向和手段更加明显。对其他与他们相对抗的报章刊物一律视为异己，并经常以恐吓对方的广告户及街上代售的报摊户，务使其收入和读者降至无法继续而关门停刊才告罢休。

唯是，亦是在那阶段，两者斗争尤烈。但，在人数众多的侨社，国民党的喉舌报纸有《中华新报》在檀香山，《少年中国晨报》及《国民日报》在旧金山，《三民晨报》在芝加哥，《民气日报》及《美洲日报》在纽约。② 此外，右派又于 1944 年把纽约的《纽约商报》购下，收在国民党宣传机关的旗下；与此同时，在旧金山的《中西日

---

① 冯玉祥：《告全国同胞书》，《世界日报》（美国），1947 年 5 月。[美] 麦礼谦：《从华侨到华人》，三联书店（香港）有限公司 1992 年版，第 341—342 页。邝治中：《纽约唐人街》，上海译文出版社 1982 年版，第 159 页。

② [美] 麦礼谦：《从华侨到华人》，三联书店（香港）有限公司 1992 年版，第 340 页。

报》与《金山时报》均得到国民党津贴。长期为其美言，自是不在话下。总之，在那阶段，右派人士在侨社内广占各地舆论讲坛。

本来，美国侨社过往另有第三党的舆论。譬如，洪门办有《纽约公报》是在美东出版，1947 年一度改为《五洲公报》，至 1948 年因经济不足而停刊；另外保皇的宪政党，在美洲延续下来的报章在檀香山仍有《新中国报》，在旧金山尚有《世界日报》。尤其后者，在冯玉祥来美国考察时发表反蒋演说，均予一一刊登；该报从 1949 年开始，曾另外增加了英文版幅，从而抵消被右派的打压，它直至 1965 年才停刊。

六　冲刺年月，进步戏院

在新中国成立前后的年月里，左右派在侨社有大幅度的变动。一方面是右派及国民党在败失大陆后，要巩固他们在侨社的最后地盘和强行对侨胞的控制；另一方面是左派及自由人士，要借着中国政局的转化，希望同时在侨社内开创另一片新氛围，并希望从此出现另一种新气象。

美西这阶段的变化最引人注目是《中西日报》的主持易手和在言论上转舵。它原本是依附右派的报章，虽一直有国民党的津贴，但因经营不善最终决定要拍卖。在出价还价争持中，竟然被"民联"的人抢到了标，遂使右派《少年中国晨报》及《国民日报》的投标落空了。既易手，也易人，该报再出版时自此言论由右变左，对右派是一大打击。因为"民联"是支持冯玉祥在美国推行反蒋活动时组成的。这报章的新班子是，谢侨远任总经理、黄文山任总编辑。它是一张日报，算是由一批自由人士办的。但是，它只维持了一年，因销路欠佳而关闭。

其实，在它之前，蔡荇洲等人出版了一份周刊，取名《金门时报》。并摆明是左派报刊。它自己并没印刷厂，是交给《太平洋周报》代为承印。而后者本身亦是由自由人士胡景南所主办的一张报章。与此同时，蔡荇洲的兄弟蔡沧溟在旧金山于 50 年代初兴建了"世界戏院"，它的特色是放映中国上海及香港进步人士所拍摄的电影，譬如"一江春风向东流"等，以揭露国民党统治下的社会黑暗腐败为主题。此外，配合文化宣传，还有人搞书店。此人是梁小麦，他创办了绿源书店，除了出售宣扬进步思想的书刊，并曾经发展了供应美国各地的邮购网。

七 乌云压顶，众皆哑寂

太平洋战争完了不久，在美国随即有杜鲁门主义面世。他认为美国自此再不能独善其身，于是它开始在亚洲宣布接管所有从日本手中收回的岛屿，并暗下相信，今后美国和苏联不可能继续是盟友了。这也是所谓资本主义与共产主义两大阵营展开"冷战"的开始。接下来，他对外还向"抵抗共产主义侵略"和"非共产主义国家"提供种种的援助，对内则要求所有联邦政府人员必须向政府宣誓忠诚。那时候还不过是在1947年3月间的接替执政期。1948年他以极小数赢票再当选总统（之前他是接任罗斯福职位的）；这回，他才是选上。冷战再度深化。

朝鲜战争爆发。1950年2月参议员麦卡锡公开说，他手上掌握有205名正任职国务院的美共党员名单，这随而引发了所有雇员被监察检查。国会许多议员因涉嫌是共产党成员被调查，虽然事实上对此一无发现，却导致这些人复选时落败。反共气氛恶劣。1950年9月23日国会通过《麦卡锡国内安全法》，要求所有共产党员向司法部登记；凡名义上属共产主义阵线的机关亦必须登记，其财务与成员名单要上报。1951年6月4日，联邦最高法院确认《史密斯法》合宪。该法例称，"鼓吹或阴谋鼓吹以暴力推翻美国政府为非法"。所以，据此，全部美国共产党政治局成员均于1948年被指"阴谋鼓吹煽动行为而受起诉"，但始终没有被定罪。

这一连串的反共变化和明令检查的法例，虽未直接控告任何华人，却给予侨社右派有利的反击借口，他们肆意大放不实之词，对左派人士进行诸般恐吓。这是国民党自败退大陆后，在美国侨社内，重新巩固其阵地的关键转机，右派一方面拉拢对他们已失信心的人再集归其旗下，另一方面又迫使曾与他们敌对的左派团体自动解散。有人离美返华，有人变得沉默。总之，这对在美华侨华人左派而言，犹似乌云压顶，众皆哑寂的开端。

第 33 章　大胜大退

小　引

第二次世界大战之后，在美国，华人最大的胜利是，迎来《排华法案》的取消；虽然新移民配额不多，每年仅 105 名，但总算是对华人移民放行的开端。在中国，国共则是恢复争雄，中共节节打败了国民党军队。1949 年，中华人民共和国宣告成立了，并号召海外专才回去参加建设。有不少人就此放下了曾在他们所在侨社努力经营的一切，告别了美国，返回中国去。

一　排华销案，这样发生

第二次世界大战时，中美成为盟友。与此同时，在美国的华人壮丁，也纷纷入伍当上了美国兵。他们多被派到欧洲战场上服役。据美国官方的资料，在 1940 年 9 月至 1946 年 10 月这段时间，有 18058 名华人入伍，参加美国陆军或海军。他们为美国的安危做出了贡献。

于是，在战争还没有结束之前，已先后有几批人、九次提案一再推动要求国会取消《排华法案》，但都未能获得美国国会议员广泛支持。到 1943 年 5 月 23 日，有 11 名美国知名人士在纽约市成立了一个"撤销排华的美国公民委员会"，推动三项提案：一、撤销排华移民法案；二、给予华人移民分摊名额；三、准许华人申请入籍成为美国公民。这次，在短时间内，这个委员会在全美国有 40 个州的人响应附和了，有 200 多人加入该会成为会员，但依然不成气候。不过，到了是年 10 月 2 日，罗斯福总统在他的国情咨文中也提出呼吁要求国会通过撤销《排华法案》提案，以"纠正对友邦（中国）的不公平的待遇"。这段话是有影响的。在同月 21 日，众议院终于以多票通过了议员马格纳森（Magnuson）对此番说话所作的提案。然后，同年 11 月 26 日，参议院也同样通过了提案。12 月 17 日，罗斯福总统签署提案，这条曾实施了 61 年的《排华法案》便就此被撤销。

在华人移民名额的分摊上，容许每年有 105 名华人新移民来美，这无疑只是相当于"形式上"的一种放宽。但，却是逆转的新起点。

另外，在第二次世界大战胜利之后，美国国会再对曾参军的华裔退役军人作出奖励式的移民新政策让步，容许他们回中国去娶亲并且容许把新娘一起带来美国。这一法案，叫作《战后新娘法案》，于是，随后有为数逾 4000 名这类华人新娘获准进入美国。至此，那条曾经出于歧视华人、禁制华工入境的纯粹只是针对华人的旧移民法案终成了历史。这也算是华人的一个胜利。同时"战时新娘"的移民法，亦是再度放宽华人来美的开始。

二 金圆化水，大陆转红

在改朝换代的输赢背后，难免有军事武力的较量。中共发动三大战役分了胜负，是国共内战历史的最终结局。然而，对美洲华侨华人来说，中国国内曾由国民政府颁令发行的金圆券成了废纸，家中多年积蓄全部成空。那是因国民党企图挽救其金融弊端，在丧失大陆前强令国人把所有私存的币值包括黄金、白银及外币等全换成金圆券，否则如查出违令者，除了充公没收，还要受罚坐牢。一般的老百姓，谁人敢违抗，遂都将家中积蓄换了。华侨在外胼手胝足、挨更抵夜换来的血汗钱，本以为先寄回家去收存，待他日告老还乡时享用，希望能做一个名副其实的金山伯。万没想到，如意算盘被国民党就此打破。另一个无奈是，华侨汇款回家，都必须要兑换，待送到家人手里，已经是一年半载的事了，又随市价贬值了不知多少倍。这均使华侨很失望。

金圆券是于 1948 年 8 月以改革币制为由，发行全国，它取代原有的全中国惯用的法币，本定为今后唯一合法币值；并且颁令，在全国范围内，任何个人及工商业团体均必须在规定日期内把法币、黄金与外币全部兑换为金圆券。按原定的计划，以国库为基础，只发行 20 亿。且把物价锁在原有水平。岂料，只过了 4 个月，发行量竟超达 80

亿，政府同时宣布取消所定市值。随即其基本购买力往下跌，物价接着开始向上狂涨。至 1949 年 6 月时，金圆券发行量达 130 万亿。市面上出现了 100 万元的大钞。继而又出现了拒收的情况，金圆券就此尽成废纸。

三 侨界集会，贺新政府

1949 年 10 月 1 日，中华人民共和国成立了！由毛泽东领导的新政府在北京天安门城楼庄严宣布："中国人民从此站起来了！"这亦同时标志着在国共之争中，蒋介石已明显地被打败了。

消息传遍海外，也传到了北美洲。在美国东西两岸的进步人士及历来支持中国共产党在中国进行革命斗争的华侨华人，欣喜之余，选在 10 月 9 日分别在纽约和旧金山华埠举行集会庆祝。

由于美国东西两岸有 3 个小时的差迟，所以，纽约举行庆祝在先，旧金山则因时差而稍后。当纽约华侨洗衣馆联合会（即"衣联会"）及其属下的"华侨青年团"，加上《美洲华侨日报》，均相约地在唐人街他们的大楼外同时悬挂出三面"五星红旗"及一条随风飞扬的红布金字巨幅，上书"庆祝中华人民共和国成立"的瞬间，也就是左派自认为是大胜的时刻。

只是，在同一天的晚上，在旧金山由"加省华工合作会"带头主办，在同源会大礼堂举行的庆祝中国新政府诞生的庆祝会，却遭到当地右派暴徒集体前来捣乱，并且当场殴打了一些出席该庆祝会的人士。然而，10 月 10 日晚上，筹办在纽约万国大厦大堂内举行的庆祝中华人民共和国成立的大型晚会，包括有 18 个中外团体及留学生参加，则是气氛热烈，圆满尽兴结束。那是因为在纽约的筹办者预早通知了市政府执法当局，并曾获加派大批警员在场维持秩序，阻止有人生事。

四 暗杀名单，右派唬人

在旧金山，右派国民党还使出另一招属于传统社会黑道惯用的"意含暗杀"的大恐吓。他们把全美左派主要人物列入一"黑名单"内，在他们庆祝"双十"的游行中，当场大发"黑帖"，内列有 14 人，声称帖中均是那些左派头头，并污蔑为"出卖祖国的汉奸共产党匪徒"，扬言"必须肃清"。

当时被列入该"黑名单"的 14 人，姓名如下："谢侨远、梁发叶、李柏宏、蔡荇洲（即蔡福就）、陈铁民、王珏、李一中、余仁山、唐明照（美东纽约）、李仲棠、王福时、林坚夫、李春晖、马赐汝、朱汝聪。"在这"黑贴"名单的下款是署名"大中华民国护国团（印）"。"黑名单"中的人，据麦礼谦称，可分为四类：一、主要是为筹备《侨众日报》招股的"民联"（拥冯玉祥）成员；二、是《金门侨报》的负责人；三、是"华工合作会"和民主青年团（简称"民青"）的领导人物；四、余仁山是美东反对蒋介石政府的《纽约新报》负责人；唐明照是纽约《美洲华侨日报》的负责人。① 当然，以上名单一出，侨社自是哗然。谁在那敌对的一方，也都人人心知肚明。于是，恐怖气氛顿时笼罩东西华埠。保守势力素来有相当的杀伤能力。没有人要等闲视之。在旧金山，就有"英端"及"萃胜"等这样具实力团体出来，以保护他们的会员为由，公布于众，针对发言，警戒对方，事态才渐趋平静。有关人等，仍出入华埠，活动依然，也始终没有人受到不良的侵犯。②

五 朝鲜战起，中美对立

生活在海外的所有华侨华人，均不愿见到所在国与中国开战。但世事难料，当事情一旦发生了就只能够感觉无奈，因为那是两国政府间的决定，都有他们各自要投入这场那场战争的迫切理由。

朝鲜战争时的中美，是双方为别国友邦如此遣兵调将，在异国土地上兵戎相见。在美国是一场要维护某种政治意识形态引发的战争；在中国，则具双重的意义，既是基于政治信仰，也是基于生死存亡。美国是不愿看见遵行共产主义的朝鲜，挥军南下，消灭南韩；因此，认为如不马上及时出手相援，亚洲局面就将遭到共产主义蚕食变化。在中国的一方，是因为美军临近鸭绿江，两者只属一水之隔，担心对方突然越境进犯。那时，中共刚建立新政权，把蒋介石赶到台湾，而美国是一直站在支援蒋介石一方的。美国军方已有人叫嚣要乘机助国民党反攻大陆了。从这样的角度考量，中国出兵朝鲜，既是援助友邦，也为自身存亡。这也不能算是好战。后期事实发展证明，进入朝

① ［美］麦礼谦：《从华侨到华人》，三联书店（香港）有限公司1992年版，第343页。
② 同上书，第344页。

鲜的中国人民志愿军竟能把美国与号称联合国组成的军队，一口气地推到南端，随后又拉锯战地，在三八线几番僵持，于此关键之际，太平洋的统帅麦克阿瑟曾意图采用原子弹炸中国。中国人当年面对的危机绝对不是空洞的托词。

朝鲜战争不分胜负，双方协定暂告停火。中美双方只算是敌对主方的盟友，却是无可否认的实战方主角。中共在那阶段，能够与有先进装备的美国在朝鲜半岛上打成平手，不但使全世界刮目相看，也叫华侨暗下心里自豪。但公开不敢言，这也是身处所在国的华侨暗藏的悲哀。朝鲜战争，又称韩战，其历史资料多的是，这里就不作交代了。

然而，虽然中共与美国在朝鲜战争言和，但是在外交上自此成为敌对国家。这种敌对国的立场助长了右派在侨社的反共气焰。

六　精英返国，不畏刁难

中华人民共和国成立后，呼吁海外华侨华人及留学生返回中国参加建设，遂有不少有专长的人才因而回应回中国去。期间也有些人遇到某些拦截刁难。最突出的事例是在美国的钱学森。他在偕家眷回中国之前家被查抄，随即就被美国移民局扣留收监了。他被囚在洛杉矶终端岛联邦教化所（Federal Correctional Institution，Terminal Island），它是一所离岛的男子监狱。由于加州理工学院的努力并缴纳了 150 万元保金，他才于第 15 天获得释放。只是海关却没收了他的行李，包括 800 公斤书籍和笔记本。他们硬说里面有机密的材料。据说，在打包前钱学森已交他们一一检查过。法院检察官在多次审查他的所有材料后，也证明他是清白的。但钱学森还是被指控说假证供，及被指是共产党员。这场官司诉讼长达 5 年，这是美国硬要把他留下来的一种手段。

在这宗案审查期间，美政府与中共曾在日内瓦反复进行过多次秘密谈判，几年之后因词穷兼法尽，才终让钱学森空身偕家眷回到中国去。

当年美国海军一名官员曾经这样表示，"他知道所有美国导弹工程的核心机密，一个钱学森抵得上 5 个海军陆战师，我宁可把这个家伙枪毙了，也不能放他回红色中国去！"[1] 这句话既反映了美国军方是

---

[1]　邝治中：《中国人在美国的发财史》，江苏人民出版社 2012 年版，第 241 页；〔美〕麦礼谦：《从华侨到华人》，三联书店（香港）有限公司 1992 年版，第 345 页。

怎样看待这事，也道出了钱学森当年的专长和重要。

　　根据有关资料，钱学森祖籍是浙江杭州，1934 年 10 月以公费生到美国来留学，1939 年获加州理工学院博士，之后在该校任副教授。1949 年应聘为加州理工学院正教授，并出任加州理工学院古根海姆喷气推进研究中心主任，此外，他曾领导美国太空火箭的研究。同年，他设计了一种 12 马赫高超声速火箭飞机，亦曾被称为"钱学森导弹"。其实，以事论事，他对中美两国的导弹和航天计划都作出过重大贡献。他后期在中国的研究和工作成就，更使他被誉为"中国航天之父"和"火箭之王"。又美国华裔作家张纯如第一本书，就是写他。

七　团体解散，活动娱化

　　在美国全国反共氛围下，侨社内的左派团体陆续解散。左派刊物报纸也如此，广告户也被撤走，读者不敢再买报，这是造成它们关闭的主因。

　　先说华侨群众团体。年轻人组织的纽约"华青"（纽约华侨青年团）及旧金山"民青"（华侨民主青年团）都先后于 1956 年宣布解散了。由纽约衣联会成员所组成的"群社"，也对外宣告解散了。唯独衣联会仍继续。该会有一家"华侨洗衣傌（厂，工作坊）"专门承接洗衣店的批量生意。他们的工作曾经被骚扰迫害，但生意经营未中断。

　　美西的"华工合作会"及其他的左派团体也不复存在。不过，据说，那只是表面，因为他们依然在某地一土库定期有集会和举行他们热爱的文娱活动。譬如办民族舞蹈班、歌咏及排练话剧作公开表演等。

　　至于报章方面，本已凤毛麟角，此时尤见疏落。在美西，本由蔡荐洲主办的《金门侨报》（周刊），因《太平洋周报》遭到恐吓，拒绝代为印刷，又一时之间无法另找肯承印的厂房，便只好停刊了。不久，蔡荐洲本人也离开美国返回中国去了。继而由"民联"（旅美中国和平民主联盟）主办的《中西日报》，也因销路不济而关闭了。至此，整个美国就只余在纽约发行的那一份《美洲华侨日报》尚在出版。不过，由于主要负责人唐明照等也先后返回中国，报社固然人手不足，又常遭受反共人士骚扰及诸方破坏。其后，更被美国政府以它曾刊登一则广告触犯管制为由而加予起诉，甚至据而罹罪，除了判罚巨款，社长亦要入狱，此案史无先例；遍查美国历史，美国华侨文化冤狱，就仅此一宗。

图 3 - 1　《先锋报》与《救国时报》

说明：据说，《先锋报》与《救国时报》对《美洲华侨日报》的创设发展有一定渊源。
无疑，前两张报章是当年美国华人左派的机关报；但《美洲华侨日报》是由华侨合资合力
办的华侨报章。它承接了《先锋报》的全套铅字，及《救国时报》由法国迁来的印刷机及
铜模器材。唯是它们都是当年左报，是共通点。

图 3 - 2　《美洲华侨日报》的创刊号

说明：《美洲华侨日报》1940 年 7 月 7 日的创刊号；毛泽东从延安寄给《美洲华侨日
报》首幅题词。

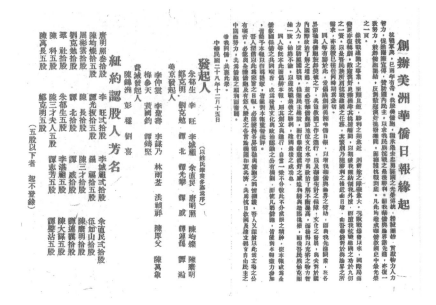

图 3－3　《美洲华侨日报》创刊前的招股启事

说明：这是当年《美洲华侨日报》由美洲华侨发起创办的招股启事，时间是在 1939 年十二月中旬。发起人有纽约、美京、费城三地。1940 年 6 月 16 日举行首次全体股东大会，选举董事，及选举报社职员。有关纪录，详细纪录在该报董事会会议本簿内，扫描择载如下。

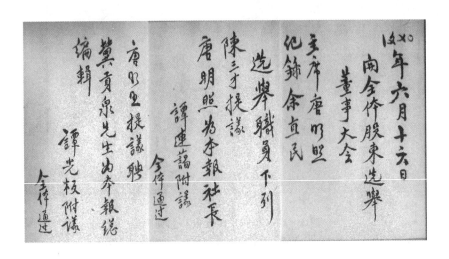

图 3－4　首届全体股东大会选出社长

说明：首届全体股东大会选出唐明照任社长，聘冀贡泉任总编辑。

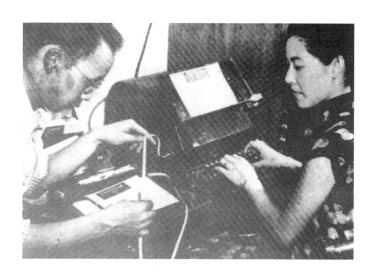

图 3 – 5 《美洲华侨日报》创刊及第一阶段发展期主要人员

说明：上图为唐明照及夫人张希先；唐明照，中国清华大学及美国加州伯克利分校历史系毕业，担任第一任社长；张希先，纽约哥伦比亚大学硕士，曾参加编译及营业部工作。

左下图：冀贡泉，祖籍山西人，第一任总编辑；右下图：梅参天，第二任社长兼总编辑，祖籍广东台山人。

第四编　迎来破晓

第34章 冷战之初

小 引

所谓"冷战"，是美苏两个超级大国在第二次世界大战后的间接较量。双方以政治意识形态理念为借口，一以共产主义，一以资本主义，各自进行拉帮结营，互竞长短。中共把蒋介石及国民党赶离大陆，并推行一面倒外交靠向苏联，美国则以保护台湾不被攻占为由，在美国境内全面地掀起了恐共反共狂潮，对亲共或同情者采取了史无前例的既违宪又矫意的迫害。

一 国际形势，两大阵营

同盟国内美、苏这两个最有实力的盟友，在第二次世界大战结束后分家。那是因为由于彼此对世界未来的走向，有不同的理念。战后的局面，是两大阵营在全球内各自分头拉帮结派，这是另一种国际间不宣而战的攻防博弈。从美国利益和参与出发，争夺的焦点有两大地域，一在欧洲，一在亚洲。就算在欧洲，美、苏间打成平手；但在亚洲，美国对中国的影响则连番失败。譬如，由美国支援的中国国民党领导的政府失信于民，退至台湾，安危未卜。朝鲜半岛，一分为二；为了阻挡共产主义运动在国际上继续蔓延，美国发动一些国家组成联合国军出兵参与朝鲜国人民间的南北内战，但又意外地与来自中国的援朝志愿军在"三八线"附近争持不下三年。于是，只好退而求其次地紧守所余阵地。一方面派第五舰队巡弋台湾海峡，再次介入中国内战，偏帮蒋介石守台湾；另一方面是既接收了日本及其在"二战"期间太平洋所占的大大小小的岛屿和国家的管理权，并一反常态地决定再扶植刚战败投降的旧敌国日本，助其守望亚洲，此举则假名是因要阻止共产主义进一步在亚洲范围内发展。

然而，战后的世界出现了明显的国际时局走势，新潮流是：国家要独立，民族要解放，人民要革命。贫与富的两极更具尖锐化，贫者大大地超过富者。在人民普遍要解决吃饭问题的选择下，要"共产"的，无疑较多；需"守财"的，委实较少。各国境内人民壁垒分明，有些甚至划出楚河汉界。自此，美国对全球共产主义阵营的国家包括中国内地范围在内采取了经济上及军事上的围堵政策，并同时在自己的国土内展开了连串防共反共的举措。

二　捕风捉影，反共日浓

平心而论，美国在第二次世界大战后对共产主义的突然恐惧，及以此而派生出的对国人的种种调查和法例，其实都是凭空制造恐共气氛，使其连串反共法案得以通过并予颁行。因为，重翻那段有关历史，被指控的白人并无一人因而判罪。这是值得人们深思的无中生有的错案；被调查指控者，却自此难以依赖他们专业所长顺利在社会上觅职谋生，终身受损。起因是国际上美、苏两国在盟军战胜了法西斯主义的德、意、日这三国后，开始互争谁是世界未来霸主。苏联一方以共产主义集结其同阵线阵营中的国家结盟，美国一方则秉承资本主义的信条重组战后的世界秩序。今后鹿死谁手，还不知道。所以，当杜鲁门于罗斯福逝世后接过了总统位，他对亚洲战后问题的第一个主张就是，坚持美国是接收太平洋所有日占岛屿的唯一托管国。然后，在所谓美、苏冷战开始后，他的第一条施政的恐共法例，竟是要求，联邦所有工作人员，必须接受是否对美国政府效忠的调查。这是 1947 年颁布的对内新法令。同年，对外，他表明美国将会对任何非共产主义的国家提供抵抗和进行反共的多种援助。这一外交政策的目的，十分明显。翌年，即 1948 年，美国共产党的党魁及政治局全体成员，均因涉嫌"阴谋鼓吹煽动叛乱行为"受到监禁起诉。1951 年时更因为这件案子，政府竟进一步确认那条有争议的《史密斯法》案是合宪。它本是 1940 年的一项提案，该案有关条文认为"鼓吹或阴谋鼓吹以暴力推翻美国政府"为"非法的行为"。然而，对美国共产党成员的起诉与调查延续至 1958 年，最后，由联邦最高法院宣判，指触犯该法案的被囚者无罪，全予释放；其理由是，他们那些对革命的"鼓吹"，是"抽象性的"，不能据以定罪。也即是说，他们的罪名其实是"毫无实据"。

但在 1950 年那一年，参议员麦卡锡（McCarthy）于 2 月间在一次公开演说中竟声称，他手上有一份载有 205 名在国务院工作的共产党员名单，因而触发了对全体在国务院工作人员的调查。后来，那负责调查的委员会一无所获，及后有人指出，那不过是一种"骗局"。因为同年 9 月，国会借此宣传，以多数票通过了一条"恐共反共"的《麦卡锡国内安全法》。该法案要求所有共产党员必须向司法部登记，并要求所有被指名为共产阵线的机构，务要公开其财务及全体成员名单。同时，一批著名的亚洲研究学者被监视调查。他们随即被所属机构或学校停职；但是，自始至终，也没人因而定罪。

1954 年麦卡锡在参议院设立一行动小组调查委员会，自任主席，专门颁令要涉嫌者到委员会接受调查，其中包括有华人在内，但也无人因而获判罪。然而涉嫌者纵然无罪，内心伤害则早已造成。这种恐共反共的纷扰，直至 1957 年，因年尚 47 岁的麦卡锡突患心脏病逝世，这才逐渐结束了那些不合理的监察。但从 20 世纪 40 年代中期至 60 年代中期的 20 年期间，借着美国这种恐共反共歪风，国民党在美国侨社重整烂摊，一方面再收揽会馆侨领集归旗下，另一方面对左派个别人士及团体，肆意进行打击。

三　凡中国通，全受监压

在 20 世纪 50 年代初期的美国，在麦卡锡恐共反共主义浪潮的冲击下，有美国学者拉铁摩尔（Lattimore）遭政府指控为共产党人，及涉嫌可能是苏联间谍而被调查监视。他曾找多名律师为他反复辩护，耗费巨款，终告无罪。它是这类案子中最著名一宗。后来他说："由于麦卡锡事件，我虽然未被自己任职的大学解雇，但却没有得到任何开课任务。……学院被关闭，我们的蒙古研究项目遭到无可挽回的破坏。"①

---

① ［美］拉铁摩尔：《蒋介石的美国顾问——欧文·拉铁摩尔回忆录》，吴心伯译，复旦大学出版社 1996 年版，第 222 页。

总之，凡曾被怀疑是共产党成员或同路人并因而受到监视或调查的美国境内的"中国通"，其职业、生活、社交、名誉均遭到了破坏。

其实，他们这些人绝大多数均曾于三四十年代在中国停留过，多属外派记者或者是自由作家，也曾有驻华外交官或在中国求学的人等。当美、苏冷战开始后，他们变成"搜巫"（即是找共产党人）的对象。最直接是，其著作被拒发表及出版，被解雇，被跟踪，又申请出国时饱受刁难等。

根据他们的讲述，很大原因是，他们在华逗留期间，因曾目睹国民党的种种腐败和失信于民，所以，在他们的报道及书籍中，同情中共。尤其是埃德加·斯诺（Edgar Snow，他曾写了《红星照耀中国》，后来不得已而搬到瑞士）、白修德（Theodore White，他曾写了《中国的惊雷》，他因而不得不跑到欧洲当了几年通讯员）、艾格尼丝·史沫特莱（Agnes Smedley，她写了《朱德传》，她虽然后来死在英国，却依遗愿葬在中国）等，上述诸人，均受监察，遭遇最为突出。

这在中国共产党赢得大陆及继而出兵朝鲜后，这些美国的中国通，一方面被贬为引致美国在中国的援蒋失败，另一方面政府禁用这些人参与对中国的任何业务。其中，如谢伟思（Service）及费正清（Fairbank）就是如此。但亦有些人索性离开美国，甚至辗转去了中国，如安娜·路易斯·斯特朗（Anna Louis Strong）及伊斯雷尔·爱泼斯坦（Israel Epstein）夫妇等，自此，他们在中国找到了合适的新工作，并且长居中国。

总的来说，这些人并没有像拉铁摩尔那样遭到政府起诉，也因此无人因而被判罪。他们中有人这样总结："麦卡锡主义影响了这些人的'事业、名誉、职业和旅行'，但他们中没有一人被投入监狱，或被剥夺人身自由。"①

但那些人所受影响的范围，因为遭受到限制和排斥，对一个记者及文化人来说，无疑已经是他一生中的事业、工作和生活的全部。

四　侨界左翼，奉命返华

在 20 世纪 40 年代的后期，一方面是中国共产党在大陆的全面胜

---

① 张威：《冷战阴影下的中国通》，《光荣与梦想》，清华大学出版社 2012 年版，第 42 页。

利已指日可待，正在筹备新中国新政府，下一步的目标是需要人才建设祖国；另一方面，是美国朝野的反共歪风越来越嚣张，不但颁布了限制共产党的法例，更从法律上起诉美共（即美国共产党）众领导人。于是，在美华人左翼，若然不把他们公开的团体解散，个人淡出活动，化整为零，就是纷纷返回中国，投身新中国建设。

真正是中共党员的留美知识分子，如冀朝鼎及徐永煐等人已回中国；尚有唐明照及蔡荇洲均是美籍公民，他们分别在东岸西岸做协调工作，但那时已撤销了美共内的中国局，接下去是逐步退出团体的事。最后，不外两种方式，一是索性把组织解散和结束任务。据蔡荇洲回忆，他负责的海员通讯网放弃了，因为他自己也要回中国。另一种安排是，放手由华侨办。譬如，《美洲华侨日报》就是如此，唐明照及三两编译辞职离美，由梅参天与李顾鸿继续主持编务。后者二人均是华侨，都是自学中英文，不曾进过大学，甚至连中学毕业都不是。发行业务也是由华侨担任。这之后更名副其实是侨办侨报，由衣联会员继续支援。

据称，凡中共党员身份的，都接到命令回中国。唐明照是于 1950 年秋天携家眷共三人离开美国。他带回去的女儿唐闻生长大后曾担任过毛泽东英文翻译。他们父女 1971 年曾随首个中共代表团来美国纽约，出席了中共第一轮自此代表中国在联合国会议上的永远常任理事国席位，取代蒋介石政府。

除了专家学者，在回国参加祖国建设号召下，也有不少华侨回应。其中最突出的人物，当数致公堂的司徒美堂，他先是应邀回去出席筹组新中国政协会议的代表，新中国成立之后，他愿继续在中国留下来参加推动侨务工作。根据唐明照的忆述，当年是他亲自陪伴司徒美堂由美东起程到美西，后乘机赴香港，然后有人护送北上，全程都十分保密，因右派曾放言阻挠。①

五　美东唐家，父女享誉

唐明照那时候既是美籍公民，也是中共在美国的秘密党员。他甚

---

① 唐明照：《我所知道的司徒美堂》，中国致公党中央委员会编《司徒美堂》，中国致公出版社 2001 年版，第 203—204 页。

至曾一度在美共党内的中国局担任书记之职。不过，当时美共的组织还是合法的，美共同意，有关中国局的组织则对外不公开。所以，在第二次世界大战美国参战期间，唐明照甚至曾在国务院情报部工作。他主要当传译，办公室在纽约。有时也被派到美国以外出差。因此，他依然可以经常与《美洲华侨日报》及衣联会保持密切联络。第二次世界大战胜利之后，他又再在报社任副社长。一直到美苏冷战开始，搜共排共甚嚣尘上，他先及时把中国局撤离了美国共产党，随后逐步安排帮助同路人离开美国返回中国。后来，周恩来要他回外交部工作，他于是带家眷于1950年回北京。随后在中国对外联络部工作。在中国，他被誉为是"美国通"。唐明照又名唐锡朝，1910年出生于广东恩平圣堂区安西乡圹龙村。幼年随父母到加州，17岁再回中国念书。据称，他于1931年时在北京加入中国共产党。那时正就读于清华大学，后于1933年返回美国，之后毕业于加州大学伯克莱分校。他在国际上，广为人知的是他曾出任联合国副秘书长，那已经是70年代的事。他在纽约任职7年，再回国担任外联部要职，一生为新中国鞠躬尽瘁。他曾戏称，他是中国首位万元户，但他把在联合国时积存下来的薪水全数捐给了国家。

他的那位美国土生千金唐闻生是中国外交部另一颗明星。她在纽约布碌仑出生，在中城区曾念过小学，之后便随父母回到中国，她自从毕业于北京外国语大学之后，随即被选进外交部充当英文传译，常为周恩来及毛泽东会见外宾时即译。中美解冻前夕，基辛格首次访华时，据现时揭秘的忆述，是她（陪同章文晋、王海容）到巴基斯坦把这位贵客秘密地接进中国；尼克松到中国，与毛泽东会谈，是她坐在毛泽东的左边准确地传达这历史对话。之后她曾担任英文《中国日报》副总编辑，再在铁道部任职外联司，然后转入中国侨联，两度出访台湾，在港澳台事务上发挥潜移默化的促进作用。她已年近七旬，在任中国侨联副主席后，续出任顾问职，依然活力充沛。她为翻译中国事业培养精英及为宋庆龄基金会办活动。

六　美西荇洲，坐镇香港

蔡荇洲又名蔡福就，自美国返回中国后，又被外派香港，坐镇这一处"南天门"达半个世纪。他在中美两国仍未建交前25年，及两国正式建交后 25 年的那段漫长岁月中，幕前幕后地主持香港中国旅行社。可以说，许多由美国回中国大陆探亲或旅游或经商的华侨华人，尤其是广东人都常常见到他。他和善好客、乐意助人。他长期喜欢人们称他为"蔡副理"，到年迈才改称"蔡副董事长"。他是美籍公民，又是中共党员，他于麦加锡在美国推行搜共排共那段逆潮初期，接到通知离美返中，接受新任务。据称廖承志要他长驻香港守大门，遂自此终生不渝。

蔡福就晚年出版了一本回忆录，详细交代他在美国及香港的经历。书名《传奇人生》，既为美国华侨史加添了一些不为人知的珍贵史料，也为当年在美国的华人左翼历史填补了少许空白。据他自述，他是于 1940 年以移民的身份到美国旧金山。不久就成为美国公民。他本是广东中山石歧人，毕业于东京明治大学。1931 年参加中国共产党，与廖承志一家常有来往。

据他自述的回忆，他曾在美国旧金山居住了 12 年，并在那经营一家古董店作生计。实际上，他最大的贡献是为当年中共维持一个源自北美的秘密通讯网，他曾利用每艘邮轮上工作的海员，轮番往来于东西两域，不断传递讯息。蔡福就回忆，这个网由旧金山先回香港，再辗转至延安。但当他于 1952 年奉命返回中国时，这个通讯网便被放弃。①

他另外公开地参与过两宗事。一是，当冯玉祥将军以国民政府外派考察水利特使而在美国旧金山居住期间，因冯对蒋介石的独裁执政作风不满，曾与美洲侨胞组成"民联"（亦称"旅美中国和平民主同盟"）与蒋在舆论上对抗，蔡荐洲出面助冯筹建，是该同盟组织干事。二是，当中国大陆国共内战进入决胜阶段，他于 1949 年 1 月在旧金山创办《金门侨报》周刊，目的是"向侨胞宣传国内形势，真实报导祖国人民解放战争胜利的消息，对反动媒体进行揭露和斗争，发展爱国统一战线"。不过，这份周刊只维持出版了一年。当美、苏冷战开始后，便不得不停刊了。

尤应介绍的是，蔡的弟弟蔡沧溟在旧金山唐人街与人合营世界戏院；这间戏院，从 50 年代至 90 年代一直只放映左派的进步电影。蔡

① 郑奕钧：《传奇人生：记蔡福就走过的路》，香港海峰出版社 1997 年版，第 159—160 页。

荇洲本人在中美建交后曾应旧金山侨团之邀，再抵达美国，旧地重游。

七　北京呼吁，欢迎回国

1949 年 10 月 1 日，毛泽东率领最新的一批政府官员及特别嘉宾在北京天安门城楼宣布中华人民共和国成立了，"中国人民从此站起来了!"这场面，这句话，激励着广场上参加庆典的千千万万人民，也深深打动了身处海外各地的千千万万的华侨华人爱国心。

新中国成立后，到处需要人才，有不少留学生、大学教授及高等科学专才从美国回去；也有些人遇到阻拦，经交涉后，终于成行。

当然，人各有志，处境多样，那阶段要去台湾的少之又少，但抱观望态度，留美国的颇多。当时，凭公费在美国留学的有一定顾虑，不回大陆不去台湾今后又将怎样？朝鲜战争不久爆发，美国围堵大陆，在世界两大阵营冷战各自争夺人才的博弈中，美国政府对一时无所适从或是未作去留的华人高级知识分子，颁下了居留特许令，让他们可改变身份，可长居美国。譬如，连曾是担任中华民国驻美大使的胡适，宁愿不到台湾，辞官寄寓纽约。另外，后来荣获诺贝尔物理学奖的杨振宁与李政道也曾是决定留下来的那些人。还有建筑界的贝聿铭及计算机界的王安等。但这些人生活在学府，他们与广大华侨聚居的唐人街不沾边，甚至难得来饭馆吃饭。

那时候的美国华人组成，大致可以被划分成三个大群体：一是以粤籍为主的华埠华侨华人，他们以粤语为主语；二是华裔二、三代美国土生，他们以英语为日常语言；三是散布在美国各地学府校园的为数仅几千人的留美知识分子，他们多是来自北方各省。所以，三大群体，三种习惯用语，各有天地。土生的与父母同住尚能沟通；学术界的专才，则是绝少与华侨有来往。

根据麦礼谦的推算，因中国政局的变化而留下的留学生及学者约有 5000 多人，又基于他们这些人大多数来自上层家庭，甚至有些是高级的政治逃难者，在很长时间内，仍在美国过着自我疏离的生活。

第 35 章　广告入罪

小　引

　　由于中美之间进入冷战局面，侨社右派趁势而起，千方百计打击左派。在那阶段，最具代表性的纽约华侨洗衣馆联合会（即"衣联会"）与由该会支持运营的《美洲华侨日报》，无疑是眼中钉，欲除之而后快。于是，一场史无前例因广告内容引发的起诉案，竟由美国政府作主控针对这一民办报章，遂在标榜保障人民出版自由的美国立国宪法上，抹上了黑暗的一笔。

一　广告入罪，迫它关门

　　当年中国共产党的重点是加紧对其国家的建设，曾下达在美国的党员全数被调回中国去的命令。美东美西均是如此。对于不打算停业的已存在的宣传媒体，及不打算解散的已注册的群众社团，遂由当地华侨华人自行继续。

　　在纽约的《美洲华侨日报》就是这样。唐明照、林棠等放下了他们在编辑部的工作返华去，由梅参天、李顾鸿等接手主持，续办。

　　然而，在纽约的右派人士，却时刻都在想尽办法务要叫它关门。最初，他们只是千方百计，派人做了一些大小干扰，比如，或恐吓它的广告客户，或骚扰它的代售报摊，或警告它的订报读者等。总之，或向与《美洲华侨日报》有关的任何成员，譬如员工、股东，都采取过不同性质的威胁，甚至派人殴打，尽各类破坏之能事，行大小非法之事端。当这一切均无法奏效时，他们开始从法律上去找麻烦，就终于发现有一处漏洞。

　　他们这批除了是华人中的右派分子外，还配合着美国政府中的反共成员，把该报的一则商业性的广告说成是叛国的广告，小题大做，提起诉讼。那就是史无前例的《美洲华侨日报》被美国政府控告"与敌通商"案。原来，在1950年夏季时，该报曾接受海外客户要求，在其报章刊登过香港中国银行与南洋银行的业务服务广告。该广告中有一项内容称，在美国的华侨可以通过广告中的银行，把他们希望汇回家乡的款项，代为转交在大陆的亲人。

　　华侨来美谋生，本为能够养家，这无疑也是他们远行前来创业的底线。但自从中国共产党接掌了大陆，蒋氏政权退到台湾之后，中美邦交只是"美台"邦交，非美国与中国大陆的邦交。朝鲜战争以来，互视为敌国。美国对华（即中华人民共和国）的外交政策，是对抗性的经济上围堵。既不能有书信上的往来服务，也不容有款项上的相互兑汇。总之，无民间信息与钱银的互通。唯是在香港开办的银行，曾算是第三者地区，既非中国，亦非美国。且是从中转接，本以为可以无碍。当然，这些款项是最终汇到中国的。

二　恐吓告示，谣传作实

　　早在美国宣布出兵朝鲜参战并说将派第七舰队游弋台湾海峡之后，消息传到华侨社会，已使国民党及右派狂喜。他们曾以"纽约华侨警醒团"的名义，在中华公所大厦门前贴出一张告示，内容指称："美国政府为着国家安全，下令拘捕共党分子。凡有侨胞加入本埠衣联会及惠州会（这）两个集团共产机关为会员者，请速脱离，免入集中营。"此外，还有以下一段针对《美洲华侨日报》的话。它说："同时长期订阅华侨日报（者），从速取消，免受嫌疑，避免后患。请各侨胞注意！"日期是1950年7月2日。① 然后，就在那一年的12月2日，一直被右派人士掌控的中华公所，为了扩大其对侨胞的反共恐吓宣传，曾召开了传媒会议，并通过右派各报章，如《美洲日报》《民气日报》等，发消息称："中美开战在即，凡阅读《华侨日报》或登广告者即为共产党或同情共产党，将被美国政府拘禁于集中营。"

----

① 于仁秋：《救国自救》，三联书店（香港）有限公司1992年版，第222页。

与此同时，他们公然要在美国的华人以捐款方式向中华公所申请一纸"身份证"，以便他能凭此证显示该持证人是"反共"的，而将免被政府拘禁云云。① 继而，在美东各地中华公所及美西中华会馆的联合推动下，其他城市右派有关会馆也都发出了类似通告。于是，一时之间，谣言满天。怕事的人纷纷或脱离衣联会及惠州会，或不再阅读《美洲华侨日报》，或不敢公开地买或卖这一份报章。报摊受到流氓骚扰，商户被迫停止登广告。

三 初步应对，暂渡难关

就此，很快衣联会的会员人数因退会者众而急剧下降，《美洲华侨日报》的读者明显地大大减少，连各广告户都提出停登通知，有些托言生意不好，有些直言受到警告。总之，不想再登，免惹麻烦。一般华侨大众面对中美在朝鲜交战的现实，都尽量地避开政治上的涉嫌，倒亦无可厚非。但中华公所及亲国民党的分子在侨社散布的流言，譬如，指某团体是共产党组织，又说被怀疑者将被关入集中营，则是中伤之词，又或言过其实。据说，也的确曾有个别人向联邦调查局私下举报某人是共产党员，然后，一再追搜跟踪，又查无实据。所以，联邦调查局对当年这些所谓告密，因找不到具体的可起诉材料，只能作罢。有驻纽约的联邦调查员在报告中向当年主管胡佛称："他们以为只要随便向我们说某团体某个人是共产党便是够了。想让他们提出证据，却又往往没有结果。"②

然而，无论如何，破坏早已形成，对左派是打击。衣联会也有人提出反驳，包括曾针对所谓"集中营"之说，他们指出，根据过去日本人在美国第二次世界大战时的经验，是全体日裔人因为被怀疑，全数被关；个别人等，无一幸免。这曾经是事实。他们在反驳恐共流言中，亦曾挑战中华公所提供"反共身份证"的合法性和它的实际效能。道理虽然在，华侨恐惧却难免。此外，《美洲华侨日报》因突然间面对运营上的经济困难，读者大幅下跌，及广告户纷纷脱除，财政拮据遂成报社燃眉之急。为了解决困难，该报呼吁读者捐款支持。据

---

① 于仁秋：《救国自救》，三联书店（香港）有限公司1992年版，第223页。
② 同上书，第224页。

说，在1951年1月，有一批衣联会会员及其他华人等组织了一个以"保护《华侨日报》委员会"为目的的捐献活动。到1951年7月，共计有1000多人合捐了14000多元。就此，报章继续出版，虽说是暂时应急，亦显见其获支持。

四　唯一错失，广告官司

当然，纽约国民党及亲国民党的右派人士，对《美洲华侨日报》并未关门，既不愉快又不放松。他们在报章上找错，终于发现不应有内容。但那不是言论，而是商业广告。便随即向联邦调查局告了密。叫执法者拿着搜查令去上门调查。根据流传下来的一份反控告所写的通讯记述，其内容曾这样显示当年所发生的前后经过："去年（1951）8月30日，有（联邦政府）财政部专员三人，由民士科夫（Minskoff）领着，另带华人一名，像是充当传译，突然'光临'报馆。该报负责人当日以为他们是来查税的。该报历来清白，也就不以为意。营业部亦以该报并无做过什么错事，很坦然。于是，有求必应。簿记档全盘交出检阅，任由摄影。事后财政部专员始说，是该报刊登了三间银行的广告。该报经理当即答允除去。"这份通讯继称："报纸刊登广告，会是犯罪的行为吗？那是千古未闻之事。翌日该报把那些银行广告都删除了。但财政部专员却仍继续'光临'。以后一连数次，该报不胜其扰，才请律师指教。"①

不久，美国政府财政部便向报社发来了传票，要向报社索取簿记档，也就按照要求如数交出。就在律师前往美京华盛顿（Washington，D.C.）向联邦政府财政部进行交涉期间，纽约南区大陪审团于1952年3月28日向《美洲华侨日报》发出传票四张，援引"与敌通商法"，提讯该报社社长梅参天及前经理黄文耀等出庭。又据同一通讯，这个大陪审团共有23名陪审，但无一是华人。②

五　罚款筹募，读者护报

1952年3月《美洲华侨日报》社长兼总编辑梅参天被美国政府

---

① 《国新社》新闻手写原稿：《蒋美匪帮迫害纽约华侨日报始末》，1952年8月1日。转引自〔美〕麦礼谦《从华侨到华人》，三联书店（香港）有限公司1992年版，第346页。

② 同上。

以违反 1917 年通过的《与敌通商法》，被传票至纽约南区法院，在大陪审团前接受盘查做证。同年 4 月 28 日，大陪审团以 53 项罪名，正式指控梅参天与该报前经理黄文耀，以及另外三名衣联会会员（即陈康明、陈佑润、谭生）等人，因他们曾参与把他们在美国的个人款项寄给广告内的香港中国银行及南洋银行，从而使这些款项最终被汇回中国大陆的亲人。

根据所提有关指控，分三部分。第一部分，由第一项至第八项，是控告该报刊登了香港中国银行及南洋商业银行的汇款广告；第二部分，由第九项至第三十项，是控告衣联会那三名汇款回家乡的会员；而第三部分，由第三十一项至第五十三项，是控告因该报刊登广告，而导致了另外有二十三项汇款被汇回中国去，虽因没有查出汇款人及指控他们的证物，但是亦要由《美洲华侨日报》去承担有关责任。其指控的理由，根据所列，不是认为那些钱是汇去"接济他们个别家人"，而是认为该报社是"代替外国政府在美国向某些美国公民进行勒索"，从而"换取其家乡亲人的安全"①。虽然梅参天等人在法庭上宣称无罪，由他们律师代为辩护。据所留下的记录称，关于曾刊登广告，该报的律师曾回答："那是一般商业广告，以香港中国银行为例子，该报社只收取了三百美元。"关于各人汇款回乡，该律师曾辩称，"那是所有美国移民都有的汇款回家乡去的传统"，他说，欧洲人也一样；至于在美国的中国人这样做，早在过去一百年已经如此，这不应该算是犯法。②

这场官司诉讼，前后长达三年。到 1954 年，法院初判《美洲华侨日报》及衣联会三名被告败诉，判罪如下：一、报社被判罚款 25000 元；二、梅参天被判入狱两年；三、陈康明及陈佑润各判入狱一年；四、谭生本曾被判入狱一年，但最后被赦免；五、对黄文耀的起诉则宣告撤销。由于梅参天等人对法院初判不服，于是，再行上诉。

---

① 《国新社》新闻手写原稿：《蒋美匪帮迫害纽约华侨日报始末》，1952 年 8 月 1 日。
② 于仁秋：《救国自救》，三联书店（香港）有限公司 1992 年版，第 226 页；〔麦〕麦礼谦：《从华侨到华人》，三联书店（香港）有限公司 1992 年版，第 346—347 页。

六 社长坐牢，减刑一半

1955 年 11 月中旬，最高法院驳回梅参天等人的上诉，但却对初判结果稍作缓刑。譬如，梅参天被减刑一半，但是仍要入狱一年；陈康明、陈佑润亦被减刑一半，仍要入狱半年。唯是，对《美洲华侨日报》的罚款 25000 元则丝毫未变，而且限定，必须要在随后一个月之内上缴，否则报社将被政府下令全盘关闭，不准出版。最后期限是1955 年 12 月 16 日。

以上对报社的判罚用意，其目的明显是欲要使《美洲华侨日报》从此结束，因为除了总编辑梅参天必须入狱之外，罚款 25000 元在当时也不是一个小数目。而且，一个月内必须全数付清。另外，陈康明及陈佑润亦被判入狱，亦由于这两人同时是衣联会骨干。当时他们二人正负责衣联会属下华侨洗衣偈（"偈"，美国粤侨对工厂的称谓）营业。难怪梅参天在被起诉之初便曾表示："这完全是国民党及它的游说团与美国政府极右人士串通一气，对《美洲华侨日报》的诬告迫害。"他说，容许有这种事，"那是对自由言论的最严重的威胁"；他因而一再强调，"美国人民必须认清这一事实"。

当年，由众读者及友好人士组成的"支持《华侨日报》委员会"所印的另一本英文小册子，在呼吁支持后，这样提出反问："如果刊登广告亦被审查定罪，那么，报章社论，又将如何？如果任何移民把所赚来的钱汇回原来家乡亲属也算同谋犯、勒索犯，那么，监狱岂能叫监狱，它应该叫'自由地'。"①

《美洲华侨日报》曾因罚款期限短暂，提出要求缓期，但被法庭拒绝。于是，该报在那年 11 月 30 日，便转而向华人读者呼吁。它在其报章上刊出了这样的一篇"紧急启事"："护报，出钱！出钱，护报！"②

然后，没有想到，就在一个星期之后，各地读者捐款通过各种邮递渠道陆续而来。至 12 月 16 日截止那天，共收到捐款总数达 28000

---

① 《美洲华侨日报案件真相》（英文小册：THE FACTS BEHIND THE CHINA DAILY NEWS CASE），由"支持《美洲华侨日报》委员会"出版，1953。
② 于仁秋：《救国自救》，三联书店（香港）有限公司 1992 年版，第 227 页。

多元，比原定的罚款还要多。而且，那是除纽约外，亦有来自美国不同的其他州，甚至还有来自加拿大及南美的读者。读者之中，包括做洗衣的、做餐馆的、有学生、有商人，也有家庭主妇；多数是劳动大众。

他们有些还写了信，指出"他们之所以支持，是因为他们认为该报章代表着华人社会内的进步力量"。有一读者致信梅参天说："阁下和贵报做了好多有益于正义人道，有益于华侨社会，有益于一切热爱民主和平的人群的事，故此对于阁下的入狱，乃是光荣，不是耻辱。"① 捐款的数目亦大小都有；少则 1 元，多则达 700 多元。

《美洲华侨日报》在标榜民主的美国，因广告内容而被定罪罚款，可谓史无前例；它向读者发起呼吁出钱捐款护报，却又圆满成功；这不仅是美国华人报业史上一个特例，即使在海外华人报业史也是独一无二。

七　股东弃股，出版继续

梅参天如期被投进监狱去。那是在 1956 年；年初进去，年终出来，足足坐了一年。放监之后，他立刻又回到原有岗位上，重做他入狱前的事。主持报社，负责编务。他有一角广为华侨爱读的个人专栏，叫《要说什么就说什么》，是通俗易懂的自由谈，深获读者推崇和爱戴。只是，过了不到一年，他发现自己患上癌症，不久后便去世。若论学识，他是自学成才，因他未曾中学毕业。有关他的个人资料介绍，他在中国出生，祖籍广东台山；他父亲是美国公民，所以，他是一名"土纸仔"（即是在中国出生的美国公民之子）。故他于青年时抵达美国后即变成公民。他在餐馆做工时认识一名英文教师，因而在工余向他学习。至于中文，则是他在中国时学习的。在《美洲华侨日报》创刊时，他已被推荐加入，先成为副（总）编辑，当冀贡泉、唐明照相继辞职后，由他接任。

由于该报屡被右派政治排斥，在冷战开始后，许多股东退股。加之，又因上述那场官司，联邦调查员对报社人员仍常保持敌对性的监视；又有国民党和右派人士不断在侨社内进行恐吓性的宣传，更使他

① 于仁秋：《救国自救》，三联书店（香港）有限公司 1992 年版，第 227—228 页。

们不胜其扰。于是，在那以后的一年间，绝大多数股东自动弃股。他们或上门直接把股票交给梅参天，又或先在股票上签了名表示愿意把它转移，再从门缝下把它们放进来。就这样，在梅参天逝世前那一年，创报时的许多华侨个别人士的认购股，都变相地先后转到了他个人名下。他逝世后，这些股权又合法地转给他的遗孀雷桂英。①

于是，自那以后，本来曾以洗衣工人为主的合资股权，自此由先前几百名股东变为绝大部分集中到她一个人的手上。

这种转移，应是权宜。但它同时微妙地改变了当初创刊时众人合股及众人办报的群策群力初衷。本是多人持股的所有权，遂变成一人独尊的掌业权。在人人为公热火朝天的年代，不是问题，也无所谓。及后，中国开始改革渐次恢复私产私有，也难免影响到海外。于是这报章的决策和运作便受到冲击。其后，人事改组，发展商务，多少与这一股权的一再随意滥用有关。因此，它不仅扭曲了当年办报的原意，也导致其后期随波逐流的偏离。这是其中关键，当时始料不及。

无论如何，它继续办，并未停刊。在随后第一年，社长之职由陈金坚先行接任，总编辑一职则由李顾鸿代替。翌年，陈金坚也辞退，李顾鸿兼任社长；雷桂英也自此是李顾鸿夫人。与此同时，由于读者大大减少，广告早已所余不多，影响收入，报章运营出现拮据，遂又再变，减人缩版，变两日刊。即是逢星期三及星期六出版，其他日子无报，这无疑已经是象征性地继续发行而已。

客观回顾，应该是形势比人强。一度在美国谋生活的左派人中，遂隐退的隐退，回国的回国；那以后，左派在侨社沉寂了，其团体也多解散了；即使有活动也不再见曾有报道。如果《美洲华侨日报》在冷战前，也曾一度被认为是左派群众团体中的喉舌报章；那么在整个冷战时期，则已转化为只剩三两华侨自营的一份追梦似的刊物。它之所以一直在继续，依然在发行，一方面是因为有一些有心人继续匿名给它捐款，就正如过去曾发生过的那次必须准时缴交法庭罚款一样，读者从四面八方不时把大大小小的金额寄来作护报行动。同时，特别在每年报庆的月份，之前之后都有人来献金。这些温暖人心的无声的

① 《美洲华侨日报董事会议纪录》卷三，（现存中国华侨历史博物馆）。

鼓舞，多多少少显示它的与众不同。遇有困难，尤其踊跃，这也是它依靠群众的特色，并维持至它再恢复出日刊。另一方面，由于它的独特言论立场，在校园素来有长期读者。而且，他们是在华埠以外，从不受右派人士的干扰。其中还包括了著名的大专学府及国会图书馆等，始终是它自从创刊出版以来不离不弃的最忠诚的长期订户。也因如此，这些机构，如纽约市立图书馆，一直收存它出版的每一份报，至今仍以微型胶卷保存在它们的馆内，供有心人及学术界专才去索阅和研究。①

---

① 《美洲华侨日报》49 年报章全部制成缩微胶卷，现存美国国会图书馆。

第 36 章　青黄不接

小　引

冷战开始后至中美解冻前的 20 年岁月，可谓青黄不接。美国偏向支持台湾，与中国大陆政府无邦交，国民党及右派人士借移民局与联邦调查局人员势力，在华人社会内狐假虎威，监视打压左派团体人士。政治氛围全面右倾。期间，除了迫使一些左派团体解散，并引发了对华人身份的调查，史称"坦白"方案。

一　宪法自由，形同虚设

毛泽东领导的中国共产党，于 1949 年把蒋介石及国民党所掌控的一批追随者及政府部分在职官员赶出中国大陆。蒋因为有美国力撑扶持，在台湾台北组政府仍继续称"中华民国"政府，与中国共产党在大陆所建立的中华人民共和国唱对台戏。自从那时开始，双方政府对外，均自言它的那一方是代表着整个中国。

两者在地理上隔了一道海峡，由于有美国第七舰队在那片海域游弋，从中干涉，中国共产党因而未能一举解放台湾，在领土上中国未能统一。因为美国在军力上一直在亚太地区占优势。其科技领先，无国能及。这固然使国共间的连年内战依然继续悬而未决，也导致海外的中国人对中国政府与台湾当局的同时并存，多了一些疑惑，或说有所选择，亦实际上多少对不是生活在台湾或大陆的中国人（或者现时泛称华人）造成这样那样的抉择与烦恼。美国当权者一直把世界上任何国的事都当成它的事参与。不独自诩是亚洲的警察，甚至是犹如全球的警察。

在美国的华人，对于这种介入，亦被动地处于非常滑稽而又十分尴尬境况。因为美国政府选择去扶持陷于失势的"中华民国"，而拒绝承认已管治大陆上整片山河和人民的中华人民共和国。作为居住或同时已归化美国国籍的华人，自不能在言论或尤其在行动上，与这个所在国的美国政府表示对抗性的背道而驰，尽管美国立国宪法容许其人民有信仰及言论的天赋自由。那是纸上文字，在执行上倒又未必。这是非白人者都警惕的。在 20 世纪五六十年代的所谓美苏"冷战"阶段，那些写在宪法上的"自由"，亦只形同虚设，谁若犯了都没有应有的保障。

二　右派陪同，引线穿针

如果没有华人分子从中陪同，从中充当翻译，凡事穿针引线，美国联邦调查局专员们（那时还没有多少华人正式在其机关里面供职），不可能调查得这般无孔不入，咄咄逼人，包括竟能登门入室先后在个别华侨的家里找出他们曾经汇款回中国家庭的存据，并且以此构成呈堂证物，足以将这些人提控，终至入罪。难以想象，华人当中竟然也有人认为汇款回乡养家养娘会是犯法，甚至被指背叛美国。而且，要抓他们出来，杀一儆百，以除后患。

当中，还有人因涉嫌是共产党员或同情者，被移民局递解返回中国，或判坐牢。在纽约这类华侨中，有曾是衣联会成员的陈科、张满理等人，他们晚年在中国被访问时则表示，其实，他们均是一般华侨，不是什么共产党员，因为中国共产党在美国不像国民党那样到处可以设分部，招收党员，执行党务。他们只是《美洲华侨日报》雇员，或在衣联会部分成员合资开办的那一家"华侨洗衣偈"（"偈"，是台山人习惯称"专营洗衣作业的大作坊"）工作而已。

这些人中，张满理曾在《美洲华侨日报》当营业部主任，陈科则曾是衣联会执行委员。据他们回忆，他们是因被疑是非法入境遭移民局人员拉走，关进艾利斯岛一年，又由联邦调查局起诉和最终递解出境。

由此可见，即使被抓捕或被递解之人，也非因为从事政治活动犯法。他们充其量是列入涉嫌，只因不肯说新中国坏话。有这么一个人，名字叫谭育民，因为受不了联邦调查局专员们的日日夜夜跟踪和恐吓，竟精神崩溃地从在布碌仑桥跳下自杀身亡，他的尸体曾由于深陷泥浆内，几天后才浮出。他生前曾当过衣联会"华侨洗衣偈"的经理。另一名副经理陈佑润，曾因汇款回乡被投进监狱内。几十年来，他仍然是在纽约市依靠开洗衣店谋生。他在晚年被一名华侨历史学教授访问时，这样表示："那个时候，中国落后贫穷，受帝国主义欺负，为什么呢？因为中国有一个很坏的封建制度。要使中国富强起来，先要推翻封建制度，那时候，蒋介石代表封建制度。所以，要想推翻封建制度，就必须推翻蒋介石。毛泽东就把蒋介石推翻了。但是美国那时候要控制东亚，支持蒋介石。结果是毛泽东胜利了。美国和蒋介石输了。可是在美国，有些华人支持蒋介石，就是他败了跑去台湾了也还支持他。他们就是要支持蒋介石，你有什么办法？我们的案子实际上是那些支持蒋介石和国民党的人弄起来的。他们在背后捣鬼。"[1] 他的这番话，浅白简单，但也反映了当年同情中国共产党的理由和如何被当地国民党及右派人士借题迫害，因他曾汇款回乡给家人而获罪被判刑。

三　狐假虎威，迫害加剧

无可否认，因有移民局及联邦调查局这些官方机构的配合，华人侨社中的右派分子也狐假虎威地逞凶一时。反共舆论层出不穷，恐共之说日夜不停，提醒每一个人远离与左派有关的团体，不要读左派人士所办的报章。于是衣联会会员在现实的威迫下，纷纷退出，会员人数大幅度下降。

至于《美洲华侨日报》，则是一方面有广告户陆续要取消不再刊登广告；另一方面，读者也相应减少。甚至连报摊都不敢代为发售。据说，有黑帮分子被教唆，去恐吓他们。不难想象，在这几方面的经济来源受到限制的影响下，该报也不得不裁减员工，并且由每周出版六日转变为每周两日，但却继续坚持，并未关门。只是该报的家乡新闻却越来越少了。因为中国消息来源受到封锁，只能转载香港报章报道，并且多了武侠小说连载。它昔年的特色就此日趋褪色；政治性的

---

① 于仁秋：《救国自救》，三联书店（香港）有限公司1992年版，第230—231页。

评论不再。

至于那一家与衣联会有密切关系的"华侨洗衣偈"则业务如常。即使总经理跳河死了，副经理亦被送进牢，还有其他人接着做。洗衣本就无关政治，当局无法使它停业。总算顶住了那一股歪风。也因有这么一间洗衣偈，可以继续收容这些被排挤的左派中人，使他们能在"偈"内当洗衣工人，总算尚有一处糊口谋生之所。

从这些有关左派与右派不停较量的事件看，华侨社会仍似中国政坛后院，国共之争仿佛一刻未曾停止。那显然是华侨华人爱国情怀被误导和错用，又或是双方敌我分界的必然？可是，真正的共产党员都回国了。

想是那时自称右派的人，自以为是当时得势，想把那些左派报章与团体都破坏，使其瓦解，使其消失。但却始终没能做到。

四　四类青年，背景迥异

从 50 年代到 70 年代初，在那个阶段的华侨社会，对当时生活在美国的华裔青年来说，应是处于一段青黄不接的年代。若然以各自的背景划分，有四大类。因为，这些青年无论在家庭环境上、在惯用言语上、在教育程度上，乃至对中国认识上，都有各自不同的这种那种区别。他们对美国或者中国（无论台湾或者大陆）都有不同程度上的陌生，中西脱节、无所适从；关系如此，认识如此。

要了解这四类不同青年，务必先从他们所以在美国的原因去探寻和区分。其实，那时除了原有美国土生，另外的华裔年轻人，若非是以移民身份前来，就是以留学生身份前来。他们一般来自台、港两地。而且，只有小部分是移民，大多数是前来留学。因那时能来美国的，有名额的限制，绝大多数只是留学。

因此，能以移民资格来的，为数十分有限，却是另外一批曾居台、港青年。他们绝大多数是中国南方粤闽农村先侨或海员的后裔。那是美国移民政策终于在 60 年代中期开通之后，先是有居留权或是美籍公民的家属包括未成年人可以申请。所以，那批人，非是留学，而是移民。这些人在数目上寥寥可数，文化上参差不齐。但又从移民定义上，他们还勉强算作是"美国以外土生"。

而实际上，从台湾来留学的，一般都有某种特殊权贵背景。因他们的父辈都是被选中，跟随蒋介石迁往台湾去的中华民国官员或将士。20 世纪 60 年代的台湾前景，依然是一片凄迷，年轻人的出路，大致上不看好。如果有能力的，有背景的，都纷纷把儿女送去留学，美国当是首选。情况既是如此，也塑造成他们这些青年的普遍特色是，只知有国民党，只知道要反共。

至于从香港来留学的，除了家庭是富裕的，否则是靠教会支助。那时，香港仍归英国管辖，青年接受殖民主义教育。多数的家庭是中国大陆解放初期逃到那里去暂避的。自此留下，长居香港。除了少量的上海等大城市有钱人或者不愿迁去台湾的前政府权贵，他们的子女也送去美国，视为一种出路。但他们对中国认识不深，因在港英课堂上很少讲中国历史，尤其是中国现代史。

那个阶段，在美国的华裔土生的一代，则仍是困居在唐人街内，与他们父母在一起，能上大学实无几人，他们与父辈有代沟，问题不少。

可见，由于这几批青年的不同，彼此间不容易融和沟通。包括各有各的活动圈子，生活方式亦异，人生想法不一，政治倾向多样。然而，在这青黄不接的最后他们竟然找到共同的突破点，是因为被白人社会的歧视雷同，突然对中国大陆产生了朦胧向往，才促发一部分的年轻人，因肤色及族裔同源，意念到命运的相连，遂尝试携手同奋斗，开始走在一起，期冀在美国这异域闯创新路。

然而，使他们所以合作的环境因国际时局与美中关系发展，不断在变。在随后的岁月中，有些人便因而分开了，但也有些人依然继续。无论如何，之前的明显分界打破了，之后的分道扬镳变复杂了，那是因为各有各的机遇。

五　埠上埠下，两种华人

曾几何时，唐人街内，唐人街外，居住着两类不同的华人，笼统地说，一类是长期靠劳力谋活的移民大众，一类是凭借个人的专业成就在白人社会的校园或企业任职的高级华人知识分子。

若以纽约市为例，主岛是属于曼哈顿区，其唐人街因地处下城，一般被叫作"埠下"；以外或再北，一般叫"埠上"。其实，简单地说，"埠下"是劳苦华人聚居的华埠，"埠上"是指当年华侨华人少涉足的白人主流社会。之所以如此地泛称，过去是贫者与富者居民的划界，那时亦是华人与白人社会的区分。两不混淆，少有往来。因此，直到 70 年代以前，华人社会（即唐人街）依然是先侨与他们后代的生息地，蜗居继续，自成特区。华裔知识界，虽然在美国，只与美国白人同在一起，俨如贵宾，少进华埠。总之，华侨与华裔知识界，是两种华人，两种身份。仿佛历来两相隔绝。①

在刚刚踏入 70 年代的那年，物理学诺贝尔奖得主杨振宁博士，曾应"纽约香港学生联谊会"的邀请到唐人街"中华公所"大礼堂作演讲。出席听讲的人，都是华侨大众。他说，华侨社会与华人知识界之间一直各有各的生活圈子，少相往还，实在不好。因此他呼吁生活在"埠上"的人要经常地到"埠下"活动，务使这两阶层的人开始互相交融，加强接触。譬如，最简单的是，可先从购物及到餐馆吃饭做起，进而像犹太人，做到彼此扶持，改变"一盘散沙"形象。他的这番话，无疑一针见血，但亦同时反映了历来知识界人士的确不到唐人街的事实。

也确如此。当时在美华人，有劳力与劳心阶层的不同，及象征被排斥与被接受的区别。直到更多华人闯出华埠开店，逐渐向外发展，这局面才打破。

其实，华人把店铺开设到华埠范围以外最先是洗衣店。还是那种铺前与铺后的二合一的形式，即前是门面，服务登门顾客；后面是店主自己洗衣作坊。附加厨房住房，一家作息也都在那。它是华人在美国内最古老又最盛行的谋生服务行业。可惜，它在 70 年代渐走下坡。由于机器洗衣面世，手洗作业遂被淘汰。不过，一般人的印象认为，洗衣店不设在华埠以内，是为方便华埠以外客人。这种情况，早已存在。它也不算是华人打入白人社会主流的服务创举，因店主可以完全足不出户，与白人社会没其他交流。较与白人多接触的，是杂碎餐馆业。在纽约市，据称，是安良堂一名有钱有势侨领，投资在中城区开设餐馆，以杂碎为招徕，生意做得很好。

---

① 陈天璇：《美国华人两大类》（原发表于作者专栏 1994—12—2），辑入杂文集《华埠内外》，美国松石居书坊 2012 年版。

　　然后，有人学样，于是，第二家第三家便随而出现了。更到后来，发展别区，并变相开设外卖店。接下来是开礼品店，都是吸引白人顾客。

六　美西民青，有人入狱

　　与此同时，美西的左派人士也受到右派的滋扰和迫害。

　　在冷战开始后，左派的当地报刊都早已陆续关门了，如《金门侨刊》及《中西日报》都是最显著的。唯一曾一度继续的是群众性青年组织。

　　譬如，最活跃的计有"民青"。然后由于"反共"与"缉共"的风气盛行，连"民青"也因避嫌而选择解散。不过，据个别成员称，他们其实仍定期于每个周末在一个唐人街的土库内继续聚会，以文娱演练来丰富其活动，如开设歌咏班及教习舞蹈班。①

　　本来，那些都是中国传统文化活动，与任何的中国党派无关，也应没有政治色彩。此外，还有一家"世界戏院"仍在放映所谓"进步电影"，那是在香港摄制的伦理片。

　　然而，右派中人对这一切仍要费尽心思设法对仅余的左派人士进行加害。情况曾是这样，当年，美国政府派到华人社会调查的人员来自两部门，一是地方移民局的，一是联邦调查局的。前者，是专注华人的身份是否合法；后者，是发掘华人团体的左倾活动。于是，华人中的右派，就利用这两点，合二为一，提供线索，意在打击当时在旧金山的那些左派人士。他们之中托言向移民局人员告密，指控"民青"成员中有不少人是持假身份入境的。最后，连左派同情者也受到调查，被牵连起诉的个案不断。

　　据侨史学家麦礼谦称，出于铲除异己，华人中的右派及国民党分子向移民局告发，于是，与"民青"有关的成员中有谢荣忠、温大川、黄运基、张毅士，与"世界戏院"有关的李英，及曾是《中西日报》股东之一的周森等均被个别地受到政府人员调查，并先后获判罪。其中，周森和黄运基入狱；李英判有罪，后自动离境；谢荣忠则

---

　　① ［美］麦礼谦：《从华侨到华人》，三联书店（香港）有限公司1992年版，第348—349页。

被判监视行为 5 年；其余众人因查无实据，判无罪。①

总之，在那青黄不接时期，侨社右派难容异己。一方面是，右派打击左派不遗余力。另一方面是，在反共之风及麦加锡主义的盛行之下，美国立国宪法中的种种所谓言论及集会的自由亦不存在。对于资本主义以外其他政治，属禁言，无人提。那是一个只容一切在政治上向右的时代。

七　坦白方案，如此收场

移民局对华人是否属假身份的调查，在五六十年代的华埠引发轩然大波，一时人心惶惶，草木皆兵。它已经不再是"反共政策"下只对三几个涉嫌的人物进行借故骚扰；它突然演变为所有在美华人的涉嫌"撒谎假誓"罪，一旦失言，可祸及和揭发千万华人入境时的申报，它危及各人的居留权利。

本来，假身份是 1906 年旧金山大地震以来一大秘密。华人除了可以借机申报换成公民，还自此陆续增添了许多在华子女。这是俗称"土纸"来源，而且后来"买卖"成风。半个世纪延续下来，有第二、三代土生。所以，这类在美国华人，不再是个小数；又因家族牵连，由兄问弟，由叔查侄，互相纠缠涉案颇广。这类调查先由美国开始，继而追踪到香港去。由美国驻香港领事馆人员接手去深入调查这类案件。因为自从新中国成立后，华人移民美国多经香港；加之早期移民，多是祖籍广东。此事扰攘经年，被起诉的案件无数。

然后，于 1955 年 12 月因美国驻港总领事提交国务院一报告称，在香港至少有 124 家金山庄代人办假申请。又称，由于中国已成共产党统治国家，他说，在那之前，肯定有假冒身份者；在那之后，即中国共产党立国以来，因已可从验血鉴证确认血缘，并测出十之八九血型不对。于是，自美国派出 20 名专员到香港去协查。一年半后，美国境内华人有 908 宗假身份起诉案，正在查审。

另有 57 宗涉及移民刑事，并有 24 个团体接到传票。据指控，美国华人社区内有三个机构，专门代为办理收费非法入境，两个在美东，一个在美西，被指经营假身份生意。

_____

① ［美］麦礼谦：《从华侨到华人》，三联书店（香港）有限公司 1992 年版，第 360 页。

　　这一系列指控，当然震惊侨社。期间，移民局一再向华人推出一个所谓"坦白"调整身份方案作为过渡，一为减轻调查数量，二为带出其他假案。就此顺藤摸瓜，揭案连连；导致亲戚失和，兄弟反目。华人社会关心的再不是左右政治，涉案人士担心的是何时将会被递解。

　　据移民局及其后统计，从 1956 年至 1965 年年底，有 13895 人曾提供协助和"坦白"，因而又揭发了 20083 宗案是冒充身份。①

　　最后，据称是由于美国与中国大陆政府无邦交，所以无法进行交涉，递解程序难以执行。国会于是决定，基于所需要的有关费用庞大，台湾与香港都拒绝让他们到那里去，便改容各人先续居留再行入籍，暂告了事。

　　本来是因右派借用移民局调查左派身份开始的清除异己的隔洋政治之争，竟导致令美国华人陷入假身份的大揭露和起诉，吃亏的是华人自己，如双刃剑。但是，即使如此，华人对祖国政治态度的分裂不团结，至今未改。

---

　　① ［美］麦礼谦：《从华侨到华人》，三联书店（香港）有限公司 1992 年版，第 359—361 页。

第 37 章　民权保钓

小　引

　　美国华人在 20 世纪 70 年代的变化，开始于那些敢去突破的年轻人，尤其是在美国的土生年轻人。他们既受白人当时反越战的启发，也受黑人争平等权利的作风感染，把华人的长期被排斥和不平等，化作公开性的抗议，自校园参加学运至侨社倡议改革，遂催生了在美国华人的民权运动，并与台、港来的留美学生的保卫中国钓鱼岛主权运动由互相呼应到互相支持。这两股力量曾一度携手，把新思想和新方向带进了唐人街，也改变了侨社内僵化的反共氛围。

一　美国土生，反战反叛

　　20 世纪 60 年代的中后期，美国黑人民权运动影响到其他的少数民族。尤其在大学校园内，亚裔，特别是华裔的土生深受影响。他们带头组织了一个"美亚裔政治联盟"，要求大学开设研习亚裔文化及有关问题的课程。在被校方管理局拒绝的初期，以举行罢课来表示抗议，并得到其他族裔学生的支持。最后，校方终于允其所请。继而，其他校园有样学样。加大柏克莱分校及纽约市立大学均成立了"亚裔联盟"，并取得开设研习亚裔课程的诉求。

　　接下来的发展是，学生通过对个别民族的自觉和认同，在华裔中，也开始了一系列针对其自我身份的探寻，比如"我是什么人？是中国人抑或是美国人？又或者我是美籍华裔人？"有一些激进的学生，也学黑人喊"黑色权力"那样，向美国社会叫出了"黄色权力"这一口号。

当时中国正处于"文化大革命"时期，红卫兵的出现和感染，在美国催生了"黑豹党"，对美国的少数华裔土生一代，也曾经引发过一个名叫"红卫兵党"在旧金山唐人街内诞生。据称，它是糅合了"美亚裔政治联盟"与"黑豹党"的政纲而成立的。在那之前，华埠因针对解决华青帮派分子问题而成立了一个非牟利的机构名叫"清流社"（Legitimate Way），它本是为半途逃学的未成年华裔青年提供一些正当的文娱活动而设立。负责人高华康（Alex Hing），他曾参加"美亚裔政治联盟"的罢课，并从自学《毛泽东选集》得到了启发，他进而组织了上述的"红卫兵党"，并一度率领成员们参加反对在华埠内因华商借改建为名进行的拆迁区内一座"国际旅馆"活动。此外，又开始为华裔儿童提供免费早餐，及为贫穷下层人士提供免费午餐等社会服务。它的出发点虽属可贵，但其粗悍作风和该组织的成员背景，一方面未能取得广大华人传统社团的认许，另一方面与校园的那些大学生的背景亦互有抗拒，"红卫兵党"并未能发展起来。

二　民权队伍，应运而生

第二次世界大战后东西两岸的华人社会，存在着两种不互通的阶层隔阂。一种是一般华侨与华人知识界的生活隔阂；一般华侨在唐人街，知识分子身处校园。另一种是土生华裔与港台新移民的交往隔阂。前一种是因文化水平的差异而引致，后一种则是因中英语言的掌控所造成。平日侨领与教授极少来往；土生与移民青年也各有归属。此外，冷战以来，恐共反共风气盛行，传统社团一致向右；然而，新中国成立后，选择逗留在美国的高级知识分子全不介入政治活动。所以，整体华人社会，无疑是分割的；各有各的大小天地，各有追求，各有规范。也许，彼此尚能共通的是，其血缘与祖籍，其种族与肤色。

终于，直至20世纪70年代初期，土生的华裔学生在校园内参加运动，对自身身份有了一个重新认识，从而喊出对侨社改革的诉求。

最先，他们与台、港来的同学沟通了，大家以同血裔的种族认同开始；继而，大家对中国的历史文化取得了新的认识，并且联手，试图把这新的认识带进了华人社会内。于是，他们一方面在校园之内，讲中国历史的寻根探源，开始了华人身份的再认同；另一方面有些学生到侨社中做免费服务，反对歧视和争取权益，要改变华人历来对白人欺凌的沉默。他们通过相关活动，设立改革项目，华人两类阶层及生活的隔阂才逐步被打破。

整个 70 年代是一个热烈的要求各种变革的年代，土生与非土生接近了，侨领与教授们碰头了，华人以各式各样的声音让外界和外族知道，他们在美国这一群，尤其是年青的一群，对自己和所在国，对祖国和全世界，有了新的看法、新的需求、新的理想，并试图携手走上新的征途。

三　美东美西，试点华埠

争取民权，是 20 世纪 70 年代年青一辈带头冲刺的社会活动。它开始于不同的个别小团体的建立和蜕变。最初，在纽约唐人街，以反叛和激进形象集结在一起的年轻人组织了一个"义和拳"。它既有中国现代史拒洋驱洋的意味，也有在当时纽约华人青年自觉的一面。它效法黑人的种族认同，又接受当时中国红卫兵那种反叛作风的影响。他们在纽约华埠第一个公开的抗议口号是，不欢迎结队到唐人街来观光的外来游客。他们宣称，华人是人，不是供参观的异类。这当然与传统社团及沿街店主心目中所见的外来顾客的理念全然不同。两者间的冲突十分明显。

"义和拳"既是受中国红卫兵的影响而建立起来的，就同时带有华侨华人要认同的真正中国是中华人民共和国意味，而不是在台湾的那个败走后受美国保护的名不副实的政权。这种竟敢否定国民党蒋氏统治的看法和态度当然是被传统侨团视为是反叛的、不能被接受的。此外，该团体还在会所周日放映歌颂中共长征的《东方红》，吸引不少人观看，遂更使传统社团领袖及国民党不知所措。而其带头人传闻是当年台湾空军司令周至柔的女儿，这确实不好办。

这个团体出版了一份中文"月报"，取名叫《团结报》。成员中，以女孩及土生成员占多数，基本上全是年轻人。其后旧金山及波士顿都有同样的组织，互相联系活动，彼此支援。在最初发展期，他们以纠正华人在美国的正确形象而举办各式各样具有斗争性质的活动，包括带头率众抗议业主向华埠内住客加租而鸣不平及举行示威行动。它经常与其他少数族裔结盟，在争取诸类民权项目时，互相联手。至20世纪70年代中期，易名"华埠人民进步会"，面向美国境内广大华人，致力于争取民权，反对种族歧视。

四　保钓运动，这样发生

在美国发生的"保钓"运动，顾名思义，是指当年部分在当地的来自台港留学生及部分爱国华侨华人，因倡议要捍卫钓鱼岛是中国领土，而在美国各校园及侨社内发起一场又一场以游行示威来宣示这项主张的海外华人保土卫国运动。这场运动，至今仍在继续，因为它涉及的问题和争议还没有得到应有的解决，它要针对的相关国家，与由此而理应抨击的对象，也并非完全地经常一致。

钓鱼岛位于台湾以北的太平洋上，至少自从明代以来已视为是台湾外围所属岛屿。清末时日本占领台湾，自是包括了钓鱼岛。因第二次世界大战日本战败，除了它本身四个岛，其他全归还原属国。故此台湾回归中国，但钓鱼岛却没有。它（未受注意地）由美国暂时代管辖，后又因蒋氏政权迁移台湾，美国更派出了舰队分隔两岸。20世纪70年代开始，美国自行把琉球及钓鱼岛管辖权移给日本。消息在美国报道出来，台港留学生深表愤慨，遂于1971年1月29日及30日分别在美国各大城市发起连续多次保卫中国领土钓鱼岛的大大小小示威游行，其中尤以纽约和旧金山最激烈和最引人关注。他们并组成长期执委会，继续要把这一运动扩展。除了鼓动校园内的更多中国同学参与，也到各自的唐人街活动争取侨胞支持；各地效尤，保钓运动随而升级。留学生们纷纷油印宣传小册，互相传寄，各抒己见。同时，他们又以发信及登广告形式，呼吁中国北京政府及台湾当局采取相应行动。一方面，吸引到更多高级知识精英在校园内参与集会；另一方面，催动更多保钓运动成员到侨社去进行宣传。

美国以外，加拿大的中国留学生纷纷回应，也组织执委会，与当地侨胞一同行动。台湾岛内的大学生，也都闻风行动，或先或后，集会游行；香港一地的年轻人同样高喊保土卫国，不遑多让。

这场保钓运动，虽说在美国是从校园开始，却迅速漫延至各州多地；在美的台港留学生固然曾是主力，各处唐人街华侨华人亦多回应支持。

五　华侨参与，少有记载

一般而言，现时所读到的诸多有关记载，包括评述，都只是把这场发生在美国的保钓运动形容为台湾留美学生的运动；这无疑是片面之谈，有其不足。因为事实上各大城市华侨华人都有参加，且有不少香港来美国的留学生参与发动。之所以造成了那种偏见假象，是由于当年及事后能执笔撰述此事件经过的多数是台湾留学生，而留下来的大量描述也是时人取材于由他们执笔的那些校园小册。

直到 21 世纪开始后的第一个十年的中期，清华大学在其图书馆内设立保钓资料中心，倡办保钓口述历史，开始搜罗当年包括有非留学生及华侨华人亦参与的细节。这样，才实事求是地填补了一些空白，回答了一些疑问。

一场运动总有群众，华侨就是这海外华人爱国运动的更大批的各地草根群众角色。终于有华侨身份的曾是这运动参与者，获邀在清华大学主持的一次口述讲演会上做出如下一段被众人忽略的复述："我当年不是留学生。我是移民家庭子弟，已毕业在纽约工作。但我当时是纽约《香港学生联谊会月报》的主编。当会员把保钓要搞游行的消息传来，我们都到哥伦比亚大学参加开会。……我被选派负责发动唐人街华侨支持。示威当天，大约有 300 名侨胞参加。"①

所以，由此可见，那场保钓示威，是留学生加当地华侨，其中不乏来自香港的留学生。而且，事实上，那时的华侨社会还是粤侨天下，其他省的移民还未大举来美。讲国语的，难有听众。是能讲粤语的那些保钓分子，牵线搭桥，共同参与，才同时把保钓运动带进各地的唐人街。这就是当年的真实。

异于校园的那种意识形态理论的政治争辩，保钓分子在侨社只能以提供社会性的服务来吸引和接触侨胞。以纽约来举例，他们在华埠先后开办"华埠食物合作社""健康诊所""街坊节"及组成"华埠电影小组"等来进行公益活动配合保钓运动宣传，并逐步向广大的侨胞介绍新中国。

---

① 陈天璇、罗兰：《洪流中的细沙和白沫》，《美国保钓运动口述》，北京清华大学保钓资料中心演讲，2008 年 5 月 4 日。

不可否认，知识分子最会摇笔杆，留下来的文章与论战各一大箩。校园内刊物如雨后春笋，纷纷出笼，亦是这个原因的催动现象。但若仔细读，不难发现，刊物内所载其实是几场这里那里大家的反复辩论，之后因而流传下来，也就被视为是这运动的主流。所以，依据那些资料，它当然只是突出了台胞，忽略了香港来的留学生和华侨。

其实，保钓运动在校园的留学生中，取向很快亦起变化。比如，在开始时，它本是针对美、日政府的；保钓参与者无分左或右，甚至为了团结，游行与集会均不亮国共任何一方国旗。只是不到半年，却变为国共政局的争斗。因为谈及统一，亲台的多退出。表面上自此由亲北京的尽占上风。

六　华府示威，抗议高潮

其实，钓鱼岛问题的始作俑者原是美国政府。所以日本与美国都是得益者；日本固然是白白得到钓鱼岛的管治权；美国则是借此来牵制中国与亚洲地缘政治秩序。美国故意在中、日关系上平加纠葛，既直接在大陆和台湾政府间另添纷争，也同时使在美国及海外的华人中造成不和。钓鱼岛本就是中国土地，偏偏却不直接交给台湾。居心叵测，保钓人士中哪有不知这道理。

于是，在各地举行过第一轮示威游行后，终于有人开门见山地把矛头指向美国政府本身，倡议到美京华盛顿游行。日期选在同一年的4月10日，决定各地组队前往。因为华盛顿是在美东，遂由纽约带头安排。这是华人第一次全国性地拉队到美国华盛顿特区集会示威抗议。

当天，共计有4000人参加，分别来自美国各地。短程的开车去，长程的包巴士，更远的提早坐飞机预先抵达。场面轰动，横幅遍布。众人大喊口号，齐声高歌保钓；举牌列队，于白宫前。由各地男女代表先后向在场参与者发言鼓舞，在掌声夹杂诉求口号中，由推选的几人登门，以顺利递请愿信为高潮结束。总的来说，过程激昂热烈，一切中规中矩，没有发生任何意外。

之后有部分组织者聚集在离美京不远的马里兰大学校园稍作检讨，并互相鼓励要继续努力，务必把保钓运动的宣传深化，且希望两岸政府多表态。

这一次非正式的保钓代表集会引发了以后的更多同类集会。随后保钓运动在校园的发展，多以集会和撰写文章来进行。各地手抄油印通讯册子不少，也轮流在不同校园聚会讨论。一般认为，是那年 9 月 3—5 日在密歇根大学安那堡校园内那连场保钓人士云集而举行的政治争辩中，各地来的代表曾达 345 人，最后以多数票表决承认北京为合法政府，保钓队伍遂自此分开了左右派别。①

接着，是政治倾向明显化，同年 9 月 21 日在纽约，有支持中华人民共和国取代台湾出席联合国的活动，也是保钓人士以左派立场，公开对外界表态的头一次集队大游行。不久之后，台湾代表果然在联合国被逐。自此，保钓中的亲台队伍沉寂了。保钓成了左派运动，集会时举五星红旗。②

七 后续保钓，两类发展

当然，促成中华人民共和国入联合国取代台湾当局，有赖于第三世界国家的支持努力，及美国对中国态度有所改变，两者相辅相成。

在美国的保钓运动，恰于相应时候转左，是由于冷战时局的骤变，可谓适逢其会；继而因为中美的解冻，刚巧推波助澜。

自那以后，其集会和活动亦尽是宣传新中国。接下来的初期发展，分了两类不同范畴。有些人继续保持在校园做学生与学者思想工作；有些人搬进华埠向华侨华人讲共产主义中国的新变化。

据悉，他们都读毛选，并要活学活用。也许向他们面对的群众对象大讲马列主义，可能是校园内常见现象，自不太难；唯是与长期曾处于恐共反共氛围中生活的广大粤侨谈大陆的优胜，谈何容易。是以，这两个不同场所的后续发展和变化遂不一样。

20 世纪 70 年代初期，纽约华人阶层仍保持着所谓"埠上埠下"两类疏离社会，埠上，是学者专家的散居统称；埠下，是唐人街内的华侨华人。

先说校园，是知识分子与留学生的天地，开学习会，出小册子，

---

① 龚忠武、王晓波等合编：《春雷之后》卷 1—3，台北人间出版社 2006 年版，第 6—7、24—25 页。另见卷内各篇忆述。

② 同上书，第 8 页。

或称某地保钓通讯，甚至放中国宣传片，便成为当时保钓运动的继续。包括邀请著名学者出席谈论对中国的访问见闻，比如，曾举办过有物理学家杨振宁及著名作家韩素音等人的演讲会；还有些人专门搞中国话剧及歌咏组这类文娱。

然而，在唐人街，是两回事。他们多是来自农乡粤籍家庭新老移民，文化水平有限，不习惯听理论，此其一；侨社在那阶段是由国民党操纵舆论的，既保守又反共，一般怕听共产，此其二。

要突破这两大难题，进了唐人街的那些保钓分子，以放映侨乡纪录片，借乡情来吸引侨胞上门观看，加入样板戏和社会主义题材的建设宣传和电影，总之要一般侨胞敢于习惯地前来观看。

同时，他们借通过搞"免费医疗"检查（仿"赤脚医生"）及"新鲜瓜果"平售（"为人民服务"）来增加与华埠侨胞的接触和沟通。

也在这阶段，保钓中有人到加拿大进口了中国土产回来在唐人街开店发售，纽约"四新商店"就此诞生，大陆货才出现。继而，有"立新书店"只卖大陆出版书报，又有"华埠电影小组"经常放免费大陆影片，及办"新苗舞蹈组"每周教授中国民族舞蹈等，才使恐共风气渐消。①

---

①　陈天璇、罗兰：《洪流中的细沙和白沫》，《美国保钓运动口述》，北京清华大学保钓资料中心演讲，2008年5月4日。全文辑入"保钓纪念专辑春雷系列增编"：《峥嵘岁月、壮志未酬》（上、下），台北海峡学术出版社2010年版，第275—299页。

第38章 中美解冻

小 引

中美两国之间出现关系解冻，是终止冷战局面的开始，也是中国跻身国际三强的开端。由两国乒乓球队互访，促成了首次中美公报。

继而，双方在对方的首都设联络处，从而有了非正式的官方接触。这对在美国的华侨来说，就如同各自开了半边门。

一 中共形象，跻身三强

20世纪70年代开始的中美言和，委实叫世人感到不可思议。

也许现在回头去看，可以作如下的理解：主要因为当时国际的局势在变化，美国已再不是中国的头号敌人了。

简略而言，首先，中苏间的分裂已成公开事实。这两个原本曾是国际共产主义阵营的大盟友，已经不再是互相扶持的同志了。早在他们间的连串论战中，双方已演化为最大劲敌。这是很重要的一个变化。

其次，就是美国本身正面临经济的衰退，在国际争夺中显得力不从心。尤其是与苏联在欧洲的对峙，渐处下风，屡现颓势。一方面，当时的欧洲和亚洲已从第二次世界大战后复苏过来，不必像已往那样对美国依赖。另一方面，苏联刚巧相反，国力愈见雄厚，影响日益增强。正如中国共产党称它那样，有霸权主义的作风，对世界无产阶级的革命事业不利。因此，站在推行全球共产主义的立场上，毛泽东要带领第三世界国家进行抵抗。这是新的任务。

　　再次，中国经过了"文化大革命"运动，在国际上的声誉日隆，特别是中国共产党的领导人毛泽东，其对马列革命理论的解释与形象，在亚非拉三大洲那些落后国家中，影响逐渐扩大，潜力不断提升。

　　因此，从美国及世界的战略看，中国这个国家对美苏两国对峙的冷战局面，开始被视为已是一支可以左右胜负的力量。

　　那个时候，美国处在败退中，中国要对付苏联，便无形中有了共同的敌人。但那只是限于高层次的宏观国际政治博弈。对于一般中国人民，要有恰当的解释把这只"纸老虎"作为"新朋友"。对于在美国的华侨，解冻消息传出之后，学者华侨多表欢迎。基于本身是中国人，又由于生活在美国土地，情跨两地，能和解总是好的。这是最普遍的反应，也是最兴奋的期待。

二　小球大球，背后外交

　　凡事总会有开始，困局需要突破口。世界事务是属于外交的范畴，这是国务院总理周恩来的事。刚巧在那时候，世界乒乓球赛正在日本举行，中国也派了选手前往参加。在球赛空档，曾主张"友谊第一，比赛第二"的中国，邀请了好几个国家的乒乓球队到大陆访问。当时，美国也参加了比赛。但是否邀请美国？中国队负责人不敢擅作主张，遂致电北京向周恩来请示。本来周亦为此犹疑不决。毛知道后表示机不可失。于是，中方球队破天荒地邀请美方球队访华。

　　与此同时，美国总统尼克松亦间接知会美方球员务必接受邀请。当美国乒乓队真正踏足北京的那一刻，立即轰动了世界。

　　然后，美方礼尚往来，回请中方访美。这样，经中国高层批准，中国队终抵纽约。当日，华侨曾列队到机场欢迎。这是中美两国人民文化史上互访交流的开端。后来史学家把它称为"乒乓外交"。因如果没有双方高层的幕后默许，这样的民间活动是绝不可能发生的。"小球"遂推动了"大球"。

　　其实，这一段中美借球赛进行互访的外交突破，早已酝酿多时。据说，1970年年底毛泽东对获邀来访的美国嘉宾作家斯诺表示："如果尼克松愿意来，我愿意和他谈，谈得成也行，谈不成也行；吵架也行，不吵架也行；当作旅游者来也行，当作总统来也行。总而言之，都行。"几个月后，这番讲话，刊登在美国《生活》杂志。在此之后，尼克松通过巴基斯坦总理到美之便，请他向中国转告了美国要寻求友好的意愿；并提出将派出一位高级使节秘密访华。这位总理急飞北京。经商议后，中国同意美方所提建议。于是基辛格访华之旅就秘密地加紧安排了。而表面上，中美间的交往仍限于乒乓球。

三　中国胜票，入联合国

其实，毛泽东的目光放在第三世界。在全球的格局，他已视美苏为两个推行帝国主义的超级大国。美是旧有的，苏是新兴的。

根据毛的分析，在新的情况下，苏联将比美国更具欺骗性，亦对落后的国家危害更大。所以，中国看准了这一点，把能够进入联合国视为是支持弱小国家对抗帝国主义的一个转折点。

已不止一次有许多国家提出请求要中国（北京政府）进入联合国。自冷战以来，在美国扶持下，台湾（台北政府）代表中国。而且，美国以它的影响总要欧亚及其支援的国家投反对票。

所以，尽管历年努力，一直未能突破。直到1971年，由于美国态度改变。就发生了如下的事。那是1971年9月25日，联合国的各国成员在阿尔巴尼亚国家带头鼓动下，中国席位问题又被提上议程，几经辩论，投票表决；会员国中以76票赞成、35票反对、17票弃权的结果下，大会就此通过了恢复中华人民共和国在联合国的一切合法权利，并立即驱逐来自台湾的"中华民国"代表。

同年11月15日，中国派乔冠华为团长率员抵达纽约出席联合国的会议。华侨亦早已闻风列队摇旗到机场献花热烈欢迎。

另外，当年左派侨界最注意的事情就是，他们发现在中国代表团成员之中，有曾经在纽约生活工作的唐明照，他已作为这次中国代表团成员之一，不禁又喜上加喜，而且他9岁时从纽约带回中国的女儿唐闻生，亦以外交部翻译员身份随行而来。唐闻生被安排在机场对前来采访的媒体发表中国代表团此行的主旨，对欢迎者表示感谢，并向美国人民问好。由于她的英语发音纯正，一时间顿成舆论焦点。她原在纽约市布碌仑出生的事，也成为媒体大众关心的问题。

四　尼克松氏，见毛泽东

其实，更多好戏，还在后头。中美关系正在秘密解冻。

当时，尼克松政府的美国国家安全顾问基辛格，在访问巴基斯坦时以腹痛小病为由，住进了医院。而实际上，他是避开了公众视线，秘密地等待着被中国派去的外交专员，接他前去访华。现时资料解密，是由副外长章文晋带领，还加上王海蓉、唐闻生陪同。一架中国专机于1971年7月9日中午，把这一位特使载达北京。

随后周恩来与基辛格进行长达17小时的会谈，然后，按照当时约定，中美双方于15日同时发布一份仅有200字的公告，向世界宣布了美国总统尼克松已接受中国的邀请，将于翌年5月以前的适当时间访问中国。这一公告震动世界。主要因为在那时候，中美双方代表着两种对立的不同政治意识形态。中国在国际共产主义阵营，当时比苏联更坚持及不容许对阶级斗争有任何的让步；而另外的一方美国，自从第二次世界大战以来，就一直是全球资本主义国家的大盟主。现时彼此公开接触，如果化敌为友，简直不可思议。说到底，中美当时是敌对国。

那一年10月中旬，基辛格再度到中国，为尼克松的访华作准备。据说，美方这时已经事先拟好一个声明底稿，要在尼克松访问完毕后发布联合公报。经过双方反复磋商，台湾问题分歧较大。最后，由基辛格建议使用这样几句话："美国认识到，在台湾海峡两边的中国人都认为只有一个中国，台湾是中国的一部分。美国对这一立场不持异议。"周恩来听说后认为这个意思可以接受，但是有些个别词句还要以后加以推敲，待访问时再定。

1972年2月21日近中午，美国总统尼克松乘专机抵达北京。由周恩来亲自前往机场迎接。到宾馆后即接通知毛泽东要会见。毛泽东与尼克松的会面，在中南海进行，长达一小时十分钟。话题广泛，多关哲学。几天后中美再按照约定在上海发表了联合公报。

五　中美公报，宣布解冻

尼克松老远跑到中国，自有其已打好的算盘。游览完了，在离开前，中美双方在上海发表了自冷战以来的首次联合公报。它的全称是《中华人民共和国和美利坚合众国联合公报》，是于1972年2月28日，由美国总统尼克松在中国访问期间与中国国务院总理周恩来签署。内中提到中国与台湾的统一问题。中国本身率先表明看法和态度，自是直截了当。美国也就同一问题，发表其认知和立场，难掩言辞闪烁，含蓄暧昧。

关于中国海峡两岸分裂，双方同意各表共识如下：台湾问题是阻碍中美两国关系正常化的关键问题；中华人民共和国政府是中国的唯一合法政府；台湾是中国的一个省，早已（在第二次世界大战后）归还祖国；解放台湾是中国内政，别国无权干涉；全部美国武装力量和军事设施必须从台湾撤走。中国政府坚决反对任何旨在制造"一中一台""一个中国、两个政府""两个中国""台湾独立"和鼓吹"台湾地位未定"的活动。

美国方面声明：美国认识到，在台湾海峡两边的所有中国人都认为只有一个中国，台湾是中国的一部分。美国政府对这一立场不提出异议。它重申对由中国人自己和平解决台湾问题的关心。考虑到这一前景，它确认从台湾撤出全部美国武装力量和军事设施的最终目标。在此期间，它将随着这个地区紧张局势的缓和逐步减少它在台湾的武装力量和军事设施。

此外，双方将扩大两国民间交流与往来，为双边贸易提供便利；并同意保持两国间接触渠道。

一般而言，《上海公报》是尼克松访华的主要成果，代表中美关系相对缓和。从美国的角度，公报的最重要意义在于拉拢了中华人民共和国政府，在国际上进一步孤立苏联及其卫星国家，利用中苏分裂加强美国的国家安全。从中国的一边，基于地理原因，苏联已被视为是中华人民共和国的最大威胁，因此，与美国改善关系对中国是有利。随后双方在对方首都设立联络处。

然而，从华侨的角度旁观，他们亦可透过这一纸公报，看到美国无疑公开承认，台湾命运由其掌控，它说什么就是什么。台湾当局固然在此无权发言，中国方面也是暂且无可奈何。中国大陆与台湾本来同属于中国的领土。这一事实，世人共知，但有关这两地何时统一，及是否统一却必须取决于别国人，实在叫全世界中国人不痛快，摇头再三。一方面要怪责台湾当局如此窝囊苟安，不思振作；另一方面则寄望大陆早日变得富强壮大，统一可期。

六　保钓零团，面周恩来

与此同时，保卫钓鱼台的运动在美国留学生校园正如火如荼地发展。学习马列经典及毛泽东选集在年轻人圈内到处盛行。人人正在重新认识中国，各自成立小组研究共产主义，成为当时的热烈活动。他们都如饥似渴地要更多地了解共产中国和陌生的社会主义制度。

但那时候的中美关系仍处于封闭与围堵的状态。一说是，因为保钓团队中有人要求去亲身访问中国；另说是，由于中国驻联合国代表团有成员曾建议并作出了邀请，于是，一个小小的五人自组代表团，途经香港，进入大陆，开始了为期几周的参观访问。这五个人是李我焱、陈恒次、陈治利、王正方、王春生。他们这五人的特色应是，同是来自台湾，同是非广东人。所以，从本质说，他们只代表美国留学生中来自台湾的那一部分；而实际上，保钓运动的参与者，既有香港来留学的，也有从东南亚来的，更有在美国华侨社会的爱国人士与青年学生及大学毕业生等。无疑，因为台湾是两岸分裂的焦点，中国共产党也历来刻意地将台胞和从台湾来的视为首要的统战对象。也因如此，在随后有关保钓活动评述中，仿佛它是台湾留学生在美国独有的一场运动。那是一种错觉，也是一种错误。

据称，这个保钓零团（这是后来定的）有特殊的机遇。他们在中国北京人民大会堂获周恩来接见，并与他们通宵达旦长谈，其间，既询问了一些有关运动情况，也讨论了保钓的问题及世界大局。

他们五人返美之后，曾到各校园去演讲。一再谈及他们对中国的印象，及周恩来对钓鱼台岛屿的意见。根据他们叙述，周恩来当时曾经说，保钓运动虽然是海外学人爱国情怀的表现，但是在那阶段中国与日本正企图恢复邦交，两国今后顺利进行与否，比争回那些岛屿更为优先；故此，劝谕，保钓运动亦应暂时适可而止，待以后时机来临再各尽所能。周恩来治国以实务见称，这是可理解的取向。此外，周恩来还提及美国正开展的由黑人带头的争取民权运动，华裔在美国是少数民族一员，若然已加入美国国籍的公民，可以以美国国民身份参加争取合法权益；若然仍保有中国国籍的学生，因是外国人在美国就应避免介入。总之，爱国运动是表现爱中国，民权运动则是当地美国人的事情。这要分清，不能混淆。中国不主张干预别国的内政，中国不会向任何国输出革命。由于两者发展轨迹各自不同，成员组织有别，理应不该兼属。周恩来这番话被保钓零团成员带回到美国传开以后，不但使保钓运动自此渐趋平淡，也导致与民权团体诸项的活动和合作亦因而渐告分流。

七 部分精英，考做翻译

以上这些有关运动说法，由保钓零团人分头复述，先在美国留学生群，继在左派华侨华人中，也同时产生了某一些负面的影响。其一，爱国与民权团体（因有些正在企图组美国革命党）的合作自此从而划清界限；其二，爱国人士与美中友协（曾是美华人士合组而成）内的华人成员亦因而自行退出了。那是因为，基于中国政府表示，不希望被美国及别的国家误解为中方意图"输出革命"。

最显而易见和闻风而变的是，各地保钓精英突然一窝蜂地抢滩进入联合国中文科去做翻译工作。这无疑也同时解决一些留学生在美居留问题。根据解释，因为参加保钓，有些台湾留学生拿的奖学金和台湾护照均被取消了。

那是另一方面因为来驻联合国代表团与国际的关系展开之后，急需大批翻译人员，以应中国发言之需。据参与者辩称，这亦是知识分子可在海外报国行动的机会。于是，在短期内，有近百人，投考进入联合国成为一般的文员。其实这些人中，有不少是博士，且是理科博士。其专业应该是物理、化学或某项工程师。所以，这类行动，虽言报国，如果不是自此顿成学非所用，也多少在自我浪费专才。比如，随便举例，人所共知的纽约保钓人物李我焱，本来是华裔物理学家吴健雄的弟子及博士后研究员，却弃专业改而去当一名中英翻译；另外，学文史的龚忠武，他原是哈佛大学费正清的弟子，专攻中国史，亦是博士生，也考进联合国任职当翻译员，大材小用，明显不过。自此，他们都是拿起笔杆安安静静坐在案前做文字工作，不再参与针对日本游行，也少有抛头露面批评台湾。

第39章 侨社改革

小 引

冷战以来的美国唐人街社会，政治风气上是右倾，思想行为上是保守。华人自成治区的旧观念基本上仍然在继续，遑论要融入美国白人社会的主流。土生或移民抵美的年轻人，那时绝大多数还只能与他们父母局限于唐人街的那块狭小天地生活。但由于父母的栽培，有些年轻人有机会入大学，他们之中，有些不光是能够借此条件而涉足唐人街以外的白人机构工作，也有些人把他们的所学所知带回到侨社内发展，从而逐步改变它落伍的方方面面。

一 免费医疗，社区管理

在华裔年轻人争取民权等一系列的活动中，有"免费医疗服务"及"社区人士管理"的斗争理念。这也是早期在这类斗争中较有成效的一环。其里程碑是纽约下东区内一所市立"高云尼医院"的保留与扩大，以及另有一所由那些年轻人开办的"华埠健康诊所"，对侨胞提供低廉收费的医疗服务。

这都是1971年发生的事。一批华裔青年，以谭闽生为首，与当年下东区内的波多黎各裔及黑裔人士结盟，为保留区内唯一的一间市立医院免遭关闭，公开举行大会和示威游行等，成功地争取到这一大胜利，不仅使"高云尼医院"能续开，因它邻近华埠，故此对华人有利。然后，带着社区管理的目标，他们也投身医院工作。谭闽生主持公关部，促进更多华人受聘，更好地服务区内患病侨胞。有陈天璇、罗兰、关丽珍、黄立庄、游韵诗、李香薇、陈灿辉等人渐次加入，并出版每月《高云尼通讯》的中文版、英文版及西班牙语版，免费提供医院医疗信息。

与此同时，一所"华埠健康诊所"在一个向联邦取得经费成立的非营利机构"华埠策划协会"的支援下，于华埠开始了服务。其后，谭闽生亲自转往那里去专心主持它的多元发展，"高云尼医院"的社区公关部由陈天璇继续负责，加办了社区性活动节目，如放映中国医疗的针灸纪录片等，还经常在礼堂举办中国文化文娱活动，及后又开始推行联邦给予贫穷家庭的粮食券方案，使这一所医院与社区关系更密切。

但是好景不长，20世纪70年代中期出现了联邦政府经费削减的普遍现象。"高云尼医院"作为全面性医疗服务社区的理想因而破灭了。它在社区连串示威抗议后没有得到政府的支持，医疗项目全被削减，只能够变相地被改作老人院。至此，免费医疗服务及社区人士管理的民权理念遂未能如愿。

二　打破常规，立街坊节

在纽约华埠出现这样的一个服务小团体无疑是一个异数。它取名"华埠食物合作社"，是由华裔青年及台港留学生一起进入华埠设立。据成员陈天璇忆述："基于'为人民服务'的感染，我们夫妇（陈天璇、罗兰）不但搬进华埠居住，工余与友人办'华埠食物合作社'。它是一个单纯的服务性工作组合。由邝治中发起带头，骨干成员包括我们夫妇、林磊和李香薇、曹心姝及几位华裔土生男女，其中还有来自加州柏克莱大学学运的关丽珍和她的医科夫婿。另外其他保钓分子如王正方、王春生及为数不少的留学生都曾来参加它的每个周日义务工作。我们当时所做的其实简单，所谓'合作社'不过是每个周日一大清早开车去果菜市场购买各类常用生鲜果菜，然后回来卖给上门侨胞，借一个教堂的土库开档。依原价加十分之一，作为支付经营费。我们相信这就是'为人民服务'的体会和实践。这样坚持做了将近两年，让大家去体验劳动生活。与此同时，亦有其他保钓分子进入华埠展开其他活动。"① 这些人中的骨干住进华埠。此外，还自发地组织"政治理论学习小组"，主要是集体围坐一起研读一些"毛选"以及"马列"的著名篇章。因为内中有不说中国话的土生们参加，讨论是以英文进行。聚会地点是在纽约保钓人士邝治中搬到华埠后的住所。不过这个学习小组不到一年便终止了。因有不少成员被另外一个"亚裔学习组"（ASG，Asian Study Group）吸收去了。那组人后来致力办"平等就业会"，并多数是"工人观点"（Worker's Viewpoint）骨干。相信是受纽约"平等就业会"的影响，当时在费城有"黄籽会"，在芝加哥有"新青年中心"，都是类似的年轻人组织。

然而，唐人街"华埠食物合作社"每个星期天的食物义售继续，常有新人加入。1973 年夏季，"华埠食物合作社""华埠健康诊所""土库工作室"及"街坊报"等年轻人，联手在华埠合办了一个提供当场免费医疗检查为主的首届"华埠街坊节"。因他们在勿街及披露街摆设了一连串摊位，事前虽曾遭到恐吓，进行中受骚扰，但仍坚持直至结束。它的具体活动不外是把诸多有关的社会服务信息，义务地发放给侨胞们，指导他们有关申请程序，劝导不应坐失权利。由于侨胞反应热烈，它不但从此开了头，还能以后每年继续再办。当年出来反对的人是害怕华埠因而有其他变化。

三 平等就业，反对歧视

纽约"亚洲人平等就业会"是最初创立时所用的名称，地址在华埠东百老汇 1 号二楼；是租赁的，专门作会所用。

当时在它不远的孔子大厦还正在兴建。该会争取平等就业，是要求它容许雇佣华工参加建筑。与其说是当时有此需要，不如说是，更似一试练场。那时争取民权的年轻人，把它视作为一个好实例，并且用它来考验争取华人就业的平等。建孔子大厦原是华商向纽约州府申请取得津贴而兴建的一座平民式社区住宅。但是，建筑工程却被外裔公司承包，有工会在后监管，不雇非工会工人。华工多是一般性的装修木工，因未接受过训练未能加入工会，而常遭到排斥。"亚洲人平

---

① 陈天璇：《关于华埠食物合作社内容》，《美国保钓运动口述》，北京清华大学保钓资料中心演讲，2008 年 5 月 4 日。

等就业会"几乎是针对这一项民权斗争而应运成立的。抗议性的游行示威，连续在且林广场举行，长达三月，终有成果。承包商同意雇佣了约20名华工作为双方罢休言和条件。然而，最令人遗憾的是，那些终获雇佣的华裔工人，大多数不久后便自动请辞了，据他们说因为体力不支。①

若是从另一方面看，胜利加强了会员信心。因为在下一轮华人民权斗争中，"亚洲人平等就业会"挑战了华埠的警察暴力。

在1975年纽约曼哈顿区华埠内发生了一宗交通案，有警察指控姚扬勋违例泊车并将他殴伤了。姚扬勋到"亚洲人平等就业会"诉求帮助。于是，会员出于义愤，召开了群众会，发动抗议游行。当时以反对种族歧视及反对警察暴力为号召，动员侨胞参与，并争取其他族裔支持。那些年轻人先是于5月12日成功地组织了一次示威游行，有3000人参加。这无疑对他们的维权是一次鼓舞。于是示威继续酝酿。在再接再厉的下一轮斗争中，终于争取到中华公所及传统社团联手，动员全侨，又再游行。5月19日从华埠列队到市府去抗议的人数曾高达两万人。这是史无前例、万人空巷的华人反歧视大示威，史称"姚案"。这宗交通案件，先是警方指控姚君，由于华人大举抗议，除了姚君本人终于被判无罪，还在律师的帮忙下反控胜诉，最后，双方庭外和解，姚君获赔而告结束。

四　大陆商品，如此开售

千言万语，不如实物。于是，为了宣传新中国的成果，保钓成员在华埠开商店，进口大陆货品，卖给当地侨胞。那时，美国还未容许大陆货进入美国。虽然中美关系解冻，人民可以来往，文化可以交流；但货物是经济范畴，还没解禁，不能大举进口零售。不过，邻国加拿大与中国大陆关系较好，多伦多市也有唐人街，而且有大陆货出售。所以，这些纽约保钓分子便到多伦多去进货。最初，他们是亲自驾车去，将货物运回。虽是转接，但却可行。"四新"商店的大陆货就是这样来的。它是纽约售卖大陆货品的第一家。它是由保钓成员开

---

① 陈天璇：《平等就业路遥遥》，辑入《杂文集：华埠内外》，美国松石居书坊2012年版。

办的。

而且，亦应指出，在这家商店之内，由老板到员工，全都是大学生甚至是博士。他们所以开办商店，是为了宣传新中国，并非从赚钱与否的角度出发；这种爱国热情，在当年颇普遍，尤其是参加保钓运动的那一群年轻人，包括在其他的地方也出现类似的情况。比如，以美东区为例，在美京的邻镇，就曾经开有"熊猫"及"大庆"等商店，也全是大学生参与，也都是保钓的成员。然后，其他与新中国有关项目也陆续发展起来。最突出的是，专门出售大陆出版的各类书报期刊及文具的"立新"书店，专门帮忙办理回新中国探亲或前往观光访问等行程的"国风"旅行社，先后相继在唐人街出现。大概由于它们都是新创甚至最初还只算是独家，业务之始，客似云来。

至今，"四新"商店已扩展为"珠江百货公司"；"立新"书店早已结业，随后，代之而兴的是，也同以出售中国大陆书籍为主要业务的"东方文化事业公司"。另外，由当年的年轻人开创的"华埠健康诊所"仍在；"土库工作室"最大的成就是，先发展了"华埠历史学会"，又再发展了"纽约华人博物馆"。这都是改革带来的成绩。

五　电影小组，宣传爱国

与此同时，除了民权运动所进行的活动使传统的华埠多添了新气象，保钓分子中的大学生及博士亦有些人搬进来，为便于宣传新中国。他们配合着中美的解冻，向侨胞介绍大陆的种种。还有什么比放映中国的电影更方便更直接？于是，在纽约的校园与唐人街均有"电影小组"先后组成，校园面向学界，华埠面向侨胞，他们分头义务放映中国电影。片源是向中国驻联合国代表团借来的，然后租放映机，借用场地，全部组员都是义工；他们出于爱国热忱参加服务。观众是入场免费，捐献与否随意。

其实，他们这样做是自动自发，以华埠的"电影小组"为例，它没有固定负责人，为了易于联络，只有召集人及工作组长。成员包括上述华埠各团体的主要人员，还有几位当时任职联合国中文科及个别留学生，又侨社内个别爱国人士等都来帮忙，男女合计二三十人。

至于他们所放映的内容，有描述中国人民如何在中国工业及农业等项目上的奋斗情况。尤为可贵的是，它不强调物质是否丰盈，更多地突出了精神面貌，使人知道在新中国成立 20 多年间，中国是如何从一穷二白中坚毅地再起步，人民为建设社会主义新中国而付出的所经艰难，如到处修筑大型水利工程等。这些成绩都预示着新中国的变化。

其实，当时在纽约华埠有五家电影院（名为：中国、总督、新声、金都、璇宫），但它们就是从来不放映来自新中国的电影。由此可见，纽约侨社仍被右派势力牢牢操纵，双方壁垒分明。

另外也应介绍，"华埠电影小组"这个小组同时是当年（举办爱国活动）行动核心。每逢有任何左派的爱国活动，它也是"临时筹备委员会"，既担任筹组业务，也执行实际工作。但总是物色有头有脸的人物出来当临时主席并被推举为登台代表发言（如曾担任过中华公所主席的梅子强及衣联会主任陈金坚等）。亦应指出，校园有"纽约中国电影会"，亦常分头在埠上放中国电影，其对象是校园学生以及学界人士。

六　美西土生，追根探源

20 世纪 60 年代至 70 年代，华人社会对政治态度的改变，是由华裔大学生包括台港留学生带头引发的。以下是美西的一些简略进程。

在美国，60 年代是黑人奋起争取平等民权的年代。其他少数民族，如西班牙语裔人，追随黑人民权后尘，有样学样，亚裔亦然。其中，华裔中的土生及来自台港在美国的留学生率先喊出争取平等民权的口号。据记载，先有华女朱玉燕（Emma Gee）与日裔夫婿市冈雄二在美西加大柏克莱发起成立一个"亚裔活动小组"（Asian Caucus）支持"和平自由党"（Peace and Freedom Party），它当时算是争民权的积极分子们意图依循选举制而欲进军美国政坛的一支助选力量。该党其实是反越战分子及黑人黑豹党成员于 1968 年初联合建立的。继而，在同年的 5 月，加州大学柏克莱分校的亚裔独立成立了一个"美亚裔政治联盟"（Asian American Political Alliance），并提出"反对美国白人种族主义，反对美国政府的帝国主义政策，支持美亚裔自决的权利，支持被压迫民族的解放斗争和第三世界民族的自主权，建立一个平等、合理、人道的美国社会"等主张。不久，他们的声音得到共鸣。除此之外，旧金山州立大学亦成立了一个分盟予以回应。

至 1969 年，在南加州、美南及美东均出现了类似亚裔团体分盟。

如纽约哥伦比亚大学亦成立该处的"美亚裔政治联盟"。

接下来，旧金山州立大学的少数族裔学生向校方提出要设立"少数族裔研究学院"。当校方拒绝这一建议时，有一个名叫"第三世界解放阵营"的大学生组织，公然呼吁在校园发动了罢课抗议。这一场罢课抗议活动竟延续至1969年春，当它结束时，已赢得了校方的最终同意，破天荒地，让第一所"少数族裔研究学院"在美国校园内宣告成立，也包括了有"美国亚裔研究课程"的开设。这一项新突破和胜利影响了其他校园。在1969年年底前，其他学府如加大柏克莱分校、夏威夷州立大学及在美东的纽约市立大学均开设了亚裔研究课程。这是亚裔学生在美国大学学府诉求的胜利。

在新的有关亚裔研究课题上，学生们提出对他们身份的探寻和确认。土生华裔的学生们首次认真考虑和试图去解答："我们是谁？"又或"我们是什么人？是中国人？是美国人？抑或是美国华裔！"等称呼及生活文化上的种种联系。身份的认同与历史的过去，足以使部分人重返唐人街，专心地去发掘血缘与族裔的根，也催生了有改革现状的冲动。

七　为民结社，推行改革

当时，在旧金山唐人街有一座破旧的以贫困和孤独的亚裔老人聚居为主的"国际旅馆"（International Hotel），由于建筑商的发展，正在进行拆迁对抗。加大的学生们认为这是体验亚裔社会不平等的一宗活生生案例，遂加进了被欺压的一方，开始了长达数年的捍卫抗议行动。更有实战意味的是，他们甚至把该校"亚裔研究课程"校外办事处，设到"国际旅馆"内。参加这实际斗争的人物中，有"美亚裔政治联盟"成员。为了更好动员社区群众，他们把旅馆的土库改建成大礼堂，并把它称为"亚洲人民联合中心"（Asian Community Center），一般简称"亚联"。就此，一个让学生与社区群众交流互动的场所设立了。这是发展的第一步。到1971年，他们中的华裔分子与来自港台移民子弟中的保钓运动留学生，共同组织了一个"为民社"（Wei Min She），并出版一份中英文的《为民报》，推进了多元化的社区改革，面对侨胞有关问题。

"为民社"的出现，是另一改革性突破。该社公开表示，其宗旨是借此团结华人，争取种族上和经济上的应有平等。另一方面，由于保钓分子加入，其政治色彩就有了倾向。因为，保钓分子对中国两岸政府有左右两派立场，加入"为民社"并主张改革华埠的是保钓运动分子中的左翼，所以，遂被认是一个华人左翼群众组织。在全盛阶段，还开设大众书店和一间成衣车衣间合作社。①

保钓运动于 1971 年 1 月在东西两岸发动游行示威后，由于台湾当局对美国的态度卑躬屈膝，不敢正面回应表态，遂使台港留学生不满，转而心仪北京当局，因为后者能够对此作出强硬发言。所以，保钓运动发展到后来，基本上都左转。由于人人要效法中国年轻人的上山下乡，保钓分子中不少人转到侨社，与土生们配合，"为人民服务"。

与此同时，在旧金山被侨胞大众视为当时华人左翼的另一个群众性组织，是"义和拳"。这个组织先在美东的纽约华埠出现。负责人是台湾来的女留学生周一华（Carman Chow）。她吸引了一批华裔女士生回应。也有少数男生，包括移民子弟。它被归为华人左翼团体，是因它常放映中共电影。他们于 1970 年下半年移师美西，并于 1971 年在旧金山唐人街成立了美西分部。可能是"义和拳"有武装的意味，不久，原先成立的当地"红卫兵党"成员也被它收并了。

在随后发展中，"义和拳"在旧金山有公开的明确政党纲领。它的活动宗旨包括：争取亚洲人民和亚裔的自决权利，支持全世界被压迫民族的解放，争取男女平等，及终止种族主义等主张。②

---

① ［美］麦礼谦：《从华侨到华人》，三联书店（香港）有限公司 1992 年版，第 486 页。
② 同上书，第 487—488 页。

第40章 弱者联盟

小 引

　　敢于提出要改变现状的人，经常是社会中的少数，而且往往是力量单薄的。因寄望于茁壮成长，图谋发展，赢得胜利，除了要扩大本身的队伍，还要多结交能予以支援的友军。当年在美国的土生、民权分子和校园内的保钓运动台港留学生，都不约而同地采用类似的策略，他们来到华侨社会，与新旧移民打成一片，深化争取华人民权与保钓爱国的运动。

一　左派小报，纷纷出笼

　　要改变社会的现状，先做意识形态工作。这是毛泽东名句的变奏，那时年轻人都在读毛选。于是，运动中人都这样做。

　　譬如，纽约保钓行动会出版了《群报》，在力说钓鱼岛是中国的领土之余也介绍新中国的社会主义社会在前进的新貌。其读者对象是台湾留学生及华人知识分子，同时也转发到其他有中国留学生就读的校园。它是以爱国主义的立场谈中国问题及两岸政局。

　　同时，保钓成员中有些人移居华埠，与来自香港的留学生及粤籍移民家庭的新一代，本着"为人民服务"的精神，出版了《街坊报》；顾名思义，它要面对侨胞大众。《街坊报》由唐人街问题谈到华侨的处境，既试图解说华人在美国是少数民族一员，又引导众人要打破沉默争取应有权益。尤其是在有关福利的环节上着墨报道，并鼓励他们去诉求。此外，在纽约还有《新土》及《华报》亦是年轻人新办的刊物。但由于这两报刊主编人员是台湾留学生，他们无法深入地了解仍然处于粤侨掌控的侨社，故此，其言论与范围，也只能从文化人的动态和角度去泛议保钓时局；也因为有台湾背景，他们所谈议题，多涉中国政治。[①]

然而，基于民权运动在华人社会的发展，努力灌输这方面信息的刊物有二。其一，是由"义和拳"出版的《团结报》；其二，是由"平等会"发行的《工人观点》。前者，因它一直对红卫兵及新中国有钦慕和好感，并常与爱国的左派队伍合作，在鼓吹争取华人权益的同时，视北京政府为中国合法政府。至于《工人观点》，则是理论性比较强，它以马列主义作为指导思想，把华人社会在民权斗争中所面临的问题，或常与美国应否再来另次革命连在一起共同讨论。

同样，在华人较多的西岸旧金山唐人街，也有左派人士与保钓分子在侨社内活动，有"为民社"办《为民报》配合宣传。有旧"民青"成员黄运基办《时代报》周刊，既谈民权，也介绍新中国。

二 左派喉舌，侨报复刊

不过，无论如何，左派人士认为，侨社内需要一份每日出版报章，正面报道进步消息。于是，如何把原有的《美洲华侨日报》恢复再出日刊，便成为一个大议题。因为形势在改变，言论也需要跟上。

所谓"左派"，在那阶段，其实是指那些公开认同北京政府为中国合法政府的团体与人士。以美东区纽约为例，最明显又历史悠久的团体当推"纽约华侨洗衣馆联合会"，及其所属的"华侨洗衣偈"工作人员，其他的当然是包括近年崛起于校园的保钓留学生及有些土生和活动于侨社的粤籍与闽籍移民家庭子弟。相对而言，人数不多。也因如此，长期以来在华侨社会内左派的舆论平台一向很单薄，也因他们经济有限，发展起来很慢，读者在数量上不太多。

过去，在20世纪40年代风行一时的《美洲华侨日报》，进入50年代后，屡遭麦卡锡主义狂潮冲击，再加上被右派的横加干扰和官司控告等陷害，虽然未至关门，但经济困难，不得不裁员缩版改为每周

---

① 陈天璇：《街坊报及其他》，《美国保钓运动口述》，北京清华大学保钓资料中心演讲，2008年5月4日。

只出版两日刊，全报社的编辑只剩一人，与排字营业等三两人组成了不能再少的班子，也只能继续转载来自香港文汇、大公两报的有关中国旧消息，自60年代起大致如此运作。

直至70年代初期，北京政府代表中国加入联合国后，这张历劫犹存的由华侨办的左报，因为有保钓年轻人义务前往帮忙，渐有生机，再被重视。先是，曾参加最早期保钓运动及华埠民权改革运动的一位来自香港移民家庭的成员罗兰，于1974年起，全职投进《美洲华侨日报》任副经理。①

继而，有她的夫婿陈天璇，加上哥大保钓分子关文亮等，每周晚间义务前往该报帮忙编译，遂增添了美国及当地新闻的版幅。

到1976年春季，经多方酝酿筹备，一个恢复日报刊筹委会成立。它集合了四股进步力量，以梅子强担任主任委员，陈金坚、陈康明为副主任，陈天璇担任书记，招收新股东，物色新人手，置楼设址，换印刷机，在旧人基础上添上年青新血，在那年下半年推举陈天璇兼任复刊过渡期的执行总编辑出五日刊。②

原社长李顾鸿及夫人雷桂英，原排字工人容兆及司徒律仍参与复刊后的原有工作，其他成员，计有陈天璇、关文亮、黄立庄、罗兰、徐文光（即徐克）、简仲强、王渝、朱敬业、毛仁浩、姚学君、郭美婵、郭富强等，上自社长、编辑，下至印刷、发行，全部全职上阵，就此恢复日报出版运作。③

三　邓来阐述，三个世界

邓小平曾经到美国两次。现时，很少人提及他曾到的第一次。而只突出他第二次应邀来美国访问。其实，第一次发生在1974年；那时，他已复出并担任副总理，在国务院总理周恩来之下专门管外交，

---

①　陈天璇：《我与美洲华侨日报》，厦门华侨博物院讲座发言专题，2010年9月18日，另见《厦门日报》翌日新闻报道。发言专题全文辑入陈天璇《杂文集：火红年代》，美国松石居书坊2013年版。

②　王士谷：《美洲华侨日报小史》，《海外华文新闻史研究》，新华出版社1998年版，第149—150页。

③　陈天璇：《美洲华侨日报复刊与保钓人士的汇流分流》，辑入陈天璇《杂文集：火红年代》，美国松石居书坊2013年版。

曾被派担任团长，出席联合国的那年特别会议。他于是到纽约来，并发表演说。他说的内容是，阐释毛泽东把全球各国的发展分为三个世界的新理论。所谓"三个世界"，当时被毛泽东这样划分：第一世界，是指美国和苏联，他们是两个具有最强的军事和经济力量，在世界范围内正推行霸权主义的超级大国。第三世界，是指亚洲、非洲、拉丁美洲和其他地区的发展中国家；但他们是反对帝国主义、殖民主义、霸权主义的主要力量，这里面包括了中国在内。第二世界，是指处于这两者之间的发达国家，如英国、法国、德国、日本、加拿大、澳大利亚等。毛泽东强调说，中国也是第三世界国家之一员，他并指出，超级大国之间争夺世界霸权地位是世界局势动荡不安的主要根源。

1974 年 4 月 10 日，邓小平就此在联合国大会第六届特别会议上发言，全面阐述了毛泽东这一关于三个世界划分的理论，并说明了中国的对外政策。邓曾强调：中国同大多数第三世界国家具有相似的苦难经历，面临共同的问题和任务。中国将与第三世界的其他国家一起，为反对帝国主义、霸权主义、殖民主义而斗争，并视之为一项神圣的国际义务。那时国际形势不同。世界上的国家分为社会主义或资本主义，彼此依然壁垒分明。在那之前，中共因与苏共在马列理论中，九评论战，享誉寰宇。特别在世界弱小民族与国家之中获到无比的尊重，中国在毛泽东的分析中自称亦属第三世界一员，反对第一世界中的美苏两霸，被公认为是无产阶级和被压迫民族阵营的领军者。在美国日益澎湃的由主张争取民权到主张重新革命的那些新团体称新左派，把中共当时领导的新中国视为实行社会主义最终过渡到共产主义社会的未来人类的世界典范。

中国人在美国，不管华侨华人，均被美国在那阶段新成立的那些左翼团体中的人员，认同为是被歧视受剥削的美国少数民族的一员，乐意团结友好，共同携手奋斗，同创有理想主义色彩的"人人真正平等、人人能享其成"的新梦想。尽管华侨华人在当时有这种想法的人不算多，但是，这无疑也曾是他们在整体上的精神新取向，这也就是当年刚萌芽的新左派共识。

四　出土文物，来美展出

出土文物展览，是中国把"文化大革命"期间考古成果，拿到美国来展出的一次轰动世界的文化交流。它不是在纽约举行，而是在美京华盛顿。因为那是首次，所以十分突出，也给人留下了深刻印象。那次展览的意义超乎一般。因为古物出土，少涉国际时局，连平日反对中国共产党的人都前往观看。

美京国家美术馆在 1974 年 12 月 10 日的晚上，为这次空前盛大的中国历史文物展览，举行了招待会和预展。

当时美国总统福特的夫人出席了招待会，并在会上代表福特总统讲了话。她认为，这次展览是中美两国人民之间日益发展的友好关系的重要象征。

纽约爱国华侨与当地的"纽约美中人民友好协会"，分头为这次展出进行推动工作。一群群热心的爱国华侨组织了一队队参观团前往美京观看这次出土文物展览。在 3 个多月内，他们主办了共计 10 次的参观行程，动用了 50 多部巴士，替 1200 多名侨胞提供旅程服务。参观者有男女老少各界人士，包括餐馆工人、衣馆工人、衣厂女工、杂货店员、学生、商号老板、银行职员、医院员工、各类文员、专业人士、宗教人士、工程师、教授、教员、医生等。其中不仅来自纽约市各地区，也有来自长岛及附近的郊区的参观者。人人对该次展览赞不绝口。

与此同时，华埠一部分的侨团、社区服务机构及纽约以外各地区团体，均自行先后组织了个别的参观团前往参观。展出期间，每天在美京国家美术馆内参观的人异常拥挤，特别是在周末或逢假日，更是人山人海，等待参观的长龙从入口计起往外排几个街位。进入馆内后先绕上二楼，并在二楼围上两三个大圆圈，然后再到楼下陈列馆参观。长龙只见龙头不见龙尾。

据馆内工作人员称，参观人数合计逾 50 万人；每日数以万计的参观者从四面八方跑来欣赏出土文物。他们往往要等候两小时以上才可看到展览。它展出的文物多达 385 件，最古的是 60 万年前的"蓝田猿人"头骨化石展品。最近代的，是元代的遗物。展品包括有金银铜铁陶瓷器皿等。人们可以通过这些被发掘出来的文物，既能推论人类历史从原始社会、奴隶社会进入到封建社会的发展过程；也同时证明了中国人早在几千年前便已在中国东北、新疆、云南等地生活。有力地驳斥了西方舆论认为长城以外便不是中国领土的荒谬论点。另外最令人瞩目的是汉代中山靖王刘胜夫妇死后所穿的金缕玉衣，它使人们了解了中国封建时代历代帝王的奢侈，也说明了广大劳动人民的智慧，艺术制作巧夺天工。①

五 回国探亲，新中国热

中国共产党自 1949 年建立政权之后，美国一直偏帮退到台湾的仍由蒋介石掌政的旧政府，曾长期禁止任何美国公民前往大陆，不欢迎任何人与中国共产党接触；故此，新中国成立之后至那阶段，二十多年以来，身处中美两地的华人与亲人隔绝，不但再无机会见面，甚至音讯亦告中断。

一旦两国关系宣告解冻，华侨与祖国的亲人开始书信联系，也有人还乡了。继而，由于往来无阻，出入安然。人们以往曾长期习惯对共产主义的恐惧亦因而渐次消除。接着，寻求回乡探亲，包括回国观光，人数也越来越多了，由于千人万人都要回去，于是，安排这类旅游探亲业务遂突然地兴旺起来。最初时候，不但是签证不易，甚至有容许进入大陆的名额限制。除了总体上依然有政治上的个人背景审查，也因为中国当年的酒店及地方接待还没发展起来。及后，酒店迅速增加，手续也变容易。甚至，专门办理回中国旅游探亲的旅行业务亦蓬勃发展起来了。

由此可见，华侨华人的生活变化，无一不与母国及所在国之间的关系和政策息息相关。

是以，讲述任何一国一地（包括美国）的华侨史，不仅要谈华侨华人在当地的遭遇和种种问题的现象，还应交代与此相关的前因和后果。讲美国的，但凡中美之事，包括历史兴替，无一不是互相影响，并造成变化或有关事物兴衰。所以笔者认为，华侨华人史亦是美中关系史的一个相互联系部分。倘若不谈美国政策种种，固然有不尽不实的回避；但不谈中国时局变化，也毋庸解说其中的某些侨社现象的变化与因由。

---

① 亚洋：《谈纽约华侨爱国进步活动一年来的发展》，《美洲华侨日报》1975 年 7 月 5 日。（亚洋，陈天璇笔名）

总之，事变人变，相互影响；任何现象背后总有其关键的原因，必须交代，或作阐释，否则无从说明个中问题。历史，若比如长河，是流动的正正反反转化，涉及多方面的是非曲直，而且往往动静无常。

六　推广文娱，义务分工

在中国"文化大革命"如火如荼的阶段，它给当时海内外其他人的感觉是，国人上下一心，青年敢作敢为，对他们领袖毛泽东的拥戴世无伦比。与此同时，中国虽然在那阶段仍只称是发展中国家一员，但是，其政治影响力无疑已跻身世界三强之列。所以，才会有随后发生的中美解冻。这是不应被忽视的一个原因。当年外国人是这样看中国国情，美国人也同是这样看。美国华人社会内那些敢于追求进步的年轻人也都是这样看。

在众多的保钓分子进入侨社后，他们分别组织了以服务侨社及推广文娱等活动的各类小组，其中最具组织力和执行力的应数"华埠电影小组"。它表面上是一个只放映免费中国电影让侨胞集体看的行动组，但实际上又聚集着当时华埠爱国力量的各小组代表。所以，当任何突发的事件需要动员或决定采取大型活动的时候，它便顺理成章地衍化为某一次特别项目的"临时行动委员会"，并由各小组去分工执行。这包括筹备游行及庆祝等宣传新中国的种种爱国活动。

是以，作为推动爱国活动的一部分，纽约华埠电影小组除了义务放映中国的纪录片或"文化大革命"样板戏电影之外，这个组织成员中的年轻人，就曾是安排侨胞由纽约前去美京"参观出土文物"的幕后组织者。据一名参与者忆述，平日，他的主要工作是放映新中国电影。例行的操作程序是这样：向（中国驻联合国）代表团取得中国电影，向一西方公司租放映机，每周或每月一次，多数选在周日那天，常租用靠近唐人街的格兰街社区大礼堂，以通过放电影的形式介绍和宣传新中国。这包括了事前印海报在华埠张贴，入场券任由侨胞捐赠。事后归还影片、归还影机，这些工作的参与者全是义务的。这项活动维持了好几年。

此外，同时期的中美文化交流项目，曾有中国武术代表团等巡回献技表演。在以后享誉国际的武侠电影明星李连杰也曾是其中一名成员。他大约十岁刚过。那时候的文化交流，均非商业，但却娱乐性相当高，反应很好。因为反映了优良的中国民族传统。其他文娱方面，有歌咏组及舞蹈组，譬如在庆祝"十一"中国国庆时，便由他们负责担任推出台上表演节目。这些组织一直存在，至今还有"长风"音乐社，及"新苗"舞蹈社在纽约市独立发展。

再者，当以上任何一项有关宣扬新中国的活动在侨社举行时，其他友好族裔团体，美中友协人士、各个民权团体均有代表及人士来参加。

七　保钓以外，彩虹联盟

保钓运动的动力本始于爱国主义。来自台、港的留学生都自视是中国人，从人数论，是来自台湾者多，来自香港者较少。因台湾留学生多是权贵子弟背景。那年代的华侨仍是以粤侨为主，闽侨为副，其他省份凤毛麟角。然而，他们都把中国视为祖国。所以，爱国也就是爱中国，虽然他们人在美国。

由于大陆与台湾当局分别对钓鱼岛主权的立场强弱不同，又刚巧是大陆较强硬，台湾显软弱，遂导致保钓人士纷纷寄望于北京当局能采取行动。唯是，若然依地理范围的归属，钓鱼岛是台湾一部分，台湾又是中国一部分；若大陆已统一台湾，那么，提出取钓鱼岛，自是顺理成章。但台湾自1949年以来仍自称是中国的合法政府，因有美国军力保护，它的辖区不容侵犯。中共碍于美国插手，一直回避实际进入该区。相信是也不想有两岸内战重燃的军事纠纷。台湾的处境更尴尬，既不敢对日本有微言，也不敢得罪美国。因为它赖美国才可苟安。这当然更激怒冀期政府当局出面展开国际性诉求的保钓人士。于是，以大陆为依归的统一运动，在美国保钓运动中派生并成为延续的主流。接下来，既然是选择了北京作为中国合法政府，人们开始也对当时社会主义中国，及社会主义的本身和政治制度背后的马列主义，认为有重新认识的必要。

由于时尚所趋，人人则重它的优点，而非它的缺点；同时，着重向其他人介绍它的长处，争取更多华人及美国人同情、附和、支持。一种红色中国热，随而在这些人中掀起，广及全美保钓、民权、友协等团体活动及联络范围的所及。适值那时，中国以第三世界成员国的姿态在国际上出现，并打出"国家要独立，民族要解放，人民要革命"等口号，充当着反修防修的共产主义国家阵营榜样。对此，在美国所能引起的反应，是既惊人又可喜的。它把被压迫受歧视的各式各样的下层人士集结在一起，共同行动，争取诉求。譬如，华人与白人包括黑人及其他族裔人在"美中人民友好协会"（简称"美中友协"），一齐合力举办系列亲华及亲善的活动，介绍中国的进步和面貌；华侨与土生在华侨社会为争取就业平等及反对歧视举行团结集会与示威游行，这也说明，为何一宗在纽约市发生的警察对华人的暴力案，曾引发过两万名华人列队到纽约市府门前声讨，因为其中也有别的少数族裔参加该次反对警察暴力示威游行。

此外，那时最具时代改革意义的变化是，华人联同亚裔，支持黑人参政。这都是前所未有的事情。适值那个阶段芝加哥有一名黑人要提名竞选总统，华人曾参与一个名为"彩虹联盟"的活动帮忙助选。① 其后未能胜出倒是另一回事，当时的弱者联合却是一项创举。

---

① 于仁秋：《救国自救》，三联书店（香港）有限公司 1992 年版，第 145 页。

第五编　遍地开花

第41章　新移民潮

小　引

这一轮的移民潮与以往不同，是在于成员大多数全是来自中国大陆。那是因为中美正式建交，双方同意在有关移民政策上，特别网开一面。中国尽量向申请者放行，美国亦为此另增添了中国的专用移民配额。就此，后期及再后期移民均更多人是来自大陆。

一　中美放宽，另添名额

在一般人的印象中，只以为是中国不让人民出国。譬如，审批特严，无从起步。其实，即使在美国的这方，又何尝曾向中国大陆人伸出过欢迎之臂？冷战开始以来，直至中美建交，在这长达30年里，美国订有法例，严禁来自共产主义国家的美国公民的家属移民进入国境；那是由于一连串的针对"共产党人"法案对移民法例的影响而造成的。最先，在1950年，有杜鲁门总统签署的一道限制共产国家移民美国的新法例，使任何与所谓共产主义政体有联系的嫌疑者不可能进入美国；继而，在1954年8月，又添上艾森豪威尔总统签署的《共产党人管制法》。以上这些法案和最近10多年来，由小布什总统签署施行的《爱国者法案》（2001年10月），借以立法来阻止和管制恐怖主义疑犯进入美国，及提防他们在美国境内活动，同是异曲同工。总之，当年是针对共产党成员及在共产主义国家生活的任何一位申请者。所以，在中美建交前的30年岁月里，抵达美国的中国籍的移民，并非从大陆来。自1979年开始，既然是双方关系正常化，就必须同时有新的表现。于是，两国经磋商后同意，允许从中国大陆前来团聚的美国公民家属可以申请来美，一方面是以示友好，另一方面是测试中国是否开放。

据说，当邓小平在 1979 年 1、2 月间应邀访问美国期间，他与卡特总统也谈及此事的有关细节。卡特曾问："你们每年能放多少人来？"邓小平答："那么送出一千万人，怎样？"卡特立刻吃惊地说："那的确太多了！"这段简短对话显示，除了中国实在人多，也使人完全可以感觉到，实际上不是中国当局不想让人民出国。①

最后，美国就只好破天荒地特别破例为中国另立配额，每年容许两万人来，而且不包括港台地区的原有配额。本来，在那时实施的法例之中，亚洲中国籍的配额两万，却同时要与港台及东南亚各国共同分享的。

获准从中国大陆前来的这些新一轮的移民绝大多数有以下的特色：一、他们均是于 1949 年之前未能到港台或其他国家的美国公民的家属，只曾是一直居住在中国大陆；二、他们多是粤籍农民背景；三、他们文化水平一般有限。因此，他们在抵美之后多数只能融入在华埠的劳工阶层生活。

二　纷至沓来，另类移民

从当年移民记录看，最初是粤闽两省的亲眷涌来，继而，是其他的省份陆续跟进，那是因包括了新中国成立后逗留在美国的留美学人的家属。

在接下来的随后十年的人口统计，可明显地看到，华人在美人口跳级上升。从中国大陆来的移民中，除了粤闽移民家属，亦有知识分子家属，接着还逐渐有高级官员子弟，后者大多数是以留学身份来。

随着中国大陆经济开放后的经济转型，不少原是国有企业亦随而过渡为私有经营，于是，很快在大陆也出现了小量的新的富裕阶层，不久新富们的二代也前来美国了。这些幸运的富二代，不少以留学方式来，并带来了父母的新财富，他们在抵美后并不进入侨社生活，但私下所作投资则不同，他们暗地里在华人区置产购业。初期，小量，

---

① 陈天璇：《邓小平访美那九天》，新华出版社 2011 年版，第 119 页。

尚有助当地地产业的发展；逐渐多了，情况就开始恶化。因为它带动了不符实际的地产上扬和炒卖，让居者暗地叫苦。

许多这类富二代的留学生都继而可以在美国取得了合法居留，有些甚至加入美籍，他们是另一类的新移民。他们应可说是新一代权贵家属中的首批年轻人，有些人同时把他们中国父母的财富暗自向外移的最新一代。因为他们的身份转籍了，过去是中国籍，现时是美国籍。于是，那些财富随他们而转籍。

过去，国民党退出大陆转往台湾时，有留学的，有官派的，不愿转移往台湾的，许多留在美国。由于他们的学识和地位比较特殊，或是弃官的权贵，或是高级的专才，他们都一直生活在华侨社会之外。

现在，中国也因为要发展美国市场，从而进军国际，派代表来主持。想是因为中国的意识形态在改变，人的思想和取向也随而在变，也不乏有人留下来改籍和定居的。这是新出现的另一类来自中国大陆的高级华人移民。

三　闽人港人，延期绕道

从 20 世纪 80 年代开始的新移民潮还有两大类人必须提及。一是闽籍移民，二是港人移民。前者是从中国福建而来；后者的原出发地是中国香港。

闽人在美国先侨中一直为数不多。虽然在招募华工的年代，厦门也曾是出发的商埠。但是，较之广州情况之盛，自是不可同日而语。因此，闽籍华侨，早期亦有。特别是在 20 世纪五六十年代时，有一些是以海员身份随所属工作邮轮或者货船抵美，然后"跳船"上岸。之后就留下来，设法把身份合法化。

到 80 年代时，他们家属配额来美不多。可是，以旅游入境者，却是华人之冠。而且，越来越多；他们先是延期而居，继而索性匿居。

接下来，更多人从福建绕道以种种非法方式偷渡到美国。也由于他们身份的问题，许多人只能够在亲戚或同乡的店铺内工作。加上言语上的困难，使他们大多数人只局限于华埠之内蜗居，辛勤谋活。

另一个理由是，他们要以工作来归还所欠的路费，因为那是由同乡熟人代付的。然而，毋庸置疑，只要他们勤勤恳恳，假以时日，也能立业。并逐渐把身份解决，堂堂正正安顿下来。闽人在纽约如今正逢勃发展。

另一类是中国香港来客。这类移民在香港大多数是中、上阶层人士。20世纪80年代来的，是投资者为多。90年代来的，却多是逃亡者。那是起于所谓"九七回归"效应而引发的。许多是因误信宣传，要逃避中国的统治。

于是，基于当时那种政治原因，只有那些稍有家底的人，才千方百计地急急迁离香港。那时，加拿大政府也特别设有投资移民，要求低于美国，吸引不少港人。所以，加拿大温哥华及多伦多的唐人街突然间人口跳级地暴涨，置业开店，原因在此。然后，又因由加拿大转入美国容易，也有不少人绕道南下了。改而在美国的纽约及其他大城市的唐人街买楼开铺。先转为商人，再转为住民。这类移民因有资金，在他们所到的地方，也曾引致楼价上扬及店铺易手的相关现象。把当地唐人街带来一股港式之风。

他们与闽人移民还有另一方面的背景与动向的不相同，就是，他们这些人在美国各华人社区的去留比较灵活。那是与他们原有的文化与财富的基础有关。因为香港本是国际都市，他们有融入美国社会的本钱。既是有资金的一族，亦是有专业的特长。一方面可与当地的粤侨打成一片，亦可与华埠以外的外省华人移民沟通。所以，及后，也由他们带动在旧华埠以外另建新的华埠。如纽约的布碌仑及法拉盛新华埠就是如此先后出现。

四　留学外派，变相移居

另一批获中国大陆放行来美国的，是公派的或自费的来美国留学生。有男有女，有些留下，有了工作，于是，就此成了变相移民。

中国派出公费留学生或访问学者前来美国研习，始于1979年中美宣布正式建交之后。资料所载，中国当时派出第一批这类公费生共52名，是于1978年年底被安排从北京出发。抵美后则分散到不同的学府，都是国家出钱。据称，除了学费，每月大约有400美元作膳宿用。据说原先只派出有50人，但是另有二人曾因拿到美国学府奖学金遂亦安插一起成为第一批前来留学。

当邓小平访问美国时，他们被集中到美京（华盛顿）欢迎行列中，在中国驻美联络处获邓小平接见。这批人两年后全数返回中国。他们之后，中国开始了再派出第二批及第三批，也有被某些学府或机构邀请前来的所谓"访问学者"。加上，还有自费前来的人。须知最初的自费生，只能是有关系的政界上层人士的子女，经济上获美国当地的人担保和支持。这些人中，有些回去，有些留下。但此风开始后，留下的多，回去的少。

然而，越到后来，更多像他们这类的自费生留下来。一般的过程是，他或她在毕业之后，在美国找到了一份相称专业工作，说是实习，然后再申请转为移民的身份。5 年之后，依移民法，他又可以申请成为美国公民。自此，他或她就不算是中国人；或者更确切地说，是"华裔美籍"人了。按照美国的移民法，他可以把妻子（丈夫）、儿女、父母都申请移居到美国。这情况越到后来越变普遍，而且，十有八九都是如此。进入 90 年代，仿佛已成惯例。来的多，归的少。同时，他们的亲属也因而可以移民到美国来。比如他父母的兄弟或他本人的兄弟姊妹等，均可申请移民到美国来。于是在美国的外省人随而多起来。

从整体看，新移民中，即使同是从大陆来，也有农村家属与非农村家属的文化上的差异。比如，大陆留学生的家属与粤侨闽侨家属就存在这样的明显差异。所以，他们在抵美后，聚居地也不同，生活和职业的取向亦各异。有些只能融入华埠工作。有些有文化背景的，一般投身白人社会。至少，在最初 20 年曾是如此。从 1980 年至 2010 年的 30 年间，大陆华人来美国的数目快速倍增。

五　上层子女，中学来宿

若然被指"崇洋媚外"，或者具有"海外关系"，在"文化大革命"阶段是中国大陆内中国人的禁忌，在改革开放后竟又顿变成潮流。这两种前后完全颠覆的变化，均与中国国策及侨务政策的订立有直接的关系。单纯从华侨的角度去看，这种"一时东，一时西"现象，都有值得再检讨的某些方面过失。

"文化大革命"阶段的一面倒，是美苏冷战的影响。那时，因为美国对中国大陆的围堵，造成两国间的官民往来基本上是空白；反对崇洋媚外，否定海外关系，在很大程度上，不外说说而已。因为中国人与西方绝少往来。

　　直到中美建交，改革开放盛行，让华侨家属申请移民来美国与其亲人团聚，一方面无疑是天大好事，华侨对此咸表额手称庆。与此同时，中国开始派遣精英出国留学，习他人之所长，补本身之不足，也是求现代化必需。第一批公费出国留学的，最后全部回去，这是对的，理应如此。可是接下来的，就不一样。无论公费抑或自来，越到后来越多人不归国。

　　由于经济水平及工资的差异，在 20 世纪 80 年代能够出洋的，绝大多数是借助于国家机构来美设办事处及在某企业的外派发展中担当代表来的；这一些人应是千挑万选，若非有特殊的关系，定然是因出类拔萃。可惜的是，这些精英很大部分也就各抓机会留了下来。总有办法变为定居。90 年代再起变化；相对之下，公派的逐渐少，自费留学的增加了。从 21 世纪起，这类数目倍加惊人。留学生的数字无管控地膨胀。而且，留学生的年龄越来越更年轻，入学的班次越变越初级了。先是来念大学预科，再提前进私立中学当寄宿生。他们不仅自费，而且多数生活丰盈。那是因为他们的父母都是一些在改革开放中能够先富起来的新贵。这些人把他们的子女送到美国来的另一个目的，有些人竟然是借此把他们赚得的大笔盈利转移到美国来。因为中国经过 30 多年改革开放，有较多一批人可以由赤贫变成了暴富。据有关这类的报道，南方有地产商某某，遣女儿到美国念书，合法地完成在银行开户之后，这位父亲遂同时把他的几近一半资产转入已经在美国求学的女儿名下。因是名人，巨额转移数目不少，这一举措曾经躁动一时。

　　这种外移现象，随着时间转移及开放的发展，更加越来越普遍。送子女来美国留学，已是有另外的作用，上行下效，竟同时是可行的财运新管道。对心怀祖国的华侨华人来说，这是不应该发生的非爱国的自私自利行为。

　　六　退休父母，两地穿梭

　　步入 21 世纪，在中国先富起来的一些父母，有不少在退休后也移民美国。他们来的方法和方式一般是这样。首先，他们自己在中国先富了，有能力把儿女送到美国自费留学。这些儿女学成之后，留在美国工作，非但变美国公民，并都成家立业了，同时添了儿女。这就需要有人在家代为照料。最常见是，把他们中国退休父母接过来。

在近年来往返中美两地的飞机客舱，不难看见有这类老年退休夫妇，多少带点无奈，奔波在旅途上；他们算是最突出的非为谋生而到了美国的另一类新移民，来自中国大陆，又舍不得大陆。于是，抓机会飞来飞去，或到美国做祖父母，或回中国会旧亲朋。穿梭两地，定不下来。金钱，再不是顾虑了；因为，很有可能，他们甚至同时在中国和美国都拿到退休金。很多的不习惯，是环境变换了。言语上的不说，左邻右里很陌生。如果是在非华人聚居的区域与子女婿媳们同住，社交就别提了。他们有些因栖身在只见白人的环境里，谈吐不灵，生活单调，美其名曰退休，乡愁总是有的。就恨不得每年找个理由往中国跑。

试想，他们望子成龙，他们做到了吗？然而，有谁若往深层去想，包括他们自己在内，他们的儿女及再下一代，这算是哪一国的龙？都全数成美国人了，都不再生活在中国。有些人也许自鸣得意，有些人可能问心有愧。这就看每个人如何为他自己的身份和所作所为而作出各自不尽同的反思。不过，能在中国改革开放中先富起来的，不少是有特殊地位的人，甚至不少是属于曾帮忙努力治理国家的人，如果他们的成功只是把儿女及自己甚至包括他们的下一代变成了美国人并生活在美国，这应该是多么反常的事，又是多么讽刺的事！尽管如此，这明显并不是最高层决策的愿望。因为，这世界上没有一个国家的领导人会乐意眼睁睁见着自身的百姓和精英长期地无憾地转投别的国家充当别国子民。

翻开过往百年历史，海外华侨热爱祖国而又尽力反馈，是希望祖国从一穷二白中再富强起来。华侨最不愿看到的，就是精英外流，精英不返；华侨最不愿知道的，是造成这种原因和现象的，竟然也是从精英们的父母开始的。

七　居美华人，倍数上升

全美华人人口现时应有多少？简单的说法是，现时大约有 400 万人左右。略占全美人口 1.1%。相较于白人的 72.4%。无疑华人在美国国境内仍是少数之少。不过，华人在亚裔中却算是最大的群体，约占该类总数的 1/4。

美国总人口依最上一次（2010 年）的全国调查是 308745538 人；黑人略占 12.6%。所以，他们在这国家亦是少数民族。

应该顺带指出，美国全国人口普查，是每 10 年举行一次。在最近的一次普查中，官方公布的数目是报称华裔者有 3347227 人；其中，男性占 49.2%，女性占 50.8%。依比例看，华裔中男女大致上已接近相等了。而且女性多于男性，这与华人的最初创业期大异，女竟已比男多。

另外，根据有关分析，上一个 10 年的增长率是 37.6%，若然以此来推算，现时（即 2015 年），华人有 400 万人，应是可接受的假设。华人移美最新一浪，开始于中美建交后。回看美国官方每十年的有关普查，其逐次倍增的数目是：1980 年是 806027 人；1990 年是 1648696 人；2000 年是 2865232 人。大致上都曾是倍升。但近期则在递减中。

依照以上数字，最明显的倍增出现在冷战后。那时《排华法案》早已宣告撤销，华人被容许以配额移民来美。从 1965 年实施新移民法开始，华人在亚洲可共有两万名配额。至 1970 年，根据普查，全美华人人口回升至 43 万人。在随后的 40 年间，简单统计，共增加了 8 倍之多。

另外有一些有关华人的普查数据，对了解未来发展的趋向，应有启示。依据"亚美推进正义中心"于 2011 年推出的一份特别调查报告称，全美有 238 万华人会讲中文；调查又说，英语程度有限的华人人口占 4 成 2，全家基本都不会讲英语的家庭占 2 成 9。此外，有台湾背景的华人，曾受教育程度最高，其中 7 成有学士以上学位；大陆背景的华人，有学士以上学位者只占一半。出生于外国的华人比例约在 6 成 1。所以，非美国土生的比土生多。华人中有 1 成 2 承认是具有多种血统。这应算是华人与非华裔通婚的结晶。它推算，自报血统为"中国人"的 379.5 万人，自报为"台湾人"的 23 万人，合计 402.5 万人。①

---

① 《美国华人人口近 430 万》，《侨报》2012 年 1 月 31 日。

　　若依以上报告，则华人人口早已超过 400 万人。根据 2010 年普查，美国总人口 308745538 人；列全球第三。

　　同一报告透露，美国国土安全部 2010 年年初曾估算，全美有 100 万人非法居留的亚裔人，其中，这类非法华人估计约共 13 万人。

第42章　经济转型

小　引

新移民潮导致旧华侨社会经济转型，大致分为两个阶段：一是自60年代起由港台来的第一次移民潮，二是20世纪80年代迸发由大陆来的第二次移民潮。在第一个阶段中，华人洗衣业告别了舞台，车衣行业曾骤起又骤跌，唯华人餐馆业于改良后能以新颜焕发，并成为华人劳动大众主业，逐步进军美国主流。在进入第二阶段后，由于中国大陆改革开放，华人响应回乡设厂开始了海峡两岸和香港地区的贸易往来，与此同时，也迎来了及协助了中国各类制品进入美国各线市场。

一　台山让位，官话过去

华埠一度曾有官话叫台山话。那是因为早期移民多台山人。他们垄断了在三藩市华埠的两旁街道，在每一个角落开设了大小商店。所以，在最初时华埠到处都能见到台山人；能听到的也多数是那种方言。久而久之，华埠俨然是台山人的特区。一旦成形，便成特色。即使其后各地发展，华埠亦无形中变成台山人在美国的天下。又因为四邑（即是来自广东省台山县、开平县、新会县、恩平县的合称）人始终是早期华人移民中的大多数，遂见怪不怪。这种情况维持了三五代人，少说几近100年。也多少是拜了美国《排华法案》之赐。其背后因素是，华人从1882年《排华法案》施行后的60年间，极少新的华人或其后裔能够来美，由于有此限制，外省移民更少。即使能来的本来已经是少数，又同时只能是旧移民的子弟前来，故此，台山人的比例依然保持在一定的多数。也因如此，台山话继续在各地华埠流行。直至另一个新的开放性的移民潮来到，这一切才发生改变。于是，台山人的方言逐渐变成陈迹。如今只有很年老的华侨，或是第二、三代土生才会说台山话。美国土生们的台山话是从他们父母那里自小学来的。

华埠方言上的改变是从 20 世纪 60 年代开始。最初只是略露端倪。原因有二。一是，原本台山人的华埠店主变得后继乏人；老的老去，少者不来；因为，在排华的阶段，许多华人不能把其家乡的妻子儿女接来美国。两地分隔，只靠通信及汇款来延续相隔关系，直至在美国的老者终老。所以，无人承继他们在华埠的产业，只得最终放弃或者转让，就有可能从此进入非台山人业者手中。这是台山人对华埠垄断出现变化的第一类推手。

二是，土生土长的新一代不愿意或没有必要再在华埠谋生。有些不愿再做先一辈人所经营的那些苦力行业，比如，洗衣或餐饮业，又或是杂货店或古董店等。由于土生在美国成长有说写英语的能力，有些甚至学到了专业，谋生不必再局限于华埠。因而先人原有生意转卖他人，或者索性把铺位让出去，也包括可能由外省人接手。

总之，就是这样，华埠内的第二轮新店主有新来历，不一定是台山人了。于是，台山人对华埠的商业性垄断便进一步地为他人尤其是外省人所取代了。越到后来，越到现在阶段，连原本居住在华埠的老一代台山人都陆续地搬出华埠以外郊区去退休，靠儿近孙，告别华埠。

二　八磅生涯，退出舞台

在美国华人过去的主要谋生行业之中，曾经一度就业人数最多的洗衣业，也都退出舞台。华人洗衣业亦曾通称"八磅生涯"，据老华侨解释，是由于当年使用的旧式熨斗，刚重八磅，遂有此称。

洗衣业是华人长达百年最普遍的谋生行业。越是大城市，洗衣店越多。比如在美东区，华人洗衣店曾散布于纽约市各区。那是因为，该行业无须熟识英语及无须庞大资本。以一名资金短少的早期华工来说，开一间洗衣店无疑是最聪明不过的创举。除了一间小小的营业铺面之外，只需一张平床、一个熨斗以及在店铺内设一个洗衣槽，就基本上一切已安排就绪了。又据美国华人历史专家撰述，在 1949 年时，全美国的华人洗衣店共计曾有 10232 家；其中，尤以在纽约市最为集中，曾有 2600 多家，占全国总数 1/4。同时，赖以谋生的家庭高达当时就业华人总数的三成。那时华人洗衣业可说是华人社会经济的主要原动力。然而，它光辉的年代在华裔移民日增及日常生活机械化以后迅速转化。从 20 世纪 60 年代以来，华人洗衣业便日走下坡。关门的关门，转让的转让。迅速告别华侨经济主流。其被淘汰原因最少有三：一、关键的因素是洗衣机的使用日趋普遍，人手洗衣究竟不及机器来得快及收费便宜；二、衣服的质料因科学的进步，有了显著的改良，免浆烫的衣服大受欢迎；三、新移民多数在港台居留过好一段日子，他们身处华洋混杂的社会，除了老年人外大多能略懂英语，特别是在港台受教育的青年人。他们到美国后无须跻身在工资微薄的洗衣行业。更有一些新移民本身是知识分子或有资本来美者，他们当然不会去经营洗衣业。当洗衣业渐渐被客观条件淘汰及被新移民的主观愿望和选择拒绝时，其没落也是必然了。代之而兴起的是华侨餐饮业及粮油杂货店等，便成为在美国的华人劳动大众谋生就业的主流。"八磅生涯"便就此成过去。[1]

洗衣业原是华人在脱离受雇于铁路及矿场的工人工作之后最多人从事的一种谋生职业，它亦曾是华人转入自我经营生涯的一个起点。它从 19 世纪后期到 20 世纪的前半个世纪内，一直是华人在美洲谋生的最主要的行业。它曾开遍每个角落，以营业时间长，收费低廉及服务白人周到等特色，长期与犹太人进行竞争。一度发展到洗和熨的承包作业，即俗称洗衣偈及吸衣偈的开设。这类大宗的承包性质服务，为洗衣店分担洗熨操作。据说，在 20 世纪 60 年代时，仅在纽约市内洗衣偈就有 27 家，另有吸衣偈 40 多家。它们是后期华人洗衣业改良发展的新高峰。之后每况愈下，终在新移民潮及时代变化中结束。[2]

---

[1] [美] 麦礼谦：《从华侨到华人》，三联书店（香港）有限公司 1992 年版，第 393 页。陈天璇：《八磅生涯成过去》，辑入《杂文集：华埠内外》，美国松石居书坊 2012 年版。
[2] 陈冰：《百年洗衣业迹沧桑预展》，《美洲华侨日报》1981 年 3 月 12 日；陈天璇：《华人洗衣业沧桑》，辑入《杂文集：华埠内外》，美国松石居书坊 2012 年版。

三 杂碎改良，进军主流

华人餐馆业在 1960 年后才转旺，其发展早已超出了华埠的范围。全美大城市内各区及附近小城镇，甚至在高速公路旁，都有华人餐馆开设。随后又加设外卖店，出售的餐式逐渐多样化。

华人在美国经营餐饮业，早期华埠餐馆只叫"杂碎"。那原是广东人的一款菜色，"杂碎"馆长期以来只开设在唐人街。而且，顾客原先多数是广东人。同时，经营者一般是家庭式的，大型的豪华的食厅相对较少。

新移民潮开始后，这一切才逐步蜕变。最先的变化依然只是从华埠起步。人来多了，餐馆增加。先出现香港式茶点，继而另开粥粉专店。然后，菜色也起变化。杂碎之外有上海菜。因为外省人也到了，他们不但前来华埠用餐，还把他们有特色的餐馆最终开出华埠以外。

接着，中美关系解冻，尼克松访华后，北京菜、湖南菜相继出现，美国人知道有个毛泽东喜欢吃辣，也想尝尝。同样，四川菜也是由于邓小平来了，于中美建交后，旦夕之间，也就此大行其道。广东人的杂碎，也已一变再变。它一方面向港式靠近，为了配合新来移民的口味；另一方面又与美式糅合，不忘吸引华裔土生的这一类顾客。

此外，最大规模的酒楼亦陆续出现，它以迎合华人婚嫁宴会而设，包括社团宴会，可以筵开百席，服务菜色走向多样。与此同时，家庭式的小本经营开始转变为多股东共营合股。既是老板又是工人，新趋势是集团连锁。注意装潢，素质提高。新移民中颇多有掌厨经验者以正宗烹饪和点心加进了竞争。

时至今日，华埠内的餐馆，各类菜色都有。唯是，若以大酒楼宴会而言，仍是供应粤菜为主。华埠内出现了不少新开或重新换东主经营的咖啡室，以专售中西糕点饼食及广东小吃为主。

毋庸置疑，华人餐馆业依然是华埠经济转型后的劳动大众主业。它除了为庞大数目的新移民提供就业，并同时向不少的粮油杂货店购取配料，从而带动货源流转，保持促进华埠繁荣。①

据一些业者的意见，华人餐馆面对的最迫切问题分两方面：一

---

① 《华埠十年产生的变化》，《街坊报》，纽约，1974 年第 2 卷第 7 期。

是，欲向外发展，华人要创新并把唐人菜色再改良以适合白人口味，向外进军；二是，在华埠经营，要更谨慎处理老板与员工之间的关系，同舟共济，避免工潮。近年，外卖店与连锁店都开到远郊及远镇，主要对象是非华人；前不久，纽约华埠一些餐馆曾经发生工会发动工人罢工，导致部分餐馆盈月关门对抗。其实，工会企图组织华人餐馆工人罢工由来已久，20世纪80年代曾有突破，但却难在华埠如愿。其间，曾能容千人的纽约华埠"银宫"酒楼在20世纪八九十年代与工会有断续的对抗性工潮，最终关门歇业，成为这类劳资斗争的两败俱伤的实例。华人餐馆一直以来抗拒工会，基于餐馆老板同时兼是工人。在工运历史中，亦是奇怪现象。①

四　血汗衣厂，推动繁荣

另一个规模颇大的华人行业是"车衣"，它是成衣制造的一部分。华人承包缝纫，俗称"车衣"。多雇佣妇女操作，新移民占多数。

纽约唐人街在20世纪七八十年代最盛期曾有400多间车衣厂，常被传媒称为"血汗衣厂"。顾名思义，"血汗"两字是在形容那些衣厂一般工作环境恶劣，工人待遇不很理想，其他条件低于社会所容许的水平以下。同时因为它经常被发现仍存在有人们认为不应该被接受的工业运作情况，包括出现童工及工作环境恶劣等。

无可否认，唐人街内的车衣厂，都是开设在一幢幢旧式的商业楼宇内，这些建筑至少有50年以上历史，所以，设备十分陈旧，不符合现代操作标准，此其一。另外，主要还因涉及工人工资和福利的问题。美国劳工部的人员认为，唐人街的衣厂业者时常不按劳工标准办事。例如，工人不加入工会，老板不按照最低工资标准发薪酬给工人，不一定为工人购买工伤和医疗保险和不给予工人有薪假期等。这些类似剥夺工人的不合理待遇和缺乏福利的情况，遂在一个先进工业国家内形成了强烈的对照，此其二。尤有甚者，唐人街的车衣厂内还经常发现有雇佣不应雇佣的人，除非法移民外，最受传媒渲染的是年迈的妇人及童工，此其三。特别是在某次劳工例行检查中，政府人员在衣厂内见到有90岁高龄的阿婆及10岁以下的小孩参与工作，就更

---

① 陈冰：《华人餐馆工运的发展》，《美洲华侨日报》1980年7月12日、14日、15日。

加难洗脱其"血汗"之名了。

光说纽约，唐人街内那批车衣女工，一度数近 3 万人。在过往的那段 20 多年之中，她们曾被华人社会誉为是当地华人经济的一条大支柱，并常与以男性工人为主的饮食业相提并论。而事实上，她们亦确确实实支撑了移民家庭的半个家。她们好像家中男性配偶一样，早出晚归，辛勤作业，共同负担着其家庭的收支情况。一个移民家庭，在美国唐人街习惯的定义上，男的"企台"（餐馆侍役），女的"车衣"，无疑是正常的，也是很普遍的。然后，从先做"工人"到终能当上"老板"，就是一页页成功华侨创业史。但是，无论如何，当上老板，还是少数，半生仍做工人，还是属大多数。许多人自始至终仍是挣扎在糊口的边缘上。其实，传媒针对华人车衣女工的种种也常言过其实，因为在她们人数最鼎盛的阶段，绝大多数都曾加入美国"二十三·二十五"车衣工会，同时在华人争取民权风起云涌的日子，她们也曾是一股进退井然不可忽视的力量。①

无奈，进入 20 世纪 90 年代，美国经济不景气，制衣业的厂商把制作外迁至南美洲及东南亚等第三世界发展中的国家，华人依赖承包车衣工作而存在的一大群车衣厂只好一一关门。华人妇女顿告大批失业，也直接影响到华埠的经济。须知华人车衣女工绝大部分都是家庭主妇，在就业期，下班之后，通常都在华埠造成了每天的必然购买潮，因而对华埠餐饮杂货业的发展曾起极大的推动作用。当她们都失业，收入顿减少了，购买情况大不如前，华埠繁荣亦受打击。②

五　毛菰荸荠，无须配额

多少年来，毛菰与荸荠（粤人称作"马蹄"）在华人社会曾是"宝"。那是因为，它们是华人在美国大大小小开设的餐馆进货单内的一种不可或缺的配料。绝大多数美国式的中餐，基本上不能够没有毛菰与荸荠。美国人曾把唐餐叫作杂碎，杂碎里面的配料就有毛菰与荸荠。在过去一个很长阶段，华人餐馆的毛菰与荸荠供应，大多数来自

---

① 陈冰：《工运潮流岂可抗拒》，《美洲华侨日报》1982 年 7 月 17 日；［美］麦礼谦：《从华侨到华人》，三联书店（香港）有限公司 1992 年版，第 441—442 页。
② 陈天璇：《车衣工人的隐忧》《为何称血汗衣厂》，辑入《杂文集：华埠内外》，美国松石居书坊 2012 年版。

台湾。由于华人餐馆大量需求，台湾每年本身生产有限，毛菰与荸荠进口美国遂成头号的抢手货，价钱好，不愁卖。因此，有过一段颇长时期，台湾当局把这两种货视为对美国地区侨商的统战工具。有关部门爱把毛菰与荸荠编为配额，分批赠给侨社内的领袖。其实这是变相收买人心。施行起来又很有效。只是在中美两国关系正常化后，大陆这类货也陆续打进美国华人市场，双方压价竞争，台湾一枝独秀的局面才因而改变。①

曾几何时，华人商贾标榜"右派"，希望分取配额；侨领高喊"反共"，也可领几箱货。甚至因为利益分配不均，台湾如何发送毛菰与荸荠配额，也一度曾经成为侨社争论的议题。故此，美中一旦建交之后，华埠商人头脑亦快，大家在转瞬间已经一窝蜂地纷纷跑回广州去订购毛菰与荸荠了。中国大陆的攻势亦十分凌厉，估计也是因为除了经济因素之外，还涉及政治的斗争在内。当有人带头赚了钱，其他的也跟着效尤，货源陆续涌至，终于充斥市场。自此，不管从哪儿进口的这类货色，就都不再一定有盈利了。②

然而，这两种货的市场竞争，并没有从此平息。皆因华人的餐馆业是美洲华人谋生的主业之一，尤其在洗衣业式微及因为洗衣机普遍使用而渐次锐减后，加上华人车衣业亦因美国制衣商把工厂外移亦相继关门，更多华人改行，进入餐馆谋活。毛菰与荸荠依然是中餐配料的需求，遂因餐馆业的一再发展而能持续。直至 20 世纪 90 年代中期，美中每年贸易谈判中的制裁项目，也曾由美国政府把毛菰列入限额中，欲暗帮台湾，用意昭然。由此可见，美国华侨社会的过去和现在种种，都受到中美跨国政治的影响和制约。比如，就以上的事例，光谈毛菰与荸荠价格起落，包括它是杂碎必需配料，都不足以说明它原来曾经是某方对侨社的统战工具，也不能光从经济的角度去解释美国为什么插手制裁。常言道，一粒沙中见大千，其背后的意图是，台湾极需要维持有美国侨领的拥护，美国极希望保住台湾并且以它来扮

---

① ［美］麦礼谦：《从华侨到华人》，三联书店（香港）有限公司1992年版，第352—353页。

② 陈冰：《毛菰马蹄不再是宝》，《美洲华侨日报》1982 年 7 月 30 日。

演分裂中国的角色。中国不统一，美国是关键。

六　港资涌到，楼价跃升

香港人最普遍的投资是地产。到美国后，仍是地产。他们明显大举而来，是受"九七回归"驱使。有一部分移居来美国，这类人是属投资移民。小资本的，进入华埠。然后，把几十万元的楼宇一炒再炒逐步变成了几百万市价的一幢幢高盘。所以，与其说他们的涌入曾促进了华埠的繁荣，不如说实则上引发了房屋和铺位的跃升。对原本在华埠的居民与商户，平白加添租金压力。整体地说，它把香港式的商业消费和生活习惯带进了华侨社会，促使其他的相关行业相继出现，市容由招牌到商品从而变得多样化。

大资本的，投资外围。依然是地产，是发展房舍。最引人注目的是，一个由香港六大家族所组成的大财团，于 1994 年夏天以 9000 万美元的价格，购下纽约市城西区那一块名为"河边南"土地的大部分开发权，并在开发时续注资，而且按照中国传统风水进行建筑。这项相当于 30 亿美元的庞大计划原本是纽约市一名地产大亨的梦想。只可惜他在当年却由于种种原因而负债累累，连他名下的"宫殿大酒店"以及大西洋城那座"印度宫殿"赌场都要扬言放价出售，以便填补他向银行所积欠的日益庞大债项。据说香港这些财团就是钻了这个空子。初时对"宫殿大酒店"有兴趣，但是，对方最后只同意售出纽约"河边南"这块土地的部分开发权利。据双方成交时消息透露，由香港财团负责发展，包括在未来续注资，而纽约这位大亨则不拨分文，今后除了负责管理，还得以他的大名来命名该区所发展出来的其中一条主要大道。①

当然这项地产开发计划为纽约市带来不少外资进账，随后的庞大建筑群工程亦使当地增加许多的建筑工作，如今该区已经被改建成一个高级的庞大住宅区。只是，无论如何，这些投资不见得给当地华人大众带来什么利益。反而，但见地产价高涨，及无力抗拒负担。因为

---

① 〔美〕麦礼谦：《从华侨到华人》，三联书店（香港）有限公司 1992 年版，第 456—457 页；邝治中：《中国人在美国的发财史》，江苏人民出版社 2012 年版，第 320—321 页；陈天璇：《港财团进军纽约》，辑入《杂文集：华埠内外》，美国松石居书坊 2012 年版。

它除了直接间接带起了在华埠内有部分的旧楼翻新，并且因而把楼价及租价带向一次又一次的新高。久而久之，遂导致华埠及其附近那些不是自置产业的店铺经营者，饱受每年加租之苦，多添另外一层忧虑。许多店无法支撑，只得无奈关门。类似的受害者，各行各业都有。

最近报载，已经营了 40 年专门售卖中国大陆商品的"珠江百货公司"亦因楼铺加租无法继续。它的前身就是 20 世纪 70 年代保钓人士集资开的"四新商店"，也是第一家在纽约华埠敢于出售大陆各项来货的不遑多让的首家"左派"人士开的杂货商店。40 年了，风格依旧，它也是难能可贵地一直以推销大陆商品来宣传新中国文化的典范。①

七 牵线架桥，太空一族

中国在改革开放初期，无疑视华侨为争取对象。经济特区的开放地也因而选择在南方粤闽侨区。深圳、珠海、汕头、厦门是粤侨与闽侨的往来最频的通商口岸。它意味着两个方面：一是要华侨本身来参与；二是或带同外资来参与。所以，海外华侨华人，包括在美国的，都或先或后地回应号召回来，各找机会，牵线架桥，既为祖国的经济建设，也为个人的大展宏图，曾作出过种种努力。

当年，华侨择地投资设厂，做轻工业小型加工，然后把产品运到欧美各国去进行批发销售，是最普遍的，各特区都有。由于华侨都不是大商贾，一般都是亲力亲为经营，两地奔波，飞来飞去，便是当年常见的新现象。他们遂被称为"航天员"或太空一族。这些人中，美国去的，除了一些已在美国稍有成就的人，也有部分曾是新抵达不得志的人。前者，许多是抱着爱国反馈的心情去的；后者，也不排除欲投机取巧及另有所图。总之，龙蛇混杂，可以想象。但是几年下来，都有成绩。然后其他地方也动员起来了，包括上海。先是多限于设厂，继而发展了住宅，及在旅游选点建旅馆饭店等。中国改革开放的

---

① 陈天璇、罗兰：《洪流中的细沙和白沫》，《美国保钓运动口述》，北京清华大学保钓资料中心演讲，2008 年 5 月 4 日。全文辑入"保钓纪念专辑春雷系列增编"：《峥嵘岁月、壮志未酬》（上、下），台北海峡学术出版社 2010 年版，第 275—299 页。

原先顾虑是，自由贸易会把黄赌毒带进去。果然这些都接着发生了。其实，特区派生了特权，也出现了贪腐的事。这不光是外来的因素，也有内在人员的不正。有些人越规了，或狼狈为奸，或引狼入室。但总体上，经济起来了。华侨的角色是牵线架桥，一方面有些人把美国人的投资协助带进了中国，另一方面也有人扮演中介把中国外贸帮忙带出来。当他们都站稳了脚，美国的在中国，中国的在美国，早已自行发展。中国改革开放造就了不少万元户甚至亿元户，部分人民富了，国家总体强了，既有为非作歹的人，也有为国为民的事。同时，作为华侨的，仍然是华侨，他们也同样经历和目睹中国在改革开放中的种种成败与喜忧，无疑也曾使他们骄傲或痛惜。毕竟他们人在海外或已归化外籍，能配合的和贡献的都有其身份的极限。

在跨国贸易频繁的现代，在商言商，固然到处都是。利益所在，两地涉案常闻。比如作为海外的投资者，如果毅然把厂设到中国，无论投资涉额大小，目的其实不外有二。一是希望能够利用中国现有的人力与资源，二是希望能够协助中国更快地走上现代化。其中当然有互助和互惠，绝对不会只某方面单独得益。所以，如果安然无事，自然是皆大欢喜的事情。但若出了问题，是完全可能的。在这样进程中，20世纪90年代有港商在深圳因开设玩具厂发生火灾而导致工人伤亡案，老板因而被控被判入狱坐牢。既是商人悲剧，政府惹来非议。也一度使海外的投资者或两地"航天员"，顾虑重重，忧形于色。

此外，华人在美国不时被政府指控偷取商业机密个案，屡有人受到指控，近年更甚嚣尘上，也多少应与针对中国的奇速崛起有关。[1]

---

[1]　陈天璇：《投资设厂添疑虑》，辑入《杂文集：华埠内外》，美国松石居书坊2012年版。

第43章 步往主流

小 引

谁能融入美国主流？又或如何才算融入？有一些华人认为，首先，是要闯出华埠，到美国社会去谋业，兼与其他族裔特别是同属少数的族裔相互携手，同争在美国的法定权益。但是，亦有另一个意见认为，美国的主流基本上是白种人文化的天下，若要融入，获得接受，唯有先放下民族自我，才能见效。

一 土生成长，步往主流

美国人在排华的理由中一直认为，中国人不愿意同化，不会放弃继续当一名中国人。所以，美国人曾明言：在美国这样的地方，"他们"是不受欢迎的。故此，不让"他们"申请加入美籍，是绝对合理合法的决定。然而，华人的下一代在美国出生了，也曾经一直不被当作美国公民看待。有华人不服气，诉上法庭。最后，获得在美国出生就应是公民的胜诉。不仅是华人，其他人也应如此，这是由美国立国宪法内明文规定的。虽然法律这样，但是长期以来，华人即使已是公民，仍被排除在主流的社会以外。

他们中至少有两代至三代人，只得依然蜗居华埠，跟随他们父母做工，过着种族隔离的日子和生活。美国立案排华长达61年，有三代人，绝大多数，都只能在唐人街以经营洗衣、餐饮及唐山杂货为主要的谋生职业。他们不是不希望进入白人社会参与工作，而是总被拒之门外。那是因为，他们需要有这方面专长的人介入，是他们找上了你，才有机会被接受。宪法与实际不一样。华人的经验是，在这个长期标榜民主、自由、人权与平等的国家中，华人是长期被歧视受压抑的一群人。控诉和奋斗不管用。

第二次世界大战发生时，美国不得不加入同盟国的一边，参加战斗。因需要人当兵，华人也被征入伍，成为美军其中一员。最初设华人独立营，这是种族歧视在作祟。翌年才由罗斯福总统颁令，华裔美国兵都算美国公民。这是融入的开始，华人踏上被接受门槛。然后，这个条例实施后的第二年，美国华裔士兵才开始享有战后新娘法例，容许把唐山的媳妇接来。

张纯如撰写《美国华人》时曾访问过宗毓华及赵小兰。她们是华人中出类拔萃的佼佼者。宗是华裔杰出的著名新闻女主播，她直率地说，在她的职业中，升迁遇玻璃天花板。赵在美国政界中，担任过劳工部部长，她不讳言地说，连她在内也常遇到种族歧视的压力。

一般而言，土生的新一代，因有良好教育，都能逐渐告别华埠并放弃父辈们旧业，进入白人社会，步向同化主流。他们成功的秘诀是，白人社会只接受已认同欧西文化信仰的人。

二　先侨老化，转入郊区

寂寂黄昏路，幽幽故国情。老侨老了，该怎样？回顾一生辛劳，儿孙相继长大。唐人街也逗留不下去了，他们那些传统生意，由于后继无人，加上店租高昂难以支撑，于是，结业他迁含饴弄孙是常见的结局。

曾经早期在唐人街扎根的人，大多数是粤侨，至今年过七旬。但他们也并非在家族中是最早移民来美一代。有不少这类华人，前后合计可数出七代。他自己在中间，前三四代，后三四代。以笔者的家族为例，我的祖父是 20 世纪旧金山大地震期间来了美国。之所以那时来美，是祖父的叔父当年已经在美谋活。早期华人都是回乡娶亲，我的祖父也是。

一般而言，在第二次世界大战以前抵达美国的一代，十之八九都是出身贫寒，才会漂洋过海，至于现时尚健在者，有很大部分人，是在肯尼迪总统放宽移民法之后获准移民抵美。这批人是历经艰苦勤劳的一代，生活朴素，为儿为女奔忙。许多人在埋头奋斗几十年后，发达与否不论，或多已作古了，或如今已是步入晚年者，也应是那代人的儿女辈。一如笔者，是华侨世家第四代。我父亲及他的姊弟妹们，都在中国出生，然后才到美国。我是介于新旧移民交替期，即 20 世纪 60 年代时候抵美，时值美国开始放宽移民政策。

我们那辈之中，无论是美国土生抑或曾随父母移民，较之上一代先辈人，已算是较为幸福的。至少我们都有机会上学。在半工半读的情况之下最终能跻身于专业的工作，有些进入待遇好的工商阶层。尽管各人际遇不同，但是在今日的华人社会，我们这一代是争取闯入主流的一代。虽然有些人依然在华埠生活，承继传统。但亦有不少人，则或已经搬出华埠，试图融入美国社会主流，已过渡为名实相符的华裔美国人。至于我们的下一代，顺延土生，他们的选择和生活会越来越少中国味。这情况只会越来越普遍。

中国人移民来美已长达一个半世纪，移民就是远离故乡；移民不是度假。对于绝大多数的人，移民是一条不归路。也许在移民的前夕，每个人都认为自己与众不同。每个人都曾相信，一旦到了外国，努力工作几年，积蓄了一笔钱，便可衣锦还乡。这其实不光是一个人的梦，而是多数人的梦。然而，百多年来，能做到的，少之又少。犹记我们的祖辈抱着"淘金"的豪情来；我们的父辈胸怀"创业"的壮志来；他们勤奋可嘉，日夜辛劳，至死未忘"有朝一日，告老还乡"。但是，梦最后仍是梦。即使我们同辈有些知识分子或更具学术专长的长者，他们也曾希望要轰轰烈烈地为祖国干一番大事。只是，除了寥寥可数的几个人，更大多数的人，终于由"留学"变成了"留落"。这是现实，也是事实。

时世改变了，都不回乡了，况且家乡的人都已经在美国。多数不欲在老迈之年面对孤单和寂寞的，老来从子，搬往郊区。

三　新型华埠，这样形成

美国东西两岸各大城市外围周边，在过往 20 年，涌现了不少的新型华埠。它们与原来旧华埠的关系就像繁星伴月般，星罗棋布。

导致这种趋势出现的主要原因是华人增多。在原有城市内的唐人街，由于地域条件限制了发展，首先出现华人人口外移。有不少人搬到华埠以外一些区域居住。继而，为了方便自己以及附近华人，有人开始在那个新地方开设了店铺。最常见的现象就是，先有了饮食业和杂货铺。接下来便是有越来越多的华人要在同一地方附近找房子或者铺位，于是闻风而至的华人地产代理商，应运而生，相继开业。他们的存在和发展往往对这个未来的小华埠起着一个孕育和催生的作用。而事实上，他们业务上的成功与否，在一定程度上，标志着这个小华埠的下一步走势。除了华人大举迁入该区以外，在主要的中心街道，由华人经营的其他服务行业，包括报纸摊、美容院、文具店、中药铺、燕梳佬、律师楼等，也陆续出现，并且甚至在同类中隐隐有竞争的倾向。譬如，餐馆类型的多样化，杂货规模越开越大，便足以宣告这个小华埠的诞生与形成。就纽约市区而言，最明显的例子是皇后区法拉盛地带那一个新华埠的出现。较之旧的那个曼哈顿区华埠，先是方言上的不同，文化背景也有分别。旧的唐人街以粤语为主，新的法拉盛华埠是讲国语。传统的唐人街家乡味浓，新兴的唐人街书卷味重。在最初发展期，先是多由"埠上"台湾来的华人及其家属集居而成，遂与"埠下"原有广东劳动阶层的那一种风格，各呈特色。继而由于中国大陆改革开放后的新移民潮，把更多来自中国内地和香港地区的知识界后代，不约而同地吸引过去，使它一方面更趋现代都市化，另一方面出现台港兼容的中西并存化。

与此同时，福建人自20世纪八九十年代后，大举涌到纽约，除了在传统唐人街发展了独特闽区，又选在布碌仑区另开辟了一个闽人新华埠。它的家乡特色，吸引了来自中国大陆粤籍新移民。物以类聚，人以群分。即使是在美国，文化背景高低仍是另一个自然选择的明显因素。

亦应在此提及的是，加州有处"小台北"，是洛杉矶郡市镇之一，名字叫蒙特利尔公园。由于它有众多华人，至少占人口半数之上，多数都来自台湾。它甚至选举华人当上了该市镇的市长，这一点与唐人街颇不同。它不似其他如在纽约或旧金山的新旧唐人街那样局限于城中一个角落，却反而给人一种辽阔空旷的印象。街道宽敞，华人经营的餐馆与超级市场到处可见。又由于居民大多数来自台湾，地方特色特浓。据称，它住着不同背景的台湾移民，开着形形色色的台湾风味的商号，加上经常能见有台北远道而来的影视红星登场作秀，甚至还有台北式的宵夜食堂等，遂使人把此地喻为"小台北"。不过，亦有人认为它只局部地反映了台北生活的一面。在别人的国度，建故土的家园，说到底当然不尽同。华人尝试融入美国主流，而这种发展的新方向，倒更似扩大了的唐人街。

四　会所式微，乏人接班

"无边落叶萧萧下，不尽长江滚滚来。"杜甫这两句诗，千古传诵，是因它写活了时代的洪流不断向前的一个规律，生动地比喻着自然界和社会的发展是不以人的意志为转移的；旧的势力必然会衰败、没落；新生事物，新生力量一定会成长、壮大。侨团命运可谓如此。

现时，华人在美国的团体大致上主要分两大类别。一是传统的旧有乡姓团体；二是新兴的以志趣结社。其中各行各业包括政党都有。有的庞大，有的小巧。有历史长的，有刚创建的。林林总总，名目繁多。查实，在美国成立一个会所或任何性质及名堂的团体，也不外乎向政府注册登记，手续如设公司一样。可组可散，比较容易。一个会所团体的重要性，说真仍是要看筹建人或主持者的背景和推行的目的。另外，有些因为时代有所改变，成员中再没有新血液加入。老会员渐老了，常叹无人接班，会所迟早难免就此结束。比如，最近发生有衣联会（即"纽约华侨洗衣馆联合会"）被业主逐出原社址的事情发生。记者报道说，衣联会几位仅存的元老狼狈收拾旧物，搬离原社址，读后不禁叫人唏嘘。该会在纽约已存在了80年。由于洗衣业的凋零，已许久没有新会员加入。衣联会所在会址楼宇本来是该会物业。奈何已于多年前由当时董事会决议出售，故近日才会被新业主加租迫迁，这也是大都市商业运作的必然规律。

华埠有不少这类的乏人接班侨团，性质各有不同，持续因素各异。能支撑下来的，是因为依然有楼业。当然也有其他原因。

比如，另一类侨团是，老而弥坚、故步自封，这就不能不提及中华公所了。这个侨团创于清代，至今尚存，自1949年以来固执地不再让任何社团加盟到该组织。转眼60多年过去，自固自持依旧。故此，自那以后抵达及建新会的新移民，另行组会；遂有种种"联会、总会"这类名称的另树一帜的社团继而出现。这不光是纽约一地如此，其他别的城市侨社亦然。一方面是旧的依然故我，我行我素；另一方面是新的各举新猷，分庭抗礼。①

当新的唐人街在其他区域越来越多地出现时，新的社团陆续产生，新的组织视野更阔。这样，就无所谓排斥，也无所谓接班。因为到那时候，各自的创会性质和存在目的已经不尽相同，特别是当新的一代专注于融入主流，新旧团体的争执将变得毫无意义。

"沉舟侧畔千帆过，病树前头万木春。"这是唐代刘禹锡从另一个角度同样的感触附和。在自然界和社会发展中，腐朽的事物能继续存在毫不奇怪，新生的幼苗也同时在蓬勃茁壮成长。时代在进步，环境亦变化，谁若与新生代脱节，最终的结局可悲也是可测的。

五　上门外卖，越开越远

最近的一二十年，在美东的福州人精于开餐馆或饮食外卖店。不但开到传统华埠以外，还开到市外的白人小镇，并且增加送餐上门服务，与意大利薄饼生意竞争，推广唐餐，可谓以此为最。

这种独特经营方式，已走出华埠；与此同时，也是试图融入主流的另一种谋生方式。他们以少量的英语要求，深入到以白人为主的生活圈，投其所好，提供方便。其实，亦多多少少在推销中国人的传统饮食文化。这和所有土生和学有专长的高级知识分子跻身进入政府部门或白人大企业或连锁性公司工作的方式明显不同。他们的融入是推销华人货品，往长远看，卖餐有文化渗透性，有种族宣扬性。这种既能被白人社会接受又能保持华人特色的方法，确实难能可贵。

相对之下，以另一种方式融入白人社会主流，是自我放弃中国传统的"洗心革面"。言行模仿白人，谈吐只涉欧美，除了一张无法改变的黄脸孔，再榨不出任何中华民族元素的另一种华裔人，事事去中国化，委实令人可叹。而事实上，这就是华人大多数人融入主流的一般取向；在美国的大熔炉中，中国人是少数之少，白种人是多数之多，这也是客观的真实。

回顾华人在美国走过的路，把店铺开到白人的住宅区，也并非由上述那类餐饮外卖店开始，过去的华人洗衣店也曾经如此。不过，当

----

① 陈冰：《中华公所应全面改革》，《美洲华侨日报》，1979 年 10 月 23 日；陈天璇：《侨社的对衡力量》，辑入《杂文集：华埠内外》，美国松石居书坊 2012 年版。

年洗衣店只提供廉价服务，却没有潜在性的文化互动。所以，尽管在白人区存在了近百年，仍不算是融入白人主流，而最后却都消失了；至今只有留下回忆，没有明确影响。由此可见，融入主流并非把店开进了白人区就成了，也并非把住屋盖到了非华人地区就能。宋美龄在纽约长岛生活了最后几十年，像她那样也当然不能称作是什么融入。也许，若干年过去后，外卖店也消失，它可能也不过是一种华人移民谋生的过渡。当它的养家目的完成了，下一代人长成后就结束。融入，有时需要放弃。

六　律师银行，回流有因

当华人都认为必须打进白人主流社会才有出路时，亦有华人中的专才人士回流到唐人街，以发展他们专长来谋求成功之路。

那些人中有律师、医生，及从事银行界、保险界，甚至是会计等业务的人。主要是他们或他们就业的公司把华人视为需要争取的顾客对象。就因这样，那些原是凭个人的专长投入主流社会开设的公司内工作的人，又被遣派回唐人街主持或帮忙推动这方面业务。至于律师或者医生，基于提供专长服务，私人开业，亦更普遍。同时，后者与主流社会的关系，是充当两者的互动桥梁。比如律师，他们是在其服务范围内，先熟悉美国的法律，因他们必须在其一切业务运作中完全地依循美国的法律；所以，既是促进两者文化与生活方式的融入，也是帮助非白人如何采用白人的模式去面对现实生活。同样的情况是，例如医生、银行、保险、会计等专才，也必先熟悉了白人社会内的有关成规，然后才又向华人提供白人认许的种种有关服务。

由此可见，融入的必需条件是，不能偏离白人所订的规限，才会被有关机关行业纳入为既正当又合法的操作者。这种融入，也叫专业。专业需要取得牌照，训练与合格的过程，是放弃与采纳的过程。放弃什么，采纳什么，是文化价值的认可和取代的硬性灌输。整体的说，也叫西化。所以，在美国的华人要西化才能够融入主流。原因在此。

中国现时奉行的侨务政策有一句名言："嫁出的女，泼出的水。"句子中这个形象的"女"与"水"是指华侨华人。若是沿此再思，返回娘家的"女"，岂算风光？洒到地上的"水"，怎可盛回？所以，如要读懂它的含义，不外是说，别痴想"返回"家园故国，别冀望"一切"尚能如旧。说这番话，是中国要他们加入当地国籍。这不算很好的"比喻"，也不是温情的"劝告"。

七　异族通婚，必然发展

华人中的下一代越来越多人与非华裔（或称"异族"）通婚。这情况在中美建交之初，为数尚少。但从 20 世纪 90 年代以后，异族通婚渐趋平常。这是可理解的。当年青的一代，无论是否美国土生，只要是与异族及年龄相仿的经常同在一起学习，课余嬉戏，一齐成长起来，就很容易忘记或变得没有种族之见了。这样，大家一旦互相接受，彼此产生亲密感情，能进一步结婚，也是合情合理的事。

不过，人既然来自两种不同种族，总会有不同文化背景，也总还有一些其他问题不能完全跨越。假若因而另生离异纠纷，也是常有现象。但男女间的感情是复杂和多变的。从老一辈的华人父母的角度，去接受儿女的异族通婚，确实是一个大变化。在纽约唐人街，早在 20 世纪 70 年代后期，就发生过一桩此类悲剧。

事情是这样的。有一对黄氏的姊妹，都是中学年龄，大的 17 岁，小的才 15 岁，与父母亲生活在唐人街。豆蔻年华，大的有了一个波多黎各裔的男友。其父亲知道后，责她大逆不道，不准他们二人继续来往。岂料，就在父母都上班的时候，大的女儿跑到楼顶轻生自杀，小的女儿尾随不舍，一心本来是要制止。最后双双坠下高楼，同告身亡。①

此事发生后，媒体均报道，并带出了连串相关问题的争论。正反两方，都有说词。在那段时间，许多父母都认为，华人与异族通婚不会有好的结局；但时移世易，这种一度为大多数人的看法，终证明是落伍了。

客观事实就是，这是必然之路。新的一代人已有新看法。有人做过调查，并有数据显示，华裔女性近年与异族通婚的比例，高达 50% 以上，尤其是与白种人通婚的最多。美国人口普查局 2008 年社区调查有一份资料表明，53.4% 的美国出生华裔女性嫁给"老外"，而美

---

① 陈冰：《从黄氏姊妹自杀到异族通婚》（上、下），《美洲华侨日报》1978 年 11 月 18、19 日。

国出生的华裔男性与非华裔女性的通婚率则仅为 47.9%；此外，华裔与其他族裔所生的混血的华裔后代，超过 37 万人。同一统计显示，华裔与白人通婚的比例最高，其次是与其他的亚裔人结婚。

第44章　视野转化

小　引

　　曾几何时，华侨渴望有朝一日可以还乡。本来，落叶归根一直是海外华侨华人的毕生夙愿。奈何，长期以来能做到的，确实少之又少。最后都是老死他乡，未及回航。至今，星移世易，许多想法在变，老华侨基本都已加入了所在国的国籍了。改革开放后，侨眷在大陆的家属大多数也到美国来了。是以老一辈人的心态都改变。久居作乡，就地生根，已成被接受的想法；新生一代更把自己视为这地方的主人。

一　华侨华人，有新界限

　　中国人在美国，已归化美籍的，就不再是中国人。这是国际法的条文，尽管在许多这类人的心里依然认为他依然是一名中国人。

　　这可以从几方面去理解。不改变的，可以是个人的心态，及华裔民族的外表特征。然而，在中、美两国法律上，却已经是完全不一样了。

　　长期以来，老一辈中国人到了海外仍然可以保持双重国籍身份。那时，概念朦胧，凡是中国人都应该是中国籍。主要依据是血缘，或者因为祖籍，特别是如果父母都同是中国人。基于中国近代有大陆政府和台湾当局并存，在20世纪70年代以前，任何海外的中国人，若要认是中国籍民，只要依照正当渠道申请，都可以拿到中国政府发的旅行性质用的护照。唯一分别只是，你要自己选择，你向台湾当局驻外机关申请，抑或向中国北京政府的领馆申请。有时基于你要去的国家与中国大陆或台湾的邦交关系有不同，亦必成为选择条件。那是出于国际现实需要。不过，这情况，亦已在调整。

现时，中国人在海外长期居留，许多人已加入当地国的国籍，身份就前后有分别。比如，仍保留中国国籍的一般叫"华侨"，已加入外籍的叫"某国籍的华人"。如在美国的，叫"美籍华人"，已普遍沿用。

这种改变，是从 20 世纪七八十年代才由政府颁令施行的。

中华人民共和国在这个问题的处理上比较严格而且谨慎；台湾方面相对地一度无所谓；凡是申请的，政治清楚，多数会发给护照。进入 21 世纪以后，也都严格起来了。所以，双重国籍不复存在。若要恢复中国国籍，那么，别的国籍便得要放弃。而且，要按法律程序进行。

也因国际上的交往开始频繁。因贸易或旅游而跨国者增加。

中国两岸政府对于华侨、华人、大陆公民、台湾同胞、港澳同胞都作了明确区分。各自享有不同待遇，包括某些特权。至今沿用。

二　侨团两类，转旗随意

在美国的侨社侨团，在会所内有挂旗的习惯，尤其是在喜庆及特别节日等场合。另有一些侨团，即使平日，也在其大堂之上悬挂中、美两国的国旗。即是美国子民，悬美国国旗不在话下；至于中国国旗，则在北京政府与美国已正式建交后，就有了五星红旗的新选择。转眼间又过了 35 年了。

过去，就说冷战阶段，侨团一直与台湾保持原有邦交，关系曾较为密切。中国旗一向是采用那一面"青天白日满地红"旗。

然而，当美国宣告与中国北京政府建交之日开始，侨团是否也要"改旗"，便成他们内部争论的新议题。因为各地的唐人街是位于美国土地。

只是，美国有尊重不同移民背景民族的传统，包括在政治、宗教、言语等范围内的个人自由的选择和保留，只要它不侵犯及违反美国所定的国策和宪章。那是基于它是由外来的、多民族的、又大多数全由别国前来此地的移民共同于摆脱英国统治后，而与包括原土著印

第安人在内的各国移民，一起组成了这一个新国家。华人虽然稍后才
至，但亦成为其中一员。同时，至今为止，仍有别的来者，也将被容
纳为成员。

所以，从法律的角度讲，除了美国国旗外，还想挂什么样的旗
帜，法律上没限制。换句话说，侨团可以自己决定，可换，亦可
不换。

这就是为什么在 1979 年中、美两国正式建交之后，美国不少华
人侨社团体陆续传出悬旗纠纷，有些甚至曾有动武事件发生，皆因会
员对中国政治的政见，支持与取向各不同，大致上分成左、中、右
三派。

笼统地讲，美国侨团中以粤侨最为保守，往往在政治上偏向于国
民党。至今态度少有改变。比如，在中华公所属下的 60 侨团之中，
只有客籍（如崇正会、惠州工商会）及闽籍（福建同乡会）等寥寥
几个团体，自中美建交日起便改悬五星红旗。他们所以如此，当年作
此选择，是因为此间闽籍华侨华人多在新中国成立后才到美国来的，
他们除了对中国共产党有一定的认识和习惯之外，还因为他们中有不
少人经常两地往返。

另外，在众多的粤侨中，客籍人士思想开明，对中国政府支持者
也居多。直到近年，有"至孝笃亲公所"（以陈、胡、袁，三姓氏共
同立会，其中尤以陈姓占大多数）亦已经易帜。该会现在除了在会所
外悬挂五星红旗，每年还选派会员在广东省台山市召开全美洲的恳亲
大会，既鼓励会员们也顺常探亲，也借此让她们多了解祖国。这亦是
难得的另一突破。

纽约的衣联会，即"纽约华侨洗衣馆联合会"，自 1949 年起便在
会所悬挂五星红旗，是传统侨团中敢于在冷战阶段亦同样热爱新中国
的一个组织，皆因洗衣业凋零，旧人相继老去，雄风已不及当年。

三　泾渭依然，该变未变

虽然自 1979 年以来，由于美国政府改而承认北京政府是合法的
中国政府，并与之建交，放弃了与台湾的"正式邦交"关系；是以，
从那时起，大陆政府和台湾当局两个不同的角色和地位在美国的外交
关系上，无疑换了位置。但是，广大华侨，是否跟随，却是另外一个

问题，这亦是华侨社会的一种政治怪象。

代表中国执政政府，无论是中国的驻外官员抑或是台湾当局的特派人员，均要面对在美国的全体华侨华人，比如，如何对华侨做说服工作，及争取他们支持等。总而言之，两方面都把华侨中的头面人物作为他们重点的争取支持对象。过往，台湾当局惯用的手法是，与他交好，给他好处；最终，是要这些人能在关键的场合替他们说几句话，为他塑造好的亲侨形象。

所以，多少年来传统侨团，如西岸中华会馆与东岸中华公所，及他们旗下的大小侨团，在言行上依然故我，自命正统，并以继续维护国民党的利益为忠精卫道。时至今日，他们各个会所之内仍是挂"青天白日"旗为他们所属意的那个"中国国旗"象征。此外，循例依然口口声声反共，从而为台湾当局向美国人民制造一种全侨反共假象，尽管现在往来中国大陆各地的美国华侨华人如同过江之鲫，他们回去祭祖扫墓，捐款为家乡办善举，诸如兴学修祠，盖房铺路，两地往返频繁，一片友好亲善。回美国后，又是另一形态。这些表里不一的两地客，见怪不怪。长期以来，华侨社会对中国的两岸政治，是各取所需，各适其适。

相对而言，在争取美国华侨华人支持上，台湾当局有它一套，至少它在过往所取得的成果，依然能够继续保持大致不变。可能是，因有美国在背后协助。一般认为，美国在国际势力制衡上需要"团结"中国，又同时，在亚洲维持其强势上需要"借用"台湾当局。另一个原因是，台湾当局对美国华侨华人有较长的互动与交流，一向关系密切。按理一方是有正式邦交，另一方是非正式交往，但35年过去了，侨社内对两岸的态度尚基本如旧，应改变的依然未变。

四　三种侨领，三种立场

需要经常公开表态的人，大致可以分为两大类型：一是政客，二是侨领。他们总常被传媒追问，即都是中国人，为何不大愿意公开地谈中国事。

本来，美国与中国的关系已因建交大大地改善了，但是，基于两国历来政治制度不同，意识形态有别，每每在不少事情上，彼此分歧，各有底线。平日，政客心知肚明，清楚美国立场及对中国态度，是表面合作，暗里仍敌对。所以，当中美双方在任何事情上发生了利益冲突，当华文的媒体要他们发表意见时，特别是当被问者是华人，场面就变得敏感和尴尬。有些议题，或是有些事情，不能说美国"是"，又不能说美国"不是"。尤其是如果事件再扯上台湾问题，聪明的被访者总是能避就避，不作正面回应。在迫不得已的情况下，若是不能面面俱到，他们多数采用美国政府的立场。因说到底，这里是美国。这是最常见的结局。因为华人政客，作为美国子民，最安全最合拍就是紧跟美国，同官方一个调。同时也不会说出得罪台湾当局的话。这已司空见惯，美国立场怎样，他就怎样。

　　至于侨社中的侨领，一般最能代表民意。一言一行，说好道坏，其代表的意义常超越他们的本人。有时还能假扮或被误认为是民意，仿佛他们说好是好，说坏则坏，仿佛他的说话不光是他一人，却似他能代表整个侨社都是如此态度。

　　过去，国民党的对外宣传就靠他们这一批人。一直以来，国民党或台湾执政当局，就曾收买了这些侨领，由他们出头说话。譬如，话中离不开要提中国共产党统治下的中国如何如何穷困落后，如何如何不尊重过去的传统，包括如何如何破坏文化及专制独裁等一大堆言不由衷的假话。

　　其实，自从中国改革开放以来，侨领亦分为"左、中、右"三小类。左与右的发言，基本上是可以预期。唯中间的，涉题不多。他们认为两岸问题、中美问题，都是要时刻回避的"盲点""禁区"，每因言多必失而倾向于多沉默。否则也会如政客般紧跟美国的说法和口吻。

　　总是两头小，中间大；三种侨领，三种立场。中国海峡两岸，两边官员在美国境内则又互相回避，河水井水不犯。一般侨众依然在夹缝中无所适从。

五　非华自保，疏离成风

　　华人人数在美国现时已达 400 万人。从客观现实讲，华人在全美国总人口比例之中还不到 1%。人数虽不多，却分歧不少。比如，过去百年，他们对自己祖国政治的意见不同，形成左右两派，至今争执不断。

此外，关于中国，美国媒体一向流行有两大阴谋论，是美国对华政策的内外公开谋略。一叫"中国威胁论"，一叫"中国间谍论"。几度轮番使用，意在耸人听闻。

从冷战起，针对亚洲的地缘政治，美国视中国为假想敌。美国所推出的中国威胁论，本是由来已久，是黄祸论的渲染加朝鲜战争的恶斗。

第一轮提到中国威胁论，是曾认为中国必将会"赤化"亚洲，所以，必须时刻武防，这原是为施行"围堵中国"作口实。曾几何时，都成过去。然后，中国改革开放；然后，中国终于在国力上崛起。

于是，就有第二轮"中国威胁论"的出笼，是因为中国已明显地在经济上和科技上追上来，她有了火箭卫星，又有了航空母舰；而且，更敢于在被困一个世纪之后在其沿海外围的东南力争领海主权。这遂使美国发动另一次围堵部署，鼓动日本、菲律宾等参与。自那至今，中国依然是美国的假想敌。

另外，"中国间谍论"也并非新鲜。主要是针对近年来的科技性泄密。是中国现代化进步得太快，美国认为，中国今日的成果是从美国偷取得来的。于是，杯弓蛇影，胡乱指控。前者，最轰动的是李文和案，最近期是陈凤霞案。前者那宗李案，曾经审讯经年，最后李被宣告无罪。李文和为此遂提出了反控并获得赔偿；后者那宗陈案，未开庭已销案。但陈凤霞却因而受连累被停职，加州国会议员赵美心则认为，这都是基于种族歧视。[1]

其实，无论是威胁论抑或是间谍论，对在美华人的负面影响是使他们渐次催生对中国的疏离化。

土生一代因而坦言，凡与中国有关的最好是别接近，若曾与中国接近的迟早将受检查。又若然在美国政府机关工作，安检是每年必有的例行测试，所以"非华"化的自保成风，它在蚕食着新生代。当这种想法愈加漫延普遍时，华侨华人的祖国情结将消失。因为所谓融入

---

[1]　《美频发间谍冤案》，《中国新闻网》，2015年11月18日；《华裔在美屡陷"间谍门"》，《中国新闻网》2015年5月22日；李文和：《李文和自述：我的国家起诉我》，译林出版社2003年版。

主流就是接受白人种种，中国威胁论和中国间谍论都不会不信。因而有华裔女主播因在电视新闻节目上报道"中国来的移民都是间谍"曾被各地华侨华人联名发信抗议，因而喧嚷一时。①

六 散沙如旧，繁星满天

中国人常有不团结现象，在美国也一样。已过去 100 年，仍总分两大派，最初是维新与革命的斗争，在那之后，转为支持国共的派别对立。

人所熟知的在美国中国人不能团结的理由是，彼此对中国政治的认同不一。所以，在华人社团组织上早已明显一分再分，左右不合，新与旧的抵美移民各设意气相投团体，因而造成没有真正意义上的实质性的全美华人整体组织。光是名号上这类会也有，但实际上都只是空壳。

华人团结总是问题。以现有的侨社来说，除了历来存在的拥护中国不同政党的分歧，尚有新兴华埠社团与旧有华埠社团的分歧。此外，又有各区域知识界与同地域劳动界的分歧。其他商业的、宗教的，甚至是土生的或美国政党的，林林总总，名堂多样，就像漫天布满繁星，不见月亮，也无太阳。究其原因，不外乎是器量小和不服气的情绪作怪。

早年有华人吴仙标在特拉华州拟竞选州长，他到纽约侨社寻求华人支持，望能募捐竞选经费及扩大宣传等。也曾有这么一次，他先出席他祖籍的侨团的宴请，再登门往中华公所请求支持。前者是悬挂五星红旗的侨团，后者是挂青天白日旗的会所。礼仪过后在场有人质问："你是否也曾返回过大陆?"话题涉及中国政治，场面顿时变得尴尬。吴某不明：为何不能"在美（国）言美（国）"?

能在美国政治中脱颖而出的，很大部分是靠竞选者个人的业绩。华人入政的新趋向就是，要与其他亚裔结盟，这样，才可以增加成功率。在鼓吹进入美国主流的同时，不强调华人，而改成要强调亚裔是入政从政之辈的新口号。

---

① 陈天璇：《间谍传闻停不了》、《宗毓华又惹祸了》，辑入《杂文集：华埠内外》，美国松石居书坊 2012 年版。

有这样的一个实例，纽约有一名华裔警察在出勤时由于所在楼梯黑暗，在慌乱中开枪击毙了一名无辜的黑人。事发后被司法部门控诉。华人社区对于这一事件的反应分成了两派。

一派认为，血浓于水，华人应该出来声援支持，望法官着眼于这只是误杀，从轻判决，使他再获新生机会；他们几度集会，到法院前请愿。

但社区有另一派认为，杀人就是杀人，华人应与少数民族一起，又被杀的黑人也是少数民族一员，故应秉公处理，伸张法治；他们联合亚裔，与黑人齐示威。此案仍在进行，诉求未有结论。①

然而，从上述这一幕华人示威，或因对抗，或因支持，都为同一华人事件而生"对立"，它反映华人试图步入主流的同时，出现另种"非华"心态。

由此可见，"华"与"非华"，两种认同，两种鼓动，将会构成日后更多在美国境内的华侨华人互动间诸类问题所持意见的对立。

七 是主非客，就地生根

新移民潮开始以后，华人最大的变化是，老的不再寄盼"叶落归根"并劝新的来者"就地生根"。那是因为与华人有关的近年的种种变化与发展，使在美国的华人对他们整体的处境与立场又衍生了新观念。

粗略而言，导致这改变的原因有如下的五项。

其一，土生土长的新一代，人数越来越多。除此之外，混血华裔的新一代，亦在增多。这些华裔新生代早已把美国视为他们的新祖国。

其二，自从民权运动以来，华人对身份有觉醒。不再如老一辈那样认为华人在美国只是外来者，当年他们所以继续留下亦只是为谋生计，待挣够钱之后便会回中国去。如今，新生代则主张，华人亦是美国人中来自众多不同国家移民成员之一，白人可以在此安然自若，当家做主，华人亦有资格，照样学样。所以，他们认为，必须打破旧的那种做客观念，改而建立华人亦是主人的观念。而且，他们相信，只

---

① 《梁彼德警员案件》，《侨报》2015 年 5 月 2 日。

有放弃做客心态，敢于当主人，才能争取应有权益，摆脱歧视。

其三，老的虽然老矣，如今因家人在美国，团聚如愿以偿，儿孙俱在，试问回去作甚？是以，许多人都因而随遇而安，都说久居是乡，从而安心做美国人。这就是为什么新移民潮使在美国的多数人作出改变。

其四，中国侨务所颁布的政策也配合了新时代的发展，中国政府劝喻，已移民外国的中国人归入所在国的国籍；奉公守法，安居乐业。在改革开放后，移民的可移民，留学的可留学，美国仿佛成了新一代人想来定居的新天地；更多中国人来了，已经在的，就少有要搬回去打算。

其五，世界潮流在变，亦影响所有人。在过去的年代，人一般保存有"集体"的共存意识；但到如今，人多数倾向于"自我"的个人追求。因此，新趋势是，祖源国籍再不重要。在美国的中国人中，也多如是。

当然，作为华人而生活在美国，个别人自有个别的原因。留下与回归，是各自选择。整体地说，留下来的，能归化总归化，能作主人，不当客人；土生越来越多，混血华裔日增，华人今后就地生根，在美言美，已成必然走向。

第45章 华裔入政

小 引

华人被排斥、受歧视，一再遭遇美国主要媒体的丑化，使那些努力闯入主流社会的已归化美籍的华人及土生，既感愤慨，也叹前程艰险。他们之中的有识者认为，要改变这一切，华人必须使自己的族裔团结，要努力成为政要重视的、要争取的各类政治级别范围的选票对象，另一方面，他们倡议要组成全美性助选集体，协助华人参政，把华人各种诉求与其他亚裔联系起来。

一 渐多华裔，政界任职

近年，越来越多华人成功参与出任美国政界要职。最突出的是，西雅图市的骆家辉被指派出任驻华大使。在那之前，他曾担任商业部部长；在更早前，他曾当选华盛顿州州长。他是华人担任这类职位的第一人，而且，他是广东省侨乡台山人后裔，已是在西雅图的第二代土生。在东岸更早前，有吴仙标，他弃教从政，也曾一度获选担任过特拉华州副州长。但当他竞选该州州长时，却未能获胜。此外，还有赵小兰，她在民主党总统奥巴马政府的内阁被委出任劳工部部长。她之前曾出任共和党总统小布什政府时期的交通部部长，最近又就职特朗普政府交通部部长。

华人成为国会议员的有几位。除了早期的邝友良曾是夏威夷州参议员之外，加州赵美心是国会众议员，而且再获选连任；同是加州新当选的还有刘云平。纽约孟昭文亦在皇后区胜出，成为21世纪第3

位华裔国会众议员。所以，华人现时同期有 3 名国会众议员。近年当选市长的华人，有男也有女。有旧金山的李孟贤，他是广东省台山人后裔；另外，有湾区奥克兰女市长关丽珍。据称，她还是奥克兰市 158 年来第一位女市长，而且又是华裔，她祖辈是广东省开平人。司法界的有联邦法官亚利桑那州邓心平及加州刘成威；其他州级及市级的次要官员也越来越多了。如加州的余江月桂曾担任加州几任州众议员，后又担任多届州务卿，从政长达数十年。这都是人所共知的美国政坛上的华裔佼佼者。

二　个别成功，各自因素

以上众人，能够脱颖而出，牵涉种种个人因素。如骆家辉，是早期华工后代的当地土生第三代，他说从他家到州府只距一里之遥，需三代人，走了百年。他这句话，形象地说出了华人在美国挣扎的漫长途径。同时，也附带反映出，华人每进一步都不简单。他把自己与当地人（当然是指白人，因为那是众数）认同起来，华人虽少，他却在选举中胜出。另外的例子是，赵小兰的配偶是白人兼国会议员，社交广泛，能力深受关注。关丽珍是加州广东华工后裔，她以长达 40 年参与民权运动的经验，争取少数族裔支持，挨门挨户去拉选票。在当选市长前，她是该市的市议员，并且多年来在教育领域担任委员并一再地连任，成为家喻户晓的公众人物之一。此外，司法界的委任，无疑都靠专业。比如，余江月桂多次在加州州府连任，一是她的业有专长，二是侨界鼎力支持；加州亦是华人人数比例最高的一个州。吴仙标当年的竞选活动，越州越市，到各地华人社区去筹募经费，所以对他竞选的经费支援，很大部分是来自他本人那个州以外的捐款。加州洛杉矶的陈李婉若，当选蒙特利尔公园（市名）市长，亦多少是基于她的地利人和。因为蒙特利尔公园市在洛杉矶外围，被称为"小台北"。朱棣文在总统奥巴马政府被委任为能源部部长，显而易见，因他是诺贝尔物理学奖得主。

三　针对歧视，背后动力

促使以上华裔入政，反歧视是背后动力。总有过一段经历，触动他们，发愤图强。一方面是潜意识地想要证明华人并非次等公民，另一方面是抱雄心地希望提高华人应有平等地位。即使是赵小兰，也坦言被歧视，她接受张纯如（《美国华人》一书的作者）访问时是这样表述的。另外，在美国电视传媒颇有名声的华裔女主播宗毓华就曾吐露，华人的头顶上有玻璃天花板。她的意思就是，向上高攀不易，因为有无形的阻力。总之，出人头地，是极有限。这同时亦表示，在常见的公开侮辱华人之外，有含蓄地保留白人主流规矩。它虽然与过往的习惯性歧视稍有让步，但是白人种族主义的优胜与执念，仍根深蒂固地继续感染着他们在各行各业中的言行。20世纪六七十年代的争取民权运动，无疑已大幅把亚裔作为少数民族的平等地位提升。然而，越是向上攀升，阻力越更明显。归根结底，歧视是挡路的明障。近年，美国电视台（即ABC）有一个与儿童侃谈的白人主播在某次该节目中当众提问，他说中国人购买了大量美国公债，但是，美国经济已越来越不济，以后不能偿还，你们说说，该怎么办？在座有一儿童竟然这样信口回答："把他们全杀光就解决了！"可以说是童言无忌，但美国电视台是在向全美国直播的，遂引起了当时全美华人哗然，群起抗议，要求道歉。究其背后，不是主持人的疏忽，而是一般白种美国人历来对华人有种族歧视的根深蒂固影响所致。

四 人数大增，提供外因

有人认为，20世纪80年代的新移民涌入，使华人在整体上的数字大增，为政选提供了外因。若是人多了，选票亦骤添。但是，这只是其中相关的一环。参政的成功过程更复杂。有更多人参与投票，固然是主要的；能够认同，利益一致，才是真正关键。其实，无论如何，华人只是美国少数族裔一员；在任何州及任何城市，华人即使倾巢而出，也难具单独压倒优势。这也是很简单很实际的常使每位参选人员考虑如何面对选票和拉选票问题。所以，近年有趋向把华裔连同其他亚裔，望团结在一起，在美同进同退，祸福与共。又说，除非彼此联手，互相支持，互相投选，尚有希望胜出。否则，光是华人喊破喉咙，也只能算是给宣传造势，于事无补。最实在是，在政选中，华人是否能够争到亚裔全体出面支持，才是逐步扩大力量达到长远制胜之道。须知，华人同是美国境内亚裔人中的成员，倘若以此作为团结华人以外的单元点，应可集成其他族裔力量的共同线，一齐上阵，胜算更高。不过，要做到这个步骤，必先重新定位。最关键是，首先说服华人属于亚裔，亦是少数族裔一员，越是少数，越需联盟，从彼此相同的问题入手，争大家期待的双赢果实。这无疑已是土生新生代正努力营造的新的征途。

五　为谁利益，有谁支持

其实，能达到今时现象，也非一蹴而就。华人参选入政，失败例子不少。在最初期，华人在社区内有共和党及民主党成员各自所组成的华人分会，人力单薄，联谊筹款，这也是唯一能做的支援。要鼓动投票时，数目少得可怜。慢慢从协助华人登记及帮忙他们申请入籍，借此灌输有关知识，逐步建立选民群体。以老人会及宗亲会为推行发展的纽带。进而触及专业社团，范围渐次扩大起来。也因为牵扯到更广泛的知识阶层，对参选人的认可和要求层次加深。就再不是华人要帮华人，又或血浓于水这样说说了事了。人们对参选者的角色和诉求，已经超越纯华人的权益与主张。于是，他理应代表谁，他公开怎么说话，早已是新一代华人参选时候要面对的最新课题。比如形象的选择，身份的认同，或如何争取更大的支持率，都不得不再三强调他既是华人又是亚裔，是少数民族的少数。也是要在这样的环节中，寻求共识，希望突破。除了争取自身华人支持，亦在争取其他外裔支持。这被认为是融入主流的最可行策略。

与此同时，这个刻意把华人尽量认同亚裔的观念，除了正在土生一代盛行，甚至已经近乎矫枉过正。有时难免与"华人要帮华人"那个旧有的传统观念经常发生冲突。因为把华人认同亚裔，亦往往引发非华化，不但不再强调华人，同时经常避谈中国及其议题，这是另一个歪离祖根祖源的危险陷阱。

六　助选组织，渐次形成

呼吁华人团结，共同发挥力量，曾是一批知名美籍华人意图对参政的华人施以援手的一次史无前例的集体告白。他们联名登报，曾计有陈香梅、李政道、杨振宁、贝聿铭、田长霖、吴健雄等带头，进而搞了个"百人会"，旨在帮忙推选助选，筹募劝捐。但是这样的一个以精英为主轴的组织，雷大雨小，未见普及。很可能是因它与华人的草根阶层脱节。所以，呼吁还呼吁，行动归行动。这样的一次公开性独白，能推动多少的参选成功，无从统计。总之，主意本身是好，实际组织乏人，成效毫不显著。全国性嘛，仍是一个纸上理想。然后，又隔了多少年，吴仙标拿出新主意。他在 20 世纪的末期，组织了一个促进会，名叫"八十二十助选行动"，声称"能集八成华人选票"，并且，据称曾借此向当年"民主党总统候选人戈果"幕后讨价还价，以要求委任华人入阁为助选条件。可惜最后功亏一篑。这宗承诺未得实现。不过，他组织的"八十二十助选行动"仍在继续。有识者称，这是犹太人常用的绝招。但另一方面可能不同的是，华人整体没有好好动员。因为它太侧重权贵的号召力，忘却了如何去动员华人大众中的能投票及需投票的起步所需教育及协助登记等。其实，华人通过竞选，进入美国政坛，并希望从政后进而有助改变对华人的歧视。这种想法，无可厚非。然而，迄今为止，华人能够入政，成功的原因总不单纯靠华人群体投票便能取胜。因为华人人数说到底总体上仍然不多；尤有进者，已按照法律登记投票者尚少。这现状的改变，须从基本做起。即是，务使华人大众加快学习有关参政常识，要先让他入籍成为公民，才能协助合格者当选民，这应是正确的开始，扎实了才能发挥效能。

七 立场任务，如何定位

华人在美国总体上另一个最难处理的问题是政治意见分歧。这已不是第二次世界大战后才有的事。自从孙文容共开始，国共之争至今犹存。

冷战开始以后，反共基调不变。美国的国策本质上依旧。这对华人参政，造成一定困扰。一是涉及美国对华政策中的"一个中国两个政府"的双面性；二是牵动在美华人意属心向"哪个中国哪个政权"的对立性。这已明显地造成了许多参选或已当选人士对中国政治的不站边和刻意地故作麻木。特别是对美国政府已表态的任何事项，他们均采取含糊应对或是不置可否态度。其中，最明显莫过于有关中日在太平洋区域上那一系列钓鱼群岛主权归属的争议。尽管 40 年来在美华人抗议未停，侨界左翼右翼先后出动，华人政客始终噤口不提，皆因美国政府是始作俑者，又至今依然是偏向日本那边。这就是在美国的华人政客所处对中国议题立场的尴尬，也同是他们呈交给全体在美国华人的白卷。

　　今时今日，但见他们欣然出入大陆政府和台湾当局的使馆或机构，也不在乎公开列席左翼或右翼的任何社团宴会；但对于中国事，基本上不多言。这是这些参政人的现实。不过，最近已出现新变化，大概是出于要纠正他们这些政客过往不谈中国话题的诟病吧，前不久，当 3 名新当选的华裔国会众议员在就职后一齐面对在美国的华文报章及中国来的记者采访时，赵美心、孟昭文和刘云平曾一致表示："希望美中关系朝着富有成效的方向发展，让两国人民受益，将致力于促进两国贸易等领域往来。"① 这算是华裔政客敢于谈及中国的非敏感政治话题的一次试探性突破。

　　显然，相对于那些不敢面对中国话题的其他华裔政客，国会议员赵美心曾返回广东省开平县祖家祭祖，刘云平也表示因为商务曾经去过两次大陆。看来越是有胆色的政客，越是能够看得远看得高，才更受更多人尊敬支持。

　　此外，骆家辉曾出任驻华大使，这个职位是另一个很好的讨论题。它最后是，表面上的欢愉庆祝高兴过后，他终归难免地陷入两面难讨好的格局。做大使是执行美国的任务，但驻华大使是华人仿佛回到了祖家。中美两国问题复杂，也非全是迎来送往。最后他提前辞职了，大众对此褒贬都有。平心而论，华人在美国的角色，如何认同是分水岭。试想，骆家辉既然是美国公民，岂能不依美国国策办事？但他本来又是华人，中美发生冲突，谁都难以做到两全其美。②

---

　　① 《华裔女国会议员赵美心：美中关系对华裔地位有重要影响》，《侨报网》2015 年 9 月 24 日；《美首位华裔女国会议员赵美心访华》，《南方日报》2011 年 9 月 6 日。
　　② 《骆家辉提前辞退驻华大使职位》，《今日新闻》2013 年 11 月 20 日；《以平常心看待骆家辉辞职》，《南方日报》2013 年 11 月 21 日。

第 46 章　中美互动

小　引

　　冷战以来，中美的关系是互相利用，各取所需。当某方多占了某些便宜，或出现了某些不利情况，彼此关系随之会转向紧张，遂以谈判稍作调整，直到互利又能继续。总之，在总体上，两国的关系一直是维持在不会太好而又不会太坏的境况。互动大致保持，至少双方满意。

一　又闻保钓，政府出面

　　"保钓"作为一个运动，自 20 世纪 80 年代以来实际上已走向平寂。它有过一段如火如荼的岁月，它改变了许多曾参与这个运动的人，使他们从狭窄的个人的"小我"天地，走向广大的中华的"大我"世界。至少在运动进行的阶段，人人希望，把人生的意义提升到有贡献。然而，作为争取恢复中国领土钓鱼岛完整而起的这一场运动，自中国改革开放以来在美国校园与侨社都基本上再无活动，各地队伍解散，各人回归专业。因为中国政府公布暂时搁置争议；台湾方面也乐于不去惹美国、日本。然后，在 1995 年，在美东的部分保钓人士曾经在纽约举行过一次 25 周年的纪念集会。怀旧多于其他，并未重新起步。

　　到 2000 年，有保钓成员周本初等人在休斯敦倡议收集当年各学府校园所撰的有关保钓资料，之后编辑成书，取名《春雷声声》。这一项本旨在保存这段历史文献的努力和推广，得到曾是当年保钓成员而又回到中国服务的有成就的人士欣赏支持。有林盛中、吴国祯等带头商得清华大学同意在其图书馆内设立一个保钓资料收藏中心，进一步地扩大和收集美洲及台、港等地有关的文字记录，并同时以口述方式，约邀过去保钓成员，忆谈他们当年参与的种种经验和心得。有叶先扬、陈天璇、罗兰、龚忠武等率先应邀到北京清华大学接受访问，或发表过去的活动报告。这引发了更多人把各地的当年保钓资料分头地捐送回去。与此同时，它的辑录成书工作遂再继续，再出版了《春雷之后》1、2、3 集，及补遗本《峥嵘岁月，壮志未酬》上、下册（曾分别由台北市海峡学术出版社出版），前后合共六册。这些海外保钓记录文献现时两岸学府都有收藏。

在保钓运动 40 周年（2010 年）时，一个在中国大陆早已成立的台湾同学会在江西南昌举办了一次"保钓"研讨集会，广邀世界各地尚在的当年精英参加和出席发言，有来自美欧台港四大区域超过 100 多人获邀赴会。他们再呼吁中国海峡两岸政府一起正视钓鱼岛的主权问题，冀能积极携手采取保土行动。随后不久，有一批中国渔民因在钓鱼岛近海捕鱼遭日本巡逻舰强行拘捕押到冲绳禁锢，并要求道歉和罚款。这触发大陆人民的激愤，纷纷敦促政府采取营救行动。继而，在中国大陆几大城市首次发生了人民群众因上述渔民被拘事件而带起抵制日货的对抗游行。华人在海外亦群起响应。示威反日保钓游行再起。

这一轮的运动，有明显群众性。老保钓再云集，联合各界新人，多地连续举行示威游行。如同借此薪火相传，务使爱国情怀再续。

在针对日本政客要利用购岛的伎俩把有争议的治权变作主权的对抗中，在美国纽约、旧金山、洛杉矶等地的华侨纷纷一再出动抗议，游行集会此伏彼起。从 2012 年起，华侨华人又陆续地在这些城市举行示威抗议，一浪高于一浪。比如，至 2013 年春，老保钓陈宪中、罗兰、花俊雄等在美东纽约组织了一场"二·一九"反对日相安倍访美示威。连当地中华公所都呼吁侨胞群起参与。①

---

① 《美国侨界举行示威活动警示日本军国主义复活》，《侨报》《中国新闻网》《新华网》，2013 年 2 月 20 日；《纽约保钓组织游行，反对日本军国主义》，《侨报》2013 年 2 月 3 日。

与此同时，最令人兴奋是中国政府终于直接出面，一面抗议一面救人，明显地不再是搁置争议，而是一面派人进行交涉，并终于促成了被禁押渔民的释放，另外又派遣军舰巡逻钓鱼岛。至此，这场保钓运动在历经40多年的断断续续努力，正式衍化为政府与政府之间的主权交涉和诉求。它再不仅仅是学者与民间人士集会话题。它已成为国家与周边环境的防卫博弈。虽然仍是中日之间的谁应拥有的未完争论；但已演成亚太地区的今后谁主浮沉的战略竞赛。

二　中国制品，平通世界

改革开放后的中美贸易关系，表面上是双方得利，发展神速。其实，从一开始，美国人的算盘就是在帮助中国经济发展的同时，务必使其成为可以继续掌控的纯粹生产性运作，并着意地，务要保持其在生产程序上对美国的依赖性和附属性。此外，美国任何的投资与参与，亦维持少劳多获的方针。

简单一句比喻就是，喂牛以草，然后挤它取奶作为他们投资一种回报。在这样的商贸政策运作底下，中国遂象征地成为奶牛。这就是双方合作的模式。在开始时，较之美国，中国别无所有；只有资源，加上劳力，故能一拍即合。就此，中国资源被开发和贱卖，劳力被利用和剥削。但是，生产被推动，人民有工作，经济逐渐起飞。与此同时，投资方亦本少利大，可谓"皆大欢喜"。

美国人看准的是中国廉价劳工。在最初时，那些投资生产，多属加工配件。美国固然尽是只给中国工人能多低便多低的工资与条件，但另方面却又能为中国大众提供了很多的工作机会。这对带动中国经济的发展有帮助。

有人形容，这就是那段起步阶段以草养牛，挤奶外销的互惠合作的过程。中国人辛劳吃亏，美国人坐享其成。

平心而论，世界本来就不公平。虽然曾经如此，却又双方互利。

中国人也渐渐地学会了突破。它以"平"价，多生产，向外销，然后平通世界，抢占市场。转眼间在美国社会内不论是否有华人家庭的每个角落其所用家庭用品都是来自"中国制造"。即使蝇头小利，最终积少成多。

一般的非高档制品，不需要太复杂生产，尽由中国人抢去做。在美国的市场，先是华人，继添白人，顾客都选择中国货。

随而出现两种变化：

其一，那些中国产品，内销之余，走向外销，而且万线齐发，十分成功。皆因它实在平。然后，在部分美国商家进口推销下，几乎遍及美国，一般家庭日常用品，都见这样那样中国牌子。当然，这本来并不是美国原意。

其二，那些在中国代外来商人"养牛"的人，也因而率先富起来。他们有些人不喜欢把那些钱留在中国。美国人为他们打开另一条路。首先，设法把他们的孩子接来美国各式各样学府留学，然后又把他们要藏的钱存到他们孩子在美国的银行户口。之后，再把这些在美国的孩子变为美国合法籍民。于是，那些外流的钱就此变成属于美国人名下的，而且，钱都存在美国。这样，若从国与国之间的交往来说，中国人从美国人那里赚来那些钱又存回到美国。

无论如何，中美两国间的官民互动，都与华侨华人有关。

三　西方文明，不能照搬

随着中美建交之后，在中国大陆内，自从中美建交，在大力推行改革开放是邓小平，叫人民警惕西方文明将会带来坏影响也同是邓小平。而且，他在访美返回中国后即曾经公开表示："西方文化，不能照搬。"①

又事实上，他甚至在美国时已曾断言表示："美国的制度在中国不能用。"他其后解释说："尤其是年轻人，对过去不了解，有个人主义及无政府主义的倾向，容易制造混乱，（中国寄望全力投入）建设便难以进行。"②

据知，他在访美期间，也曾在白宫与卡特（总统）、在（美国）国会与议长奥尼尔会谈时，曾就美国的议会制及三权分立的优劣，彼此交换意见。他返回中国后，在一次会议中，更详细地说到了同样的问题。并在1980年的一篇题为《目前的形势和任务》的讲话中再谈

---

① 陈天璇：《邓小平访美那九天》，新华出版社2011年版，第338页。
② 陈天璇：《邓小平访美那九天》，新华出版社2011年版，第314页。

及："资本主义国家的多党制有什么好处？那种多党制是资产阶级互相倾轧的竞争状态所决定的，它们谁也不代表广大劳动人民的利益。在资本主义国家，人们没有也不可能有共同的理想，许多人就没有理想。这种状况是它们的弱点而不是强点，这使它们每个国家的力量不可能完全集中起来，很大一部分力量互相牵制和抵消。"[1]

回看中国，他这样说："中国一向被称为一盘散沙，但是自从我们党（即中国共产党）成为执政党，成为全国团结的核心力量，四分五裂、各霸一方的局面就结束了。只要我们党的领导是正确的，那就不仅能够把全党的力量，而且能够把全国人民的力量集合起来，干出轰轰烈烈的事业。"[2]

然而，遗憾的是，邓小平所曾强调的那些"由中国共产党主政"的优点，却往往是美国媒体及反华政客们刻意将之加以抹黑，并同时在另一方面大吹特吹"西方民主自由"，美化"西方注重人权"，以及歌颂"西方普世价值"等美国主导文化，拟误导和分化那些崇洋或不满现状的年青一代。

因此，针对改革开放后崇洋及有些青年迷信资本主义社会的种种歪风，邓小平说："从根本上说，没有（共产）党的领导，就没有现代中国的一切。……没有一条正确的政治路线；就没有安定团结的政治局面；艰苦创业精神就提倡不起来；……也就没有一个力量能够领导进行。"[3] 然后，他坦诚直接地就中国继续坚持要走社会主义社会过渡，继续支持由共产党去执政，以及人民应该继续接受共产党的施政领导，实事求是地作出这结语："这（同）是谁也无法否认的客观事实。"[4] 新中国是由中国共产党领导下才发展起来的。

四 互动交流，有进有退

因此，自从 20 世纪 80 年代中国大陆全面推行改革开放以来，中国政府针对如许（来自西方，主要美国）外部的阻挠和分化，邓小平一再强调中国必需要在政策上保持"四个坚持"（即：一、必须坚持

---

[1] 同上书，第314—315 页。
[2] 同上书，第315 页。
[3] 同上。
[4] 陈天璇：《邓小平访美那九天》，新华出版社 2011 年版，第314—315 页。

社会主义道路；二、必须坚持人民民主专政；三、必须坚持中国共产党的领导；四、必须坚持马克思列宁主义、毛泽东思想。①）并说，"在改革中，……（我们中国）不能搞自由化。"他说："自由化是一种什么东西？实际上就是把我们中国现行的政策引导到走资本主义道路。所以我多次解释，我们搞的四个现代化有个名字，就是社会主义四个现代化。我们实行开放政策，吸收资本主义社会一些有益的东西，是作为发展社会主义社会生产力的一个补充。"②

犹记他在访美时曾坦言："中美两国社会制度不同，意识形态也有根本区别。但是，在当今的世界上，我们之间有着不少共同点。我们两国人民的利益和世界和平的利益，都要求我们从世界的全局着眼，……今后，随着经济和文化交流的日益增多，友好往来的日益频繁，我们之间的友谊一定能够获得更大的发展。"在同一话题中，他说："我祝愿中美两国人民千秋万代友好下去，共同为人类造福。"③他以上这些话，站在中国自身谋求建国兴邦的立场上，站在美国华侨华人安居乐业的愿望上，它应该是中国领导人的由衷之言，也同时是在美国华侨华人的共同寄盼。

但是，中美两国间的政治意识形态明显分歧，中美国际间的地缘权益也时常有纠纷，经常使双方常处两国政治经贸及国际时局博弈的对立面。双方明暗招数都有。总之，中美关系中的种种交流互动，有利也有弊，有进亦有退。是以，邓小平在退休前因而告诫（中国最高管理阶层）要时刻地警惕："他们（应是指外国势力和美国的执政者）会利用各种借口给中国制造麻烦，增加我们的困难、对我们施加压力。"④

另外，早在经济特区时期，当各线推行四个现代化进程中，中国的经贸管理层已经出现有猖獗的贪腐问题。邓小平也公开承认，并曾指出："问题严重！"他同时说，"开放特区，要两手抓！"有关这句话的延伸诠释是，"既要镇压敌对势力的破坏活动，打击各种犯罪，

① 同上书，第333—334页。
② 同上书，第338页。
③ 同上书，第314页。
④ 陈天璇：《邓小平访美那九天》，新华出版社2011年版，第337页

也要组织、领导社会主义的经济、政治、文化建设；既要抓物质文明建设，也要抓精神文明建设，这样，才能使我国人民民主专政国家的功能得到全面发挥。"[1]

然而，高瞻劝喻是一个方面，遵循与否是另一个方面。套用中国上代人常用的一句老话，中美的关系与交流，"道路是曲折的，前途是光明的"。

五　桥梁角色，稍安毋躁

华侨对所在国及祖籍国的关系应是扮演一个怎样的角色？中国政府曾有这样比喻，他们就像"嫁出去的女"，若仔细想，它意味着，是不打算接回的；也似"泼出去的水"，也意味着，应是无法回盛的。这就是所有海外华人与祖国关系的现实。中国现行的侨务政策，总是公开地规劝他们遵守所在国的法律，并与当地人民发展良好友谊。

换而言之，别惹麻烦，这是首要。其次才是充当能助双方往来的桥梁角色，增加两国间了解，促进彼此交流，发展合作，共达双赢。这就是皆大欢喜的和平之道。如果一旦发生不和，就肯定诸多不好办。

中国自20世纪70年代以来，便已不承认海外中国人可享双重的国籍；明确区分只有保持祖国国籍的才叫"华侨"，其他若已经归化为外国国籍的，通称"华人"或叫"某某国华裔"。

又中国政府对"华侨"与"华人"的态度和要求，各有不同，分别对待。比如，对华侨则按照外交权限，提供协助保护，或在必要时撤侨，等等。

同是作为"桥梁"，华侨华人的作用是接通两岸，提供渠道，任人来去。也可想象，他的角色包括忍受、贡献、牺牲。就如"桥梁"，其作用是中性地和被动地存在，原则上不能干涉往来的过客；去也好，来也好，它只一视同仁，无可选择；它对两岸发生的事，活动的人，只有看的份儿，没有拒或迎的爱恶。

果若如此，从海外华人角度看，以上的比喻不算好。所以，华侨

---

① 同上书，第338页。

中有人宁愿作"候鸟"，更有创意；它可万水千山，往返无悔，因它喜欢眷恋两地。

"候鸟"，虽然似是更恰当的形容，但有时又变成是，它显示多么为难的处境。这也颇像那些已经加入外籍的人，因为一边是娘家，另一边是夫家。

也有人说，周恩来说那句华侨像"嫁出去的女"及"泼出去的水"的日子，是印尼排华之风正烈时，那些在南洋的华人因心向他们祖国，常有间谍罪名之嫌或指替中国输出革命。周恩来遂采了那两类形象作比喻，让海外华侨华人有所依循；至今沿用，几已成代语词。

最近读到中国侨务官员回答侨问一些对话，可以作为新的启示。他们劝喻，对于中国现时发生的内外各式各样的问题，华侨即使出于爱国，也应保持少安毋躁；更加别自作主张，少做不自量力只会添烦的事。根据解释，不是任何人都能有本钱适合出来带头，这个角色要尽量让侨领们去扮演。

由此可见，侨务的基调已明显在变。中国已跨过全民革命的年代，中国已进入分享盛世的年代。

六　假想威胁，华人隐忧

美国人所讲的"中国威胁"，不同时期曾有不同目的。对于生活在美国的华侨华人，潜意识地最担心是，是否会有那么一天，突然被关进集中营。

威胁，是挑战的伏笔；亦对抗的前奏。如果中美因而真正大动干戈，华人无论已入籍或尚未入籍，到那时候，日子都将会不好过。

在过往近 200 年的历史中，"美国人"的含义，仍然是指"白人"。在欧西基督文化熏陶及白人至上的美国主流意识的教唆下，种族歧视像永远不灭的幽灵出现在这块大地上，除了白人，美国境内的其他民族都是有色人，其后裔依然都是有色人，这也包括华人在内。可以想象中美一旦产生矛盾对立，种族歧视、种族隔离又将会不管少数人的抗议再次被视为需要优先处理的借口，以国家安全为名而施颁特殊法令；华人因而全数受疑监管，也不是完全不可能，因为日裔人曾有过。现时美国反恐，有些人被收监不审不判不报，也是人尽皆知。

华侨有顾虑，担心会打仗，原因在此。不过，也有人认为，那是杞人忧天。唯是，此乃见仁见智。所以，也有人不乐观，未发生并不等如不发生。

在中国共产党取得大陆政权后，美国人讲中国威胁，是指中国将会赤化邻近国家，于是，围堵政策可以推行；中国在 21 世纪崛起，美国人讲中国威胁，是指中国将会雄称亚洲，它又要联合亚太其他国家对抗并改而称作"防卫"。

平心而论，就以第二次世界大战以后亚洲局势而言，美国虽不言霸，其实似霸；刚巧相反，中国被指为霸，是基于中国在 21 世纪的复兴和崛起。因美国视中国为假想敌。作为生活在美国国境的华侨华人，在所谓中国威胁论的不正当宣传下，让人常感难以相安，因为由"假"威胁容易随时随刻衍化为"真"敌对，两国对垒，擦枪走火，易有战争。华侨华人到时怎样？当战争发生时怎样？对此，有人认为，华人将会整体地被视为异族一群，入籍与否，分别不大。

有人相信，到那时候华侨华人定将被不分青红皂白地到处遭受排斥。

比如，在第二次世界大战期间，被关进集中营的日裔人也有已经加入美籍及甚至是美国土生身份的人，但未有人列为例外。

因而，若然以此为鉴，到那时候在美国的中国人即使已归化了美籍，也可能全部被笼统地只当中国人处理。如何未雨绸缪，并非是容易事。排华在美国的过去，也非从未曾发生过。

新一代的侨史学家周敏女士在接受亚洲某传媒采访时称，美国主流媒体常宣扬"中国威胁论"是误导读者及美国的人民大众，这直接影响到在美国生活的华人华侨。她也认为，中美两国的关系一有"风吹草动"，华裔美国人和中国新来移民甚至第二代、第三代土生华人都会变得十分敏感。"你是不是美国公民就变得不再重要，人家会把你看作是中国人，怀疑你对美国的忠诚。"①

---

① 周敏：《中国威胁论对华人的影响》，《中评社》采访，2014 年 6 月 10 日。

第 47 章　梦现双向

小　引

175 年前的旧中国，和 21 世纪现时的新中国，简直不可同日而语。前者，是腐朽衰败古老王朝的步向崩溃；如今，是历经内忧外患共和政体的日新月异。近年重新复兴崛起的新中国，在政治和经济重塑后的国民生活及其国力条件已是另具一番新颜，人民在城乡的基本建设和变革中有各式各样的创业机会，年轻一辈不必日思夜想地设法向外谋出路，总之，今日的中国亦吸引外人前往发展。世事轮转，几度沧桑。美国华人的新课题，是梦的继承与未来取向。

一　人望高处，有去有回

对在美国华侨而言，老一代中，许多曾有过两种梦。先有"美国梦"，然后再添"中国梦"。美国梦是发财致富；中国梦是衣锦还乡。但是，对于绝大多数华侨，这两种梦，都没实现。他们既未能在美国真正致富，也最终未能够如愿地还乡。远涉重洋，打拼异域；不知不觉间也就过一生。也许，他们这些人中，唯一曾做到的，就是把自己的配偶和子女这些最亲近的家人都接来美国团聚。然后继续打拼，仍是日捱夜捱；许多人也就默默无言地把他们未能实现的梦寄托到下代人身上。这是老一辈人情况，也曾是多数人情况。这样的历史大概在先侨中重复了百年。他们大都来自中国南方，尤其是广东，尤其是四邑，特别是台山。

回顾历史，从 1849 年美国旧金山"淘"金潮，至 1949 年新中国成立时止，美国虽几度曾立法，百年间有 61 年设限，严格排斥华人前来寻梦。但是，断断续续，仍有人能够抵达。唯独就是从 1949 年至 1979 年 30 年间，完全停止。美国对中国大陆的来者是明文不让他们入境的；那是全球冷战时期，美国将共产主义国家全列禁。其间，就只有台港两地的有限名额籍民家属和这两地的留学生可容登岸。这样直到中国（北京政府）与美国正式建交有了正常外交关系，才同时恢复了两国间的移民。就此，另一轮金山梦开始，多以家属团聚前来。

自 20 世纪 80 年代至 90 年代的最初 10 年，仍是前来美国的多，要返回中国去的少。新来抵达者中，除了以亲属关系来的合法移民，还出现了各式各样的非法偷渡客，那是上辈人金山梦继续。加之中国改革开放以后，又多了知识精英的出国热。崇洋媚美，风气所趋。但那是变化前的一段过渡期。然后，难以想象的是，20 世纪 90 年代之后出现另类"逃"金梦的来美热潮。那竟然是，在改革开放后富起来的中国人带着钱逃来美国，甚至设法匿居美国。其中有暴发户，也有权贵富的受宠二代。这是最近十年才特有的现象。过去是穷无立锥的中国人前来打拼；现时是身缠万贯的人前来藏身。

2015 年 4 月，中国政府向全球发布了百名被通缉的外逃贪官，有华文报章撰文称，内中 40 人在美国。情况之严重，于此见端倪。①

中国历朝都有贪官，世界各国也有贪官；与其是以此判断何种政治的优劣，更应信它不过是人性贪婪的异化。在任何的良知国度，都被人诅咒指责的。

世事好坏纷呈，人有不同的梦。可欣喜的是，华侨华人还乡如意；衣锦已是常事；留美学人中，现更多选择海归，要反馈祖国。

二 猪蛇虚实，候鸟最多

一般人的印象认为，华人为了来美，不惜作"猪"扮"蛇"；赚取上岸，被人鱼肉。这种悚人传闻，真真假假，尽量不要全信。

从历史的记录看，华人来美并不需要作"猪"。作者在第一编已

---

① 《中国发布百人红色通缉令》《中国通缉百名外逃贪官》，《侨报》2015 年 4 月 23 日、24 日。

经论证，早期"契约华工"非"猪"；他们是铁路公司雇佣的工人。按月计薪，只是抵岸之后要还船费，但无"终身为奴"的契约任他人绑身，有些大致前后 4 年间便可告结束，因为横跨美国东西的首条铁路建成之后，都全被解约，怎能算"猪"？满约后的华工，多数涌回加州，各找别的不同工作，开发西部。

唯是，"蛇"则不同；情况有别。所谓"蛇"是泛指屈处船中那一些非法而来的偷渡客。故此他们无合法的身份，常于抵达后被人钳制占取便宜。这是有，也普遍。20 世纪八九十年代来美的福建人不少就是如此登岸的。五六十年代亦多粤籍客籍曾以海员身份离船。但几年下来，总有门路可由非法变成合法，不再是"蛇"，转身为"龙"。于是，"金山梦"还是开始；及后，"还乡梦"亦能实现。至于广为人知那宗福建人乘"金色冒险号"前来发生抢滩事件，算是非法运营者在安排上失误的意外，曾溺死人，十分不幸。①

从整体上说，中国人来美方式中，曾经有"蛇"，查实无"猪"。如果个别有人曾经被迫作"猪"，那是华人对华人的私下使诈使骗，应与美国国法无关，因美国不准养奴是从南北战后开始，华人以契约来加州作活，充当铁路工人，也是同一阶段。况且，加州已于淘金潮开始的同时正式加入联邦政府。

严格地讲，美国华人社会曾有华人"猪花"，那是华人自己对华裔妇女曾有过的一种拐骗贩卖和强行禁锢，逼良为娼，是帮会的所作作为；本身是非法的，也是不道德的；同时，它不是美国法律容许的。

美国华侨华人对祖国和家乡有浓厚的情意结，他们往返中美两国，常飞越太平洋，把自身比喻为"候鸟"，实在贴切不过。那应该是，完全符合他们对原生地的钟爱和依恋。过去先侨曾经如此，今天即便已成美籍公民仍是。若说，候鸟是为寻觅一处温暖地而他去，但为什么，又年年还要往回飞？

---

① 《金色冒险号抢滩事件》回顾，《侨报》2013 年 5 月 28 日；陈天璇：《非法人蛇陆续来》，辑入《杂文集：华埠内外》，美国松石居书坊 2012 年版。

三　贪官异族，颓废度日

在过去 10 年内，美国明显多了一批来自中国大陆的贪官、逃官的匿居人及其家眷，其实，认真地去核算，为数并不算多。但，他们的到来，却令人侧目。除此之外，由于他们与众不同的生活方式与来历暧昧，背景特殊，对于广大克勤克俭的华侨来说，是回避多于使人羡慕，是麻烦多于带来贡献。

据接近这类人的人称，在洛杉矶外围有这一类大陆来客聚居的生活专区；人以类聚，成巷成市。据传闻说，有一处被叫作"二奶村"，另一处，则名曰"贪官城"。前者是一个名叫"罗兰岗（Rowland Heights）"的地区；后者则位于"亚凯迪亚镇（Arcadia）"。根据形容，他们这些达官贵人二奶及外逃贪官自有天地，其生活方式是基于二奶们的互相认识，彼此间常有交往，晚上相约打打麻将，白天一起逛街下馆子、买衣服、洗头、美容、修指甲、租电视剧影碟等。至于那些外逃贪官，自知有疚，总是藏头避脚，不想让人认出。

这无疑是等于变相自我放逐，颓废度日。当华侨回忆祖辈在旧中国时的一穷二白艰辛过活的艰辛，如今目睹这些新中国前来的新贵，心中难免会涌起无法平复的询问：社会主义中国已经变得人人可以达到如此富裕了吗？共产主义社会在改革开放后凭什么赶过了资本主义？其实，另有别情。那不过是一小撮人贪赃枉法，暂且自私自利逃亡，又或那只能是制度不全，道德异化下个别人有追求醉生梦死的放纵，又或是某些政策失败的表征。它无疑地对中国的新兴形象明显有损，并使华侨对祖国的长期寄望难掩失落；亲者痛，仇者快。难怪今时今日中国最新一轮领导上场以来，重点是反贪腐。本来，官官相惠，官商勾结，历来都是在权贵当道的时世最为司空见惯。在社会进化中，它往往同时也标志着一个社会已出现少数人处于富裕并导致全国逐步走向两极分化的迹象。海外华侨华人，先是喜见中国终于走出一穷二白；但当这个国家的人由上到下竟又开始以财富分等级，以声望言贵贱，谁不担心它下一步将是朝向两极分化，渐趋贫富对立。中国富裕了，有官商外逃，这类传闻早已不新鲜了。

在最新的这一类大陆来客中，近来又多了一批月子待产者。有不少有钱的权贵孕妇，投入 5 万至 10 万美元来美国小住和生孩子，目的是企图借此赚取其新生儿女的在美居留权。来美产子，本来并不犯法，但由于他们又不知不觉中被利用作为骗取美国社会福利，顿受当局注意，遂变阶下之囚。在 2015 年 3 月期间，美国当局采取行动，封闭美西洛杉矶市许多月子中心，并抓捕了共计几十名涉案的大陆来的待产孕妇及他们的中介犯案人。华侨闻报，不是同情，多是不满。当今日在中国的有钱者及有权者，尚且如此盲目崇美，对自己国家没信心，实在是既丢人现眼又叫华侨失望。这样的"美国梦"不受同情，也非光彩。①

四　跨国救援，逢灾解囊

一方有难，八方支援。2008 年 5 月 12 日下午 2 时 28 分，中国四川省汶川县发生八级地震，农村尽受破坏，人员伤亡惨重。影响范围波及几省，是史上空前大灾难。加之震区位于高山峡谷地带，交通被毁，通信中断，连续暴风暴雨，曾使救援阻塞。唯是高层应对火速，先是中国总理亲临指挥，并空降两万抢救队伍，官民上下齐齐自发上阵。继而中国主席亦到汶川视察。

作者本人当时人在成都原为观光②，顿然身处灾区，见全市出租车全变成运输队，请缨开往震区救援，或载药品或兼载粮。电视现场访播不停，人人都在出钱出力。这又证明，中国人其实非散沙。不管名人还是小卒，都到能到之地帮忙。目睹此情此景，既感动又难忘。

全世界都知道发生了什么事。救援的物资和捐款如潮涌至。灾难使全球华人结成空前亲密的生命整体。中国人民，包括在港台的同胞，在美洲及其他地方的华裔人士均向受灾的人们伸出援助之手。香港特区和台湾红十字会都派来搜救队参与临场抢救。报载，有闽籍的侨团在纽约唐人街街头即席设摊发起募捐支援运动，一天之内，得款几万。③ 血脉相通，骨肉相连，于此，表露无遗。半个月后，官方估计有 69186 人遇难，有 374174 人受伤，有 18457 人失踪，有 652.5 万间屋被毁，有 2314.3 万间屋受损；但是曾解救和转移 1471534 人，

---

① 《美国洛杉矶月子中心被扫荡案件续追纵》，《侨报》2015 年 3 月 28 日；《中国孕产妇被起诉》，《中评社》2015 年 5 月 3 日。

② 陈天璇、罗兰：《汶川灾难令我们看到爱》，《侨报》2008 年 5 月 14 日。

③ 《汶川地震，隔万里血浓于水》，《侨报》2008 年 5 月 13 日、14 日。

动员 13.5 万解放军，及民警、消防、特警 2 万，医疗卫生人员 9.12 万，救治伤者 36 万。至那时止，共接收到国内外社会各界捐赠款物总值合计 541.31 亿元人民币。① 及后，据粗略的估计，美国华人先后捐献了 1100 万美元。

其实除了大灾，即使小害，美国华侨华人也与其他海外华人一样都会想到捐献支援，总有人在记挂同胞之情，能援手时多少都会解囊。

过去"华东"曾有泛洪之灾，近期有"玉树"的地震，都同样牵动着海外华人的心。这亦一再说明，源自中华民族祖根的血，无时无刻不在子孙体内流淌。无论他们移徙何处，无论是否归化外籍，他们依然明白时刻受感染中国与其息息相关；文化渗透他们的思维，历史提醒他们的过去，祖宗祖坟祖地是根。这就是这一代在美国和在海外的华侨华人忘不掉挥不去的中华情结。

试问，有长达 5000 年的历史文化的根谁不珍惜，谁不认同。常听新移民说，人出国后，人便会更爱国。

五　与侨同乐，四海同春

歌舞升平，与民同乐，历来是中国历代强国盛世的象征；同一意念，放诸海外，至今已被升华并让散布在全球各地的华侨华人能够分享，侨务与文化的单位近年常来巡回表演，组成国际交流项目。既可以借此弘扬中国文化，也顺带借机唤起海外华侨华人对祖国的爱国主义。官办固然有，民来也不少。近期最轰动当数宋祖英来美巡唱，并且被安排来到了美东纽约。

而且，是由中国侨办主办兼派一名副主任当领队，以侨胞作对象，用意明显不过。该团于 2013 年 2 月春节农历初七，以"文化中国—四海同春"的名目，宋祖英到纽约无线电城音乐厅向当晚座无虚席的 6000 华洋观众献唱。歌声赢得掌声，盛况空前。据侨办领队事后到唐人街会见侨胞时介绍，国侨办愿与在美的侨胞一道，继续发挥桥梁和纽带的作用，一为建设祖国，实现中华复兴梦作出努力。二为

---

① 《美国华侨华人捐款踊跃，生死不离，我们同在》，《人民日报》（海外版）2008 年 5 月 21 日。

中美友好关系的发展，做出独特贡献。其目的是，既为满足海外侨胞的精神需求，也为增进世界人民对中华文化的了解和认知，为扩大中华文化国际影响力打造新的品牌。同一消息报道，这类巡演，累计已派出 38 个同样性质的慰侨艺术团，分赴 86 个国家和中国港澳地区合共 171 个城市开展访演，举办过各种大型演出 251 场次，观众 200 多万人次。但却是首次来美国。①

其实过去也有这类文化交流，但可能并非是官办。犹记以粤侨依然占唐人街主导的 20 世纪 80 年代，南腔粤剧红伶红线女应邀来美国巡唱，也曾风靡一时；21 世纪以来最明显变化是，中国外省来的各类移民渐多，北腔民歌天后宋祖英自然有大量粉丝，她的表演遂做到了与侨同乐。

中美之间文化交流有种种合作，前几年刘延东就来美国参加活动，与时任国务卿希拉里签署过一系列的协约。在中国崛起的同时，两国亟须增加了解；表演交流，增添互动。近有香港舞蹈团据北朝民歌编成《花木兰》舞台剧，抵达纽约演出，还特别邀请当地 40 位小朋友一起上台朗诵《木兰辞》。年前有新疆民族乐团和新疆歌舞团组成访美之行在芝加哥文化中心演出，亦用民族乐器演奏美国电影《泰坦尼克号》主题曲《我心永恒》。看来中美交融掺和是文明新走向及相互取借的新局。预料这类民间交流，将会越来越受重视。

六　送往迎来，酒会宴会

送往迎来，历来是表现官民关系的一种礼节，也同是表达民对官的到来与辞别的风向标，欢迎拥戴与否，借此显露无遗。古往今来，中外如是。不同的是，什么形式，什么排场，什么内容。这种礼节，越到近年越见彰显，夸张化，戏剧化，新闻泛滥，图文并载。查实未必是近期的官比以往的官更关心民情或更受民爱戴，而不过是，它更突出。包括民与官的关系多了另一种互相为用的私交，各搞形象宣传。譬如，一个领事级的驻美官员任期满了，侨界人士一再筵开千桌酒席送行，觥筹交错，互相恭维。各道隆情厚意，笑逐颜开见报。

中国领事远派到侨居地，不仅是办例行签证事宜。更严峻更迫

---

① 《中国侨联"亲情中华"艺术团在纽约慰侨演出》，《中国新闻网》2014 年 2 月 11 日。

切，是如何去解决当地侨民对祖国的深层认识和纠正不正的历史遗留关系。包括，尽可能设法协助新抵达的移民适应当地的生活，而不是只顾与侨界上层打好关系。①

其实在美华侨华人都心痛中国不统一，是一个导致了侨社左右长期分裂不团结的关键问题。然而，几十年过去了，从中国大陆与台湾当局两方外派前来的不论官方或非官方代表活动中，从未见过或发生过双方人员曾就中国政治问题有过任何面对面的交锋。国共仿佛早有默契，回避接触，从不对话，他们的统战对象和接触任务限于华侨。仿佛这就是决胜的一切。所以，国共代表与侨界的互动，每见送往迎来，酒会宴会不少；唯是成果至今有目共睹：侨社分裂如旧，左右楚河汉界分明。中美自从1979年正式建交以来，在过去35年不和不让的日子里，国共既同时相持，又依然相安，这也已成为大众所接受的无改变现状。②

众所周知，多年以来，国共高层通过非官方的所谓"海协""基协"代表仍在不时进行会面磋商。与其相信那是一种进展，不如视它衍成一种例会。因为中国统一与否，或是何年何月统一，随着国民党与民进党的同向美日争宠，更呈扑朔，去向难料，它仿佛不再是国共间的问题，它其实已是中美间的亚太博弈。总之，在这个意义上，华侨华人即使长期在这异域尽费力左右各选一边呐喊，无论声大声小都不会引发大改变。也许终有一天，当更多关心中国统一的美国华人发觉，他们要进言的对象其实不仅是中国海峡两岸当局，亦应针对美国当权政界与人民。不是海内外华人不想中国不统一，是美国外交上不欲这回事发生。

七 老大还乡，有新诠释

华侨华人，上年纪的，无论是否已经加入美国国籍，对家乡及中国都有难舍的情结。他们在容许的环境下，喜欢回祖籍家乡探亲，有些还会隆重祭祖，包括修整残破祖坟；这是小的方面。有些捐款盖建

---

① 《应多关怀新来的移民》（社论），《美洲华侨日报》1984年8月1日。
② 陈天璇：《愿美洲华人团结》，辑入《杂文集：华埠内外》，美国松石居书坊2012年版。

排楼，又或出资砌桥铺路；这是大的方面。总之，他们由家乡至县城，尽情作出反馈。倘若中国哪里发生任何大小天灾横祸，华侨华人，感念血浓于水，炎黄子孙自当带头，越洋作出捐献；响应支持及参与救援者，经常大有人在。

进入 21 世纪今时今日，老侨步入黄金晚年，他们一般将会怎样？落叶归根的念头早已成过去或不存在，因为家里人都到了美国来了，甚至都加入美籍了；光宗耀祖的快意或仍是催动原因，所以，侨乡善举总是层出不穷，翻修祠堂，兴学办校。一方面是人有饮水思源的热肠。另一方面，又有归程何处的慨叹。华侨去国，离开故土；人届暮年，梦断何方？

曾加入美国籍，得诺贝尔奖的物理学家杨振宁博士，在晚年接受传谋访问时亦毫不讳言，他对自己成为美国公民感到"非常内疚"，又说，"我们（中国）的文化无法包容长期移居国外的这一行为，"因为"国人们认为这是一种叛国行为"①。所以，他 80 岁后乐于选择经常在中国大陆活动居住。最近他又放弃美国国籍，加入中国国籍。

与此同时，驻华大使骆家辉所以辞职的背后，又何其不是一个活生生的进退两难的范例和缩影。他公开解释的理由是简单的：他要回去美国与他的家人一起；他的家在美国华盛顿州西雅图市。这是他的情理取舍。

骆家辉的祖父出生于中国广东省台山县一个农村。如其他众多的最早粤侨一样，自 20 世纪初出洋到美国。他祖父不是淘金客，也非铁路工人；他在一个白人家当男仆。他父亲能讲台山话，是第一代土生，母亲是香港人。所以骆家辉能说简单的台山话及能说粤语，是第二代土生；他父亲开杂货店。

在这样典型的华侨移民家庭中长大，并靠半工作及奖学金从耶鲁大学走进了社会。他先做律师，后被选为州长。他是美籍华人中出任州长第一人，继被奥巴马总统委任为商务部部长。随后，他被外派至中国为驻华大使，这也是华裔担此职第一人。在华期间，他曾携妻带子女回到他祖父的出生地台山县水步乡去觅祖寻根，并受到乡里乡亲

---

① 邝治中：《中国人在美国发财史》，江苏人民出版社 2012 年版，第 241—242 页。

热烈欢迎，也曾被指认和看到祖屋。其根在中国，其人属美国。这无疑是所有华裔土生和已加入美国国籍的华人身份的定位。

骆家辉作为驻华大使，代表美国政府和美国人民，在中国执行着促进中美官民关系任务，故此，当中美发生利益攸关的争执需解决时，中国人对他的某些幻想消失了，美国人对他的某些疑虑却加重了，这是骆家辉角色的尴尬，也是华裔美国人或终会遇上同样艰难抉择时候的尴尬。

平心而论，上述骆与杨的困扰，是个人归属的选择。它取决于两类规限，一类是环境的规限，另类是心灵的规限。古人有这样比喻："身在曹营心在汉"；或是"身"不由己，或是"心"不由己。反观华侨华人心境，岂非也全处于这种困局。也许能突破囹圄并融会贯通，才是今后解决此问题的正途。

中国派来新上任的纽约总领事章启月女士，曾担任过中国外交部发言人，年幼时曾经在纽约上过小学。她在履新不久后对媒体答话，直言劝谕，华侨华人既选择了移民，就应时刻遵守当地国家的法律。①

总之，国际关系的博弈复杂而波云谲变。作为美国华侨华人，必须分辨清楚：中国的事，应是属于以中国人为本位并由他们为主导和努力去应对的事；美国的事，该由已归化美籍的公民，以及应以美国人的身份和心态去参与。如何选择，是每个人的意志与自由，未来的前途靠各自的机遇和奋斗。

---

① 《首位中国驻纽女总领事章启月履新》，《侨报》2014 年 12 月 30 日。

代跋　浅谈美华史的多种阐析

小　引

美国华人史的历史演绎曾有各式各样取向，不同重点，不同说法。往往是不同作者因要突出的意图不一样，因而，迥然有异。基于不同的观点角度，采用不同的信息选材，在处理上，可以讲出一些不同的人事轨迹与成败结局。所以，与其相信历史是客观的文字产物，不如相信，它其实是执笔人的主观判断。

一　来美方式，曾经百变

中国人的赴美方式曾经百变，式样之多可以列为怪谈。

最早的掘金期，有自费的，也有赊账；赊账就是卖身，俗称猪仔。但是，查实这类为数不多。猪仔华工，去南美的为最，到美洲的极少。更多的是契约华工，由买办去招募，有一定的条文。所以，绝非变相奴隶。这是要指出的。大多数人，是要还船费，三几年下来，一般都能做到。继而拼搏多年，幸运的带积蓄回航，算是衣锦还乡；更多的是从此留在美国，成所在国华侨，最属普遍。最初的远行目的，无疑是另寻生计。一旦有人成功返国，后继来人就更多了。随而，千方百计，花样翻新，尽是为了如何登陆。笼统地讲，一般华工来美，第一代是如何"买票"来，"票"是"赴美船票"；第二代是如何以"买纸"来，"纸"是"假出生纸"；其间，有依赖庚子赔款被送来的留学子弟，或出身富裕人家的有背景学洋务儿女。他们全是知识分子，在广大华侨中，他们列入异数。再一类是，船员跳岸，先是非法身份，最终变为合法；他们算是弃国弃船，但求见步行步，是最先的无身份入境开拓者。最终融入侨社，安身。但以这类形式入境的，人数有限。与此同时，更少数是妇女。在最早期，她们多被拐卖而来，困处青楼，凄凉终老。比她们幸运的是后来那一批"战后新娘"，她们也其实是《排华法案》被撤销后第一类获准进境的华裔合法移民。随后是少量的政治"难民"配额。直到20世纪60年代中期，美国对中国移民政策才逐步放宽，渐次增加了让华侨家属成员申请来美国团聚的各类新名额。不过轮候期曾长达几年。中美建交带起了另一轮移民潮。至于偷渡来者，有些人连命都赌上。

二　种族歧视，自强不息

对美国华侨历史的演绎，坊间有取向分歧的诠释。最能引起共鸣的是，华侨华人一直以来针对美国白人种族主义歧视的奋斗。

这从一登岸的掘金客时代已经开始，譬如收入山人头税。加之金矿华工常被抢掠，毁尸荒野，投诉无门。因为加州有法律禁止华人出庭做证。即使同是契约性铁路工人，华人与白人的待遇也不一样。有记录显示华人曾因此集体罢工。争持了一个月无效。19世纪经济萧条期间，加州华人无辜成替罪羊。只因在铁路接通后，华工逾万约满失业，四处找工作。他们以平日的勤快，一度成为被雇主招聘的首选劳模。白人工人无法竞争，投诉于工会和政客。在白人主义的煽动下，到处爆发了凶悍排华潮。烧杀屠掠，波及邻州。标榜以人权立国的联邦国会，竟通过了针对华人的排华法。禁止华人来美。不准与白人通婚，不准华人置业，不准申请美籍。《排华法案》初限10年，期满之后竟又延伸无限，这是民主国家的一大讽刺。美国华人人口总数在这阶段因此长期徘徊在历史最低谷。他们居处贫区一隅饱受欺凌丑化，到主流社会找工作不容易。直至第二次世界大战之后《排华法案》撤销。华人对种族歧视的奋斗步黑人的后尘稍有建树。新的一代觉醒至为宝贵，敢言敢冲显示主客易位；华人就地生根，诉享权益，已成为闯出华埠融入主流新路向。

中美正式建交后，两国倡导平等互惠，对在美国的华侨华人反对歧视的奋斗，更为有利。

三　移民政策，几度收放

美国对华人的移民政策有不同阶段的实施时期。它对华人在美国的总体发展有直接间接的影响。因此，在讨论华人在美历史的诸多分析评述中，常以美国政策对华人移民入境的收放尺码作为界定转折时期的起止点，从而划期割段，说这道那，填充解释：第一阶段，是自由入境期。那是由早期华工来美掘金及充当铁路工人时开始，至《排华法案》通过时为止，是1840—1882年。第二阶段，是制定禁止期，是《排华法案》实行禁止华工入境起，至第二次世界大战结束后宣告撤销排华禁止案止，是1882—1943年。第三阶段，是局部放宽期，是由容许退伍华裔美军士兵，把他们华裔新娘接到美国团聚，及国会给华人每年拨出105人名额的实施期，是从1943年起，一直延伸至台港名额的产生仍然在继续。第四阶段，是台港轮候期，是20世纪60年代肯尼迪总统颁布修改对华移民法的调整作为这段时期起端，关键是它扩充了在亚洲（只通用于台港地区华人家属去分享）的华人移民配额。在这阶段有小量的政治难民名额发配。进入第五阶段，是特惠名额期，是中美建交后美国终于以家人团聚为申请入境条件，向源自大陆的移民全面开放来美的施政期。

总的来说，华人在最初40年可享自由来美之后，有长达60年的禁止入境期，继而局部开放，以名额来设限。直至20世纪80年代才容许大陆的美籍家属华人每年两万人到美国落户安居。

四　政争后院，兄弟阋墙

美洲华侨社会曾是旧中国政治斗争的后院。清朝末期，维新失败，康梁逃亡来美鼓动华侨护帝，以主张立宪为今后强国之本。辛亥前后，孙文出现，以推翻腐朽的王朝，创建现代共和政体为目的，呼吁华侨出钱出力支持有志之士在旧中国搞革命。孙文后来居上，不但压倒了原先保皇党，并改组和发展了国民党。美洲华人，曾支援多次起义。共和成立，被誉为革命之母。这算是那段美洲华人参与祖国政争的历史美言。所谓华侨有爱国的传统，是指当年对国事的投入。孙文的革命理想仍未实现。孙文的最后遗志曾被曲解。这就引发了国共两党随后继起的两方长期文争武斗，兵分左右对垒，海内外分派的互竞浮沉大博弈。由是，以往的同心不再，政争的纠纷扩大。这是另一轮的中国国事之争开始。只是所涉及的爱国观扩大了，因为两党都有外缓，就此衍变成跨国政治。意识形态，实是关键。华侨在这样复杂的多角政争之中只是爱国群众，有远见的知识分子无疑在扮演着带头领军角色，那是两场两类敌友大联盟的分头战斗，先是自由世界同盟对抗奉行法西斯主义的德、意、日三个国家发动的全球性侵略，继是共产主义阵营与资本主义阵营的世界围堵与反围堵。中国人在先一场的抗日救亡中曾携手连心，最终换来胜利；在后一场的美苏冷战中却兄弟阋墙，至今未能和解。美国华侨华人依然在冀盼两岸快统一。这种等待因美国的介入变成遥遥无期。中美建交使中国大陆与台湾地区的局势趋缓和稳定，在美华人早已摆脱双重国籍，对祖国国事的参与，从善如流；多加入美籍，求乐业安居。

五 舍己忘我，拟创新梦

发生于 20 世纪 70 年代美国东西两岸的华裔年轻人的争取在美民权与台港留学生推动保卫钓鱼岛主权运动，是开拓了今时今日美国华侨华人国籍身份的定位以及最终对那时新中国认同的起端。还是那句老话："那里有压迫，那里有反抗。"在誉为世界民主典范的美国社会，有由来已久并存的种族歧视。黑人的不平等案例固然最显著，华人的被丑化受欺凌之事，战后仍在持续。美国黑人在全国范围内奋起，争取公有权利运动，有助华人调整主客身份及从此要求与其他所有美国人同享待遇的觉醒。年轻人把这些新观念新诉求带进只知忍让不言反抗的旧侨社，挑战落后传统，提出务实改革。言行并举，敢于坚持。至少在争取公众权益服务中取得突破成果，走对了路。

与此同时，台港留学生在美国各校园内，就亚太地区钓鱼岛的归属问题，纷纷集会指责美国把管理权私下移交给日本的不当行为。继而发动示威游行，一面批评美日两国的欠公义动机，一面呼吁大陆政府和台湾当局对此予以正视。这场学运获得美国各地侨社广泛回应，新一轮民族情，一度成为新话题。由于依赖美国第五舰队保护而继续享受苟安的蒋氏当局，巧言推搪，乏力无能，无疑等于向海外华侨华人多年压抑的爱国热情浇冷水。由于台湾当局安抚无效，怨声不绝。另一方面是北京重申主权，就此赢得舆论好评。于是保钓运动在美洲掀起了重新认识新中国的学习，左翼思潮迅速冒升，并逐步驱散恐共疑云。随而中共入联合国另开新局。同是 70 年代的华裔年轻人，民权的社会改革者与保钓的积极学子在美国的土地上曾有一段携手合作的中美大同梦。

六 顾前瞻后，温故知新

先侨是因两大原因漂洋过海来到金山落户谋存。一因经济，因为农村无以为生；二为逃亡，因为反清受到通缉。这也是许多美国早期白人移民来美的经济与政治的根由。故此美国是多种外来移民组成的国家。唯独白人较早较多，并对华人采取排斥；所立《排华法案》施行 61 年，而且还对华人加添各种苛税禁例，凡此种种都不是标榜"人生而平等"的立国宪章所并容的。

所以，归根结底，白人对有色人种的歧视与欺凌，既是华人长年被压迫的真实，也是困居唐人街自保的忍让。

期间，尤有再者，华人的下一代不准与白人同校受教育，不准与白人通婚繁衍后代，同时不准置业，不准入籍。在这一切的背后，一说是意图使华人受制，渐次递减自灭于无。犹幸在美国土生的一代，联同那些来自唐山的合格登岸土纸仔，齐齐突破了这劣境。他们成为既有文化又有志气的另一种斗士，不再忍气吞声，努力走出华埠；一方面跻身到美国社会主流，另一方面敢于向种族歧视挑战。他们紧紧抓住第二次世界大战参军的契机，在《排华法案》被撤销同时，以回华娶亲重开移民潮。遂渐次改变男多女少的格局。至 20 世纪，模仿黑人于六七十年代亦推动争取民权的斗争，基本改变了华侨社会孤立的现象。

历史不应含糊，在那过去长达 100 年的传统华埠，华人蜗居的社会内，知识界寥寥可数。民国期间，从中国来的留学生是第二次世界大战以后才明显地开始的；但是，他们那时也不生活在华埠，学成后只散居外围。由于新中国的成立与蒋氏台湾当局出现了对峙局面，这类留美学人留下来不走的，全部合计逾 4000 众，可是，也仍是尽匿于白人堆。是故，他们在美国的个别成就贡献，无论如何实未曾有助华侨条件的改善。两类华人，不同天地，是当年所谓"埠上埠下"疏离的写照。自那时至今的又一段 60 年，先仍是新老移民家属的劳动大众在支撑和发展华埠的繁荣。其后才有台湾及大陆来的留学生及知识界，融通两岸文化经贸，并由土生带头进入政界，但还是离不开反对歧视，前路待垦。

美国华人，最不智是对中国政治的认同过于执着。国共分裂已经近一世纪，两派在美国从未修好，双方楚河汉界仍是恪守规范。

这种不团结的现象未知延至何年何月。华人中的知识分子和工薪阶层尚存在着一定隔阂，前者后者应加强接触，互相融合鼓励。

七　归留抉择，人之认同

萦绕在华侨华人心中夜不能寐的问题，就是人到晚年如何选择是"归"，抑或是"留"。归，是买舟归去；留，是留在异邦。比如，在美国的华侨华人，如果不是土生土长，问题就变得更迫切，那就是历代的还乡梦。

中国侨务有句针对海外华侨处境的劝谕是，华侨，应该"加入所在国的国籍，成为该国公民，遵守该国法律"。但这并不是他们唯一能够选择的命运。因为在过去与现在，也有人没有这样做。比如，容闳本人长埋美国康州，其子孙竟回到中国落户；司徒美堂亦如是。贫富成败，不是规限；个人取舍，尤为关键。中国有"中华全国归国华侨联合会"组织，各地设有分会，会员人数众多；亦说明许多人归国去。

在研读史料撰写这本书的同时，我认识到，过去百多年来在美国这块土地，华侨华人所扮演的角色和经历过的遭遇，委实艰苦可怜，处境常陷尴尬。今后的前景如何，未来的变化怎样，均不是作者能给出的答案，也实在难以猜测。整体地讲，反对种族歧视，仍将是华人奋斗的动力；中美关系，合则两利；中美两国和平，是大家冀盼的。

这不是一部完整的美国华人通史。这只算是居美以来，因为对美国华侨华人的过去有所知、有所想，遂随意记下林林总总的片段。因而在决定出版时，虽也姑且称它为"史"，查实所言，也许仅属一些分题"概说"而已。

回想华侨华人离开故土远行，多少都曾带着他的梦。各有相同又有不同的人生梦；各有相同又有不同的世间事。这一切，可撰史。唯是"史"与"概说"，不同处是全篇脉络的关联与结论。我记下了某些关联，总感觉难以梳理贯通全书的通义。我记录了某些人事，却参不透相互间应否有更多含义。我浅谈了某些因由，仍讲不出一番令所有人同意的话。故此，把我做不到的，在此一一说明。祈望读者诸君明察。是为记。

陈天璇　撰于美国宾州 2015 年初春

附录

附录 1

美国华侨华人大事年表

年份日期	事件主要内容	中美大事
1785	史家咸认在这一年有三位华裔海员抵达马里兰州巴尔的摩〔Baltimore，Maryland〕港（旧称"波地磨"埠），为至今能在美国找到的最早记载有华人入境的记录	
1840	大约自1815年起，已有小部分华人抵达仍属墨国国土的加州，是经营小买卖	中国第一次鸦片战争（1840—1842），签《南京条约》，割香港予英
1843	据美国移民局记录，共有43位华人移民到美国来，此数并不包括当时在加州的	中、美签《望厦条约》，美在华五口岸享特权
1848	加州发现金矿消息迅速外传。同年加州由墨西哥领土变为美国属地，1850年才加入联邦。华人陈明把他淘到金的消息通知同乡	
1849	华人开始越洋涌到加州淘金。多聚居在三藩市及附近金矿区。据移民局记录，有华人780名入境，至1850年，华人人口增至4018人	
1850	加州颁布州例，禁止华人在加州法庭上对有关白人的案件中作证人。同时，排斥华人矿工的事件在加州的吐龙（Tuolome）县发生	

续表

年份日期	事件主要内容	中美大事
1851	来自广东珠江三角洲的华人成立互助组织。先有"三邑会馆"成立，成员为南海、番禺、顺德三邑人士；同年，也有"四邑会馆"成立，成员为新宁（台山）、新会、开平、恩平、鹤山、四会等邑人士。及后于1853年，新宁邑人从四邑会馆衍分成立"宁阳会馆"（余姓者除外）。又，1852年"阳和会馆"成立，成员为香山（中山）、东莞、增城等邑人；1853年"新安会馆"（后改"人和会馆"）成立，为新安、嘉应等客家籍人。其后，各会馆组织续再变化	洪秀全组太平军在广西发动农民反对清廷统治，1853年攻下南京改名天京，成立太平天国，自称"天王"
1852	华人大举自中国乘船涌到美国西岸，多以三藩市为主要进口港，故俗称三藩市为"大埠"。这年，据美国政府的统计，在美国的华人人口为20025名，多为矿工，散布加州各地矿区	
1854	加州政府向华人矿工征收"外籍矿工税"	
1855	容闳在东部的耶鲁（书院）大学毕业，获学士衔，为首位在美国获取大学学位的华人	
1858	加州政府立例禁止华人入境，但联邦法庭判决此州例违反美国联邦宪法而判其无效作废	
1860	三藩市成立"中华会馆"（俗称"六大公司"）为粤裔华人社区自治的最高领导；先后纳入宁阳会馆、冈州会馆、肇庆会馆、花县会馆、三邑会馆、阳和会馆、人和会馆等组织，并以宁阳人数为最多，曾一直控制"中华会馆"董事要职	中国第二次鸦片战争（1856—1860）告结束，与英法签《北京条约》《天津条约》等赔款
	同年，因华女被拒入读公校案，加州教育厅开始实施种族隔离政策，不允许其他种族学童与白种学童同校。此政策到1947年才废止	
1862	联邦政府禁止中国"苦力"（Coolie）劳工入境。但华工被雇为契约劳工者，不受此限	美国因废除奴隶制，发生南北战争（1861—1964）
1863	华工受雇加入"越州铁路"的筑路轨工作	

年份日期	事件主要内容	中美大事
1867	五千名铺轨华工罢工，要求加薪及改善待遇；未果，罢工不及一月便再复工。条件没改善。筑路期间，华工死伤甚众；千多具骸骨运返中国	太平天国1864年灭亡后，部分将领率众逃离中国，包括到了美洲
1868	中美签订《蒲安臣条约》，劳工贸易互惠，从而以此为据，美方从香港向中国广东引进大量华工加入美国建筑铁路工作	美国第十四宪法修正案宣告所有本土出生的人士均为美国公民
1869	首条"越州铁路"接通，华工因满约被解雇，多数回三藩市另谋工作，就业竞争引起白人不安	东部白人自火车通行后，西来谋发展者众
1870	针对华人洗衣业操作及其他生活的特色，三藩市市政府颁布诸项排斥刁难华人法例，包括：《行人路例》：禁止使用华人担挑；《剧院例》：禁止上演粤剧；《辫子例》：留辫子者，要付交"辫子税"；《洗衣例》：洗衣馆有马车载运者每季税款二元；无马车者，每季税款十五元（当年华人洗衣行业，多用担挑作为运送工具）	加州因指称妓女泛滥各大小市镇，通过"贝芝法例"（Page Law），禁止败坏风气的妇女进入加州；华人妇女须证明为良家妇女才允许入境
	同年，加州政府重申"异族"不可同校的教育政策，不允许"异族"与白人学童同校	
1871	洛杉矶市（Los Angeles）华埠华人遭集体屠杀	
1875	三藩市华人帮会之间首次堂斗发生	
1876	4月5日，美国三藩市白人举行反华大会	
1877	俄勒冈州（Oregon）蛇河（Snake River）发生杀害华人矿工事件。与此同时，白人工人党以三藩市为基地，力主排华，高喊："华人滚蛋！"（Chinese Must Go！）口号	
1879	加州政府通过第二个（修订）加州宪法。其中明文诋毁华人，称华人为"不受欢迎人物"（undesirable），并支持加州各地市镇排斥华人的不文明行动	
1880	科罗拉多州（Colorado）丹佛市（Denver）华埠遭白人纵火烧毁，华人被逐	
1881	留美学童计划取消，全被急召返回中国	

年份日期	事件主要内容	中美大事
1882	联邦政府受西岸各州议员压力，通过史无前例的种族歧视法例《排华法案》(*Chinese Exclusion Act*)。明文禁止华工及其眷属入境，华人移民没有资格归化入籍成为公民。法案有效期为十年。自此在三藩市唐山码头旁设移民站审查入境华人	
1883	美国纽约中华公所成立	
1884	联邦法院裁定美国土生华人有权居留在美国；若然犯罪，可因罪坐牢判刑，不能被驱逐出境	
	同年，中华会馆为首领导杯葛政府推行华人必须注册、领取身份证明书（俗称"册纸"）行动，首年甚为成功；次年华人渐趋领取册纸，以保留居美。因移民官吏及警务人员可随时向华人作突击搜查（俗称"搜册"或"查册"），若发现是无证明纸者，作非法论，并依法被驱逐出境	华人不再散居各地，改在三藩市或各市华埠集居，守望相助。又因华人就业受排斥，退出加工工业，多经营杂货、洗衣、餐馆等
1885	怀俄明州（Wyoming，仍是美国领地）石泉（Rock Spring）大屠杀，华人死亡甚众	怀俄明州于 1890 年才加入联邦
1886	三藩市华人筹办华文学校，为稚龄华童设立"金山中西学堂"，1888 年改制，命为"大清书院"，民国后更改名为"中华学校"	
1888	华盛顿州（Washington，当时还是领地，于 1889 年加入联邦）西雅图市（Seattle）再度发生排华暴行，华人被逐离市境	
	同年，联邦政府颁布《史葛法案》（Scott Act），二万多名持回美证明华工，返美时被拒入境	
1892	联邦政府把《排华法案》延期十年，并敕令所有华人向政府重新办登记	
1894	孙中山在夏威夷檀香山创立兴中会	
1900	联邦高等法院判决：华人商贾的妻眷有权利来美国。但此决定执行至 1924 年，被新例否决	1898 年中国百日维新失败，康、梁逃日本
	同年，中国维新派在檀香山创办《新中国报》	

年份日期	事件主要内容	中美大事
1902	联邦政府再通过法案，继续延期《排华法案》，禁止华工入境	
1903	10月11日，美国波士顿发生排华事件	
1904	联邦政府宣布无限期实施《排华法案》。这一决定引发了中国商贾发动支援美国华人的抗争	次年中国沿海各商埠有抵制美货的运动
1906	加州政府通过《外侨土地法例》（*Alien Land Law*）。禁止外侨（无美国公民权者）在加州购买土地或将以前购买的土地转卖与外侨。其后西岸各州相继实施此例，至1940年才废止	
	同年三藩市4月18日发生大地震，市政府档案被毁，很多华人趁此机会在重新登记时，报称土生并取到土生公民身份证，为"假纸"伏因	
1909	西雅图归国华侨陈宜禧在台山建成"新宁铁路"	
1910	移民局决定停止使用三藩市唐山码头旁边的移民站，搬移民站至三藩市湾内的天使岛，自此三十年，天使岛为华人从西岸入境必经之地	
	同年，孙中山在三藩市成立中华革命军筹饷局	
1911	美国三藩市成立洪门筹饷局，支援孙中山革命	10月10日，辛亥起义
1912	中华民国宣布成立，孙中山担任临时大总统	
1915	以华裔土生为主要会员的"同源会"成立，其主旨为华裔美国公民争取公民权益	从中国以"假纸"方式来美的少年开始出现
1917	以美国公民的子女身份移民来自中国的华人多是未成年青少年，而且这一现象，成为自那以后华人移民美国的主体，是为了避免成人入境须英语试，绝大多数的入境华人都不超过18岁	自此年起，美国订例，成年人移民美国须英语试，主旨在禁非英语国家的亚洲人入境
1918	联邦巡回法庭宣判，美国华裔公民在外国出世的子女有权入境美国，享有美国公民权益	
1922	美国国会通过《基保尔法案》（*Cable Act*）；美国女公民若与无公民权资格的外侨结婚，即丧失其公民权益。（包括土生华女与外籍华人通婚，即失去其公民权；白人女子亦失去其公民权）	

年份日期	事件主要内容	中美大事
1925	中国致公党在美国三藩市成立	3月孙中山病逝北京
1927	联邦最高法院判定：公民权益，可由父亲传与子女；但不能爷传孙。即：祖父是公民，外国出生儿子要先到美国取得公民权，孙子才有资格	中国国民党在4月和7月突发屠杀共产党员事件。国共合作首次分裂
1928	"美洲拥护中国工农革命大同盟"成立，并出版不定期刊物《先锋报》	
1933	"衣联会"（纽约华侨洗衣馆联合会）成立	
1936	1月，美国纽约全体华侨抗日救国会。4月，三藩市华侨成立中华民国国民抗日救国总会	
1937	10月，美国纽约华侨抗日救国筹饷总会成立	7月7日，日军发动侵略中国卢沟桥事件
1938	《救国时报》与《先锋报》在纽约合并出版	
1940	《美洲华侨日报》7月7日在纽约创刊	
1942	美国加入太平洋亚洲区战事，很多华人被召入伍服役。也有华人在欧洲战场服役。是年国会通过法案，服役美国军队者有归化为美籍公民权利	1941年12月7日，日军偷袭珍珠港，促使美国参加第二次世界大战
1943	国会于11月通过法案，撤销《排华法案》。每年分配105名华人移民入境的配额，并允许在美国的华人移民可依法申请归化为美籍公民	
1947	国会修正了1946年的《战后新娘法案》（*War Bride*），允许华裔退伍军人妻子来美，不受移民配额所限。两三年内，超过六千华妇来美	
1949	美国东西两岸华侨分别集会庆祝新中国成立	中华人民共和国成立
1950	因政局改变而滞留在美国的留学生，外交人员等中国籍华人，多以"难民"身份申请留居美国	麦卡锡主义抬头，华人社会遭政府监视调查
1952	3月，《美洲华侨日报》社长兼总编辑梅参天被美国政府以违反"与敌通商法"被传票；该案缠讼至1955年年底败诉，社长判刑，兼被罚款	美国"中国通"涉嫌是共产党员被调查监视，因而找职业有困难

年份日期	事件主要内容	中美大事
1955	美国驻香港总领事向国会报告，指华人几十年来以"假纸"方式冒认外国出生的公民移民美国，包括身份不明的中国共党分子渗透在内，因而引发对华人社区展开调查骚扰，又推出"坦白"政策，允许"假纸"身份人士申请更正，获准者可续居美国。此措施实施至1969年才终止	
1956	纽约"华青"（纽约华侨青年团）及三藩市"民青"（华侨民主青年团）先后宣布解散	
1959	夏威夷华裔邝友良获选成为首位华裔国会议员	
1962	五月香港出现难民潮，美国政府特殊许可收容一万五千名中国难民	
1965	国会通过新移民法案，取消族裔人口比例配额。每国均享有每年二万移民配额。此新法案执行之后，取消了歧视亚裔的旧移民政策。但实际上，只接纳来自台湾、香港地区华人申请移民来美	美国黑人在全国范围发动的民权运动（Civil Rights Movement）方兴未艾。其他少数民族跟进
1969	纽约华埠出现年轻人组织"义和拳"，并在其会址放映中共影片《东方红》	美国校园"反越战"日益加剧，亚裔参加
1971	台、港留学生与当地华人，就美国把中国领土钓鱼岛管治权私授日本，而分别于1月29日及30日在三藩市、纽约等大城市举行示威抗议游行	中美乒乓球队互访，史称"乒乓外交"事件
1971	同年，中华人民共和国获多数票通过，在联合国合法地取代了台湾一直曾代表的中国席位	台湾代表被逐出联合国，其席位被取消
1972	美国总统尼克松访问北京，与中共主席毛泽东在中南海会面，及后在上海发表《中美公报》	
1972	中美双方开始在对方首都设立联络处	
1973	纽约"华埠食物合作社""华埠健康诊所""十库工作室"等团体合办首届"华埠街坊节"	
1974	纽约"亚洲人平等就业会"在华埠成立，发动示威，争取华工参加孔子大厦建筑工程就业机会	邓小平恢复副总理职。周恩来主持国务院
1975	纽约一华人在华埠因交通被告违例案，抗议警察暴力，引发二万人到市府游行，史称"姚案"	蒋介石在台湾病逝。蒋经国任国民党主席

年份日期	事件主要内容	中美大事
1976	周恩来、朱德、毛泽东相继在中国辞世，美国爱国华人及进步人士在各大城市举行追悼活动	10月，中国发生揭发和抓捕"四人帮"事件
1979	自1月1日起，中国北京政府与美国正式建交，美国政府并同时与台湾当局断绝外交关系	美国与台湾继续保持人民与商贸的交往
	同年，由1月28日至2月5日，邓小平应邀来美国访问九天，被誉为是"破冰及学习"之旅	4月，美国国会通过"与台湾关系法"
1980	华侨华人回中国探亲及旅游日益频繁，当中国开辟经济特区，并以深圳为试验起点，有本钱的带头前往中国设厂投资，支持中国大陆改革开放	配合中国放宽出国，美国专给中国大陆每年二万名团聚移民配额
1982	中美一度降温，又再修好言和	中美"八·一七"公报
1984	《蒋经国传》作者刘宜良（笔名江南）在三藩市被暗杀	4月，里根总统访华
1985	7月，赵紫阳（时任中国总理）应邀来美访问	
1989	7月，《美洲华侨日报》宣布关门	中国天安门广场学运事件
1990	国会通过新移民法案，增加移民配额，唯重点在于专业、科技人才的资格。并设特殊配额与香港华人，使其在1997香港回归前，移民来美	
	同年1月，《侨报》在纽约创刊 5月，美国各界华裔著名人士吴仙标等成立"百人委员会"	
1997	10月，江泽民应邀来美访问	7月，香港回归中国
2001	美籍华人赵小兰被布什总统提名出任劳工部部长。9月11日，美国纽约世界贸易中心遭受恐怖袭击，两座大楼顿成废铁而倒塌为平地，并导致有四千多人伤亡	4月，美国军事侦察机和中国军机在南中国海上空发生撞击事件
2011	胡锦涛邀应来美访问	
2014	华裔土生骆家辉辞退美国驻华大使职位	

附录 2

美国华人人口每十年统计的总数列表

人口调查年份	每十年调查华人人口总数
1850	4018
1860	34933
1870	63199
1880	105465
1890	107488
1900	89863
1910	71531
1920	61639
1930	74954
1940	77504
1950	117629
1960	237292
1970	435062
1980	806040
1990	1645472
2000	2432585
2010	3347229

附录 3

美国历届总统及其任期列表

任次	任职时间	总统英文姓名及中译	所属党派	备注
1	1789—1797 年	乔治·华盛顿 （George Washington）	或被称为 美国国父	
2	1797—1800 年	约翰·亚当斯 （John Adams）	联邦党 Federalist Party	
3	1801—1808 年	托马斯·杰斐逊 （Thomas Jefferson）	民主共和党	即民主党的前身
4	1809—1816 年	詹姆斯·麦迪逊 （James Madison）	民主共和党	即民主党的前身
5	1817—1824 年	詹姆斯·门罗 （James Monroe）	民主共和党	即民主党的前身
6	1825—1828 年	约翰·昆西·亚当斯 （John Quincy Adams）	民主共和党	即民主党的前身；是第二任总统约翰·亚当斯之子
7	1829—1836 年	安德鲁·杰克逊 （Adrew Jackson）	民主党	
8	1837—1840 年	马丁·范布伦 （Martin VanBuren）	民主党	
9	1841 年	威廉·哈里森 （William Harrison）	辉格党 （Whig Party）	1841 年 4 月病死，由副总统泰勒继任
10	1841—1844 年	约翰·泰勒 （John Tyler）	辉格党 （Whig Party）	
11	1845—1848 年	詹姆斯·波尔克 （James Polk）	民主党	

任次	任职时间	总统英文姓名及中译	所属党派	备注
12	1849—1850 年	扎卡里·泰勒 (Zachary Taylor)	辉格党 (Whig Party)	1850 年 7 月病死， 由副总统菲尔莫尔继任
13	1850—1852 年	米勒德·菲尔莫尔 (Millard Fillmore)	辉格党 (Whig Party)	
14	1853—1856 年	富兰克林·皮尔斯 (Franklin Pierce)	民主党	
15	1857—1860 年	詹姆斯·布坎南 (James Buchanan)	民主党	
16	1861—1865 年	亚伯拉罕·林肯 (Abraham Lincoln)	共和党	1865 年 4 月遇刺身亡，由 副总统安德鲁·约翰逊继任
17	1865—1868 年	安德鲁·约翰逊 (Andrew Johnson)	共和党	
18	1869—1876 年	尤利塞斯·格兰特 (Ulysses Grant)	共和党	
19	1877—1880 年	拉瑟福德·海斯 (Rutherford Hayes)	共和党	
20	1881 年	詹姆斯·加菲尔德 (James Garfield)	共和党	1881 年 9 月遇刺身亡， 由副总统阿瑟继任
21	1881—1884 年	切斯特·阿瑟 (Chester Arthur)	共和党	
22	1885—1888 年	格罗弗·克利夫兰 (Grover Cleveland)	民主党	
23	1889—1892 年	本杰明·哈里森 (Benjamin Harrison)	共和党	是 1841 年任总统的 威廉·哈里森的孙子
24	1893—1896 年	格罗弗·克利夫兰 (Grover Cleveland)	民主党	
25	1897—1901 年	威廉·麦金莱 (William McKinley)	共和党	1901 年 9 月遇刺身亡，由 副总统西奥多·罗斯福继任
26	1901—1908 年	西奥多·罗斯福 (Theodore Roosevelt)	共和党	

续表

任次	任职时间	总统英文姓名及中译	所属党派	备注
27	1909—1912 年	威廉·塔夫脱 （William Taft）	共和党	
28	1913—1920 年	伍德罗·威尔逊 （Woodrow Wilson）	民主党	
29	1921—1923 年	沃伦·哈定 （Warren Harding）	共和党	1923 年 8 月病死， 由副总统柯立芝继任
30	1923—1928 年	卡尔文·柯立芝 （Calvin Coolidge）	共和党	
31	1929—1932 年	赫伯特·胡佛 （Herbert Hoover）	共和党	
32	1933—1945 年	富兰克林·罗斯福 （Franklin Roosevelt）	民主党	1945 年 4 月病死， 由副总统杜鲁门继任
33	1945—1952 年	哈利·杜鲁门 （Harry S. Truman）	民主党	
34	1953—1961 年	德怀特·艾森豪威尔 （Dwight Eisenhower）	共和党	
35	1961—1963 年	约翰·肯尼迪 （John Kennedy）	民主党	1963 年 11 月遇刺亡由 副总统林顿·约翰逊继任
36	1963—1968 年	林顿·约翰逊 （Lyndon Johnson）	民主党	
37	1969—1974 年	理查德·尼克松 （Richard Nixon）	共和党	1974 年 8 月因 水门事件辞职
38	1974—1976 年	杰拉尔德·福特 （Gerald Ford）	共和党	尼克松在第二任时辞职， 由副总统福特继任
39	1977—1980 年	吉米·卡特 （Jimmy Carter）	民主党	
40	1981—1988 年	罗纳德·里根 （Ronald Reagan）	共和党	
41	1989—1992 年	乔治·布什 （George Bush）	共和党	

任次	任职时间	总统英文姓名及中译	所属党派	备注
42	1993—2000 年	比尔·克林顿 （Bill Clinton）	民主党	
43	2001—2009 年	乔治·沃克·布什 （George Walker Bush）	共和党	是第 41 届总统 乔治·布什之子
44	2009—2016	贝拉克·奥巴马 （Barack Obama）	民主党	美国历史上首位 非洲裔总统
45	2017—	唐纳德·特朗普 （Donald Trump）	共和党	

附录 4

美国 50 州加入联邦年份列表

　　美国首都是设在一处不属任何州的特区，称为"华盛顿特区"（Washington，D. C.），它位于美国东部濒海界乎马里兰州之南与弗吉尼亚州之北，如一个独立市那样独一无二地存在。

次序	州名（中译）	州名（英文）	加入美国联邦年份
1	特拉华州	Delaware	1787，12 - 7
2	宾夕法尼亚州	Pennsylvania	1787，12 - 12
3	新泽西州	New Jersey	1787，12 - 18
4	佐治亚州	Georgia	1788，1 - 2
5	康涅狄格州	Connecticut	1788，1 - 9
6	马萨诸塞州	Massachusetts	1788，2 - 6
7	马里兰州	Maryland	1788，4 - 28
8	南卡罗来纳州	South Carolina	1788，5 - 23
9	新罕布什尔州	New Hampshire	1788，6 - 21
10	弗吉尼亚州	Virginia	1788，6 - 25
11	纽约州	New York	1788，7 - 26
12	北卡罗来约州	North Carolina	1789，11 - 21
13	罗得岛州	Rhode Island	1790，5 - 29
以上为最初加入联邦的 13 州			
14	佛蒙特州	Vermont	1791，3 - 4
15	肯塔基州	Kentucky	1792，6 - 1
16	田纳西州	Tennessee	1796，6 - 1

续表

次序	州名（中译）	州名（英文）	加入美国联邦年份
17	俄亥俄州	Ohio	1803，3－1
18	路易斯安那州	Louisiana	1812，4－30
19	印第安纳州	Indiana	1816，12－11
20	密西西比州	Mississippi	1817，12－10
21	伊利诺斯州	Illinois	1818，12－3
22	亚拉巴马州	Alabama	1819，12－14
23	缅因州	Maine	1820，3－15
24	密苏里州	Missouri	1821，8－10
25	阿肯色州	Arkansas	1836，6－15
26	密歇根州	Michigan	1837，1－26
27	佛罗里达州	Florida	1845，3－3
28	得克萨斯州	Texas	1845，12－29
29	衣阿华州	Iowa	1846，12－28
30	威斯康星州	Wisconsin	1848，5－29
31	加利福尼亚州	California	1850，9－9
32	明尼苏达州	Minnesota	1858，5－11
33	俄勒冈州	Oregon	1859，2－14
34	堪萨斯州	Kansas	1861，1－29
35	西弗吉尼亚州	West Virginia	1863，6－20
36	内华达州	Nevada	1864，10－31
37	内布拉斯加州	Nebraska	1867，3－1
38	科罗拉多州	Colorado	1876，8－1
39	北达科他州	North Dakota	1889，11－2
40	南达科他州	South Dakota	1889，11－2
41	蒙大拿州	Montana	1889，11－8
42	华盛顿州	Washington	1889，11－11
43	爱达荷州	Idaho	1890，7－3
44	怀俄明州	Wyoming	1890，7－10
45	犹他州	Utah	1896，1－4
46	俄克拉何马州	Oklahoma	1907，11－16
47	新墨西哥州	New Mexico	1912，1－6
48	亚利桑那州	Arizona	1912，2－14
49	阿拉斯加州	Alaska	1959，1－3
50	夏威夷州	Hawaii	1959，8－21

附录 5

美国主要华侨华人传统社团列表

一　三藩市中华会馆

三藩市的"中华会馆"，在历来传统社团上，曾被奉为是美国华侨之最高机构，它成立于 1854 年。因当时华侨在加州之会馆已有 6 所（计为：宁阳、合和、冈州、阳和、三邑、人和），联同主办华洋事务，遂被称为"六大公司"。1862 年易名为"中华公所"。1876 年肇庆会馆成立，于是 6 大会馆增添至 7 大会馆，而"中华公所"亦于是时易名为"中华会馆"。至 1901 年 1 月 25 日始正式向加州政府立案，取名 CCBA（Chinese Consolidated Benevolent Association）。

其章程于 1930 年又加修改。自此，虽时移世易，侨社几度变化，唯是此组织和体制，包括属下会馆，至今大致依旧，一直采用"商董制"，由"7 大会馆"直接选派（宁阳总会馆 27 名、肇庆总会馆 8 名、合和总会馆 6 名、冈州总会馆 5 名、阳和总会馆 5 名、三邑总会馆 3 名、人和总会馆 1 名），并且由七大会馆主席组成主席团，以总董为主席团之主席并有通事"前称（出番）"1 名。"总董"每两月轮值一次，宁阳主席担任元月、二月，五月、六月，九月、十月，其余月份由 6 大会馆轮流，通事一职每隔一年由宁阳选派，余由各大会馆轮派。

二　纽约市中华公所

纽约"中华公所"成立于 1883 年（光绪九年），一百多年来，经历两次世界大战；按 1932 年增修的中华公所章程，其目的是"本爱祖国之精神团结侨众以排难解纷维护和平举办慈善公益为宗旨。"至 1948 年，它再修改章程，"以组织侨众团结侨群发振侨务排解侨界纠纷增加华人福利提高华人地位沟通中美文化发扬中华民族精神提倡公益举办慈善事业为宗旨。"至今沿用。其属下架构，有 60 社团；名称依旧，不添不减。章程规定，每隔两年，由"台山宁阳会馆"或"美东联成公所"轮流推出的一名该会馆的成员任"中华公所"主席，并且聘有中、英文秘书各一人协助其执行各项事务。

纽约市"中华公所"架构下的六十社团：

编次	社团名称	备注
1	台山宁阳会馆	永远常务，会员全是五邑台山人①
2	美东联成公所	永远常务，会员务必是非台山人②
3	安良工商总会	永远常务
4	协胜公会	永远常务
5	中华总商会	永远常务
6	洪门致公堂	永远常务
7	国民党美东支部	永远常务
8	国民党纽约分部	
9	崇正会	客家
10	龙冈亲义公所	
11	中山同乡会	
12	东安公所	客家
13	鹤山公所	五邑人会馆之一
14	航空建设协会	

---

① "宁阳"是清代时"台山"旧名，故此，初以"宁阳会馆"命名，及后才改现名。台山宁阳不仅曾是"五邑"会馆之首，而且，规定每隔两年必然由该会推举之一会员任中华公所主席之职。

② "联成"是综合"非台山人"会员而组成的其他邑籍人会馆，为平衡台山人在早年侨社的庞大数目而成立的，也因而规定每隔两年必然由该会推举之一会员任中华公所主席，形成轮流交替。

续表

编次	社团名称	备注
15	至孝笃亲公所	陈、胡、袁（以陈姓占多数）
16	伍胥山公所	
17	李氏总公所	
18	黄氏宗亲会	
19	至德三德公所	
20	梅氏公所	以台山地区端芬人为主
21	新会同乡会	五邑人会馆之一
22	南顺同乡会	
23	余风采堂	
24	大鹏同乡会	客家
25	华人洗衣偈协会	
26	衣同总会	即：华侨洗衣馆同业会①
27	昭伦公所	
28	溯源公所	
29	三益总公所	
30	梁忠孝宗亲会	
31	番禺同乡会	
32	海晏同乡会	
33	师公工商总会	客家
34	惠州工商会	客家
35	华侨餐馆同业会	
36	联义社	
37	纽约华裔美国退伍军人会	
38	华侨妇女会	
39	开平同乡会	五邑人会馆之一
40	中国音乐剧社	

---

　　① 因谋求解决纽约市对华人洗衣业所推行的滥收登记费用而于 1933 年成立的"纽约华侨洗衣馆联合会"，既成功地赢得了市政府减费，也摆脱了中华公所居中妥协；由于此举挑战它的权威，遂鼓动一小部份会员分裂而出另成立"华侨洗衣馆同业会"，并将之纳在组织下，却把"纽约华侨洗衣馆联合会"（简称"衣联会"）拒之门外。因此，"衣联会"一直以来不是中华公所属下会员。

续表

编次	社团名称	备注
41	太陆总商会	客家
42	海南同乡会	
43	南阳公所	
44	福建同乡会	闽籍
45	中华基督教华人长老会	
46	大鹏育英总社	客家
47	民智剧社	
48	华人海员公会	
49	金兰公所	
50	三江公所	
51	华北同乡会	
52	曾氏公所	
53	恩平同乡会	五邑人会馆之一
54	朱沛国堂	
55	凤伦公所	
56	阮氏公所	
57	华众会	
58	自由大众励进社	
59	林西河堂	
60	广海同乡会	

附录6

主要中英参考书刊选录

一 以下为部分主要中文版书刊选录

［美］麦礼谦：《从华侨到华人》，三联书店出版（香港）有限公司1992年版。

刘伯骥：《美国华侨史》，台北黎明文化事业公司1982年版。

陈依范：《美国华侨发展史》，三联书店出版（香港）有限公司1984年版。

邝治中：《中国人在美国的发财史》，江苏人民出版社2012年版。

邝治中：《纽约唐人街》，上海译文出版社1982年版。

邝治中：《新唐人街》，中华书局1989年版。

暨南大学华侨研究所编：《华侨史论文集1》，暨南大学华侨研究所内部印刷1981年版。

暨南大学华侨研究所编：《华侨史论文集2》，暨南大学华侨研究所内部印刷1981年版。

暨南大学华侨研究所编：《华侨史论文集3》，暨南大学华侨研究所内部印刷1983年版。

台山侨务办公室编：《台山县华侨志》，广东台山侨务办公室内部印刷1991年版。

中国致公党中央委员会编：《司徒美堂》，中国致公出版社2003年版。

林国炯等主编：《春雷声声》，台湾人间出版社2001年版。

龚忠武等主编：《春雷之后》第一卷、第二卷、第三卷，台湾人间出版社 2006 年版。

龚忠武等主编:《峥嵘岁月，壮志未酬》上、下册，台湾海峡学术出版社 2010 年版。

谢小苳等主编:《启蒙、狂飙、反思——保钓运动四十年》，台湾清华大学出版社 2010 年版。

于仁秋:《救国自救》，三联书店（香港）有限公司 2003 年版。

徐庆东等编:《百年永焕》，北京出版社 2002 年版。

郑奕钧:《传奇人生：记蔡福就走过的路》，香港海峰出版社 1997 年版。

王士谷:《海外华文新闻史研究》，新华出版社 1998 年版。

程曼丽:《海外华文传媒研究》，新华出版社 2001 年版。

陈天璇:《历史可以这样读》，新华出版社 2008 年版。

陈天璇:《邓小平访美那九天》，新华出版社 2011 年版。

陈天璇:《华埠内外》（杂文集），美国松石居书坊 2012 年版。

陈天璇:《历史可以这样读》下编，美国松石居书坊 2013 年版。

陈天璇:《大城小语》（杂文集），美国松石居书坊 2013 年版。

陈天璇:《火红年代》（杂文集），美国松石居书坊 2014 年版。

陈天璇:《中国历史简明读本》，新华出版社 2015 年版。

朱辛流:《美国华埠》，纽约中美研究所 1985 年版。

关宇:《金山掌故》，香港大学出版社 1987 年版。

郭征之:《华埠沧桑》，香港博益出版社 1985 年版。

麦子:《美国华人社会大观》，广州文化出版社 1989 年版。

麦子:《美国华人名人录》，广东科技出版社 1994 年版。

蒙显文、陈美嫦合编:《纽约唐人街春秋》，香港华夏文化出版社 2011 年版。

曾露凌、谭雅伦合编:《美国华人移民血泪简史》，《明报月刊》1993 年 10 月号。

周敏:《当代美国华人社会的变迁》，上海三联书店 2006 年版。

马克任:《美国华人社会评论》上、下册，纽约世界日报出版社 1985 年版。

陈健夫:《孙中山先生传》，香港现代出版社 1964 年版。

李凡：《孙中山全传》，北京出版社 1991 年版。

尚明轩：《孙中山传》北京出版社 1979 年版。

刘益显等主编：《中国当代外交史》，中国青年出版社 1997 年版。

季鸿生：《五十年中美关系》，百家出版社 1993 年版。

宫力：《邓小平与美国》，中国党史出版社 2004 年版。

中共中央文献研究室编：《邓小平年谱》，中央文献出版社 2004 年版。

苏台仁等主编：《邓小平生平全纪录》上、下，中央文献出版社 2004
年版。

邓小平：《邓小平文选》（1975—1982），人民出版社 1983 年版。

黄绍湘：《美国通史简编》，人民出版社 1979 年版。

倪文夙、甘迈格合著：《美国史纲》，香港今日世界出版社 1958 年版。

［美］加尔文·林顿编：《美国两百年大事记》，上海译文出版社 1982
年版。

以下为部分主要英文版书刊选录

Chen, Jack. *The Chinese of America.* San Francisco：Harper & Row Pub-
lishers，1981.

Chang, Iris. *The Chinese in America.* New York：Penguin Books，2003.

Kwong, Peter, and Dusanka Miscevic. *Chinese America.* New York：The
New Press，2005.

Kwong, Peter. *Chinatown, New York.* New York：Monthly Review
Press，1979.

Odo, Franklin Shoichiro. *In Movement, A Pictorial History of Asian Ameri-
ca.* Los Angeles：Visual Communications，1977.

Mccunn, Ruthanne Lum. 《美国华人插图史册（*An Illustrated History of
the Chinese in America.* ）英文版》，Design Enterprises of San Fran-
cisco，1979。

《义和拳报》编辑室编著：《美国华工的过去和现在（*Chinese - Ameri-
can Workers：Past & Present*）英文版》，三藩市：义和拳报（Get-

ting Together）出版。

［美］麦礼谦（Him Mark Lai）、林小琴、杨碧芳合编：《埃仑诗集》，
三藩市：1980。

［美］麦礼谦（Him Mark Lai, Joe Huang, Don Wong）合编，《甘苦沧
桑两百年（*The Chinese of America 1785 – 1980*）英文版》，三藩
市：Chinese Culture Foundation，1980。

［美］麦礼谦（Him Mark Lai, Philip P. Choy）合编，《美国华人史大
纲（*The Outlines History of the Chinese in America.* 英文版》），San
Francisco：Chinese – American Studies Planning Group，1972。

［美］麦礼谦，《美国华人跨国政治（*Chinese – American Transnational
Politics*）英文版》，University of Illinois Press，2010。

张纯如，   《美国华人（*The Chinese of America*）》，New York：
Viking，2003。

为民社（Wei Min Shi）劳工委员会编，《美国华工画册（*Chinese
Working People in America, A Pictorial History*）》，United Front
Press，1974。

附录 7

作者与有关活动图片

图1　1971 年美东区"保钓"游行第一浪

说明：1971 年 1 月 30 日纽约"保钓"第一次游行队伍在行进中所摄，图中所见，由右至左，罗兰、陈天璇、李我焱、袁葆生（带头叫口号）。

图2　"保钓"游行队伍举标语牌，不亮中国国旗，回避党派之争

说明：美东"保钓"第一次的示威抗议游行于1971年1月30日在纽约市举行。作者陈天璇（前排右四及夫人罗兰，右五，刚回转身）与当年"纽约香港学生联谊会"会众及华埠侨胞均有参加。图为队伍横过中城时摄。

图3　第一次纽约"保钓"游行时集体高唱《满江红》

说明：第一次举行的"保钓"游行队伍在行进中曾集体高唱《满江红》，图为袁葆生（左一）、罗兰（左三）在带头领唱时的情景。

图4　《纽约香港学生月报》与《保钓运动宣言》

说明：上左图《纽约香港学生月报》应该是报导美国保钓运动最早的一份非卖品的华侨青年及留学生期刊，图内可见它的1971年1月号已刊出了"保卫钓鱼台专号"，并为1971年1月30日举行的第一次美东保钓游行呼吁同学及侨众去参加抗议游行。上右图是纽约地区保钓运动的首份宣言。因为该会干事陈天璇与袁葆生都在纽约保钓执行委员会。由此可证，这份《月报》，比后来成立出版的《群报》，更早讨论"保钓"运动。同样，香港来美的留学生当年实际上也十分活跃主动。所以，把"保钓"说成是在美国的台湾留学生的一场运动，是不符事实的，也多少有误导及以偏盖全的倾向，理应纠正。

图5　在争取民权阶段时，陈天璇担任市立高云尼医院的社区方案主任

说明：陈天璇（见图）70年代最初五年，任职于纽约下东区市立高云尼医院，是社区关系部负责人之一，主张与其他族裔携手争取共同的应有医疗服务及就业的权利。他曾与谭闽生配合无间，争取让百多名华人加入医院工作，并推动文化交流等活动。

图片 6　高云尼医院探访老人中心

说明：陈天璇（前左二，在担任高云尼医院社区关系方案主任时）与方日满（右一，华裔院长）探访华埠麦迪臣老人中心探访华裔老人讲解医院有关服务。中华公所主席李文彬（右二）等侨领均陪同参加活动。高云尼市立医院那时力争成为下东区一间全面医疗中心，并推动由社区人士参与管理的新理念。至 1976 年，因面临经费大削减，华人与下东区各裔人士联合举行抗议示威多次，但终无效，遂被逐步改为老人医疗中心。

图 7　第一位全职进入《美洲华侨日报》工作的保钓精英

左上图：罗兰（左）是 1974 年进入《美洲华侨日报》任副经理，也是恢复日刊之前最早一位保钓运动青年参与该报工作之人。唐明照当时在纽约担任联合国副秘书长，他曾是该报创办人及第一任社长。

右上图：在 70 年代民权与爱国运动进行得如火如荼的岁月，罗兰（图）每每在各项庆祝及美中文化交流活动中当司仪。她同时是中国民族舞蹈"新苗"的最初五名创办人之一。当然，也尝参加集体演出。

图 8　20 世纪 70 年代"新苗舞蹈"的压轴舞是中国民族"孔雀舞"

说明：罗兰（左一）曾是"新苗舞蹈"的第一代成员，老师是李庭光、伍莲爱。

图 9　《先锋报》铅字与《救国时报》印刷机

说明：左图是《救国时报》留下的印刷机器。依稀可见是印《美洲华侨日报》报章。右图是《美洲华侨日报》发展期排字房。那套铅字，是《先锋报》从上海购来。

图10 《美洲华侨日报》复刊购置这座新印刷机

说明：这是《美洲华侨日报》1977年复刊那天在印刷房拍摄下来作留念的。当年印刷部是由简仲强负责。这张照片也是由他拍摄。陈天璇（复刊期实务主持人）是1976年夏，正式被推举为《美洲华侨日报复刊委员会》书记兼过渡期总编辑，同时负责筹备恢复日报出版各项人事安排。从1977年1月1日起，日报恢复。1978年他任董事会书记，并专责对外及主持采访部；关文亮接任总编辑。二人于1985年春先后辞退《美洲华侨日报》职务，转业他去。1989年夏末，《美洲华侨日报》因缺资金，宣布结束，历时长达49年。从1976年至1985年，陈天璇与关文亮是复刊期编辑部主持。简言之，创业期是唐明照、冀贡泉；坚守期是梅参天、李顾鸿。

图11 陈天璇记者工作证及捐赠《美洲华侨日报》的多项文物

图12 "红梅图"是这样存进中国华侨历史博物馆

说明：这幅"红梅图"是中国画家黄永玉为祝贺《美洲华侨日报》报庆而绘的。该报前后办了四十九年，终告停刊，公司结束。这画宝及一些文物捐给「中国华侨历史博物馆」收藏，为它那一段历史留佐证。由右至左：彭光涵（前侨办副主任）、陈天璇、黄立庄（二人均曾是该报工作人员及董事会董事）。

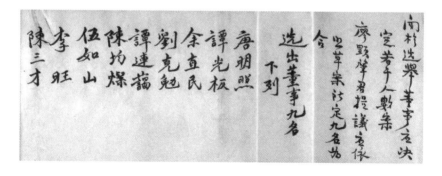

图13 《美洲华侨日报》全体股东大会同时选出首届董事九人

说明：唐明照、谭光板、余直民、刘克勉、谭连蔼、陈均灿、伍如山、李旺、陈三才。

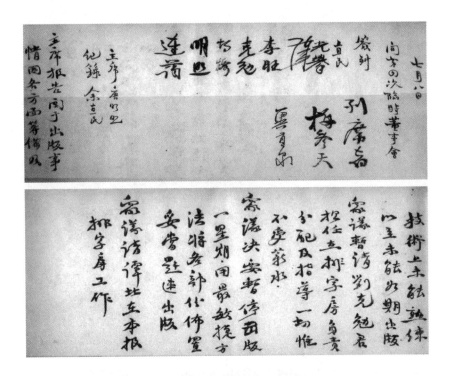

图14　排字出现问题导致第二天决定停刊一周

说明：创刊是在 1940 年 7 月 7 日（但华侨习惯"今天标明天日期"，故此，印在报头实际上是 7 月 8 日）。又在翌日，即是八日那天，因排字技术出现问题，紧急召开第四次临时董事会议，决定暂停出版一周，由刘克勉义务负责训练排字房工作。详见纪录。

特载　台山六村陈氏中国祖先

《追溯我家直系血缘 111 代祖先名号》

　　我的故事是一个中国人移民美国的故事。我出生在中国，自是不忘中国；我是陈氏一员，常爱觅祖寻宗。我家祖传有一本旧族谱，自我上延开列 26 代。直系血缘数到南宋。然后，我在 2010 年有再度回乡之行。期间，族人谈及我们有可能是"陈凤台"的后人。根据现时有关"陈凤台"这人及其前后血缘介绍，是我族谱中的台山始祖陈猷之父。陈凤台是南宋一名谏议大夫，死后墓葬广东清远县天塘山。他有七个儿子（名：谟、宣、英、润、恺、图、仁）；他们从南雄珠玑巷南迁各地。有研究族谱的指出，陈猷是他次子陈宣别号。本来，一个人的血缘祖先，能够有据地上追至宋代已经毫不简单；这新发现，更启新章。

　　因为若然依照陈凤台七子的下传，今在美洲一地的子孙可能以万计。

　　以下是我按照这一血缘上接资料，追溯中国 111 代祖先名号。

　　一　探宗前言

　　这篇短文是为已身在海外的族人新生代留一篇寻根溯源综述而写。我在这里必须指出，我之所以能够轻易地找出这些原籍中国先人，皆因我家传有历代人填记的家谱及我的部分祖先有史实可查，互相印证，列出不难。然后，进入"陈凤台"七子世系及顺藤摸瓜，就同中国"大历史"中的有关人物连接上了。

　　台山陈氏繁多，我属六村一系。按照宗谱所载，祖先由闽入粤，那是大约是三十多代以前的事情。然后，从 19 世纪后期起，就有族人远赴美国，我祖父的四叔陈树芗（他应与同村的陈天申同辈，比同村的陈伯兴更早一辈；上述两人同是陈遇夫的后裔）就是我家第一个往美国越洋创业的人。陈树芗后来亦终老美国。他的直系子孙在美繁衍。我家祖父陈成烈，青年时在旧金山。后来又返回唐山。我的父亲、我的哥哥及我自己，都是在中国出生，然后移民美国的。好像我家这种情况，穿梭中美两地的人，台山陈氏族人之中，俯拾皆是，不胜枚举。人数以万计算，实在毫不夸张。举一个例，最为人熟知和称颂的陈宜禧，从西雅图回台山筑新宁铁路，也是台山陈氏，且是六村陈氏。

我本人已移居美国逾四十多年了。我家族在美国的土生已下延三代。我一代算是两地的分水岭。所以，寻祖认宗，责无旁贷。

下文是我在获悉陈凤台与台山六村陈氏有血缘的关系之后，我遂依循同一宗支脉络，参考宗亲所撰宏文，试图把台山陈氏的祖先，向上回溯，至陈满公。

我选录的众多谱系，由我家起，共计如下：一、六村槎洲世系；二、六村朗美世系；三、上阁东山世系；（以上均属台山县）四、新会石头世系；五、广东南雄世系；六、福建龙溪世系；七、福建漳泉世系；八、福建南山世系；九、陈氏太傅世系；十、陈氏颍川世系；十一、陈氏田齐世系；十二、陈氏始祖世系。共计 111 代祖先。族谱材料很可能还有未看的，就留待以后或后人补正。

二　历代世系

依中国人习惯，宗谱总往下延。今亦把次序还回来：由陈氏始祖起，至本文作者止。全部分为 12 个不同时期、不同地域的《谱系》，由上古至现代，依次列表分述如下：

（一）陈氏始祖世系（由陈氏始祖陈满至陈完）

陈氏始祖陈满，原名妫满。据传，他是舜帝第 33 代裔孙。但是取姓为陈，自他开始。

这段初探所获是，共计 12 代，次序是：

第 1 世祖妫满（谥胡公，获周武王赐封陈地，遂改姓陈，自此，陈满就是陈氏始祖）；周朝陈地，即是今河南省淮阳。在时间推算上，是在周武王五年（公元前1065）。由他直接下传→第2世祖陈犀羊（谥申公）→第3世祖陈突（谥孝公）→第4世祖陈围戎（谥慎公）→第5世祖陈宁（谥幽公）→第6世祖陈孝（谥釐公）→第7世祖陈灵（谥武公）→第8世祖陈爕（谥平公）→第9世祖陈围（谥文公）→第10世祖陈鲍（谥桓公）→第11世祖陈跃（谥厉公）→第12世祖陈完（他原本是太子，避开继位争斗，逃齐国，改姓田），春秋时的齐国，今山东省，时间是在春秋时代陈国陈宣公二十一年（公元前672）。

但值得注意的是，这十二代祖先时间跨度是四百年，也许这之间承传上曾有缺漏。然而，查上古史，这十二代的承传年代是紧接的。宁信属实。因此沿用。

（另外，尤请注意：这是作者试图单纯地只以直系父子血缘关系为承传纽带的世系。是以，代与代的接衔，不一定是嫡裔；同时，能够知道，也不采用过继。也因如此，它对一般传统式世系中则重王位及爵位的承袭与否，并无借托。有时次序显而易见，有时只属旁枝繁衍。总之两者并不完全一致。读者明鉴）

（二）陈氏田齐世系（由陈完至田建）

有一说称，陈完奔齐之后获齐王封邑而得姓，由陈改田。我认为陈完是否获封邑或什么官并不重要。据称他掌百工，不是大官。另一说称，古语陈田同音，遂改姓田。这一说词，姑且留作参考；关键是这支祖先最终又回复姓陈。

这段初探所获是，共计17代，次序是：

接前，第12世祖陈完（奔齐后改姓田），又称田完，当时齐国国都在今山东省临淄。继而，由他直接下传→第13世祖田稺（孟夷）→第14世祖田愍（孟庄）→第15世祖田须无→第16世祖田无宇→第17世祖田乞→第18世祖田常→第19世祖田盘→第20世祖田白→第21世祖田悼子→第22世祖田和（至这一代，他已晋身获封"齐侯太公"）→第23世祖田午（封"齐桓公"，并非春秋时期那位霸主，当时已属战国时代，只是同号）→第24世祖田因齐（他废齐国国君，自封为"齐威王"，史称"田氏代齐"）→第25世祖田辟疆（齐宣王）→第26世祖田地（齐愍王）→第27世祖田法章（齐襄王）→第28世祖田建（齐王建，他也是齐国最后的王）。

由于齐国于公元前 221 年为秦所灭，齐王建被俘虏，不久因饿而死。齐田世系，至此结束。

（三）陈氏颍川世系（由田建至陈实）

齐王建是田氏齐国最后国主，为秦所灭，人也被俘，不久后便饿死。这支祖先血缘所以得而下延，是因田建的第三子田轸，返回河南陈地，并且回复陈姓；故此，田轸又称陈轸，子孙自他下延，再以陈为姓氏。

这段初探所获名号是，共计 16 代，次序是：

接前，第 28 世祖田建（即"齐王建"被俘亡国结束）。继而，由他直接下传→第 29 世祖陈轸（原称"田轸"），是田建第三子，移居楚地（当时古代南方泛称）恢复陈姓→第 30 世祖陈余→第 31 世祖陈轨→第 32 世祖陈审→第 33 世祖陈安→第 34 世祖陈接→第 35 世祖陈普→第 36 世祖陈通→第 37 世祖陈黎→第 38 世祖陈民→第 39 世祖陈恒→第 40 世祖陈愿→第 41 世祖陈齐→第 42 世祖陈源→第 43 世祖陈实，又名陈寔（他实际上卒于公元 187 年，但因于公元 569 年被南北朝时期的陈朝宣帝加封为"颍川侯"。这本来是陈寔死后 382 年才被追加封的"侯"号，但自此其后世陈氏子孙均爱沿用。"颍川陈氏"以他为宗。

陈寔本人是汉末一名士。曾力抗外戚党派之争。因而二度坐牢，释后居家终老。然而，在现时研究陈氏各大宗谱内，这一支亦被称为"田齐"派。另一个流传世系则是否定了陈国太子陈完奔齐改姓之说，叫"户牖"派。其分别是，它以春秋战国时的陈国公室继位一脉下传，直至亡国之后，赖陈衍再散叶。他是陈国最后国王陈越的第三子。然后，因他子孙中至西汉时有丞相陈平，封"户牖侯"，故此这一支称为"户牖"派。又"田齐"派与"户牖"派，均以陈寔为其后人。所以，这两派自陈国太子陈完奔齐分开，各有各的传承，至汉末竟重合。集身陈寔一人，同称"颍川"陈氏。我则认为"陈寔并非陈衍后裔"，故此，采"陈寔是陈源之子"的说法。尤有再者，"颍川"自此下传，还现再次分合，一称"太傅"派，一称"陈朝"派。然后又集身于宋初的陈洪进。以下再说。

（四）陈氏太傅世系（由陈寔至陈邕）

陈寔的时代已接近三国。较多争论的议题是，他是不是陈平的后裔？上文已提及，显然不是。我认为陈寔是陈余后人，又陈余并非是陈婴之子。

这段初探所获名号是，共计15代，次序是：

接前，第43世祖陈寔→第44世祖陈谌→第45世祖陈忠→第46世祖陈佐→第47世祖陈准→第48世祖陈匡→第49世祖陈世逵（又名陈逵，其兄陈达）→第50世祖陈尚之→第51世祖陈霸图→第52世祖陈岩→第53世祖陈亮→第54世祖陈锜→第55世祖陈范→第56世祖陈忠→第57世祖陈邕（即"陈太傅"）。

据称，陈邕是唐玄宗当太子时的老师，故称"太傅"。这一陈氏支派，通称为"太傅派"。其所涉的时间，由汉末至唐中，以河南为祖籍，是颍川一支派。须知陈氏自秦朝后，不仅子孙各地分流，而且亦有些改别姓，比如，"田"固然是一个先例，"王"又是另一个后例，王莽祖先本亦姓陈。然而，自汉末陈寔开始，"颍川"一词，既是"爵位"，也是"郡名"；"颍川"子孙繁衍，成陈氏大宗主，其下川流百出，大者有二："太傅派"是其一，"陈朝派"是其二。这两支派，终又汇于福建，再次集身一人，他名叫陈洪进。这是"颍川"陈氏支派的第二次分开然后重合。陈洪进这个人，福建漳泉之雄，降宋太宗，封岐国公。有关两派分歧，不外一些迂回。同是，从陈寔始，一派下传先至唐朝太傅陈邕，一派下传先至陈朝皇帝陈顼，然后，又各再传，至陈洪进。这就是第二次重合。"太傅派"的形成，已在前面交代了。"陈朝派"的演绎，若依陈朝皇室宗谱，上溯"颍川侯"陈寔，下传"义阳王"陈叔达（陈宣宗陈顼第十七子），在此提供作参考，是这样：

第1世祖颍川侯陈寔→第2世祖陈谌（嫡系，陈纪）→第3世祖陈忠（嫡系，陈群）→第4世祖陈佐（嫡系，陈泰）→第5世祖陈准（嫡系，陈奕）→第6世祖陈匡（准之次子，奕之继嗣）→第7世祖陈达，又名世达（史载，陈匡有二子，长子世达，次子世逵，遂在此分支。）→第8世祖陈康，又名"康之"→第9世祖陈英→第10世祖陈公弼→第11世祖陈鼎→第12世祖陈高→第13世祖陈咏→第14世祖陈猛→第15世祖陈道臣→第16世祖陈文瓒→第17世祖陈谈先（霸先、休先，均是兄弟）→第18世祖陈朝宣宗陈顼（蒨是兄长，陈朝文宗）→第19世祖陈叔达（宣帝陈顼的第十七子封"义阳王"），谓"陈朝派"。

　　注意：无论是太傅派或陈朝派均分开然后又复合，算是"殊途同归"。要指出是，由陈寔下延世系一般采用由嫡系开始，我在这一段则避而不用，因为嫡系陈泰嫡子陈奕绝嗣，过继续传的是陈谌后裔，又因为我是以直系血缘追述承传，所以太傅派和陈朝派均源自陈谌，特此说明。我认为"太傅派"承传更有根据。

（五）福建南山世系（由陈邕至陈洪进）

　　陈邕是唐代人，因曾是唐玄宗老师，世称陈太傅。退休，由河南迁福建，在漳州建筑南山寺，史书有载。然而，陈洪进与陈邕的传承是否属实现今仍有争议。既不能肯定，也不能否定。陈洪进是唐末宋初历史人物，宋岐国公，长踞福建漳泉。他的子孙理应在这一带繁衍。他认祖拜宗重修了南山寺时，他次子文颢当时是漳州刺史。广东陈凤台七子遗牒则列为"吾祖"。因此，把陈邕连接陈洪进，总还有些根据，算是顺藤摸瓜。我另存有一本非卖品的《南山寺志》，里面记录这一渊源。因我曾访漳泉，至南山寺参观时幸会主持并获赠此书。由于陈邕兴建南山寺，陈洪进认祖拜宗重修，故称"南山世系"。

　　这一段的初探结果是，共计 13 代，次序是：

　　接前，第 57 世祖陈邕→第 58 世祖陈夷则→第 59 世祖陈俦→第 60 世祖陈闻→第 61 世祖陈丞→第 62 世祖陈喜→第 63 世祖陈仲寓→第 64 世祖陈元通→第 65 世祖陈黯→第 66 世祖陈仁旴→第 67 世祖陈光举→第 68 世祖陈用祖→第 69 世祖陈洪进（他本归属南唐，后降北宋太宗，长期管辖福建漳泉之地）。

　　以上据《颍川开漳族谱》载，陈洪进是陈邕的第十二代孙，长子陈夷则的派下。另外，还有别的类似相传世系记载。其他如"将军派"，就不在此多述。

（六）福建漳泉世系（由陈洪进至陈瑚）

　　陈洪进的子孙名号世系，出现好几种。唯是如何下传至陈瑚，多少世代，谁连接谁，原是一个未解之谜。最后，突破这个瓶颈有赖两宗发现：一是广东清远县在天塘山发现了宋代祖先陈凤台墓，二是陈凤台第五子陈润后人在宗亲网发放所传宗谱。据此，初步推断陈凤台是否"吾祖"的可信性；继而，顺藤摸瓜地找出其七子"同源"的联系性。于是，族内有关宗谱，亦应可以参照。

这段的初探结果是，共计6代，次序是：

接前，第69世祖陈洪进→第70世祖陈文颢→第71世祖陈皓明→第72世祖陈天赐→第73世祖陈舜卿→第74世祖陈瑚。

以上全是根据"阳江润祖（陈凤台七子之第四子）"后人，发放网上所载有关这一时期陈氏宗谱那些祖先承传排次以及他们名号取材。在所有的现存陈氏族谱之中，这是我找到的唯一有关陈瑚连接陈洪进的记载。由于这项资料来源比较单薄，这是我认为最感尴尬的环节。陈洪进曾长踞福建漳泉，子孙在此繁衍，自是理所当然，故称"漳泉世系"。

（七）福建龙溪世系（由陈瑚至陈文）

最后，"吾祖"迁离福建龙溪（即是今时福建漳州龙海市），是现时众多台山陈氏后人公认的最先进入广东始祖陈文，他在福建龙溪出生成长，迁入广东南雄开枝繁叶。这段历史，是据陈凤台长子陈谟所撰的一份遗牒。同时，亦据遗牒，编出之前世系。陈瑚之后，一代一代，名号不断，直至陈文。之所以迁离了龙溪，是因为其父陈兆被谪官。于是，父亲陈兆贬往四川，儿子陈文避入广东。自此分道扬镳；"吾祖"从闽迁粤。至于，陈文这人是否曾真实存在和何时迁往广东南雄，基本上是依据陈凤台长子陈谟的一纸遗牒所载。

这段初探结果是，共计6代，次序是：

接前，第74世祖陈瑚→第75世祖陈烈→第76世祖陈圭→第77世祖陈吾仁→第78世祖陈兆→第79世祖陈文。

（八）广东南雄世系（由陈文至陈猷）

陈文迁入广东南雄，据查相当于1099年。陈猷迁离广东南雄，据查相当于1217年。这些都是先据陈凤台七子的所流传的遗牒，然后再引中国当时有关历史补校。

陈凤台是南宋宁宗时的谏议大夫，他因犯圣罹罪出逃，遂与七子（即依次序是：陈谟、陈宣、陈英、陈润、陈恺、陈图、陈仁，原住在南雄市沙井村）分头南下，散居珠江一带。他死后的墓葬，于清末时重修，前几年再次被族人发现，现成当地政府保护文物。又，长子陈谟留下一纸陈述有关他们家史的《遗牒》，并将其世系连接至颍川世系。

至于陈凤台如何连接上广东台山六村陈氏一脉，是据陈凤台百年古墓前四枝清代石柱刻名佐证。作者本人的十世祖台山槎洲村解元陈遇夫及其子解元陈瀚的名字，均被刻在这些华表之上，那是清代时修墓添建的。是不是就此表达了血缘？这或要更多的其他发掘。

如今，陈凤台与他的七个儿子南逃这一段历史，在"陈凤台研究会"的耕耘努力下，更使台山陈氏后人有了一些认祖依循。其长子陈谟留下的一纸遗牒，早已成为后人按图索骥根据。作者亦试图相信，我台山六村一族的始祖陈猷就是陈宣，亦即陈凤台第二子。

这段初探结果是，共计 5 代，次序是：

接前，第 79 世祖陈文→第 80 世祖陈鼎→第 81 世祖陈万山→第 82 世祖陈辉，又名陈凤台→第 83 世祖陈宣，又名陈猷（按族谱记载，他也原住南雄）。

因这一段祖先们落户在广东南雄珠玑巷，亦称广东"南雄"谱。族人一般认为，陈猷于南宋开禧元年，即 1205 年，由广东南雄珠玑巷迁居古冈州石头乡，今之新会，被奉为台山陈氏六村一支的太上始祖。有关陈宣记载不多，但其后人名号，则与陈猷吻合。

（九）新会石头世系（由陈猷至陈从善）

这段族谱最关键是，陈猷是否就是陈宣？是否陈凤台第二子？有认为可信者，有表示质疑者。我须在此指出，在"石头"谱系内，只曾提陈猷，没有说陈宣。这是未解难题。

若从接受"二人其实一人"的角度看，其旁系亲属合共七兄弟，又大致上散居五邑地域，它是一支庞大同宗族群，他们后人现多散居美洲。这其实就是为什么我要在这一本美国华侨华人史内添写了这样的一篇追祖溯源。试想，因为把公认的"六村"始祖陈猷连接上陈凤台这个七子的父亲，也同时等于在血缘上找到了陈猷进入"台山"前的祖先联系。那么，陈凤台的上溯世系，亦就是陈猷的世系；问题是陈猷是否就是陈宣呢？现今台山六村陈氏后人所据宗谱的始祖是陈猷。这本宗谱在清代康熙时由六村解元陈遇夫重校。之后代代抄传，同时添上后辈。我族所存最早"石头谱系"所列祖先名号，是据元末时祖先的遗嘱，称吾脉始祖名号是陈猷，南雄籍，宋代人。至清代康熙初，有人至新会查，才再填补陈猷下传四代名号。一说当时是陈遇夫重修族谱做的；其实，据陈遇夫记，他是去新会核实；填补的内容是前人做的。总之，台山六村这支陈氏，始祖是宋代人陈猷；他由南雄迁至古冈（新会石头），后人继迁上阁东山（台山墩头），随又迁至赤坎朗美（台山六村），繁衍，扩大。我家是陈遇夫直系血缘后人，三百年来保存他的清代修谱。新中国成立之后，谱本带到纽约。它罗列了宋代陈猷以来各房传承，并在清代陈遇夫后续记逐代男丁。

是因为陈猷离开清远县南雄市后，先迁居至新会石头，故此，称"石头"谱。

这段初探结果是，共计5代，次序是：

接前，陈宣（第83世祖），又名陈猷→2陈巧（第84世祖）→3陈迪（第85世祖）→4陈仁甫（第86世祖）→5陈天祥，亦即陈从善（第87世祖）。

根据现人有关补述，从陈宣至陈从善这5代的祖先，据称，在最早的台山六村"朗美"的陈氏族谱中，原先只有始祖陈猷，没有陈巧、陈迪、陈仁甫这三代记载。后来，于清代康熙时，因至新会查访，才再补回这段曾空缺的承传。又，陈猷次子陈巧曾经是道士。族谱中有他的小传；即《六真君本传》。据载，陈巧，字仲义，号景彝。乡贡士，常隐庐山学道，称六真君。相传，他的施法圣地之一是在新会小鸟天堂。顺带指出，陈宣次子资料雷同。

（十）上阁东山世系（由陈从善至陈元康）

陈从善又名陈天祥。他先搬到上阁东山。他是南迁台山始祖。他的五世孙陈元康再南迁至赤坎朗美。是先至上阁东山，后才至赤坎朗美。现时"台山六村陈氏"已把这两处合起来。从陈从善搬到上阁东山，今属"墩头"，也就是"台山六村"的起点。其后至第5代，先是聚居朗美，继而散成六村，"台山六村"因而得名。随着族人繁衍，村落越开越多，"六村"就不再限于先前本"六个村落"数目，而成为这一支陈氏"所在区域"的代名词。然而，无论如何，它的最初源头是从上阁东山开始的。因连"墩头"，所以又叫"墩头"谱。

这段初探结果是，共计5代，次序是：

接前，台山第1世祖陈天祥（陈氏第87世祖），又名陈从善→台山第2世祖陈梦麟（陈氏第88世祖）→台山第3世祖陈有志（陈氏第89世祖），又名陈提领→台山第4世祖陈七一（陈氏第90世祖）→台山第5世祖陈元康（陈氏第91世祖）。

十一、六村朗美世系（由陈元康至陈遇夫）

陈元康是依从陈有志所立的遗训，这纸遗言至今依然抄在族谱，迁至赤坎朗美，因更近于农作。其十三世裔孙陈遇夫曾叫"梅遇夫"，因随姊在端芬长大，中解元后回复陈姓。他本于朗美出生，后择地槎洲开族。这一段族谱应是"台山六村"的最大汇点。在其前是六村"起源"，在其后是分头"开族"。初是由近至远，继而远涉重洋，散布世界角落。其中，以移民至北美洲的美国旧金山和纽约两地人数最多。我把这段称"朗美"谱，是因从"朗美"村开始，再繁衍至六条村，然后，又超越了六村。但是，无论这支陈氏后人后来又另立什么村，若向上溯，均离不开是缘自"朗美"这支祖先。"凤台七子"的其他子孙后代亦出现类似情况，另开支流，散移海外。今在美国，这一族的陈氏后人，数以万计。

这一段的初探结果是，共计13代，次序是：

接前，朗美1世祖陈元康（陈氏第91世祖）→朗美2世祖陈信（陈氏第92世祖）→朗美3世祖陈以道（陈氏第93世祖）→朗美4世祖陈良佐（陈氏第94世祖）→朗美5世祖陈辉（陈氏第95世祖）→朗美6世祖陈东皋（陈氏第96世祖）→朗美7世祖陈范（陈氏第97世祖），又名陈存规→朗美8世祖陈虚白（陈氏第98世祖）→朗美9世祖陈大为（陈氏第99世祖）→朗美10世祖陈振中（陈氏第100世祖）→朗美11世祖陈燕垣（陈氏第101世祖）→朗美12世祖陈佩璠（陈氏第102世祖）→朗美13世祖陈遇夫（陈氏第103世祖）。这又称"朗美"谱。（尤应介绍，南雄之后，台山六村朗美第13世祖：陈遇夫，字廷际，号交甫，又号泽农，又号荻园，晚年再更号雨村，康熙庚午（1690）解元，娶伍氏，生一子陈瀚。遗下清代木刻版著作有：《史见》《白沙陈子年谱》（陈献章年谱）《白沙门人录》《白沙先生语录》《正学续》《迂言百则》《从谓草》《鸿泽集》《即次集》和《涉需堂文诗集》等十部。）

（十二）六村槎洲世系（由陈遇夫至本文作者陈天璇，美国）

陈遇夫曾叫梅遇夫，因他幼年父母双亡，随姊到她夫家放牛寄住，及长，曾以梅姓参加乡试，中解元后终又恢复陈姓。随而择地槎洲开族，十孙分为十房。后人多移美洲。同样情况，作者本人亦于早年移居美国。台山陈氏出现了大迁移。中美两国我辈是分水岭。

这一段的初探结果是，至我共10代，次序是：

接前，槎洲1世祖陈遇夫（陈氏第103世祖）→槎洲2世祖陈瀚（陈氏第104世祖）→槎洲3世祖陈之桐（陈氏第105世祖）→槎洲4世祖陈司爟（陈氏第106世祖）→槎洲5世祖陈滋灵（陈氏第107世祖）→槎洲6世祖陈玉球（陈氏第108世祖）→槎洲7世祖陈树苍（陈氏第109世祖）→槎洲8世祖陈成烈（陈氏第110世祖）→槎洲9世祖陈百齐（陈氏第111世祖）→槎洲10世孙陈天璇（陈氏第112世孙，本书作者，少年移居美国，美籍华人）。这又称“槎洲”谱。

补充：南雄之后，六村槎洲第2世祖：陈瀚，字本深，号处下，康熙甲午年（1714）解元，是“陈遇夫”翁之子。娶正妻李氏，生有五子：二子之桢、四子之楠、六子之欓、七子之槐、八子之桐；娶妾龙氏，生有五子：长子之樗、三子之梗、五子之楷、九子之机、十子之檷。因而十子在槎洲村分为十房。陈瀚生平著作有：《观海堂书义》和《屿门集》。

六村槎洲第4世祖：陈司爟，字荣礼，嘉庆壬戌年（1802）进士，特授廉州府教授，但他终生未曾赴任。生有五子：滋荣、滋钦、滋灵、滋生、滋芳。

六村槎洲第10世孙：陈天璇，（本书作者）。在广东台山出生，在香港度过少年，在美国念过大学。美籍华裔作家，曾任职新闻界、影艺界。出版著作多种。

三　万户归一

以我搜罗的结果逐一加起来点数，我算是陈氏始祖陈胡公满下传第一百一十二代“裔孙”。我出生在中国广东省台山县一个农村，解放前是辖属六村乡槎洲村，新中国成立后曾一改再改，“文化大革命”时是斗山镇秀墩大队槎洲生产队。现时台山县被划入江门，地理依然，人多他迁。原是以陈遇夫及陈瀚（清初父子解元）立村开族的槎洲村，十房子孙后人，现多数散居在香港以及美洲。我也移居美国逾40年。家中近亲上一代下一代甚至更下一代，均已经在美国，另有叔伯兄弟，直系旁系，以千百计，分处不同州市，尤以旧金山和纽约，聚居人数始终最多。不过，各为生计，难得聚首。下一代人多已形同陌路，更遑论能溯祖认宗。说谱自非迫切课题。然而，在美国继续繁衍的这些后代之中大多数是土生，中外联婚，例子渐多。我家族中，从祖父起，在美国无疑开始了另一个新族谱，亦中亦西，兼录配偶，但愿后人继续。万户源归一，祖籍是中国，此文只谈中国一脉。如有错谬，宗亲指正。

图1　少小离乡，老大重临

说明：我童年时离开，六十年后重返出生的广东台山斗山镇"槎洲村"寻宗探祖。在该村现时村前入口（原是石板桥面）摄，物易星移，人面全非。尤幸尚能找到祖屋、祠堂、家坟。

图2　村前牌坊已改

说明：记忆中原来的"父子解元"旧牌坊已不复存在；新换的"槎洲村"有人去楼空的落寞苍凉。也的确是，村内百多户的人家，十室九空，人多外移。已迁香港及美国的，为数颇多。

图3 祖屋家门依旧

说明：我在离开这出生的祖屋六十年后首次重临。记忆中两扇门是木的，也当然不曾安装过电线。那是"文化大革命"时曾被人占住所留变动。现复归我家的名下。不过，既然家人都已移民美洲，这屋至今一直空着。村委会找人让我打开，四壁萧条，苔藓可见。但愿下代人还会再继续回来寻宗觅祖。